中华传世藏书

【图文珍藏版】

中华上下五千年

刘宇庚⊙主编

線裝書局

雍正帝赐死年羹尧

年羹尧与雍正帝的关系非同一般，雍正之所以能够成为皇帝，有很大程度上归功于年羹尧。当初雍王在兄弟中夺得皇帝之位，年羹尧与和隆科多立下过汗马功劳。而且年羹尧也是平定青海叛乱的大功臣，不仅如此，年羹尧还是雍正帝的敦肃皇贵妃的亲哥哥。但是不久，风云骤变，弹劾奏章连篇累牍，各种打击接踵而至，年羹尧被削官夺爵，列大罪92条，赐自尽。一个曾经叱咤风云的大将军最终落此下场，实在令人扼腕叹息。那么，历史上的年大将军究竟是一个什么样的人？又是什么原因导致雍正帝要下决心除掉这个自己曾经倚为心腹的宠臣？

年羹尧

年羹尧（1679—1726），字亮工，号双峰，中国清朝名将。原籍凤阳府怀远县（今安徽省怀远县），后改隶汉军镶黄旗，清代康熙、雍正年间人，进士出身，官至四川总督、川陕总督、抚远大将军，还被加封太保、一等公，高官显爵集于一身。他运筹帷幄，驰骋疆场，曾配合各军平定西藏乱事，率清军平息青海罗卜藏丹津，立下赫赫战功。其父年遐龄官至工部侍郎、湖北巡抚，其兄年希尧亦曾任工部侍郎。他的妹妹是胤禛的侧福晋，雍正帝即位后封为贵妃。可以说，年家地位显贵，而且年羹尧在雍正帝继位以前便与这位未来的皇帝关系匪浅。

康熙末年，年羹尧升任四川巡抚，成为封疆大吏。皇十四子允禵任抚远大将军西征时，年羹尧又升任四川总督，为其办理军需。雍正帝继位时，京城有九门提督隆科多掌控京师武装，外有年羹尧牵制允禵，两人成为雍正帝的左膀右臂。雍正元年（1723）十月，青海发生罗卜藏丹津叛乱。青海局势顿时大乱，西陲再起战火。此时，允禵已经成为对皇权有威胁的极不可靠之人，作为抚远大将军已不合适，于是雍正帝命年羹尧接任抚远大将军。他率大军纵横千里，以迅雷不及掩耳之势横扫敌营，犁庭扫穴，大获全胜。

平定青海战事的成功，令雍正帝喜出望外，遂予以年羹尧破格恩赏。年羹尧不仅在涉及西部的一切问题上大权独揽，而且还一直奉命直接参与朝政。他有权向皇帝打小报告，把诸如内外官员的优劣、有关国家吏治民生的利弊兴革等事，随时上奏。在有关重要官员的任免和人事安排上，雍正帝则更是频频与年羹尧交换意见。有一次河南开归道一职出缺，雍正帝一时“再想不起个人来”可以任用，就与年羹尧商量其人选。还有一次，雍正帝听到对京口将军何天培的为人有不同意见，就问年羹尧是否也有所耳闻，并希望他据实上奏，以决定其去留。年羹尧密参署直隶巡抚赵之垣庸劣纨绔，不能担当巡抚重任，雍正帝遂将赵革职。江西南赣总兵出缺，朝廷拟用宋可进，年羹尧奏称他不能胜任，请以黄起宪补授，雍正帝也依从了年羹尧的意见。

青海平定之后，雍正帝在给年羹尧奏折的朱批中写道：“尔之真情朕实鉴之，朕亦甚想你，亦有些朝事和你商量。”平定青海的叛乱后，雍正帝极为兴奋，把年视为自己的“恩人”。为了把年羹尧的评价传之久远，他还要求世世代代都要牢记年羹尧的丰功伟绩，否则便不是他的子孙臣民了。这简直就是以对年羹尧的态度来判断人们的行为正确与否。

这时，雍正帝对年羹尧的恩遇、宠信，年羹尧的地位、权势，都达到了顶点。雍正帝对年羹尧宠信优渥，并希望他们彼此做个千古君臣知遇的榜样。他对年说：朕不为出色的皇帝，不能酬赏尔之待朕；尔不为超群之大臣，不能答应朕之知遇。……在念做千古榜样人物也。此时的年羹尧，志得意满，完全处于一种被奉承被恩宠的自我陶醉中，根本没有理会雍正帝的这番告诫。

本来，对于年羹尧的所作所为，雍正帝已有耳闻，他也曾希望年能有所收敛，更顾虑到“狡兔死，走狗烹”的议论，迟迟下不了决心。雍正二年（1724）十月年羹尧进京觐见。在赴京途中，他令都统范时捷、直隶总督李维钧等跪道迎送。到京时，黄缰紫骝，郊迎的王公以下官员全部跪接，年羹尧安然坐在马上行过，看都不看一眼。王公大臣下马向他问候，他也只是点点头而已。更有甚者，他在皇帝面前，态度竟也十分骄横，“无人臣礼”。年羹尧进京不久，雍正帝奖赏军功，京中传言这是接受了他的请求。又说整治阿灵阿（胤禩集团的成员）等人，也是听了他的话。又如，他曾向雍正帝进呈其出资刻印的《陆宣公奏议》，雍正帝打算亲自撰写序言，尚未写出，年羹尧自己竟拟出一篇，并要雍正帝认可。以上这些都大大刺伤了雍正帝的自尊心，此后年羹尧的处境便急转直下。不久被革去川陕总督，改任杭州将军，在赴任的途中，年羹尧幻想皇帝会改变决定，因而逗留在江苏仪征，观望不前。这反而使雍正帝非常恼怒，不久便赐死年羹尧。

总之，雍正帝与处死年羹尧跟年羹尧权力过大息息相关。也是年羹尧咎由自取，太过自大，又极其相信雍正帝不会对自己不利。一代权臣年羹尧就这样带着他的功过死在了雍正帝手里。

曹寅、李煦两家的败落

雍正初年，宠信之臣的身败名裂，世家奴仆曹寅、李煦两家的也相继败落。

曹家自清入关后就是内务府包衣，成为皇帝的家奴。曹雪芹的曾祖父曹玺也由王府护卫升任内廷二等侍卫。曹玺的夫人孙氏，被选为康熙帝的保姆。曹玺的儿子，也就是曹雪芹的祖父曹寅，17岁时就当上康熙帝的侍卫，深得康熙帝赏识。康熙二十九年（1690），曹寅出任苏州织造，两年后又调任江宁织造。从此，曹寅和他的儿子曹颙、继子曹頫连任江宁织造近40年。

李煦与康熙帝也有特殊的关系。康熙帝的密妃王嫔娘娘之父王国栋，是李煦父亲李士桢原配夫人王氏的亲哥哥，按传统家族辈分，康熙帝应该叫李士桢姑父。此外，李煦之母、李士桢的继配文氏也曾是康熙帝的保姆，这一点与曹寅的身份一样。

不难看出，曹、李两家与康熙帝都有着特殊的关系，也正是以上关系，致使李煦、曹寅少年得志，飞黄腾达。康熙帝一直把李煦、曹寅二人当作亲信和耳目，以洞察江南臣民之动向。特别是李煦一直以奏密折的方式向康熙帝汇报江南各地的官府事务及经济民情。

李煦比曹寅晚几年到地方任职。康熙三十一年（1692），曹寅从苏州织造调江宁织造，李煦接替曹寅的职务，他还不习惯奏报职务以外的事务，所以在奏折中说："臣无地方之责，不应渎陈。"康熙帝则勉励他说："秋收之后，还写奏帖来。"最值得关注的是，康熙帝还说："凡有奏帖，万不可与人知道。"一个七品芝麻官的奏折需要经过多个层次的筛选才能有幸到达皇帝面前，而李煦的奏折不需主管官员的转达，而且是"万不可与人知道"。

康熙四十八年（1709）七月初六日，李煦在请安折子之中，附奏了江南提督张云翼病故的信息。向皇帝请安，是"恭祝万岁爷万福金安"，该当大吉大利才是，死亡的消息必须另折奏报，决不可混在一起，否则有诅咒皇帝死亡的含义。李煦这个奏折犯了基本的忌讳，十分糊涂。奏折中说："恭请万岁万安。窃闻提督江南全省军务臣张云翼，于康熙四十八年六月十八日，病患腰痈，医治不痊，于七月初三日巳时身故，年五十八岁，理合奏闻。苏州六月晴雨册进呈，伏乞圣鉴。"康熙帝见了这大不吉利的奏折，自然很不高兴，但申斥的语气中还是带了几分幽默，朱批："请安折子，不该与此事一起混写，甚属不敬。尔之识几个臭字，不知哪去了？"李煦见到御批，自然吓得魂飞魄散，急忙上奏谢罪，痛加忏悔。康熙帝批："知道了。"

康熙五十一年（1712）七月，江宁织造曹寅奉命到扬州办理刻印《佩文韵府》事宜，染上疟疾，病势甚重。李煦前往探病，曹寅请他上奏，向康熙帝讨药。

康熙帝得奏之后，立即朱批："尔奏得好，今欲赐治疟疾的药，恐迟延，所以赐驿马星夜赶去。但疟疾若未转泻痢，还无妨。若转了病，此药用不得。南方庸医，每每用补济（剂），而伤人者不计其数，须要小心。曹寅元肯吃人参，今得此病，亦是人参中来的。金鸡拿（即奎宁）专治疟疾。用二钱末酒调服。若轻了些，再吃一服，必要住的。住后或一钱，或八分。连吃二服，可以出根。若不是疟疾，此药用不得，须要认真。万嘱，万嘱，万嘱，万嘱！"康熙帝连写四个"万嘱"，又差驿马赶急将药送去扬州，限九日赶到，可见对曹寅的爱护、关心。奎宁原是治疟疾的对症药物，但曹寅可能有其他并发症，终于不治逝世。

自李煦出任苏州织造后，康熙帝四次南巡，为报答皇恩，李煦、曹寅精心筹备、隆重恭迎，沿途设建康熙帝喜欢的形象工程。康熙帝深感李、曹二人对他的忠心与虔诚，于康熙四十五年（1706）加授李煦大理寺卿衔、加授曹寅通政司通政使衔。但筹备康熙帝南巡花费大量库银，致使苏州、江宁两地织造亏空很大，再加上曹、李两家的日用排场、应酬送礼，特别是康熙帝四次南巡的接驾等等，在经济上给曹、李造成了巨额的亏空，从而为后来雍正帝对他们抄家留下了把柄。

更被雍帝正所厌恶的是，李、曹两家与自己的死敌、康熙帝第八子胤禩有姻亲关系，两家与八王府来往一直很密切，而且把未来的筹码押在了胤禩身上，以求在胤禩如愿登位后，能继续得到皇室的关照。两家不管在财力上还是在官场上，都给予了胤禩极大的支持。

康熙帝去世后，曹、李两家失去了政治庇护。雍正元年（1723）正月初十日，雍正帝借口亏空一案，查抄李煦家产。雍正五年（1727），山东巡抚塞楞额奏曹頫等运送缎匹沿途“骚扰驿站”，曹頫又被查出织造款亏空，曹家被抄。在查抄曹家的同年，又查出李煦曾为胤禩买过五个侍女，为此，李煦再次入狱，后来被流放到乌拉（今黑龙江省境内），两年后李煦死去，时年 75 岁。

至此，曹、李两个发迹于康熙初年的显赫望族，双双宣告败落，其实质是雍正帝打击政敌、扫除朋党的结果。

李绂、田文镜互讼案

雍正帝敢于大胆任用新人，李绂、田文镜就是雍正帝的两个宠信之臣。他们一个是出身科甲的进士，一个是没有任何功名的汉军旗人，本来可以和衷共济，但两人互为不齿，互相参劾，导致了一场大案。

田文镜（1662—1733），字抑光，清朝康熙、雍正时大臣。原隶籍汉军正蓝旗，雍正五年（1727 年）因功抬入汉军正黄旗。监生出身。康熙二十二年

（1683年），二十二岁的田文镜出仕县丞，升知县、知州，历二十余年。康熙五十六年（1717年），官内阁侍读学士。雍正帝即位后，深受宠待。田文镜没有参加过科举，既没有师生的关系，也没有同年的援引，一心感激雍正帝的提拔，忠心耿耿。他对读书人的态度非常苛刻，一到河南巡抚任，便下令约束科甲师生，不准朋比为党。雍正二年十二月（1725年1月），他特地发了一份告示，严禁官员依靠科甲师门夤缘攀附，说"师生一道，平日痛恶于心"，而且自称为官40年，从未搞过裙带关系。田文镜对众多科甲出身的官员要求极为严格，稍有不满意的，便弹劾罢免，在两年中被他弹劾罢官的官员就有22位之多，当时社会上甚至传言田文镜"不容读书人在豫省做官"。

李绂（1673—1750）清江西临川人，字巨来，号穆堂。乾隆初起授户部侍郎。治理学宗陆王。言政事推崇王安石，对世传事迹有所辨正，为蔡上翔《王荆公年谱考略》所取资。他少年孤贫，好学，读书过目成诵。康熙四十八年（1709）中进士。雍正二年（1724）四月，任广西巡抚。雍正三年（1725），升任直隶总督。雍正帝非常看重李绂的正直清廉品格，曾当面表扬他："你之所以与众不同，就在于不结党营私。"

雍正帝非常欣赏的这两位人物，却水火不容。就在李绂调任直隶总督时，路过河南，田文镜按照惯例要迎接款待。曾经耳闻田文镜整治科甲官员的李绂，立即当面责问："你为什么肆意践踏读书人？科举功名难道有什么过错吗？"随后，李绂连上奏折参劾田文镜，说他任用市井无赖之徒张球，颠倒是非，还说田文镜为了杀人灭口曾把一位叫黄振国的官员害死在狱中。

面对自己信任的李绂参劾另一位同样信任的田文镜，雍正帝极为重视，但他的处理措施却非常新鲜。雍正帝先将李绂的奏折隐去姓名，掐头去尾后，寄发给田文镜，要他审查张球一事。在谕旨中，雍正帝说："有人上了这个奏折，现在发给你查办，我是相信你不会辜负朕意的。"田文镜在答复中说张球实际上是一个贤能官员，并反戈一击，说有人如此上奏，肯定是科甲朋党所为，而且肯定是一位进士干的。田文镜这一招果然奏效，雍正帝本来就非常讨厌朝臣结党，田文镜如此提醒，还真得查一查到底怎么回事。

不料雍正帝还没有动作，田文镜又上一道密折，说他在巡抚任内弹劾贪劣官员时，根本就没有考虑过对方是什么出身、什么籍贯。雍正帝立即批复，安慰田文镜，并且出人意料地帮他出主意，让田文镜赶快再上一奏折，说自己并不在乎外界怎么议论自己，只是请求皇上彻查明白，以免混淆邪正。

在雍正帝的一手导演下，李绂和田文镜开始了各自的辩解。李绂说张球的确劣迹斑斑，而且根据自己的耳闻，坚持认为黄振国为田文镜所害。田文镜原来并不知道张球的实际情况，因李绂参劾后，才逐渐发现张球的确有问题，并在后来的密折中陆续吐露了实情，故意装作一副公道的样子。后来，雍正帝派人核实此事，非但没有怪罪田文镜，反而嘉奖他坦诚直率。至于黄振国，李绂一直是根据传闻坚持自己的意见，实际上此人并没有死。但雍正帝也并不想借此惩罚李绂。于是，雍正帝在密折中说：有过错的是你，不在田文镜，就别再辩解了。

一波未平，一波又起。这件事本来就这样过去了，没料想，这年十二月又发生了监察御史谢济世参奏田文镜的事件。

谢济世列举了田文镜十条罪状。雍正帝看后很不高兴，将其奏章扔在地上，不许他参劾田文镜。但谢济世不肯罢休，坚持上奏，结果雍正帝大怒。由于谢济世的很多理由与李绂的说法极其相似，于是雍正帝怀疑谢济世是受了李绂的指使，两人早有勾结。后来，谢济世被发往阿尔泰充军，李绂也被从宽免死。

据载，李绂身系狱中时，也是每天读书饱啖熟睡，丝毫不觉得是在监狱里。同狱的甘肃巡抚称他是“真铁汉”。有两次在菜市口处决犯人，雍正帝命人也将李绂绑缚至刑场，以刀置颈，问他：“此时知田文镜好否？”李绂竟然还是回答说：“臣虽死，不知田文镜好处。”刑部查抄他的家产，发现室内简陋，别无长物，甚至夫人的首饰都是铜制品，根本不像达官显宦的家属。雍正帝这才相信他的清廉，将其赦免。

因此，直隶总督李绂与河南巡抚田文镜之间的互参，表面上是科甲出身与非科甲出身的督抚之间的矛盾，实质则是雍正帝为打击科甲朋党势力而一手导演的剧作。

兵败和通泊

康、雍、乾三个时期，是清朝奠定和巩固边疆领土的最关键时期，然而没有哪个地方像西北地区的准噶尔部那样，曾经让三代皇帝苦心经营。

康熙帝时反击噶尔丹入侵，曾经想一举解决这个问题，但由于主帅谋略不足，最终兵败而归。到了雍正朝，随着财力的富足，也试图毕其功于一役，但历史往往再次重演，同样没有成功。

雍正七年（1729）六月，雍正帝在太和殿举行了隆重盛大的出兵仪式。各大将军、参赞大臣更是信誓旦旦，决心不辜负皇帝的重托，完成圣祖先帝的未竟之志，然而，从君主到主帅的十足信心并没有带来最后的胜利。

大军兵分两路，西路为用兵主力，由宁远大将军岳钟琪统帅；北路进行策应，由靖边大将军傅尔丹统帅。正当大军进军准噶尔之际，突然有准噶尔部使者特磊来到岳钟琪军前，诡称当年青海蒙古罗布藏丹津叛乱失败后，隐匿在准噶尔噶尔丹策零帐下，因他企图杀害噶尔丹策零被捕，现准备把他送往清廷；走到半路，得知清军进攻准噶尔部的消息，就又将罗布藏丹津送回伊犁。听了这个使者的一番陈述后，岳钟琪觉得可疑，当即奏报雍正帝。雍正帝却是半信半疑，命令将使者特磊送至北京，暂缓进军西北，并召傅尔丹、岳钟琪回京商议对策。

岳钟琪走后，大军临时由四川提督纪成斌负责。纪成斌派满洲人副参领查廪放牧军马，没想到查廪更不中用，生性怯懦，而且每天大摆酒席，与娼妓为乐。结果准噶尔兵2万人乘机抢走牲畜十几万头。纪成斌得知后，嘲笑查廪，并将其绑缚起来，准备斩首示众。恰好岳钟琪从北京赶回军营，见此情景大惊。他和纪成斌都是汉人，怎么敢将满官处死，于是岳钟琪慌忙走到查廪面前，亲自将绳索解开。岳钟琪甚至以大捷奏报朝廷。雍正帝非常高兴，给予奖励。但纸包不住火，雍正帝后来知道了实情，怒斥岳钟琪。

事实证明，准噶尔派使者完全是计策，以延缓清军进攻步伐，结果清廷果然中计。经过充分的准备，噶尔丹策零于雍正九年（1731）派大策零敦多布领兵3万，袭击清北路军，又派间谍到傅尔丹处谎报说有一小股敌人前来。傅尔丹有勇无谋，信以为真，率领1万人轻装前进。副都统定寿等人纷纷劝说主帅，说这是敌人的奸计，不能轻易出动。但傅尔丹刚愎自用，不听劝谏，执意前往。

六月，傅尔丹率领的1万人在和通泊（今蒙古国布彦图西南）与准部军队2万人遭遇，结果傅尔丹大败，副将军巴赛、查弼纳等人阵亡，只有2000余人逃回科布多。雍正帝得知后又是气愤又是着急，但又装作一副没事的样子，反而掩饰失败，只说兵马稍有损失，傅尔丹勇猛出击，值得表扬。嘴上虽然这么说，但气还是咽不下，于是处罚傅尔丹，斩杀了临阵脱逃的参赞大臣陈泰；同时命锡保为靖边大将军、马尔塞为抚远大将军。

雍正十年（1732）正月，噶尔丹策零率领6000余人袭击西路清军主力。岳钟琪一方面派曹勷迎击，另一方面派副将军石云倬断其后路。曹勷败敌，但石云倬由于动作缓慢，致使噶尔丹策零顺利撤退。结果报到朝廷后，大学士鄂尔泰弹劾岳钟琪手握重兵数万，却让自投罗网的敌人逃脱，既不能料敌于前，又不能歼敌于后。雍正帝命令处斩纪成斌、曹勷于军前，囚禁岳钟琪。后来，雍正帝念及岳钟琪以前的功劳，免死释放。就这样，雍正帝一举歼灭准噶尔部的大征伐以失败而告终。

军机处

雍正帝牢固地掌握了朝政后，就宣布整肃朝纲，修订律例，从严惩治不法行为，使朝政为之一新。他不近女色，不贪享受，特别勤奋。凡国家大事，他都深思熟虑，然后再制订方案，付诸实施。他亲自批阅百官奏折，经常工作到深夜。他还具有革新意识，对前朝弊政多有匡正。

他在位的13年，做了两件意义深远的大事，一是改土归流，一是摊丁入亩。在军事上，他还创建了军机处。

为办理国家要务和军机大事，雍正四年（1726），雍正帝设军需房，七年六月改为军机房，八年改称军机处。

军机处

军机处仅设军机大臣、军机章京两种官职。军机大臣俗称“大军机”，雅称“枢臣”，由雍正帝从满汉大学士、尚书、侍郎内特别选拔，或由军机章京升任，也可由满洲皇族亲王选任。其名额多少由皇帝所定。最初设三人为军机大臣，即怡亲王胤祥、大学士张廷玉、蒋廷锡，后来有所增加，最多时达 11 人。他们之间无隶属关系，但以品秩高、资历深者为“领班”，誉称首揆。他们分别对皇帝负责。军机大臣全称“军机处行走”或“军机大臣上行走”，初入者还要加“学习”二字。

军机章京（章京，满语意为“官”儿）俗称“小军机”，初创时称“军机处协办”，乾隆四十五年改为“章京上行走”。最初军机章京定员无额，直至嘉庆四年始定满汉章京各 16 人，以满汉各 8 人轮班值守。最初章京在内阁中书中选用，后多为院部保送，经军机大臣考试后录用，由皇帝传补，负责满、蒙、汉文字工作。

由于军机处是朝廷枢密所在，所以有官无吏，以防泄露秘密。因此军机处洒扫庭院、勤杂送水等工作例取 15 岁以下不识字儿童若干人充任，满语称“苏喇”又称“小么儿”。最初军机处值房在乾清门外偏西，后迁至乾清门内，与南书房临近，最后移至隆宗门西南，都是临雍正帝寝宫不远的地方，便于联系。

军机处的职责是负责拟写皇帝发布的谕旨，办理皇帝交议的大政，审办大狱要案，奏补文武官员，查考行军山川道里及兵马钱粮，查考大典礼旧案与考证历史事件，扈从皇帝巡幸出游以备顾问，稽查封疆大吏行政效率等。通过军机处的设立，自太祖以来诸王、贝勒、议政大臣会议决定国家要务的局面被彻底打破，使其成为有名无实的闲曹，同时巩固了皇权，使中国封建社会专制主义达到顶峰。

随着军机处的设立，整个国家的政治体制运作发生了改变，原来由内阁承旨、六科封驳、公事用题本内阁承办、私事用奏本直接达御前的方式，改为皇帝亲书谕旨或口授，军机大臣承旨拟谕径自廷寄各地的方式，从而使内阁和议政王大臣会议有名无实，大学士和议政王大臣成为有名无实的闲曹。而且军机处临近大内，一切活动均在皇帝监视下进行，便于控制，同时雍正还设立许多警戒，使军机大臣处处小心从事，敬上畏命，雍正帝牢牢地控制了军政、行政大权。

设立军机处还有一种目的是加强皇权，打击掌握朝中重权，在内阁、六部等有党羽的诸王势力。

清朝的文字狱

清朝文字狱，是清代统治者加强思想、文化控制的措施之一，也是世界历史为止罕见，中国历史上绝无仅有的文化恐怖制度。

康熙二年（1663），浙江湖州富户庄廷𨱔刊刻了朱国桢编写的明史，又请人增添了明末天启、崇祯两朝事，其中多有指斥满洲的文句，被人告发。清朝政府把已死的庄廷𨱔开棺戮尸，作序者、刻印者、校阅者、售书者、藏书者被杀72人，充军边防的也有几百人。

雍正四年（1726），满洲隆科多的党人礼部侍郎查嗣庭出为江西考官，出题有“维民所止”四字，清朝政府认为是去掉“雍正”二字之头，下查嗣庭狱。查嗣庭在狱中病死，清朝政府又下令戮其尸。

雍正时的几次文字狱，不仅用血腥的屠杀加强了对文化思想的统治，而且雍正还亲自著书来驳斥反对者。生员陆生楠作《封建论》，反对清朝的统一和专制统治，企图恢复三代的“封建”，雍正则作《驳封建论》，他说：“中国之一统始于秦，塞外之一统始于元，而极盛于我朝，而皆天时人事之自然，岂人力所能强乎？”

吕留良是清初有名的思想家，具有浓厚的反清意识，他反对专制政治，主张君臣的关系应如朋友，又主张严“华夷”之别，认为孔子赞扬管仲的“攘夷狄”是最高的道德标准。吕留良早死，其弟子及曾静等人皆崇奉其说，并广为传播。雍正撰辑了《大义觉迷录》一书，并将它颁行天下，他在书中强调了“华夷无别”，认为舜是“东夷”之人，文王是“西夷”之人，自己虽是满族人，却和舜、文王一样，可以完全合法作中国的皇帝。他又下诏谕说：“天无二日，民无二主，乃天经地义。”清代的专制政治，在此时已达到极点了。

乾隆二十二年（1757 年），乾隆南巡，彭家屏为布政使被召见而奏地方被灾积歉，段昌绪为生员，使人遮道陈述灾歉。乾隆令人搜查段家，搜出《吴三桂檄文》，因召彭家屏面询，供出收藏《明史野史》等私史，因而追究蔓延许多人。

乾隆四十二年（1777 年）有人讦告江西王锡侯作《字贯》一书，置《康熙字典》为一家言，与各家平列，书中对康雍乾三帝之名，“临文不讳”，而兴大狱。王锡侯获死罪，不仅为本书题识的官员获罪，查办此案的总督、巡抚、布政使、按察使皆革职治罪。尤其是江西巡抚海成，本来是查办禁书最出力的始作俑者，江西一省经其禁毁之书竟多至八千余部。他为此案，还遭革职交刑部治罪。“自《字贯》之狱兴，清一代无敢复言字书者”。大文字学家段玉裁，为许慎作《说文解字注》，就是逃避时忌。

乾隆四十三年徐述夔狱。徐述夔，浙江举人，所著《一柱楼诗》，多诋毁清朝语，如《詠正德杯》有“大明天子重相见，且把壶（谐“胡”音）儿搁半边”句，还有“明朝期振翮，一举去清都”句。被剖棺戮尸，子孙及校对诸人俱坐死。前礼部尚书曾为徐述夔作传，革职。

乾隆时期文网甚密，罗织极细，检摘字句，稍有失当，即指罪刑诛，因而挟私报复、邀功冀赏者，纷纷告讦。同时借搜求遗书为名，严加甄察，一面因书兴狱，一面广加禁毁。仅乾隆三十九年（1774）至四十七年（1782），兵部奏报销毁有碍书籍二十四次，五百三十八种，一万三千八百六十二部。此后乾隆继续命令地方官不断搜究。

乾隆五十三年（1788），湖南耒阳生员贺世盛作《笃国策抄》，书中论及清代的政事，以为当时的捐纳制度流弊极多，事发后即被锁拿处死，妻子充军。这说明了清统治者对汉族地主官绅的猜忌，也充分显示出专制君主的淫威。

纵观整个古代历史，清朝文字狱的影响是空前绝后的。尤其是诸多的文人，对于清朝文字狱无所适从，只好选择逃避，埋头古书中做学问，但是却不敢发表自己的任何言论，害怕一不小心就被诛灭全家。此外，清朝官员大多数是科举入仕，清朝文字狱也败坏了官场风气。作为文人，他们可能是清朝文字狱的受害者；作为官员，他们简洁的成了清朝文字狱的帮凶或者是制造者。两难的境地之下，他们唯有小心翼翼的活着。清朝文字狱还使得整个社会笼罩在恐怖的氛围之中，许多知识分子不敢过问政治、不敢提出思想，从而整个清朝的思想层次被禁锢在一个范围之内，阻碍了整个清朝乃至中国的进步。

乾隆帝羞辱张廷玉

乾隆帝上台以后，勤政休养了十年，其间依靠了很多雍正朝时期的老臣，然而这种情形不长。乾隆十三年（1748）年初，康、雍、乾三朝元老、居官50年、已经77岁的张廷玉，在一次召对政事的空闲，向乾隆帝乞求退休回乡，并请求乾隆帝保证兑现当年雍正帝曾经许诺给他死后配享太庙的待遇。没想到，一生谨小慎微、官运顺遂的张廷玉却因此惹怒龙颜，招来了乾隆帝对他的百般羞辱和惩罚。

张廷玉（1672—1755），字衡臣，号砚斋，安徽桐城人。清康熙时任刑部左侍郎，雍正帝时曾任礼部尚书、户部尚书、吏部尚书、保和殿大学士（内阁首辅）、首席军机大臣等职。康熙末年，整治松弛的吏治，后又完善军机制度。先后任《亲征平定朔北方略》纂修官，张廷玉为雍正帝干的一件重要事情就是编修《圣祖实录》，这件事可不简单，因为康熙帝晚年的历史涉及雍正帝继位这件大事，如何编写，事关雍正帝的威信和名誉。而张廷玉也深知雍正帝的心意，把大量敏感的史实都删去了。康熙一朝61年，而现在我们看到的《圣祖实录》只有300卷，乾隆朝是60年，《高宗实录》却有1500卷，相去甚远，可见《圣

张廷玉

祖实录》已被大量删改。也正因此，雍正帝称他是“第一宣力之大臣”，许诺张廷玉死后可配享太庙。雍正帝临终，命张廷玉与鄂尔泰同为顾命大臣。乾隆帝继位以后，对张廷玉这个顾命大臣虽说是恩礼隆重，但像雍正帝时那样宠信有加的日子已经一去不复返，想必乾隆帝对张廷玉在纂修《圣祖实录》中的角色是心知肚明的。

此外，乾隆帝逐渐离弃张廷玉的另一个原因是要削除其日益膨胀的势力。由于张廷玉数十年受重用，其姻亲子侄、门生故吏，布列朝廷内外，这在封建专制时代是极其危险的。乾隆帝非常讨厌朋党，便不时加以裁抑。乾隆六年（1741），刘统勋上疏称张廷玉家族姻亲遍布朝堂，权势太盛，乾隆帝肯定了刘统勋的意见。当时，张廷玉就感觉不妙，此后乾隆帝又一再警告朝臣不要结为朋党。乾隆七年（1742），与张廷玉同为顾命大臣的鄂尔泰一派就遭到了皇帝的打击。当年，鄂尔泰的门生、左副都御史仲永檀因依附师门，死在狱中。老谋深算的张廷玉见此情形，肯定明白兔死狗烹的道理，意识到乾隆帝的下一个惩治目标就是自己。但张廷玉素来行事谨慎，平生信奉“万言万当，不如一默”的座右铭，从不多说一句话。因此，乾隆帝要想揪他的小辫子还真不容易。

踏破铁鞋无觅处，得来全不费工夫，这次乞求退休，竟然成了乾隆帝整治张廷玉的开始。当天，张廷玉一表达出退休之意，乾隆帝便不高兴地说：“你两朝受恩，皇考遗命又答应你配享太庙，怎么能想退休就退休呢？”张廷玉一头雾水，不知乾隆帝到底要干什么，便引经据典，说以前朝代也有配享诸臣退休的先例。乾隆帝说：“诸葛亮还鞠躬尽瘁，死而后已呢！”张廷玉又说：“诸葛亮受命于危难之时，和今天天下太平的情形不可同日而语。”张廷玉原本是想让皇上高兴，结果乾隆帝勃然大怒，说：“既然身受重任，更不应该因天下太平而独自安逸，否则都像你，谁还肯为朝廷办事？”张廷玉只好闭上了嘴。第二天，乾隆帝不仅将这次谈话整理成纪要，下发廷臣，而且解除了张廷玉的吏部职位。一时间，张廷玉狼狈不堪，不敢再提退休一事。

过了一年，张廷玉经过左思右想，觉得如果自己再不提出退休，恐怕又会成为乾隆帝责备自己贪恋官位的借口，于是又再次委婉地提出乞归，以便后年乾隆帝南巡时，赴南京迎驾。这次，乾隆帝似乎心情好了一些，答应了他的请求。可是，张廷玉还有一件事情放心不下，就是雍正帝曾经答应自己死后配享太庙一事，乾隆帝一直没有提。于是，他专门前往宫中觐见，跪在地上苦求皇上做出承诺。乾隆帝虽然觉得张廷玉有点过分，但还是答应了他。

过了几天，心情舒畅的张廷玉竟然没有亲自去谢恩，结果又得罪了乾隆帝。乾隆帝命人拟旨让张廷玉明白回奏：你到底是愿意归老，还是愿意死后配享太庙？但这道旨意还没有下发，第二天一大早，张廷玉就踉踉跄跄地来到内廷，匍匐谢恩。

乾隆帝顿时起了疑心，显然有人向张廷玉提前报告了消息。于是，他借此开始打击张廷玉及其党羽。他先是痛斥张廷玉为何昨天不来谢恩，今天跑来干什么？接着革去了张廷玉的门生汪由敦军机处的职位。张廷玉覆奏称并未得到汪由敦的私下通信，乾隆帝接着又令张廷玉回奏到底是谁报的信。无奈之下，张廷玉只好请求皇帝将自己治罪。

乾隆帝并不想绝情到底，于是仅革去其爵位，仍准予死后配享太庙。过了年后，松了一口气的张廷玉以为这件事就这样过去了，准备奏请回乡。没想到乾隆帝的恶气还没有出完。当时皇子永璜刚死，乾隆帝认为张廷玉曾做过永璜的师傅，竟然一点儿也不悲伤，于是，再次命他回奏有没有资格配享太庙。这时，张廷玉终于明白了，他立即回奏，乞求停止自己配享太庙的资格，并将自己治罪。乾隆帝盛怒，革去张廷玉所有职位，仅保留了大学士职衔。不久，发生了四川学政朱荃匿丧赶考、贿买生员案，这个朱荃是张廷玉的姻亲，再次为乾隆帝打击他提供了借口。最后，张廷玉被勒令交出历年皇帝所赐之物，家产也被一并查抄。可怜张廷玉本想荣归故里，没想到备受皇帝折磨，一无所有地

回到桐城老家。乾隆二十年（1755），张廷玉卒。乾隆帝终不敢违背其父的遗愿，命仍遵世宗遗诏，张廷玉配享太庙。

处死讷亲、张广泗

乾隆帝的第一个武功便是征讨金川。然而，也就是在第一次征讨金川战役中，亲手杀掉了两位亲信大臣：讷亲和张广泗。

金川地区位于四川金沙江流域，乾隆帝用兵的起因是大金川土司莎罗奔助女欺凌其女婿小金川土司泽旺，而且不怎么听从四川总督和巡抚的约束。这样一件小事，而且发生在偏僻的蛮荒之地，乾隆帝为何要大动干戈呢？一个重要原因就是希望彻底结束各土司互相劫掠争斗的混乱局面，以使清朝江山长治久安。

起初，统军进攻金川的是川陕总督张广泗，此人是以平定贵州苗变而步步升迁至一品总督的。乾隆帝对张广泗长期在西南地区负责用兵的经验非常看重，称赞他在督抚中最为熟悉军旅，于是委以重任。

张广泗受命以后，也想大显身手，再建奇功，一再向皇上保证定会在九、十两月之内进取贼巢。乾隆帝屡次要求这次用兵速战速决，尽快剿灭大金川，擒获其首领莎罗奔。为此张广泗上奏提出增兵的请求，立即得到了同意。正当乾隆帝盼望速战速决之际，前线却传来了失利的消息。原来张广泗于乾隆十二年（1747）六月率领3万人出击，而大金川土兵只有七八千人，清军开始还比较顺利，但莎罗奔及其属下毫不畏惧，于当年十二月开始反击，向驻守马邦山梁的副将张兴进攻，发射石炮，清兵抵挡不住，开始后退。这时，金川藏民又截断了清军运粮水道，张广泗派参将王世泰前往营救，未果，这一支清军全部被杀。乾隆十三年（1748）正月初，金川人又乘胜攻击，斩杀游击孟臣。总兵马良柱因大雪多日，粮食耗尽，害怕被敌军包围，率兵5000人后撤。结果，清军丢盔弃甲，损失惨重。为了对付金川的碉堡，张广泗先后采用火烧、用火药炸等各种办法，但都收效甚微，清军士气低落。

乾隆帝认为金川战事不能速战速决的根本原因是将帅领导不力，于是谕令办理粮饷的班第留在军营，协助张广泗，实际上暗含着监督的意思。接着，又谕令班第和张广泗商议，看能否起用岳钟琪。张广泗以前在对准战争中曾被时任宁远大将军的岳钟琪处分过，因此衔恨在心，就向乾隆帝上奏，说岳钟琪的坏话。

乾隆帝对本来寄予厚望的张广泗非常失望，为挽救战局，决定更换主帅，派遣地位更高的宠臣讷亲为经略，重新组织对金川的军事进攻。

讷亲是开国元勋额亦都的曾孙，康熙初年四大辅臣之一遏必隆的孙子，他的姑姑是康熙帝的孝昭仁皇后。此时的讷亲任首席大学士和领班军机大臣，其地位之高、权势之大，所受之宠信，可想而知。乾隆帝本人也多次提到他对讷亲的宠爱，曾说："朕向来所倚任的人，没有超过讷亲的。"乾隆帝把这样一位最为倚重的军国重臣调到金川负责指挥，可见他是想要尽快结束战事。不料，他的赌博式布局又落空了。

讷亲是一位精明能干、颇有见识的大臣，并且不贪财，不交结权贵，确实是一位治理国政的能臣，但是他从未有过用兵经验。乾隆帝将这样一位"素未莅师"的怯懦之臣重用为统帅，弃其所长，用其所短，不仅贻误军机，也最终害了讷亲本人。

当年五月，讷亲到了金川以后，仓促命令清军发起猛攻，结果总兵任举、参将买国良战死，不得不无功而退。讷亲、张广泗在五月底发起进攻时，官兵有4万多，经过几次战役，已经损失近半。更为糟糕的是，乾隆帝派讷亲前往，本意是要借助讷亲的声望慑服张广泗，但事实上张广泗统帅的职位虽然被夺，可他根本瞧不上讷亲，不与讷亲合作，甚至千方百计拆讷亲的台。

而经过几次战役后，这位位高权重的宠臣也被吓破了胆，每次临战，都躲避于账房之中，被下属耻笑。刚来时，他还蔑视张广泗，到后来又不得不依靠张广泗。如此情形，且不说金川地区作战本来就十分艰难，就连乾隆帝统一号令的愿望也落空了。

由于讷、张失和，不久讷亲上疏弹劾张广泗"糜饷劳师"。岳钟琪升为四川提督后，也密奏张广泗玩兵养寇，贻误战机。九月，乾隆帝将张广泗革职，交刑部治罪；十二月将其逮捕入京处死，抄没其家。讷亲也被召回北京，以贻误军机革职治罪；次年正月，将遏必隆的宝刀送于其前，令讷亲用其祖父之刀自刎了结。可以说，乾隆帝错用张广泗、讷亲，是造成进征金川失败的主要因素，而讷亲、张广泗最终也成了皇帝决策失误的牺牲品。

之后，乾隆帝任命经略大学士傅恒为新统帅，岳钟琪成功招降莎罗奔，战事虽略有起色，但沉重的负担已经让乾隆帝感觉到金川用兵是小题大做。乾隆十四年（1749）正月，乾隆帝谕令傅恒班师，第一次金川战争就这样稀里糊涂的结束了。大清朝本想秀一秀肌肉，结果却秀出了一身赘肉。

阿睦尔撒纳归而复叛

乾隆十年（1745），准噶尔首领噶尔丹策零病死，其内部为争夺汗权出现内讧，准噶尔名将大策零敦多布之孙达瓦齐取得了准噶尔的最高权力，其最重要的同盟者是辉特部台吉阿睦尔撒纳。阿睦尔撒纳是策妄阿拉布坦之女博托洛克之子，在汗位争夺中，他支持达瓦齐，打败了其他对手。但他支持达瓦齐，只是为借鸡生蛋，壮大自己的势力。乾隆十八年（1753）十月，他派人至达瓦齐处，要求分治，遭到达瓦齐的拒绝，他们的联盟至此宣告破裂，开始互相征伐。结果，阿睦尔撒纳惨败。

乾隆十九年（1754）七月初，阿睦尔撒纳率 4000 户 2 万余口，向清廷投诚。得到这个消息后，很多大臣都鉴于以往的教训，怀疑其中有诈。乾隆帝则力排众议，对阿睦尔撒纳率众归附十分重视，认为这是解决准噶尔问题的绝佳机会。不久，乾隆帝晋封阿睦尔撒纳为亲王，并让他尽快赶到热河觐见。为了能早日见到阿睦尔撒纳并多谈几次，乾隆帝甚至不惜打破惯例，星夜兼程，来到热河。在热河避暑山庄觐见乾隆帝时，阿睦尔撒纳力陈准噶尔内乱情形，恳求清廷立即出兵讨伐达瓦齐。

乾隆二十年（1755）二月，乾隆帝决定以投诚的准部兵为主力，由阿睦尔撒纳等人率领，迅速出兵。果然，战事进行得异常顺利，达瓦齐节节败退，其势力很快被消灭。然而，成也萧何，败也萧何。乾隆帝万万没有想到，他的这种做法也为阿睦尔撒纳以后的叛乱提供了条件。

清廷消灭达瓦齐势力后，决定将准部分封四汗，封车凌为杜尔伯特汗，阿睦尔撒纳为辉特汗，班珠尔为和硕特汗，噶勒藏多尔济为绰罗斯汗。但这并不是阿睦尔撒纳所想要的。他归附清朝，原本只是一个策略，取代达瓦齐，统治整个准噶尔才是他的最终目标。

五月，阿睦尔撒纳秘密会见清军统帅定北将军班第，希望设立准噶尔汗，而且列举了三个条件，言下之意，只有他最合适。班第洞悉他的真实意图，于是告诉他说：四部各封一汗是皇帝的旨意，如果另外选人，不仅违背旨意，恐怕也难以服众。阿睦尔撒纳又说，准部与喀尔喀不同，不能分为四汗，各行其是，必须要有“总统之人”，否则人心就会纷乱，没有力量抵御外敌，相互之间还会发生争斗。

随后，班第将这次与阿睦尔撒纳的谈话内容缮写密折，紧急递送北京。本来乾隆帝是非常信任阿睦尔撒纳的，看到班第的密折后，他也开始警觉起来，并明确表示不能让阿睦尔撒纳为总汗，但乾隆帝此时还不认为阿睦尔撒纳会叛乱。过了几天，班第又有密折送到北京，对阿睦尔撒纳的不轨行为做了更详细的奏报。乾隆帝对阿睦尔撒纳的看法完全变了，于是令他迅速到热河觐见，以便将其逮捕。如果不来，则令班第在伊犁动手，拿获解京。

但乾隆帝万万没有想到，阿睦尔撒纳竟然从清军布下的埋伏圈中安然无恙地溜走了。当乾隆帝催促他尽快到热河时，阿睦尔撒纳就意识到皇帝识破了他的企图。但时机不成熟时，还不能决裂，于是他一方面假意赶赴热河，另一方面暗中寻找机会逃脱。八月十九日，行至乌隆古河时，他便率众成功潜逃。

阿睦尔撒纳反叛后，驻守伊犁的班第、鄂容安立即被叛军重重包围，班第拔剑自刎，鄂容安也想自杀，但由于自己手腕力气小，便命仆人用刀将自己刺死。乾隆帝得知后，痛心不已。事后，班第、鄂容安都获得了图形紫光阁的荣誉。

面对突变的形势，乾隆帝及时采取措施。乾隆二十年（1755）九月，重封准部汗王，稳定准部贵族之心。随后令策楞为定西将军、达尔党阿为定边左副将军、扎拉丰阿为定边右副将军，组织第二次远征伊犁。

阿睦尔撒纳反叛后，并没有出现如他所预期的纷起响应反清的局面。许多首领反叛不久就倒戈相向，与他为敌。准噶尔部再次陷入混战之中。面对清廷大军压境. 阿睦尔撒纳无法组织有效抵抗。乾隆二十二年（1757）二月，清廷调整统帅，决心全歼阿睦尔撒纳，命成衮扎布为定边将军、兆惠为定边右副将军、车布登扎布为定边左副将军，调集满洲、索伦、蒙古、察哈尔、吉林等地兵马，兵分两路，再次征伐准噶尔。六月，阿睦尔撒纳逃入哈萨克阿布赉汗处。当时，阿布赉汗慑于清廷的威力，恐招致清军的攻击，就遣使向清廷表示愿将阿睦尔撒纳擒献清廷。此举被阿睦尔撒纳觉察，他乘夜带妻子、亲随 8 人，沿额尔齐斯河投奔俄国。清政府多次要求俄国擒献，未果。九月病死于托博尔斯克以东 20 俄里的库杜斯克酒厂（中天花而死）。

高恒被杀

乾隆朝长期的边疆战事也不忘对贪污的惩治，而且被惩治的高官就有一位因贪污而被杀头的皇亲国戚——两淮盐政高恒。

高恒（？—1768）字立斋，满洲镶黄旗人，大学士高斌之子，清朝乾隆皇帝时期大臣，慧贤皇贵妃之弟。雍正初，高的父亲高斌授内务府主事，升郎中兼护军参领，外任两淮盐政兼署江宁织造，升江南河道总督。其间，致力治河，显露出超群的才干。乾隆初，调直隶总督，兼河道总督。因治理河道有方，高家户口被抬升至满洲镶黄旗，高斌被授文渊阁大学士，乾隆二十年（1755）卒于江南河道总督任上。高斌死后，乾隆帝念其治河的功劳，追谥“文定”，入祀京师河神祠。

这高家还是乾隆帝弘历的姻亲。弘历在藩邸时，高斌的女儿、高恒的姐姐是侧福晋；弘历即帝位后，她被册封为贵妃，深受宠爱；乾隆十年（1745）正月病逝，追谥为“慧贤皇贵妃”。不仅如此，高恒的从兄高晋，历任布政使、巡抚、江南河道总督、两江总督等职务。

可以说，高恒虽然是包衣出身，但此时已是膏粱世族、豪门子弟，在乾隆帝的关爱下，长期担任管理关税和盐政的官员。乾隆初，他以荫生授户部主事，外放管理山海关、淮安、张家口榷税，署长芦盐政。自乾隆二十二年（1757）起任两淮盐政，乾隆二十九年（1764）授上驷院卿，仍领两淮盐政，直到乾隆三十年（1765）因从兄高晋为两江总督，例当回避，才被召还北京，署户部侍郎，又授内务府总管大臣。高恒一生所担任的官职大都是肥缺美差，也就是在这样一个环境中，高恒逐渐养成了非同寻常的敛财能力。

当时任盐运使的卢见曾和他截然不同，卢氏爱好学术，以文坛盟主自任，曾主持虹桥修禊，为士林所推崇。有一回，高恒笑着对卢见曾说：“先生努力聚书画，而我只知道敛财。将来有一天先生归田，假如开个书店或者古董摊，我一定会带着金银到你的铺子里转转，为我的儿孙们买点玩具，如此这般，先生你将来也不会缺钱花的。”

高恒贪污案是在离任后爆发的。乾隆三十三年（1768）六月，新任两淮盐政尤拔世奏称，他发现两淮盐政有自己的小金库，而且现存有银19万两。乾隆帝得知后，相当吃惊，因为他以前从来没有听说过，而且剩余的钱竟然还有这么多，于是，下令彻查。不久，江苏巡抚彰宝回奏说，两淮盐政确实有通过额外征收而积累的小金库，近几年各种开支的银子有467万余两，还有盐商没有缴纳的600多万两银子。这一数字比尤拔世所言更令人震惊，因为这两项合计起来几乎相当于当时清政府每年国库收入的三分之一。这么多钱都是怎么花掉的？这其中到底有多少侵吞和贿赂？这么多年来为何没有一个官员奏报此事？这些问题都是乾隆帝想弄明白的。

高恒在扬州任盐政的九年时间里，先后三次接待乾隆帝南巡，每次需花费的大量金银从何而出，颇费踌躇。高恒耍弄小聪明，想出歪点子，瞒天过海，从每引盐中额外抽取3两银子，拿来充盈地方小金库。于是，接待的高额花费有了来路，巴结皇帝时花钱跟淌水似的，同时，高恒本人也中饱私囊，捞得盆满

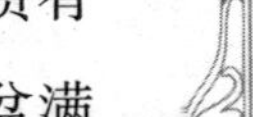

钵盈。

可无论是尤拨世还是彰宝的上奏，都没有提及前任两淮盐政高恒，只是闪烁其词地说以往盐政官员可能会有问题，因为他们不敢冒犯两江总督高晋，不敢得罪皇帝的宠臣高恒。但乾隆帝从一开始就非常重视盐政的贪污问题，并将矛头指向高恒。六月二十五日，乾隆帝便将高恒革职。不久，将其处死。

据说处死高恒之前，大学士傅恒曾奏请皇帝看在已经去世的慧贤皇贵妃的面子上，免其一死。乾隆帝听后非常不高兴，正色道："如皇后兄弟犯法，当奈何?"傅恒是孝贤皇后的兄弟，听了这句话不禁不寒而栗，不敢再多说一句话。后来，高恒的儿子高朴奉命办理新疆贡玉，非法获利7万两白银，也被乾隆帝砍了头。

乾隆帝六下江南

从公元1751年到1784年33年间，乾隆先后六次巡游江南。最后两次下江南时，他已是七十多岁的古稀老人了。

1735年，雍正帝去世，四皇子弘历登上帝位，即乾隆帝。他在位的六十多年中，保持和发展了康熙、雍正时期的经济发展和社会稳定，所以后世人常常把他和康熙、雍正帝并称，把他们在位的一百多年说成是清朝的最兴盛时期。当时，清朝经过康熙、雍正两朝的恢复和发展，到乾隆时，社会经济空前繁荣，达到了一个鼎盛时期。

乾隆帝即位后的前十来年，兢兢业业地治理朝政，肃清前朝遗留下来的弊端，解决各种矛盾纠纷，树立起较高的威望。但是，在他取得了一些成就之后，这位虚荣心强的皇帝，好大喜功之心也大大膨胀起来。他四处游山逛水，在位60年，就6次游江南，4次拜祖陵，5次游五台山，到曲阜祭孔、到河南祭祀嵩山的次数更是数不清，更不用说每年还要到承德打猎了。

各地地方官为了投皇帝所好，每次接圣驾都要大大讲一番排场，有时候一次就花去二三十万两银子。乾隆帝每次乘船顺运河游江南，运河两岸都搭满了戏台、彩棚，沿河排列着无数彩船。他的龙舟及大大小小的随行船只共有一千多艘，都由青壮年和年轻妇女拉纤，称为“龙须纤”。扬州本是商人云集的地方，奢靡成风。为了接驾，商人更是挖空心思露富摆阔。城里的大街小巷，都铺上了锦毡，路两边挂着绸帐，装饰得富丽堂皇。扬州的盐商为了讨好皇帝，捐钱修筑行宫，开湖堆山，建楼造园。行宫里的一切器物，都奢华无比，就连痰盂都是用银丝镂嵌而成的。乾隆帝见到这些别致的江南园林，十分赞赏，马上把那些盐商招来赐宴，赏给他们每人顶戴一级（顶戴是清朝区别官员等级的帽饰，皇帝可赏给无官的人某一等级的顶戴）。除了游山逛水，对女乐、珍宝、饮食、宫苑等，乾隆皇帝也无所不好。

乾隆

乾隆帝还重用侍卫出身的和珅，短短一段时间就升其为一品大员，一人之下，万人之上。和珅是个有名的贪官，他在朝廷上勾结党羽，贪污的钱财不计其数。乾隆帝的宠爱使得以和珅为首的一干官员疯狂肆虐地搜刮民脂民膏，造成百姓的负担日益加重，到了乾隆后期，就有一些地方的老百姓不堪重负，揭竿起义。当然，清朝上百年的基业并非一朝一夕就能推翻，但这些现象，足以代表乾隆朝的吏治腐败。

乾隆帝穷奢极欲，就连朝廷的一些大臣也看不下去。有一个官员到江苏去办事回来，乾隆帝召见他，询问江南民情如何。那个官员鼓起勇气说：“皇上南巡之后，百姓生活甚苦，怨声载道。”乾隆帝听这话，脸色大变，厉声斥问：“百姓生活苦，你说出来谁生活苦；怨声载道，你说出来谁有怨言！”不等那个官员分辩，乾隆帝就把他赶出朝堂，贬到新疆戍边去了。有个大臣劝乾隆帝说：“皇上每到一处巡幸，地方官一味奉承，侵害百姓不浅。”乾隆帝大怒，非要杀那个大臣不可。多亏朝廷大臣一再讲情，才把那个大臣免官了事。

皇帝既然如此，其他贵族官僚、地主豪绅上行下效，追求享乐，成了一种社会风气。官僚们的贪污也到了惊人的程度，出现了和珅一类的大贪官。清朝官场的风气也愈来愈腐败了。

嘉庆帝即位以后，虽然深知官场腐败，却没有大刀阔斧的改革，只能对细枝末节进行修剪，已经无法从根本上改变这种奢侈之风。清朝的衰败也是从乾隆后期初见端倪，最终走向灭亡的深渊。

乾隆大帝的十全武功

乾隆自称十全老人，最因为他自夸十全武功，所谓十全武功就是清乾隆时期的十次重大军事行动：两平准噶尔部，一征回部，两征大、小金川，一定台湾林爽文，一征缅甸，一讨安南，两降廓尔喀。

居住于伊犁地区的厄鲁特蒙古准噶尔部，在康熙、雍正两朝一再挑起战争，清政府虽多次发兵控制了准噶尔部的军事扩张，却不能消灭其政权。乾隆初政，与准噶尔议和，从西北撤兵，划阿尔泰山作为喀尔喀与准噶尔游牧分界线，赢得暂时和平。

乾隆十年（1745），准噶尔部噶尔丹策零死去，内部为争夺汗位发生内讧，准噶尔部政局动荡不安，社会秩序混乱，许多牧民纷纷逃离准噶尔部，投奔清朝，使最后解决准噶尔部问题出现转机。

乾隆十九年（1854），辉特部台吉阿睦尔撒纳、和硕特部台吉班珠尔率2万人降清，乾隆打破清帝冬天留居北京的惯例，乘着马冒着严寒赶往避暑山庄，接见阿睦尔撒纳一行，封其为亲王，班珠尔为郡王。

第二年，乾隆以班弟为定北将军，阿睦尔撒纳为定边副将军，永常为定西将军，出兵北、西两路，进兵准噶尔。此时，准噶尔达瓦齐还不知道清已分兵两路进击，主要精力仍在征讨哈萨克上面。

五月，西北两路大军会师于距伊犁仅300里的博罗塔拉河，达瓦齐这才知道军情，慌忙率万余人退至伊犁西北格登山，结阵布营，五月十九日，清军兵不血刃地进占伊犁，准噶尔部回民牵牛携酒，夹道欢迎。

两路清军从伊犁越推墨尔克里岭直抵格登山，准噶尔部兵一哄即散，达瓦齐在只有20余骑清侦察骑兵冲击下，不知虚实，率2000人逃走，余下7000余人降清。达瓦齐逃到南疆乌什城，其回教首领伯克霍吉斯慑于清朝兵威，设计擒住达瓦齐及其子送给定北将军班弟。至此，盘踞伊犁七八十年的准噶尔割据政权被彻底消灭。同时，清军还擒获了雍正初年逃到准噶尔部的青海和硕特部头目罗卜藏丹津。

清平定准噶尔部，原被准噶尔部俘虏的维吾尔族的宗教首领布那敦，即大和卓木和霍集占即小和卓木逃回“回疆”。大、小和卓木为恢复他们旧日的统治，号召各回城举兵反清，一时从反者达数十万之多，天山南路除库车、拜城、阿克苏三城的伯克仍然依附清廷外，南疆各地皆起而响应大、小和卓木。乾隆二十三年（1758），清军入回疆，多次败战。但大、小和卓木在各地“虐用其民，厚敛淫刑”，逐渐失去了各回城人民的支持，士卒日益离散。大、小和卓木在得到增援的清军的威胁下，败逃国外。乾隆二十五年（1760），清军平定了天山南路，即在喀什噶尔等地分驻参赞大臣、领队大臣、办事大臣，皆统属于伊犁将军。清廷统治维吾尔族地区后，在一定程度上减轻了一些维吾尔族人民的负担。

乾隆时又有大、小金川的战役。大、小金川在四川西北部，是藏族定居地区，“万山丛矗，中绕汹溪”，土产只有青梨荞麦，俗信喇嘛教，居民皆住石碉中。乾隆十二年（1747），大金川土司莎罗奔势力强大，起兵攻击邻近各部落，清朝政府派张广泗率兵镇压，“久而无功”，乾隆杀张广泗。后又改用岳钟琪，莎罗奔出降，但久而复叛。乾隆三十一年（1766），清朝政府又派阿尔泰联合九土司攻大金川，大金川反与小金川等部共抗清军。乾隆三十六年（1771），清军为大、小金川土司所败。乾隆杀阿尔泰。清朝集中兵力，前后耗饷达7000万，至乾隆四十一年（1776）才把大、小金川压服。清朝于该地设美诺厅（后改懋功县）、阿尔古厅，直接由四川省统辖，四川西北部诸土司也逐渐改土归流。

清朝为了巩固对边疆少数民族地区的统治，继续扩张势力，于乾隆三十二年（1767）、三十四年出兵缅甸，强迫使之成为属国。乾隆四十六年（1781）暹罗王遣使入贡，成为清的朝贡国。乾隆五十四年（1789）安南国内黎、阮二氏相争，清廷趁机出兵入侵，平定内乱，阮光平降清，被封为安南国王，成为清朝的属国。乾隆五十七年（1792），清军征服西藏南面的廓尔喀（今尼泊尔），定五年一“入贡”。在这以前，小丹、哲孟雄等国也和清朝发生了外交关系。

乾隆五十六年（1791），西藏大农奴主舍马尔巴勾结廓尔喀军队入侵后藏，攻日喀则。清军又一次进藏，击败廓尔喀军队，议和。在廓尔喀入侵以后，清廷制订“钦定西藏章程”，安设重兵驻防，再次对西藏的军事、政治等各方面进行了一些重大的改革，重新规定了住藏大臣和达赖喇嘛的职权和地位。在这以前，达赖、班禅及各呼图克图（活佛）的灵童转世，直接由大农奴主操纵，弊病很多。这次改革，清政府制订了“金奔巴”制度，即“金瓶掣签”制度，届时集诸喇嘛当众抽签听选，由驻藏大臣亲临监视。还对藏兵组织做了整顿，加强防务，财政贸易均有改革，减轻一些服役，限制农奴主任意滥派徭役等措施。

清政府打败廓尔喀，威信得到大大提高，受到西藏上下层僧俗人民的衷心爱戴，从而为清政府颁行《钦定西藏章程》29 条创造了良好的社会环境，以及在粉碎英国殖民者侵藏阴谋上都有重大意义。

乾隆帝禁书修书

康雍乾盛世是中国古代封建王朝的最后一个盛世，同时是中国封建社会的回光返照。该时期经历了康熙、雍正、乾隆三代皇帝，持续时间长达一百三十四年，是清朝统治的最高峰，在此期间，中国社会的各个方面在原有的体系框架下达到极致，改革最多，国力最强，社会稳定，经济快速发展，人口增长迅速，疆域辽阔。公元 1757 年，原来已归服清朝廷的准噶尔贵族阿睦尔撒纳发动叛乱。乾隆帝派兵两路，进攻伊犁，平定了叛乱。准噶尔平定以后，原来被准噶尔俘虏的维吾尔族首领大和卓木（又名布那敦）、小和卓木（又名霍集占）兄弟逃回新疆天山南路，起兵反清。乾隆帝又派兵征讨。大小和卓木在当地残酷压迫人民，遭到维吾尔族人民的痛恨，纷纷起来支持清军。清军顺利地平定了大小和卓木的叛乱。公元1762年清朝在新疆设置伊犁将军，加强对天山南北的管理。

乾隆帝跟他祖父、父亲一样，除了武功之外，还十分重视文治。他一面继续开博学鸿词科，招收文人学者，编写各种书籍；一面又大兴文字狱，镇压有反清嫌疑的文人，乾隆时期文字狱之多，大大超过了康熙、雍正两朝。

但是，乾隆帝懂得，光靠文字狱来实行文化统治是不彻底的。还有成千上万的书籍，贮藏在民间。如果里面有不利他们统治的内容，该用什么办法来解决呢。

他终于想出一个办法，就是集中全国的藏书，来编辑一部规模空前巨大的丛书。这样做一来可以进一步笼络大批知识分子，显示皇帝重视文化；二来借这个机会把民间藏书统统审查一下。可说是一举两得。

公元1773年，乾隆帝正式下令开设四库全书馆。派了一些皇室亲王和大学士担任总裁，那些皇亲国戚大多是挂个名、起监督作用的。真正担任编纂官的都是当时一些有名的学者，像戴震、姚鼐、纪昀等人。那套丛书名称就叫作《四库全书》。

我国古代常把图书分成经、史、子、集四个大类：经部，包括历来儒家的经典著作（像《诗经》《论语》《孟子》等）和研究文字音韵的书；史部，包括各种历史、地理、传记等；子部，包括古代诸子百家学说和科技著作，像农学、医学、天文、历法、算法、艺术等；集部，包括文学的总集和专集等。

按照四大类集中贮藏起来就叫作“四库”。

要编一套规模巨大的丛书，先得把书籍收集起来。乾隆帝下了命令，叫各省官员搜集、收购各种图书上缴，并且定出了奖励办法，要私人进献图书，进献越多，奖励越大。这道命令一下，各地图书果然源源不绝送到北京，只隔二年，就有二万多种，再加上宫廷内部原来的大量图书，数量就很可观了。

书收集起来了。乾隆帝就下令四库全书馆的编纂官员对图书认真检查。凡是有“违碍”（对清统治者不利）字句的，一概销毁。一查下来，发现在明朝后期的大臣奏章里，提到清皇族的上代，不那么尊重，譬如他们的上代就接受过明朝的官职和封号，这在乾隆帝看来是很不体面的，于是就下令把这类图书一概烧毁。至于像吕留良、黄道周等抗清文人的著作，那就更不用说了。后来再一查，在宋朝人的著作中，也有许多反对辽、金、元朝的内容，这种内容很容易使人联想到反对清王朝，也该销毁，或者销毁一部分。还有一个办法，就是发现这类字句，就随时删改涂抹，这样，书虽然被保存下来，但是已经弄得面目全非。为了这件事，乾隆帝可说是绞尽脑汁。据不完全统计，在编《四库全书》的同时，被查禁烧毁的图书也有三千种之多。

但是不管乾隆帝的动机怎样，这部规模巨大的《四库全书》到底编出来了，而且保存下来了。编纂《四库全书》的学者们对大批图书进行编辑、校勘、抄写，足足花了十年工夫，到公元 1782 年正式完成，共收图书三千五百零三种，七万九千三百三十七卷。当时把全书抄了七部，分别贮藏在皇宫、圆明园、热河行宫（今河北承德）、奉天、（今沈阳）杭州、镇江、扬州（其中三部后来在战争中被烧毁了）。这对后代人研究我国古代丰富的文化遗产，毕竟是一项重大的珍贵的贡献。至于查禁销毁一批书，当然对我国文化造成了损失，但是这种有禁也不可能彻底。当时就有不少爱护文物的人，冒着杀头的危险，把许多有价值的书藏了起来。到了清朝末年，就有不少被禁的书陆续地面世了。

纪昀谪戍乌鲁木齐

纪昀（1724—1805 年），字晓岚，别字春帆，号石云，道号观弈道人，直隶献县（今河北省献县）人。清朝政治家、文学家。乾隆十九年（1754 年），考中进士，入选翰林院庶吉士，历任左都御史，兵部尚书、礼部尚书、协办大学士，以太子太保、管国子监事致仕。一生学宗汉儒，博览群书，工于诗歌及骈文，长于考证训诂，曾任《四库全书》总纂官。晚年内心世界日益封闭，《阅微草堂笔记》正是当时心境的产物。嘉庆十年（1805 年）二月，病逝，时年八十二，因其“敏而好学可为文，授之以政无不达”（嘉庆帝御赐碑文），谥号文达，乡里世称文达公，著有《纪文达公遗集》。

进入乾嘉时期，西学传播虽然有所消歇，但传统学术却日渐兴盛，其标志无疑是《四库全书》，纪昀在担任《四库全书》总纂官之前，刚刚被提拔为侍读学士的纪昀正准备在仕途上有一番作为的时候，一场飞来横祸降临在他的头上，最后被流放新疆。

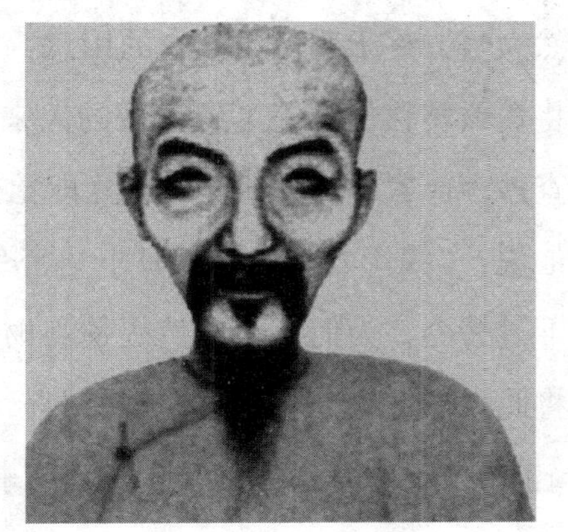
纪昀

这还要从两淮盐引案说起。乾隆三十三年（1768）春天，新任两淮盐政尤拔世到任后，听说以往盐商的弊政后，想以此为把柄，趁机捞一把，但居然索贿未成，于是恼怒之下向朝廷奏报两淮盐政存在诸多贪污腐败情形。在清代，盐业是政府垄断产业，盐商要想运销盐，必须从盐政那里取得许可证“盐引”。盐业官营是国家财政收入的重要来源，因此历代皇帝均非常重视，担任盐业管理的人也都是皇室的奴才。乾隆帝接到奏报后，立即派江苏巡抚彰宝与尤拔世协同调查。

不久，彰宝等人便回奏：自乾隆十年（1745）后，盐官与盐商勾结，私自收受银两共有1090余万两，均未归公；甚至查出前任盐政高恒任内收受盐商所缴银13万两之多。乾隆帝看了奏折后，立即要求查办前任盐政官员。

这件案子原本与纪昀并没有什么关系，但却由于前任两淮盐运使卢见曾的涉案让纪昀一不小心陷了进去。这到底是怎么回事呢？原来，这位卢见曾是纪昀的姻亲，他的孙子卢荫文娶了纪昀的二女儿为妻。当时纪昀得知乾隆帝要严厉查办前任盐官的消息后，他立即就想到了自己的姻亲卢家。对于亲家的家底，纪昀还是一清二楚的，如果朝廷突击查办，肯定逃脱不了。如果事先告知卢家，把财产转移，或许还能逃过一劫。但是现在情况紧急，怎么才能让卢家知道呢？如果处理不好，让皇帝知道自己通风报信，那后果也是不堪设想的。

据野史演绎，纪昀经过一番左思右想，终于想出一个自以为绝妙的办法来。他立即拿了一撮食盐、一撮茶叶，装进一个空信封里，用糨糊把口封上，里外

没有写一个字，连夜打发人送往山东德州的卢家。卢见曾接到信后，先是莫名其妙，百思不得其解，后来将里面的东西全部倒在几案上，凝视良久，这才恍然大悟，终于明白了其中的用意："盐案亏空查（茶）封!"于是，卢见曾立即将资财转移他处，等到查抄的人来时，已经是半月之后的事了。当乾隆帝得知查抄卢氏家产一无所获时，立即觉得这里面有问题，断定有人事先走漏了风声。他说："我于六月二十五日下达密令查抄卢见曾家，在此之前没有向其他任何人下过命令，为何卢家居然提前将财产隐藏起来呢？肯定有人走漏了风声，必须将此人严厉查处!"经刘统勋调查，纪昀通风报信的事实终于暴露。乾隆帝训斥纪昀："这次是你泄的密，有无此事？"纪昀俯首回答："圣上明鉴，但臣并未写过一个通风报信的字。"乾隆帝好奇："你没写一个字，那是怎么让卢见曾知道的呢？"纪昀就如实说了一遍。乾隆帝怒气稍消，将纪昀谪戍新疆乌鲁木齐。历史真相未必如此，但纪昀因泄密被定罪却是事实。

乾隆三十四年（1769）二月，历经千辛万苦的纪昀到达乌鲁木齐后，都统温福对他颇为敬重，经常嘘寒问暖。次年，乾隆帝因要编纂《四库全书》，便赦免纪昀回京。在这一路颠簸的途中，纪昀每天与狗相伴。其中，有一只名叫"四儿"的黑犬与他感情最深。"四儿"一路上看护行囊，如果不是主人来到跟前，就是仆人也不能动一下，否则它像人一样站起来瞪着你。有一天傍晚，纪昀路过名叫七达岭的地方，天色昏暗，车队一半在岭南，一半在岭北。黑犬"四儿"就像侍卫一样站在岭巅，左右看护两边车辆通过。后来，纪昀为此还写了两首诗，其中一首说："空山明月忍饥行，冰雪崎岖百廿程。我已无官何所忍，可怜汝也太痴生。"

"四儿"随纪昀回到北京后，竟然被人毒死，令纪昀伤心不已。有人说："仆人们讨厌它守夜太严厉，就借口强盗杀死了它。"为了纪念黑犬的忠心耿耿，纪昀将其埋葬，墓前立碑，题曰"义犬四儿之墓"。原本他还想雕刻四个石头像，象征自己的四个奴仆，跪在"四儿"的墓前，后来有人说："让四个奴才在四儿身边，怕是狗也嫌弃他们。"于是作罢，只是在奴仆房楣上题写了"师犬堂"几个大字。这件事在当时人袁枚的《随园诗话》中有记载。纪昀为了一条狗而如此动情，如此不惜笔墨地加以描述，恐怕不只是出于对宠物的感情，从另外一方面来说，也是他自己为皇帝效忠的写照。

有力批判“程朱陆王”的思想家——戴震

清代统治的初期，对知识分子采取拉拢、收买的办法，设立“博学鸿词科”，招揽汉族有名望的知识分子。但当时一些反对民族压迫的学者，都拒绝“征召”，不肯与清朝统治者合作。康熙时特别表扬程朱理学，召集了一些人，编纂了一些书，尊崇程朱理学是唯一的“正学”，当时有些陆王学派的人也受到重用。

清代学术以训诂考据之学为主流。顾炎武虽然讲训诂考据，但他的中心思想是“通经致用”，强调对于现实问题的探讨。清代从事训诂考据的学者却无人继承顾炎武的这一方面，专在故纸堆中讨生活。乾隆时期，统治者除了推崇程朱理学之外，也提倡考据学。清代中期，在训诂考据方面有很高成就，同时对于哲学思想也有重要贡献，并提出了对于程朱陆王有力批判的思想家，是戴震。

戴震（1723—1777），字东原，又字慎修，号杲溪，休宁隆阜（今安徽黄山屯溪区）人，清代著名语言文字学家、哲学家、思想家。乾隆二十七年（1762年）举人，乾隆三十八年（1773年）被召为《四库全书》纂修官。乾隆四十年（1775年）第六次会试下第，因学术成就显著，特命参加殿试，赐同进士出身。戴震治学广博，音韵、文字、历算、地理无不精通，又进而阐明义理，对理学家“去人欲，存天理”之说有所抨击。其视个体为真实、批判程朱理学的思想，对晚清以来的学术思潮产生了深远影响。梁启超称之为“前清学者第一人”，梁启超、胡适称之为中国近代科学界的先驱者。戴震出身小商人家庭，自已早年也曾从事于负贩，经常靠教书维持生活。曾中乡举，但未考中进士。他对于天文算学地理等自然科学都有研究，同时针对当时占统治地位的官方哲学提出了自已的学说。

在哲学上，他肯定世界是“气”之变化过程，而“气化流行，生生不息”，即为“道”“理”。“气”是“阴阳五行”，也即“道”之实体。又以为《易·系辞》所谓“形而上”之“道”，即“未成形质”以前之“气”；“形而下”之器，即“已成形质”以后之物，反对理学家“理在事先”等说。又提倡从具体考察事物中认识事物规律（“理”），“事物之理，必就事物剖析至微，而后理得”（《孟子字义疏证》），以为“理也者，情之不爽失也，未有情不得而理得者也”，“今以情之不爽失为理，是理者存乎欲者也”（同上）。其“理存于欲”之命题，一反理学家“去人欲、存天理”之说教，以为“后儒以理杀人”，与“酷吏以法杀人”无本质区别。所著有《原善》《原象》《孟子字义疏证》《声韵考》《声类表》《方言疏证》等，后人编为《戴氏遗书》。

戴震生存的时代，社会经济有进一步的发展，工商业比较繁荣；而统治者对文化思想的控制也比以前更为加甚。同时用残酷的手段镇压人民的反抗。清代各级有权力者常用“名教”“义理”来为自己的统治辩护。在这种情况下，戴震提出对于程朱理学的深刻批判，他的思想在一定程度上反映了工商业发展的要求，反映了当时市民阶层的意识。

曹雪芹写《红楼梦》

乾隆帝连年用兵，铺张浪费。加上下面的官吏贪污浪费成风，弄得国家渐渐地衰弱下来。

就在这个时期，在京城流传着一本小说，叫《红楼梦》。开始，人们还弄不清作者是谁，后来经过研究，才知道写书的作者叫曹雪芹。

曹雪芹（约1715—约1763），名霑，字梦阮，号雪芹，又号芹溪、芹圃。清代著名文学家，小说家。先祖为中原汉人，满洲正白旗包衣出身。素性放达，曾身杂优伶而被钥空房。爱好研究广泛：金石、诗书、绘画、园林、中医、织补、工艺、饮食等。他出身于一个“百年望族”的大官僚地主家庭，因家庭的衰败饱尝人世辛酸，后以坚韧不拔之毅力，历经多年艰辛创作出极具思想性、艺术性的伟大作品《红楼梦》。曹雪芹原来是一个贵族家庭的子弟。他的曾祖曹玺曾经得到康熙帝的宠信，被派到南方当江宁织造。江宁是南方富裕的地方，织造是专替皇族办服装的，是个攒钱的差使。曹玺死后，曹雪芹的祖父曹寅、父亲曹頫接替了这个差使，一家三代前后做了六七十年织造官，不用说家产越来越富，成了一个豪门。

曹雪芹

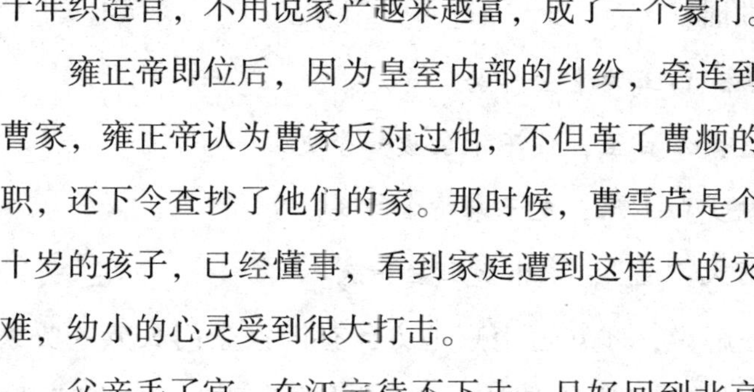

雍正帝即位后，因为皇室内部的纠纷，牵连到曹家，雍正帝认为曹家反对过他，不但革了曹頫的职，还下令查抄了他们的家。那时候，曹雪芹是个十岁的孩子，已经懂事，看到家庭遭到这样大的灾难，幼小的心灵受到很大打击。

父亲丢了官，在江宁待不下去，只好回到北京老家，生活越来越穷，家庭的灾难又接二连三发生。到后来，父亲曹頫也死了。曹雪芹的生活更加困难，他只好搬到北京西郊，在几间简陋的屋子里读书。有时候，连粮食也不够吃，只好喝点薄粥充饥。

曹雪芹住在郊外，环境变了，接触了一些穷苦百姓，再想起小时候家里的豪华生活，免不了产生许多感触。后来，他决心根据他的亲身体验写出一部反映当时社会生活的小说，这就是《红楼梦》。

曹雪芹在《红楼梦》里，写了一个贵族大家庭贾家从兴盛到衰落的故事。在那个贵族家庭里，大多是一些挥霍享受，专讲吃喝玩乐、放债收租的寄生虫。有些人表面上道貌岸然，内心肮脏刻薄。小说的主人公，贾家的公子贾宝玉和他的表妹林黛玉是一对嫌恶贵族习气、反对封建礼教的青年。在那个环境里，他们想摆脱旧礼教的束缚，却没有出路。结果林黛玉受尽歧视，害病死去；贾宝玉离家出走；而那个贵族大家庭，在享尽荣华富贵之后，也像腐朽的大厦一样，呼啦啦地倒塌了。

曹雪芹用十分深切同情的笔调写了这一对青年男女和一些受压迫凌辱的婢女，又满怀气愤地揭露了封建统治阶级的腐朽和罪恶。在《红楼梦》里，有一段“护官符”的故事，就是专门揭露这些官僚和豪门怎样勾结起来欺压百姓的。

小说里的贾府有一门亲戚薛家。薛家的公子薛蟠，因为跟别人争夺一个婢女，行凶打死了人。被害人的仆人告到应天府，知府贾雨村正想派公差到薛家去捉拿凶犯，他的随身仆人暗示他别这样做。退堂以后，贾雨村把仆人留下，问他为什么阻止他捉拿凶犯。那仆人从袋里拿出一张纸，上面抄着民间流传很广的一首叫作《护官符》的歌谣，

贾不假，白玉为堂金作马。

阿房宫，三百里，住不下金陵一个史。

东海缺少白玉床，龙王来请金陵王。

丰年好大“雪”，珍珠如土金如铁。

贾雨村看不懂。经仆人一解说，才知道南京地方，有四家豪门大族：贾家是皇亲国戚，史家和王家都是金陵（就是南京）的大官僚；“雪”和“薛”同音，指当地一家富商薛家。这四家结成亲戚，互相勾结，势力大得没法说。当官的要想护住自己的官职，就不能得罪这四家豪门。仆人提醒贾雨村说，这次杀人的凶犯正是薛家公子，要是触犯了他们，不但要丢掉官职，只怕性命难保。

贾雨村听了仆人的话，吓了一大跳，马上打消了捉拿凶犯的念头，还按照仆人献的计，把被打死的人说成是急病死去。一桩人命案，就这样稀里糊涂地了结。

曹雪芹花了十年时间，在北京西郊写这部小说，辛劳和疾病把他折磨得十分衰弱。当他写完八十回的时候，他的一个心爱的孩子得病夭折。曹雪芹受不了这个打击，终于放下了他没有完成的著作，离开了人世。

曹雪芹死后，他的小说稿本经过朋友们传抄，渐渐流传开来。许多人读了这本小说，又是赞赏，又是感动。但是对这样杰出的著作没有全部完成，总觉得是一件太可惜的事。后来，又有一个文学家高鹗，续写了四十回，使《红楼梦》成了一部结构完整的小说。

曹雪芹最伟大的贡献在于文学创作。他创作的《红楼梦》规模宏大、结构严谨、情节复杂、描写生动，塑造了众多具有典型性格的艺术形象，堪称中国古代长篇小说的高峰，在世界文学史上占有重要地位。曹雪芹为中华民族、为

世界人民留下了宝贵的文化遗产和精神财富，不仅对后世作家的创作影响深远，而且在绘画、影视、动漫、网游等领域产生了大量优秀衍生作品，学术界、社会上围绕《红楼梦》作者、版本、文本、本事等方面的研究与谈论甚至形成了一种专门的学问——红学。

儒雅文士吴敬梓

吴敬梓（1701—1754），字敏轩，一字文木，号粒民，清朝最伟大的小说家之一。汉族，安徽省全椒人。因家有“文木山房”，所以晚年自称“文木老人”，又因自家乡安徽全椒移至江苏南京秦淮河畔，故又称“秦淮寓客”（现存吴敬梓手写《兰亭序》中盖有印章：“全椒吴敬梓号粒民印”）。后卒于客中。著有《文木山房诗文集》十二卷（今存四卷）、《文木山房诗说》七卷（今存四十三则）、小说《儒林外史》。

吴敬梓出身于科举世家，就必然要走上科举仕进的升迁之路；但是，吴敬梓在这条道路的跋涉是坎坷的。他在18岁时，考取了秀才，此后的乡试中却从未中过，而且在人格上还受到侮辱，他文中那咄咄逼人的狂傲之气以及那善辩犀利的文笔，主考官下了断语：“文章大好人大怪”。吴敬梓从18岁进学到29岁，12年的老秀才仍是屡试不及，谁还相信那骗人的科举仕进之道？从此，过去一直憧憬着“家声科第从来美”的吴敬梓，再也没有参加官府的各种考试，无畏无求，不为形役，“长安卿相旧相识，应须笑傲凌五侯”。

当乾隆圣驾巡视江南时，他也不把皇帝老子看在眼里，没有像那些士大夫之流那样去夹道跪拜相迎，他竟敢“企脚仰卧向栩床”，表现了傲骨铮铮的威武相。在《儒林外史》中，吴敬梓对科场舞弊成风、乌烟瘴气等情景的无情揭露，对儒林中皓首穷经、梦求仕进等丑态的辛辣鞭挞，对封建科举的深恶痛绝、嬉笑怒骂等，可以说是俯首即拾，信手拈来，这其间也融进了吴敬梓的人生经历与深刻体验。

吴敬梓30岁那年（1733），举家迁至南京之后，真正是“乡试不应，科岁

也不考”，从此“逍遥自在”，“做起自己的事来”。此时的吴敬梓，历经了众多的人生磨难，以及试官的侮辱和乡试的失败。但是，生活的困窘、经济的拮据，并没有改变吴敬梓孤高傲世、狂放不羁的性格，也没有改变他对文学的爱好、事业的追求。定居南京后，冲破礼教的藩篱，夫妇敢于携手同游紫金山，一路谈笑风生，使路人目眩神摇，不敢仰视，这在当时简直不可思议。冬天苦寒，无酒缺食，无具御寒，他有时穿着破烂的长袍，“翘首行吟”，从秦淮河的北岸步行到古台城诸山而后返回；有时邀集三五文友，乘着月光，步出南门，绕着城墙数十里，一路傲啸狂歌，直到第二天天明，各自才大笑而散。至今南京民间，还流传着当年吴敬梓这种奇特的“暖足”逸闻。

孔尚任书写传奇《桃花扇》

孔尚任（1648—1718），字聘之，又字季重，号东塘，别号岸堂，自称云亭山人。山东曲阜人，孔子六十四孙，清初诗人、戏曲作家。时人将他与《长生殿》作者洪升并论，称“南洪北孔”。尚任自幼聪慧，熟读经史，好诗文，通音律。父亲的好友贾凫西，对他从事戏剧创作影响颇深。虽高才博识，但屡试不中，便捐纳了国子监生，三十五岁之前隐居石门山中。康熙二十一年（682 年），应衍圣公孔额所之请，出山为其夫人治丧。后主修《孔子世家谱》，训练礼生、乐舞生，在把孔时做赞礼，还选聘工匠，监制礼乐器、舞器、祭器达数十种。他日夜忙碌一年有余，因办事认真，才能出众，成绩卓著，受到孔毓圻的赞赏。

康熙二十四年（1685）南巡至曲阜，召之讲经，破格提升为国子监博士，后迁员外郎。曾参与淮扬治水工程，得以在扬州、南京等地凭吊古迹，了解南明败亡的历史。以后用 10 年时间苦心经营，三易其稿，于康熙三十八年完成名剧《桃花扇》。上演后，名动京城，与洪昇并称“南洪北孔”。不久，因遭疑案罢官。归乡后以著述自娱。代表作《桃花扇》是以明末名士侯方域与妓女李香君悲欢离合的故事为线索，写南明灭亡的悲剧。诗多酬唱之作，风格清丽，情致缠绵。

此剧表现了明末时以复社文人侯方域、吴次尾、陈定生为代表的清流同以阮大铖和马士英为代表的权奸之间的斗争，揭露了南明王朝政治的腐败和衰亡原因，反映了当时的社会面貌。作者的创作意图是“借离合之情，写兴亡之感”，通过侯方域和李香君悲欢离合的爱情故事，表现南明覆亡的历史，并总结明朝300年亡国的历史经验，表现了丰富复杂的社会历史内容。

《桃花扇》的艺术成就，主要表现在人物塑造上形成了一个完整的形象体系；在艺术结构上，以侯、李爱情为线索，组织进多方面的社会矛盾，严整紧凑；另外，其曲辞亦流畅尤美，富于文采。该剧剧情是：侯方域在南京旧院结识李香君，共订婚约，阉党余孽阮大铖得知侯方域手头拮据，暗送妆奁用以拉拢。香君识破圈套，阮大铖怀恨。南明王朝建立后，阮诬告侯方域迫使他逃离南京。得势的阮大铖欲强迫香君改嫁党羽田仰遭拒，香君血溅定情诗扇。友人杨龙友将扇上迹点染成折枝桃花，故名桃花扇。后，南明灭亡，侯、李重逢。但国已破，何为家？他们撕破桃花扇，分别出家。

中国的戏剧于元代文坛崛起，至汤显祖《牡丹亭》达到高峰之后，就开始走向低谷。但是，清代的孔尚任又以其名作《桃花扇》于戏剧的衰颓之势中再度崛起，作为古代戏剧中的最后一位伟大的戏剧家，再次将中国古代戏剧创作推上一个新的高度。

金圣叹之死

金圣叹（1608—1661），名采，字若采。一说原姓张。明亡后改名人瑞，字圣叹，自称泐庵法师。明末清初苏州人，著名的文学家、文学批评家。金圣叹的主要成就在于文学批评，对《水浒传》《西厢记》《左传》等书及杜甫诸家唐诗都有评点。他乩降才女叶小鸾，写下动人篇章，成为江南士人佳话，亦为曹雪芹构思和创作《红楼梦》的素材之一。金圣叹提高通俗文学的地位，提出“六才子书”之说，使小说戏曲与传统经传诗歌并驾齐驱，受推崇为中国白话文学运动的先驱，在中国文学史上占有重要地位。

金圣叹生于明万历年间，幼年生活优裕，父母去世后家道中落。

因为从小体弱多病，10 岁的时候才被家人送进私塾，读《大学》《中庸》《论语》《孟子》等，但金圣叹对这些都不感兴趣，对于《西厢记》之类的闲书却如饥似渴，经常在私塾读书时偷看，看到精彩处，不思茶饭，不言不语。有一次还被塾师抓住，金圣叹如实相告，塾师倒不责怪，说道："孺子真是世间读书种子。"

金圣叹蔑视权贵，对仕途不屑一顾，以贫寒之身，对朝廷的招揽无动于衷，这份傲骨真是难能可贵。他的舅父钱谦益本是礼部尚书，南明弘光时投靠了权臣马士英，清兵南下，他又变节屈膝，脱下长袍换马褂，变为清朝的礼部侍郎。据说有一次，钱氏做寿，金圣叹前往。席间，他挥毫泼墨写了副骇人的对联："一个文官小花脸，三朝元老大奸臣。"

金圣叹又是一个狂生。他所批阅评点的六部"天下才子书"：《离骚》《庄子》《记》《杜诗》《水浒传》《西厢记》，遍加批语，批论透辟，识见精到，盛行吴下。当时人们从正统的文学观念出发，鄙薄小说、戏曲，同时统治阶层和正统的道学家为了维护皇权专制和道德礼教，将描写"官逼民反"、农民起义的小说《水浒传》和讴歌自由爱情的戏曲《西厢记》分别斥之为"诲盗""诲淫"之作，甚至列入禁毁书目。金圣叹则反其道而行之，公然将《水浒传》《西厢记》与《离骚》《庄子》《史记》《杜诗》并列，作为人世间六大奇书，一律以"才子书"命名，并亲自评点《水浒传》《西厢记》。

他评点《水浒传》时说："大君不要自己出头，要让普天下人出头。"同时，他公然明言"乱自上出"，官逼民反，把农民的铤而走险直接归罪于统治者的失政。金圣叹更对尸位素餐的官僚阶层进行了痛快淋漓的揭露："关节，则知通也；权要，则知跪也；催科，则知加耗也；对簿，则知罚赎也；民户殷富，则知彼连以逮之也；吏胥狡狯，则知心膂以托之也。"金圣叹认为官僚无异于盗贼，真可谓大胆！

他评价《西厢记》时说："有人来说《西厢记》是'淫书'。此人日后定堕拔舌地狱。""《西厢记》断断不是'淫书'，断断是'妙文'。"不仅如此，他甚至将小说、戏曲与儒家经典相提并论，认为《水浒》可与《论语》媲美，《西厢》可取代“四书”做童蒙课本。这在当时科举盛行、开口就说“四书五经”的年代中确是惊世骇俗之言。

金圣叹又是江南士子中的枭雄。顺治十八年（1661）二月，顺治帝驾崩，死讯传到苏州，大小官员设灵服丧。依照礼制，皇帝驾崩，全国上下都要哀悼。三月，哀诏传至苏州，江苏巡抚朱国治等于府衙设置灵堂。连续三天，地方军政要员及郡中士绅前往哭临。此外，地方政府还在苏州文庙设灵堂，供普通百姓祭悼。

但以金圣叹为首的几个秀才，因同情农民的遭遇，写了“揭帖”到哭临场所控告县官，金圣叹将矛头指向包庇部下的巡抚朱国治。朱国治大为震怒，当场逮捕了倪用宾等十余名秀才。

“哭庙案”爆发当日，金圣叹在混乱中侥幸逃脱，当晚他还召集有关人员，准备于次日再次率众哭庙，抗议官府的镇压暴行，后被人劝阻而未行。后来，金圣叹曾到他处躲避多日，直至四月二十七日，金圣叹才被逮捕。巡抚朱国治上奏朝廷，“必欲杀金等而后快”，金圣叹等 18 人以“抗粮谋反”罪处斩。

据说，临刑前金圣叹无所畏惧，身陷囹圄的他将狱卒叫来，说有要事相告。狱卒以为有什么秘密，金圣叹却指着饭菜说：“花生米与豆干同嚼，大有火腿之滋味。得此一技传矣，死而无憾也！”押赴刑场之际，他见儿子在旁哭泣，便做了副对子：“莲子心中苦，梨儿腹内酸。”又说：“杀头，至痛也；籍没，至惨也；而圣叹无意得之，不亦异乎！”这形象地反映了金圣叹大义凛然的风骨。

孔尚任被罢官

康熙三十八年（1699），孔尚任所著《桃花扇》在京城走红，然而天有不测风云，他最终却因《桃花扇》而被罢官。

孔尚任是孔子的六十四代孙，他虽是孔圣人之后，但要想跻身仕途，依然须沿科举取士的阶梯拾级而上。和封建时代的多数读书人一样，孔尚任是热衷于功名的。他青年时多次科考都名落孙山，为此还纳粟捐了监生的科名，然并未达到目的，此时孔氏已经34岁。康熙二十一年（1682）至二十三年之间，孔尚任主持纂修《孔子世家谱》和《阙里志》，后又集邹鲁弟子700人，教习礼乐，在孔庙成功地举行了隆重的万人祭祀。后来，恰逢康熙帝南巡，拜谒孔庙。孔尚任为康熙帝讲经，获康熙帝赞许，认为其讲经胜过宫廷讲经的官员。这样孔氏才得以由一个乡村秀才破格提拔为国子监博士。

康熙二十四年（1685），孔氏进京就职，又受到一系列的恩赐。孔氏对康熙帝充满了感激之情，经常怀念"一日之间，三问臣年"，"真不世之遭逢"。康熙二十五年（1686），孔尚任奉命随同工部侍郎孙在丰一起去淮扬治理下河，疏浚黄河海口。陛辞时，"天语劝劳，卿相赞勉"，一时间激起了他扶贫济世的壮志。

然而现实并没有给他施展抱负的机会，等他到了河署所在地扬州后，呈现在他眼前的却是治河官员无视灾民安危的纸醉金迷。官员间的明争暗斗，使下河工程杳无成期。进入官场日浅的孔尚任对这种尔虞我诈难以理解，也无法在这种情形中生存，而他施展抱负的满腔热情也逐渐消减，他从政的天真想法破碎了。

三年的治河，并没使孔尚任在政治上有任何的成就，而是成就了一位文学家。也就是在这段时间，孔尚任有足够的时间了解到当时南明的政治悲剧，抚今追昔。历史悲剧与现实教训的强烈对比，深化了他早年的兴亡之感，也加剧了他的政治感伤意识，这为《桃花扇》的创作奠定了深厚的思想基础。

孔尚任于康熙二十九年（1690）返京，后又长期淹蹇于户部福建清吏司主事、户部广东司员外郎一类卑微小官，郁郁寡欢。然而他毕竟还是一个抱有宏才的文人，在这期间他开始了《桃花扇》的创作。先后三易其稿，于康熙三十八年（1699）定稿后上演，轰动朝野。据说，当年秋天，内廷侍卫四处索要《桃花扇》，可见《桃花扇》引起了皇帝的关注。可正当"王公荐绅，莫不传抄，时有洛阳纸贵之誉"时，孔尚任却被罢官了。

孔尚任并非不知文字之祸，他写《桃花扇》还是非常谨慎的。《桃花扇》在题材上没有什么不妥当的地方。统观一部《桃花扇》，总结南明灭亡原因而归之于四个字：权奸误国。出于功名的考虑，孔尚任愿意尽量为“圣朝”讳。孔尚任一再声称：其“朝政得失，文人聚散，皆确考时地，全无假借”，“借离合之情，写兴亡之感，实事实人，有凭有据”。在具体写作中，凡是与清政府有抵牾之处，他都进行了不同程度的遮掩和粉饰。孔尚任甚至在《桃花扇》里借张薇之口，颂扬清人“进关，杀退流贼，安了百姓，替明朝报了大仇”。

然而，《桃花扇》毕竟反映了南明王朝灭亡史，也在一定程度上寄托了孔尚任的民族意识和爱国思想。在全书引言中，他说：“场上歌舞，局外指点，知三百年之基业，隳于何人？败于何事？消于何年？歇于何地？不独令观者感慨涕零，亦可惩创人心，为末世之一救。”作为一部传奇历史剧，《桃花扇》借离合之情，寄兴亡之感，整部作品的基调是感伤，表现出了对汉民族失去江山的依恋。

再如《桃花扇》末出“余韵”里讽刺降清为吏的明朝魏国公之后徐青君是“开国元勋留狗尾，换朝逸老缩龟头”；嘲弄清政府开国时征贤招逸是“访拿山林隐逸”；讥笑改换官服的前朝臣子时说：“那些文人名士，都是识时务的俊杰，从三年前俱已出山了。”相反，盛赞说书艺人柳敬亭、唱曲的苏昆生这些末流之人拒不仕清的高风亮节作为反衬。

当他得知自己是因文字致祸而被罢官后，他始终把自己当成一个以屈原自况的忠心耿耿的“孤臣”“逐客”，“《离骚》惹泪余身洁”，他最大的愤慨是“歌骚问上天”，叹息“真嫌芳草秽，未信美人妍”。由于心存幻想，孔氏被罢官后，滞留京城二年，希望能弄清真相、得康熙帝的重新任用，最后在朋友的劝说下，不得不回山东石门旧居隐居。

心有余悸的方苞

方苞（1668—1749），字灵皋，亦字凤九，晚年号望溪，亦号南山牧叟。汉族，江南桐城（今安徽省桐城市凤仪里）人，生于江宁府（今江苏南京六合留

稼村）。桐城“桂林方氏”（亦称“县里方”或“大方”）十六世，与明末大思想家方以智同属“桂林方氏”大家族。是清代散文家，桐城派散文创始人，与姚鼐、刘大櫆合称桐城三祖。

方苞生于康熙七年（1668），此时距清入关已24年。方苞并非明朝遗老，他出生成长的时期，清政权的统治已经趋向稳定。苦心读书，有朝一日鲤鱼跳龙门，应是他一生的追求。可是，自幼才情横溢的方苞在考中举人后，先后于康熙三十九年（1700）、四十二年（1703）、四十五年（1706）三次赴京会试，都名落孙山。

由于家庭遗传和耳濡目染，方苞很小的时候便已展露文学才能。4岁时，父亲以“鸡声隔雾”命他对句，他脱口而出，以“龙气成云”相对。5岁时，父亲便口授经文章句，他过目即成诵。他22岁中秀才之后的第二年，随学使高某进京，进入国子监，声名鹊起。他的古文深受当时名彦宿儒的好评，被誉为“韩欧复出”“北宋后无此作”。当时的许多文学、理学大家也很推崇他，李光地对他的提携和帮助就特别大。听着大家的频频赞许，方苞未免有些飘飘然，因此恃才傲物，颇有点目中无人。据载，当李光地以直隶巡抚入相时，方苞前往祝贺，问：“自本朝以来以科举升到您现在位置的大概有多少人？”李光地屈指数了五十多人，方苞说：“国朝才六十年，就已经得五十多人，可见这些人都不足重，愿先生您再等待新人吧。”口气如此狂妄，令在座的宾客瞠目结舌。

狂妄的方苞也遇到过对手，当时的理学名家李绂就瞧不上他。一次，方苞携带所做曾祖墓志铭给李绂看，李绂刚看了几行便掷还方苞。方苞很气愤，让他说出个道理来。李绂说：“别的不用说，你这文章中‘桐’的用法就不对，如今以‘桐’为县名的有五个，除了桐城之外，还有桐乡、桐庐、桐柏、桐梓。你将桐城简称为‘桐’根本就是错误，谁知道这就是指桐城呢？如此明显错误，还讲什么古文呢？”这话未免有些狡辩的嫌疑，但也把方苞说得哑口无言。

方苞不仅自视很高，而且交结的友人大都与他有着相同的旨趣。戴名世当时与他的关系就很好，可也正是这位性情之友彻底改变了他的命运。

说起来，戴名世的确算是一个正直的文士，他不愿“曳侯门之裾”，在青少年时期就日渐树立起“视治理天下为己任”的豪情壮志。在屡次科举失败后，游历京师，与徐贻孙、王源、方苞等人相聚，往往“极饮大醉，嘲谑骂讥”，引得不少达官贵人们侧目。戴名世与方苞等人的交游，是以针砭时弊、振兴古文为共同旨趣的。他们每每“酒酣论时事，吁嗟咄嘻，旁若无人”。戴名世的狂傲行为招来了不少公卿大夫们的仇视和攻击。机会终于来了，康熙五十年（1711），因其文集《南山集》中录有南明桂王时史事，并多用南明年号，被御史赵申乔参劾，以“大逆”罪下狱。而方苞也由于为戴氏《南山集》作序而被逮入狱。

一场横祸从天而降，这是一件对方苞一生影响最巨、震撼最深的大事。由此案又牵连出方孝标《滇黔纪闻》案，前后共百余人被逮下狱，一代名士戴名世被处决。方苞原也被判死刑，后经李光地营救才得以免死，编入汉军旗籍管制。

方苞出狱后所作《游潭柘记》中说：“余生山水之乡，昔之日，谁为羁绁者？乃自牵于俗，以桎梏其身心，而负此时物，悔岂可追耶？夫古之达人，岩居川观，陆沉而不悔者，彼诚有见于功在天壤，名施罔极，终不以易吾性命之情也。况敝精神于蹇浅，而蹙蹙以终世乎？余老矣，自顾数奇，岂敢复妄意于此？”作此文时方苞已51岁，年岁的增长，岁月的磨砺，《南山集》案的打击，方苞此时的性格已明显褪去了青少年时的锋芒毕露，而转为深沉痛楚。

方苞因祸得福，以白衣平民入南书房，后移蒙养斋，编校《御制乐律》《算法》诸书，这是他原未想到的。但方苞的为官生涯并不轻松。首先是以“罪臣”入朝为官，但他只能是将功补过，戴着镣铐跳舞，无法摆脱沉重的精神负担。康熙帝一纸诏书使方苞由刑部狱而进南书房，这只是皇帝“宽宥免治”，并没有认定方苞无罪。方苞本人也明白自己的身份和处境。在供职蒙养斋时，与时任阁臣的李光地和以总宪兼院长的徐元梦过从甚密，李、徐认为方苞于政事颇有见解，欲荐方苞，方氏更推辞说：“仆本罪臣，不死已为非望，公休矣！”

雍正三年（1725），方苞回籍葬亲后返京，雍正帝在养心殿召见方苞，严肃地告诫方苞：“你受我宽贷，要感朕德，更不能忘记你免受大刑，置诸内廷是受恩于先帝，应倍思先帝遗德，绝不能有任何委屈情绪，应该表现出你的最大忠诚。”以严厉著称的雍正帝再一次“提醒”方苞“汝老当知此意”。雍正帝的一番话，使得年近六旬“跪御座旁”的方苞“喘喙”而“气不能任其声”，“有怀哽咽”而“不能置一辞”。如此“圣训”，方苞怎能不惊恐战栗！

一生落拓科场的蒲松龄

蒲松龄（1640—1715）字留仙，一字剑臣，别号柳泉居士，世称聊斋先生，自称异史氏，现山东省淄博市淄川区洪山镇蒲家庄人。出生于一个逐渐败落的中小地主兼商人家庭。19 岁应童子试，接连考取县、府、道三个第一，名震一时。补博士弟子员。以后屡试不第，直至 71 岁时才成岁贡生。为生活所迫，他除了应同邑人宝应县知县孙蕙之请，为其做幕宾数年之外，主要是在本县西铺村毕际友家做塾师，舌耕笔耘，近 40 年，直至 1709 年方撤帐归家。创作出著名的文言文短篇小说集《聊斋志异》。

蒲松龄成为秀才后，然而三年复三年的乡试，却成了他一生的梦魇。

30 多年下来，十几次乡试，屡试屡败，他在功名方面没有任何突破，“书中自有千钟粟”的热望终成画饼，残酷的现实将他摈斥于仕宦门外，“潦倒于荒山僻隘之乡”。

科举的失意郁结在蒲松龄的内心深处，体现在他的诗词、散文、小说、俚曲等诸多作品中，尤以诗词表现得最为直接。他时而义愤填膺地斥责老天的无情、不公：“天孙老矣，颠倒了天下几多杰士？蕊宫榜放，直教那抱玉卞和哭死！病鲤暴鳃，飞鸿铩羽，同吊寒江水。见时相对，将从何处说起？”

康熙九年（1670）秋，知县孙慧因为蒲松龄是同乡友人，同时也同情其落拓不遇、生计困难，便聘其为幕宾。康熙十年（1671），蒲松龄不甘心为人做幕僚了此一生，便辞幕返回家乡，第二年再次参加乡试，可惜又铩羽而归。

蒲松龄在现实世界中的理想之花，一次又一次地凋零，于是他找到艺术的自由幻境，借助于小说中主人公的飞黄腾达去品味成功的喜悦。在《聊斋志异》

虚拟的鬼狐花妖的迷幻世界里，他以赞许的态度一再肯定士子孜孜不倦地帷下苦读的精神。如褚生“攻苦讲求，略不暇息”；郎玉柱“不治生产，积书盈屋，昼夜研读，无问寒暑”。在这些故事中寄托着作者对科举的迷恋，在含笑赞许的背后渗透着他的辛酸与感喟。蒲松龄不但写清贫文人的苦读，还让他笔下的落魄文人皆高中魁科，入宫做相。《青梅》中寒士张生官拜侍郎；《封三娘》中穷秀才孟生位居翰林；《姊妹易嫁》的毛公更是一路高升做到宰相。不但如此，即使清贫文人本人未中，其后代也必定出类拔萃、出人头地。吴青庵秋闱被黜，弃世隐去，而其子梦仙“聪慧绝伦，十四岁以神童领乡荐，十五岁入翰林”。科举失意的蒲松龄，在小说中为那些和自己遭际相似的清贫书生们安排了令人艳羡的科场命运，以抵消社会对自己的不公正，从而使饱经沧桑的苦闷心灵得到慰藉与满足。这种情不自禁、自然流露的羡慕之情，反衬出他对自身境遇和现实的失望与不满，对科举的执着与迷恋。

有一次，大诗人王士祯来到山东，因偶然的机会读到了《聊斋志异》部分篇章，对蒲松龄极为赞誉，蒲松龄的心情也非常激动。蒲、王一生只有这一次相晤，却结下了文字之缘。随后，王士祯便来札索取《聊斋志异》，阅后做了评点，且题了一首为后世广为传诵的诗：“姑妄言之姑听之，豆棚瓜架雨如丝。料应厌作人间语，爱听秋坟鬼唱诗。”一首诗竟然让蒲松龄有绝路逢生之感。

康熙五十年（1711）初冬，蒲松龄赴青州参加例考，受知于山东学政黄叔琳，得了个岁贡生的称号。这一年蒲松龄已 72 岁。经历了一生的科场挣扎，最后总算得到了岁贡生的头衔，心理上多少得到了些许安慰。然而与当年“跃龙津”的远大抱负相比，这个岁贡生的头衔实在是太可怜了，甚至已不是安慰而是讽刺。他在《蒙朋赐贺》诗中自嘲：“落拓名场五十秋，不成一事雪盈头。腐儒也得宾朋贺，归对妻孥梦亦羞。”

康熙五十四年（1715），蒲松龄“倚窗危坐而溘然以逝”，终年 76 岁。蒲松龄的一生困顿都误于科场黑暗，然而也正是科场屡困的遭遇，成就了蒲松龄“孤愤之书”《聊斋志异》的创作。

袁枚与性灵说

袁枚（1716—1797）清代诗人、散文家。字子才，号简斋，晚年自号仓山居士、随园主人、随园老人。汉族，钱塘（今浙江杭州）人。乾隆四年进士，历任溧水、江宁等县知县，有政绩，四十岁即告归。在江宁小仓山下筑筑随园，吟咏其中。广收诗弟子，女弟子尤众。袁枚是乾嘉时期代表诗人之一，与赵翼、蒋士铨合称“乾隆三大家”。

袁枚写诗主张抒写性灵，认为诗就是要写出人的真性情。他说：“自三百篇至今日，凡诗之传者，都是性灵，不关堆垛”（《随园诗话》）；“若夫诗者，心之声也，性情所流露者也”（《答何水部》）；“性情以外本无诗”（《寄怀钱屿沙方伯予先归里》）。他认为文学应该进化，有时代特色。诗只有工拙之分，而不能以古今定优劣，以宗唐或宗宋分高下。他说：“尝谓诗有工拙而无古今。自葛天氏之歌至今日，皆有工有拙。未必古人皆工，今日皆拙”。“诗者各人之性情也。与唐宋无与焉”（《随园诗话》）。

袁枚对于有清以来的各种复古主义和形式主义的诗论都进行了扫荡。他批评“格调派”说：“夫诗宁有定格哉！国风之格不同于雅颂，皋禹之歌不同于三百篇，汉魏六朝之诗不同于三唐，谈格者将奚从？”他批评翁方纲肌理派的诗是“填书塞典，满纸死气”，“一字一句自注来历者谓之开古董店”。

对于王士祯的“神韵说”，袁枚也颇有微词，认为“神韵说”之弊在于脱离真性情，在于假。他讥讽王士祯的诗是“一代正宗才力薄，望溪文集阮亭诗”（《仿元遗山论诗》）。

袁枚的诗论在理论上具有反传统、破偶像、反模拟、求创新的特点，是晚明浪漫主义公安派诗论在清代的再现和发展。如果说在清代的文艺理论方面金圣叹发展了小说理论、李渔发展了戏剧理论，那么，袁枚则发展了诗歌理论。

袁枚的诗歌明白晓畅，意境自然，近体诗成就较高。七绝和七律尤能表现他的特色。像他的《山居》：

山顶楼高暮雨寒，飞云出入小阑干。
浮空白浪西南角，收取长江屋里看。

又如《马嵬》：

莫唱当年长恨歌，人间亦自有银河。
石壕村里夫妻别，泪比长生殿上多。

袁枚以性灵为诗，但同神韵说、格调说、肌理说一样，忽视了对现实的反映。他所说的性灵，强调的是封建文人的闲情逸致。他曾在诗中写道："但肯寻诗便有诗，灵犀一点是吾师。夕阳芳草寻常物，解用都为绝妙词。"（《遣兴》）所以，他的诗多吟咏身边琐事和风花雪月，缺少社会内容。加上他才情奔放，性格浪漫，写起诗来任性而发，甚至不假思索，因此，在清新灵巧之中，总免不了有点浅薄甚至浮华。即使是咏古诗，他也未能避免这一点，如《澶渊》：

路出澶河水最清，当年照影见东征。
满朝白面三迁议，一角黄旗万岁声。
金币无多民已困，燕云不取祸终生。
行人立马秋风里，懊恼孱王早罢兵。

袁枚一生清风傲骨，其诗处处体现这种风骨，而在其散文中，这种风骨刻画得尤为精当。《秋兰赋》是一篇借咏兰花而抒写作人品格的小赋。再进一步说，秋兰即是作者自喻。袁枚身为一代才人，满腹才华，风流高雅，然而却不得重用。于是，他便辞官归隐，过起了远离现实、洁身自好的生活。篇中秋兰幽居深林、含香贞洁、超尘脱俗、晚景后凋的可贵品质，实际都是作者美好品格的写照，或者说是他理想人格的化身。"通天老狐，醉辄露尾"，这是洪亮吉在《北江诗话》中对袁枚的评价。

招收女弟子的袁枚

在封建社会中，女性则完全处在"三从四德"的束缚中，地位更低。女子无才便是德，她们不必读书，不能参加科举，出仕做官更是没影的事。然而，

乾隆时期的袁枚却大胆招收女弟子，让她们读书作诗，甚至为她们出诗文集，尽管这并没有突破当时对女性的限制，但毕竟为女性的解放带来了一丝亮光。

袁枚

袁枚生性风流倜傥，生活多彩多姿，没有道貌岸然的习气，经常以诗文会友，宴饮唱和。除了短暂的仕宦生活外，他游山玩水，吟风弄月，品茗赏花，足迹遍及名山大川，所至之处，人莫不迎为上宾。他任情率真，对所识之人、事、物均有真实深挚之情感，留下许多诗文，见解独到。可以说，他是一位思想开放的人，作品处处表现真我，细观他的生活，不但不是放浪荒诞，反而深解生活情趣。

袁枚不仅提倡性灵，而且广收女弟子。在中国近代女学兴起之前，女子受教育的权利几乎是被剥夺的。在封建社会中，“唯女子与小人难养也”，特别是传统的“女子无才便是德”的观念更加压抑了女性的才华，埋没了无数兰心蕙质的女诗人。袁枚视女性为有个性有才华的独立个体，而不是没有思想的男性附属品。袁枚的女性意识张扬着诗人反传统、反道学的叛逆精神。

据《随园诗话》记述，袁枚自己曾经刻过一方印，用的是唐人韩君平《送王少府归杭州》诗中“钱塘苏小是乡亲”句。有一天，一位尚书路过南京，慕名向他索要诗集。袁枚答应了，并用这枚印在诗册上盖了章。结果，这位尚书看了之后，觉得有辱身份，大加斥责。起初，袁枚还给这位尚书一点面子，向他作揖道歉，没想到这位尚书竟然说个不停，袁枚便不再客气，反驳说：“你虽官居一品，苏小小地位卑贱低下，但是恐怕百年之后，人们只知道苏小小，而不会记得你这位尚书大人。”

袁枚还曾经为奴婢赎身。有个叫金凤龄的自小便被卖到苏州做奴婢，袁枚得知后为她赎身。其时凤龄 14 岁，巧笑流盼，明眸闪慧。她的姐姐金姬劝袁枚纳为小妾，袁枚则说自己已是五十七八岁的人了，“不欲为枯杨之稊”，于是将风龄嫁给一个姓隋的人。后来，因为正妻所虐，仅仅过了半年，风龄便自缢身亡。得知消息后，袁枚悲痛万分，作诗曰："万悔犹何及，千牛挽不回。妒妻威似虎，魔母冷如雷"。作为一位诗坛大家，不仅为一个女婢赎身，更可贵的是在她不幸去世后掬一把同情之泪，并为之赋诗。袁枚为人之真，对人之爱，可略见一斑。

袁枚的祖父曾经帮助朋友沈秀才和杨大姑私奔，事发之后，太守厌恶杨大姑越礼，把她卖到军队去。袁枚记录了杨大姑所写的一首情诗，而且对她没有一字的污蔑和鄙夷，反借祖母之口说她纤腰美盼，吐属娴雅。他对私奔女子的同情，与那些卫道士的态度相比，显得如此宽容。他尊重人性，尊重感情，饱含着对人性深处自然欲望的理解。

自乾隆七年（1742）直至病故，袁枚一生广收女弟子，前后有四五十人。如汪玉轸，她本是商人汪蓉亭之女，10岁时父亡，靠十指为活，后嫁无业游民陈昌言。陈长年外出不归，汪玉轸独力抚养五儿，备尝艰辛，却仍坚持作诗，甚是难能可贵。还有袁机，她是袁枚的三妹，由父亲做主嫁给江苏如皋高八之子，此人乃无赖，百般折磨袁机，还不许她作诗，后袁机由父亲接回杭州。

随园女弟子尽管人数众多，各人出身、教养、经历、才气等不尽相同，创作风格亦各有特色，但因为都受袁枚性灵说与性灵诗的影响，故异中有同，所作多具有性灵诗的特征，正所谓"随园弟子半天下，提笔人人讲性情"。

袁枚广收女弟子，不仅是文坛佳话，更是对封建传统的反叛，是对人性的尊重。甚至连法国《大百科全书》也称赞他是"清代最富有独创精神的人物之一"，说"他在精神上保持独立，反对正统的伦理道德，坚持为艺术而艺术，捍卫妇女从事文学的权利"。

然而，袁枚的这种做法在当时却招来了很多批评，尤其是在广招女弟子这件事上尤其显得离经叛道，屡遭卫道士们口诛笔伐。与之同为"乾隆三大家"的赵翼曾嘲讽他："借风雅以售其贪婪，假觞咏以恣其饕餮"，"引诱良家子女，娥眉都拜门生"。其中攻击最严厉的是著名学者章学诚。他说袁枚"以风流自命，蛊惑士女"，"造言诬事，陷误少年"，"败坏风俗人心，名教罪人，不诛为

幸”。在章学诚眼里，袁枚就是个“无耻妄人”“不学之徒”“倾邪小人”。

乾嘉时期是一个思想沉寂的时代，但章学诚并不是一般的训诂考据学者，他有自己独树一帜的史学思想，著有《文史通义》，甚至可以说是乾嘉时期一个颇有思想的人。他对袁枚的抨击，是出于卫道的本能，既表现出他对袁枚的不了解，又反映了乾嘉时期那凤毛麟角的新鲜思想并没有共识，更没有形成反传统、倡导人性解放的思想潮流，这无疑是乾嘉时期的悲哀。

讽刺小说家李宝嘉

晚清官场腐败，社会黑暗，一位署名“南亭”的作者写了一部60回的《官场现形记》在报纸上连载，一时间引起轰动。有人赞誉作者是“铁面无私的包青天”。有的比拟成“救世的手术师”，有的还夸赞是“锐眼的上帝”。这位“南亭”就是李宝嘉。

李宝嘉（1867—1906），字伯元，别号南亭亭长，江苏常州人，李伯元是个多产的作家，他构思之敏，写作之快，是极为少见的。他先后写成《庚子国变弹词》《官场现形记》《文明小史》《中国现在记》《活地狱》《海天鸿雪记》，以及《李莲英》《海上繁华梦》《南亭笔记》《南亭四话》《滑稽丛话》《尘海妙品》《奇书快睹》《醒世缘弹词》等书十多种。其中《官场现形记》更是晚清谴责小说的代表作。

早年，李伯元在伯父李翼青的支持下，只身闯到上海滩，在法租界的一家商行找了一个“庶务”的差使。通过与社会广泛接触，加之在维新思潮的推动下，李伯元意识到，要唤起民众意识，促使全国上下觉悟到中国将被瓜分之祸，报刊是一种“振聋发聩、行之有效”的绝佳利器。光绪二十二年（1896）初夏，李伯元进《指南报》社当了一名编辑。这份差事主要是为了“糊口”，不得不受制于人，并不能表达自己的主见和思想，因此他并不满足，于是翌年六月，他干脆独立创办了《游戏报》。

《游戏报》并非游戏，李伯元“醉翁之意不在酒”，他在创刊词中严正声明：

"岂真好为游戏哉？盖有不得已之深意存焉者也。"其真正目的是批判社会现实。《游戏报》问世后，颇受读者的欢迎，很快由几千份上升到几万份，一度出现洛阳纸贵、供不应求、报贩加价出售的现象。为了进一步揭露和讽刺官场的黑暗，他独辟蹊径，另办了一份《世界繁华报》，后来又主编《绣像小说》半月刊。

正是在这期间，他创作并连载了《官场现形记》。从光绪二十七年（1901）开始创作，历时5年，完成5编60回，由三十几个官场故事组成。故事分别发生在11个省，包括了大半个中国，涉及的大小官吏更达百人以上，上自军机大臣、太监总管，下至府、州、县官以及佐杂小吏，无不应有尽有。所有这些官吏，虽然职有大小，位有尊卑，却毫无例外地逃不出一个字的主宰，那就是"钱"。"千里为官只为财"，这是他们的口头禅，也是他们的座右铭。"十年寒窗苦"，最终目的是为了做官；一旦大印到手，便使出浑身解数，拼命敲骨吸髓，搜刮民脂民膏；然后或暗中行贿，或公开买官，以求升迁。如此周而复始，官越做越大，钱越捞越多。

譬如，书中绿营管带冒得官为升官，竟把自己的亲生女儿当作礼品，送给上司羊统领当小妾。候补知县瞿耐庵为了得"优缺"，让自己五十多岁的老太婆，拜了一个制台府里二十来岁的丫头为干娘。尹子崇使用偷梁换柱之计，竟将安徽的全部矿产私自卖给了洋人。胡统领为了邀功，更把无辜百姓当"强盗"任意屠杀。朝廷派陶子尧办"洋务"，买机器，却成了层层剥夺、中饱私囊的好机会，2万两银子报成4万两，吃喝嫖赌都从中报销，最后机器没买成，银子打了水漂。军门张守财死后，其拜把兄弟刁迈彭用尽伎俩，把张家几百万银子一点点全骗光了，活活把张太太气死了。诸如此类，不胜枚举。

李宝嘉甚至把他的笔锋直指清朝最高统治者慈禧太后。这个晚清的实际统治者"老佛爷"公开承认："通天底下一十八省，那里来的清官？但是御史不说，我也装作糊涂罢了；就是御史参过，派了大臣查过，办掉几个人，还不是这么一件事？前者已去，后者又来，真正能够惩一儆百吗？"因此她虽然有时也装模作样派遣钦差"查办"，而真正的意图却在于："某人当差谨慎，在里头苦了这多少年，如今派了他去，也好让他捞回两个。"钦差奉了"捞回两个"的

"懿旨"，自然满载而归。至于所"查办"的公事，则不是"事出有因，查无实据"，便是"官小的晦气"，随便"坏掉一两个州、县佐杂了事"。朝廷上下卖官盛行，慈禧太后既带头公开卖官，又暗中受贿，比如贾大少爷的一次"孝敬"就达10万两。她有两道臭名昭著的"懿旨"：一个叫作"宁赠友邦，不予家奴"，一个叫作"量中华之物力，结与国之欢心"。通过这些描写，《官场现形记》对晚清的封建统治集团进行了无情的鞭挞。

李宝嘉办报刊，兼主编和经理两任于一身，除繁重的编撰工作外，还要写作。由于辛劳过度，不幸于光绪三十二年（1906）三月猝然病逝。章太炎总结他的一生，亲题墓志铭日："一代爱国才子，千秋流芳人间。"除了《官场现形记》，李宝嘉还著有《庚子国变弹词》《海天鸿雪记》《李莲英》《繁华梦》《活地狱》《中国现在记》《文明小史》等十余种，堪称讽刺文学之父。

郑板桥题画言志

郑板桥（1693—1765），原名郑燮，字克柔，号理庵，又号板桥，人称板桥先生，江苏兴化人，祖籍苏州。康熙秀才，雍正十年举人，乾隆元年（1736年）进士。官山东范县、潍县县令，政绩显著，后客居扬州，以卖画为生，为"扬州八怪"重要代表人物。郑板桥一生只画兰、竹、石，自称"四时不谢之兰，百节长青之竹，万古不败之石，千秋不变之人"。其诗书画，世称"三绝"，是清代比较有代表性的文人画家。代表作品有《修竹新篁图》《清光留照图》《兰竹芳馨图》《甘谷菊泉图》《丛兰荆棘图》等，著有《郑板桥集》。

郑板桥被时人称为"三绝"。但他并没有少年得志，直至四十五岁才中了进士。其后，也只做过两任知县，便因不苟合于黑暗的官场而被迫辞官。"题兰竹图"的故事讲的就是他的这一段经历。

郑板桥中进士后，先被派到山东的范县做知县。由于他为人耿直，很快就把上司得罪了。有一次，省城济南的上司请他到趵突泉赴宴。因为久知他的诗名，便要求他即席赋一首诗。郑板桥不假思考便脱口而出：

原原有本岂徒然，静里观澜感逝川。

流到海边浑是卤，更难人辨识清泉。

诗，是在暗讽他的上司为官昏庸，结果弄得不欢而散。不久，上司便找了个借口，将他调到了各方面条件都很差的潍县做知县。

郑板桥到潍县后，发现县衙的围墙上有很多小洞，便向周围的人打听原因。

原来，前一任县官非常贪酷，百姓们听说又要来新县官了，便在围墙上打了洞，说是要放走前任县官的恶习气。郑板桥听到这一切后，暗暗下了决心，一定要让这里的百姓过上好日子。

但天公很不作美，这一年，正赶上荒年。潍县本来就穷，这样一来，老百姓的日子更是没法过了。他们离乡背井，四处乞讨，有些地方甚至出现了人吃人的惨事。郑板桥来不及向上司报告，便断然决定打开官府的粮仓，赈济灾民。当时，无论何种原因，打开官府的粮仓都是要向上级申请的。所以，有人好意劝他说："开仓散粮是一件大事，应该向上司申报批准。上面要是不同意，我们可担当不起呀。"

郑板桥回答说："救灾如救火，如果等上面的批示，百姓们都要饿死了。你们放心，一切后果由我一人来承担。"

见他这么说，县里的官吏也就不再多说了。他们和郑板桥一道，打开官仓，向百姓们发散救济粮。民心渐渐安定下来了。郑板桥还令城里的富商大户拿出粮食，开办粥厂，煮粥施舍给灾民。就这样，他冒着丢官的危险，挽救了潍县一万多灾民的性命。

但第二年，又是个歉收之年。官仓中已没有多少粮食了，郑板桥便捐出了自己的俸禄，从其他地方买来粮食，发放给百姓，还借钱给百姓，帮助他们恢复生产。经过郑板桥的努力，百姓们又平安地度过了第二个灾年。到了第三年，这场灾荒终于过去了，潍县地区的百姓对郑板桥无不感恩戴德，他们都说："是郑大人救了我们全县人的命。"

郑板桥是一个清正廉洁的好官，但是，由于他为人耿直，不但不会讨上级的欢心，还不时地揭他们的短，因此，上司便以擅自开仓救灾，有贪污嫌疑的罪名罢免了他的官。郑板桥早已厌倦了官场的生活，对丢官倒满不在乎，但对强加给他的贪官罪名实在愤愤不平。

卸任前，他又为潍县的百姓做了最后一次好事，将他们的借券全部烧毁。离开这里的时候，郑板桥只用了三头驴子。自己和小厮各骑一头，另一头驴，驮了自己的琴和书。就这样，他两袖清风地离开了官场，给那些诬告他贪污的人以莫大的讽刺。

潍县的百姓听说郑板桥要走了，从各地赶来给他送行。看到街道两边送行的百姓个个泪流满面，郑板桥自己也禁不住热泪盈眶。他拿出了自己的两幅画，送给了当地的两位老者，留作纪念。一幅画着竹子，一幅画着菊花，他以这两种象征坚贞气节的植物，表明了自己高洁的人格。老者请他在画上题诗，郑板桥当即在上面题道：

乌纱掷去不为官，囊橐萧萧两袖寒。

写取一枝清瘦竹，秋风江上做鱼竿。

郑板桥这是在向当地的百姓表明自己的志向。画上清瘦的竹子，会化作秋江上的一支钓竿。他两袖清风地离开了潍县，因而心中毫无所愧。此时，他已决心彻底离开污秽的官场，去做一个自在的文人，自在的隐者。果然，从此以后，郑板桥再未涉足官场。回乡后，他靠卖字画为生，过起了贫穷但充满乐趣的生活。

郑板桥离开潍县后，当地的百姓为了感谢这个造福于一方生民的县官，特地为他修建了生祠。

大贪官和珅

和珅（1750—1799），钮祜禄氏，原名善保，字致斋，自号嘉乐堂、十笏园、绿野亭主人，满洲正红旗，清朝中期权臣、商人。和珅初为官时，精明强干，通过李侍尧案巩固自己的地位。乾隆帝对其宠信有加，并将幼女十公主嫁给和珅长子丰绅殷德，使和珅不仅大权在握，而且成为皇亲国戚。随着权力的成长，他的私欲也日益膨胀，利用职务之便，结党营私，聚敛钱财，打击政敌。此外，和珅还亲自经营工商业，开设当铺七十五间，设大小银号三百多间，且与英国东印度公司、广东十三行有商业往来。和珅曾担任和兼任了清王朝中央政府的众多关键要职，封一等忠襄公和官拜文华殿大学士，其职务主要包括内阁首席大学士、领班军机大臣、吏部尚书、户部尚书、刑部尚书、理藩院尚书，还兼任内务府总管、翰林院掌院学士、《四库全书》总纂官、领侍卫内大臣、步军统领等数十个重要职务。嘉庆四年（1799 年），嘉庆帝即下旨将和珅革职下狱。和珅所聚敛的财富，约值八亿两至十一亿两白银，所拥有的黄金和白银加上其他古玩、珍宝，超过了清朝政府十五年财政收入的总和。乾隆帝死后十五天，嘉庆帝赐和珅自尽，和珅死时年仅 49 岁。

有一次，乾隆帝准备出外巡视，叫侍从官员准备仪仗。官员一下子找不到仪仗用的黄盖。急得不知怎么才好。乾隆帝十分恼火，问："这是谁干的好事？"

和珅

官员们听到皇帝责问，吓得张口结舌。有一个青年校尉在旁从容不迫地说："管事的人不能推卸责任。"

乾隆帝侧过脸一看，那个校尉眉目清秀，态度镇静，乾隆帝心里高兴，把追问黄盖的事也忘了，问他叫什么名字。那青年校尉回答，名叫和珅。乾隆帝又问他的家庭情况，读过哪些书，和珅也无不对答如流。

乾隆帝十分赞赏和珅，马上宣布他总管仪仗，以后又派他当御前侍卫。和珅是个非常伶俐的人，乾隆帝要什么，他件件都办得十分称心；乾隆帝爱听好话，和珅就尽说顺耳的。日子一久，乾隆帝把和珅当作亲信，和珅也步步高升。不出十年，从一个侍卫提升到了大学士。后来，乾隆帝还把他女儿和孝公主嫁给和珅的儿子。和珅跟皇帝攀上了亲家，那权势更别提有多大了。再加上乾隆

帝年老力衰，朝政大事，就自然落在和珅手里。

和珅掌了大权，别的大事他没心思管，却一味搜刮财富。他不但接受贿赂，而且公开勒索；不但暗中贪污，而且明里掠夺。地方官员献给皇帝的贡品，都要经过和珅的手。和珅先挑最精致稀罕的留给自己，挑剩下来再送到宫里去。好在乾隆帝不查问，别人也不敢告发，他的贪心就越来越大了。

有一回，有个大臣叫孙士毅，从南方回到北京，准备朝见乾隆帝，正巧在珅门口遇到了和珅。和珅一见孙士毅手里拿着一只盒子，就问："你手里是什么东西?"

孙士毅说："没什么，是一只鼻烟壶。"

和珅走上前去，不客气地把盒子抓在手里。打开一看，那只鼻烟壶竟是用一颗大珠子雕刻出来的。和珅拿在手里，看了又看，嘴里连声啧啧称赞，涎皮赖脸地说："好宝贝！就送给我，怎么样?"

孙士毅慌忙说："哎，不行了。这件宝贝是准备献给皇上的，昨天已经奏明皇上了。"

和珅脸色一沉，把珠壶往孙士毅手里一塞，冷笑着说：

"我不过和你开个玩笑，何必那样寒酸相!"

孙士毅把那只珠壶献给了乾隆帝。过了几天，他又跟和珅碰在一起，只见和珅得意扬扬地说："我昨天也弄到一件宝贝，您看看，能不能跟您上次进贡的那只比?"

孙士毅走过去一看，原来就是他献给乾隆帝的那只珠壶。孙士毅嘴里随口应付了几句，心里想，这件宝贝怎么会落到和珅手里，一定是乾隆帝赏给他了。后来，他偷偷打听，才知道和珅是买通太监从宫里偷出来的。

和珅利用他的地位权力，千方百计搜刮财富，一些朝臣和地方官员，知道他的脾气，就尽量搜刮珍贵的珠宝去讨好他。大官压小吏，小吏又向百姓层层压榨，百姓的日子自然越来越难过了。

乾隆帝在做满六十年皇帝后，传位给了太子颙琰，颙琰即位，就是清仁宗，又叫嘉庆帝。

嘉庆帝早知道和珅贪赃枉法的情况。乾隆帝一死，嘉庆帝马上把和珅逮捕起来，叫他自杀；并且派官员查抄和珅的家产。

和珅的豪富，本来是出了名的，但是抄家的结果，还是让大家大吃一惊。长长的一张抄家清单里，记载着金银财宝，绫罗绸缎，稀奇古董，多得数都数不清，粗粗估算一下，大约值白银八亿两之多，抵得上朝廷十年的收入。后来听说，那查抄出来的大批财宝，都让嘉庆帝派人运到宫里去了。于是，民间就有人编了两句顺口溜讽刺说："和珅跌倒，嘉庆吃饱。"

清廉宰相刘统勋

刘统勋（1699—1773），字尔钝，号延清，诸城逄戈庄（今属高密市）人，官至大学士，首席军机大臣。

雍正二年（1724），25 岁的刘统勋考中进士。他先后供职于翰林院与詹事府，并在南书房充当皇帝的文学侍从，主要是从事文字工作。

乾隆元年（1736），乾隆帝发现了刘统勋非凡的办事能力，在当年就把他升为内阁学士，并派他到浙江海塘工地去治水。刘统勋吃苦耐劳，以至于他人还在海塘工地，就被皇帝任命为刑部侍郎。

乾隆三年，刘统勋回京。第二年，因母亲去世，他归籍守孝三年。乾隆六年，他重返政坛时，被任命为都察院左都御史。刘统勋忠于职守，勇于任事，作为监察体系的首脑，他在任职后一年就上了一份震惊朝廷的奏折，请求皇帝遏制张廷玉与讷亲的权力，而这两个人当时正是乾隆的重臣。

刘统勋的奏折中指出乾隆初期用人行政存在的两个弊端，一个是朋党问题，另一个则是作为宰辅培养的讷亲在个性上所存在的弱点。然而年仅 32 岁的乾隆皇帝，并未能意识到这些，反而颇为自得地在上谕中说道："朕思张廷玉、讷亲若果擅作威福，刘统勋必不敢为此奏。"虽然如此，刘统勋的刚正不阿还是给乾隆留下了相当深刻的印象。

乾隆十一年，皇帝命刘统勋代理漕运总督，再赴浙江查勘海塘。三年后任命他为工部尚书，到乾隆十七年，刘统勋以刑部尚书的身份在军机处行走。

乾隆十八年，江南邵伯湖的减水闸及高邮的车逻坝决口，乾隆派刘统勋等前往调查决口的原因。南河工程的总负责人正是生前最受乾隆宠爱的慧贤皇贵妃的父亲——治河能臣高斌。年逾古稀的高斌虽然在治河方面很精通，在管理属员上却不免力不从心，尤其在年事日高之后，不再像以前那样事必躬亲，对于属下的不法行为难以及时发现，以致发生河员侵吞银两、偷工减料、贻误工期的事情并因此酿成决口的重大事故。面对这样同皇帝有着特殊关系的官员，刘统勋并未顾及情面，采取敷衍了事的做法，而是深入了解，查出真相，并向皇帝如实汇报，高斌及其副手张师载均被革职。

乾隆十九年，在争权夺利中失势的准噶尔贵族阿睦尔撒纳投奔清廷，准噶尔部的内乱的确为乾隆彻底解决准噶尔部提供了一个难得的机会，虽然清廷在粮饷方面的准备并不那么充分，但乾隆决不会放弃这一难得的进军伊犁的机会。于是，刘统勋被调往巴里坤负责建立台站、转运粮饷。乾隆二十年二月，清军兵不血刃地占领伊犁，天山南北二百零四万平方公里全部收复。在刘统勋的指挥下，虽然从巴里坤运往伊犁的粮食源源不断，但是仍不能完全解决数万大军的粮饷问题，因而在该年六月清军主力从伊犁撤回，只留下一千五百人驻守。

清军主力撤回后，阿睦尔撒纳发动叛乱。驻伊犁将军班第战死，定西将军永常则带领军队从木垒撤退。虽然刘统勋并不知道永常擅自撤军，但他很清楚在清军主力回撤的情况下，靠一千左右的兵力是不可能守住这片新开辟的疆土的，为此，他上疏皇帝：清军大举进发的前提是把充足的粮饷运到巴里坤，而在主力军队抵达之前应该暂时把军队撤到哈密，以避免更大的损失。然而此时的乾隆，却因监督阿睦尔撒纳的蒙古亲王额琳沁多尔济疏于防范，以致造成阿睦尔撒纳逃脱、发动叛乱而震怒。失去理智的乾隆竟把一腔怒火撒到刘统勋的身上，把敢讲真话的刘统勋与擅自撤军的永常一起逮捕，刘家诸子包括刘墉在内均遭监禁，家产也被查抄。

不久，乾隆恢复理智，他意识到对刘统勋及其家属的处理不合理，不仅下令释放刘统勋及其家人、退回抄家的财产，还在谕令中公开承认：“统勋所司者粮饷、马驮，军行进止将军责也。设令模棱之人，缄默不言，转可不至获罪。”他肯定“统勋在汉大臣当中尚奋往任事”。

乾隆很清楚，刘统勋最擅长的还是治河。乾隆二十一年六月，当铜山孙家湾之水漫堤后，皇帝派刘统勋前往，并让他取代被革职的富勒赫，主持加高堤坝的工程，并于年底完工。一年后又命他前往徐州督修近城石坝，对一个年近花甲的人来说，两年的时间一直出入治河工地、过着风餐露宿的生活，实在不是一件容易的事。但刘统勋深知，堤坝的质量关系到数万家庭能否安居乐业，不管多苦多累，都要事必躬亲，既堵住侵吞工程银两的黑洞，又要保障堤坝的质量与工期。

有一次，刘统勋去杨桥工地视察，那里的工程已经超期一个月还没有完工，他询问误期的原因，有关人员解释说是柴火供应不上造成的。为了调查真相，刘统勋微服私访，结果发现几百辆装满柴火的车停在路边，赶车人愁眉不展，唉声叹气，刘统勋问他们为何把车辆停在路边不运往工地，他们说因无钱向官员行贿，运来的柴火不让卸车。了解到真相的刘统勋回到工地，立即对索贿官员进行严惩，杨桥堤坝也很快完工了。

在此期间，刘统勋还奉命多次出京，审理贪污大案，如云贵总督恒文勒索属下案、山东巡抚蒋洲在山西任内挪用库银案、江西巡抚阿思哈受贿案等。

刘统勋为官十分廉洁，不仅自奉俭节，而且还能在任何场合拒绝贿赂。一次，他的一位老友之子出任湖北巡抚，为寻求刘统勋对其子在日后给予关照，特派仆人登门馈送黄金千两。面对世交故友送来的黄金，刘统勋心中十分清楚：这是有求于我。按说他可以一口拒绝，但为了给老朋友留个面子，他思索再三，最后唤其仆人来见，正言厉色地说：“你的主人以世谊通问候，名声很正。我供职政府，不需这样，你回去告诉你的主人，赠诸故旧之物，小礼物即可。”仆人听后，深为感动，代主人表示谢意，携金而回。

刘统勋因政绩突出，在乾隆二十四年被授予协办大学士，两年后晋升为大学士。

刘统勋具备宰辅之才，但乾隆早已认识到，刘统勋毕竟是汉人，更何况宰相的位子早在乾隆十四年就已经被傅恒占上了。

乾隆三十五年（1770），不到50岁的傅恒去世了，76岁的尹继善担任军机处首席大臣刚7个月竟也去世，于是72岁的刘统勋便循例成为军机处首席大臣，成为名副其实的宰辅。

虽然刘统勋担任真宰相只有两年，但毕竟是军机处建立以来的第一位汉人宰相。

乾隆三十八年（1773）十一月的一天，刘统勋于黎明时入朝，“至东华门外，舆微侧，启帷则已瞑”。一个大学士死在上朝的途中，不能不使乾隆皇帝大为震惊。于是，皇帝“亲奠其宅”，结果，到刘统勋家一看，发现家室俭素，皇帝为之感动不已。回朝之后，乾隆皇帝对左右近臣说：“刘统勋方不愧真宰相，汝等宜法效之。”

土尔扈特万里归国

1771年盛夏的一天，清朝离宫承德避暑山庄内，一队身着蒙古族服饰的人虔诚地跪倒在乾隆大帝的面前。当皇帝为他们封爵厚赏，请他们起身的时候，一个人双泪长流，仰视着皇帝。他就是这支朝拜队伍的首领、土尔扈特部的大汗渥巴锡。此时此刻，他率领自己的部落万里归国的悲壮历程又一幕幕地浮现在眼前。

土尔扈特是我国蒙古族中一个古老的部落，驻牧在今新疆西北塔尔巴哈台一带。明朝崇祯年间，土尔扈特部的首领和准噶尔部的首领发生冲突，1628年，土尔扈特部首领率领土尔扈特5万多帐，约20万人西迁到伏尔加河下游游牧。

那时，伏尔加河流域还是一片荒芜的地区，地域广袤，水草丰盛。土尔扈特部来到这里后，便在河的南北两岸居住了下来。他们逐水草牧放牲畜，开荒种田，修建棚舍，用辛勤的劳动开发了这块辽阔的土地，用汗水浇灌了这片漠漠荒原，在这里修建了自己的家园，过着幕帐林立、羊肥马壮、牲畜遍野、粮食充足的丰饶生活。

土尔扈特部虽然摆脱了准噶尔部的威胁，在这里定居下来，但好景不长，他们很快又坠入了沙皇俄国的统治之下，土尔扈特人的处境更为艰难。为了达到完全控制土尔扈特部的目的，沙俄政府不断向土尔扈特人驻地伏尔加河流域大批移民，疯狂抢夺土尔扈特人的牧地和牛羊，强盗式的行为加剧了双方的矛盾和冲突。沙俄政府无视土尔扈特部的尊严与独立，还直接干预其汗位的继承等内部事务。

1761 年，土尔扈特部首领敦罗卜喇什去世，他 19 岁的儿子渥巴锡继承汗位，成为土尔扈特部的第七代首领，在渥巴锡执政的初期，沙俄强行将士尔扈特部纳入俄国的控制之下。紧接着，沙俄当局利用他们手中的特权又开始向土尔扈特部大批征兵参加俄土战争，让土尔扈特士兵打头阵、当先锋。

从 1768 年到 1769 年，土尔扈特士兵从战场上归来的士兵只有十之一二，大量的青壮年死在了战场上。沙俄为扭转战局，又一次在土尔扈特部征兵，16 岁以上必须出兵。为避免种族灭绝，渥巴锡决计率部东归祖国。为了消除俄国人的怀疑，渥巴锡忍辱负重，亲自带领军队上战场，参加俄土战争。渥巴锡眼看着自己的同胞在战场上血肉横飞，心中悲愤交加，对沙俄统治者愈加痛恨了，也坚定了他回归祖国的决心。1770 年秋天，渥巴锡从战场归来，立即制定回归计划。

长期以来，土尔扈特部一直没有中断同祖国的密切联系，经常遣使入国交流。1714 年，康熙皇帝还派遣使者图理琛一行远赴土尔扈特部表达慰问，图理琛回到北京后，写成了《异域录》一书。土尔扈特虽然远离祖国，却时刻思念着故土和亲人，重返祖国是土尔扈特人民的夙愿。

1770 年 11 月，渥巴锡集结军队，完成了回归之前的最后准备。

1771 年 1 月 5 日，是土尔扈特历史上最光辉的日子。这天，渥巴锡向全体牧民历数沙俄统治者的滔天罪行，号召大家：只有奋起抗俄返回祖国才是唯一出路。顿时，伏尔加河辽阔的草原上发出了气壮山河的呼声："我们的子孙永远不做奴隶，让我们到太阳升起的地方去！"

渥巴锡率领 17 万人组成的浩荡大军，消灭了数千沙俄官兵，烧掉了帐篷、带不走的东西和渥巴锡汗的木制宫殿，拔营起寨，惊天动地地踏上了布满艰难险阻的万里归途。

踏上征途的土尔扈特人，在前有哥萨克拦截，后有俄军尾追的紧急形势下，渥巴锡把回归大军组织得井井有条，一支精锐部队作为开路先锋，接着是成千上万的妇孺和老人乘着马车、骆驼和雪橇，还有牲畜和辎重队伍，再次是渥巴锡率领的两万骑兵殿后。他们离开了白雪皑皑的伏尔加河流域，一队接一队地迤逦前进。他们只用了 8 天时间，就到达乌拉尔河，把尾追之敌远远地抛在后面。先头部队以迅雷不及掩耳之势，摧毁了乌拉尔河上的俄国据点，使大队人马安全地从冰上过河，顺利地踏上了大雪覆盖的哈萨克草原。

然而，就在他们踏上哈萨克草原不久，一支外翼队伍遭到了哥萨克的突然袭击。这是一次惨绝人寰的战斗，由于土尔扈特部以分散的队形赶着大批的牲畜前进，在受到袭击时还没来得及集中力量，便展开了白刃搏斗，9000 名战士壮烈牺牲。二月初，土尔扈特的东进队伍来到奥琴峡谷，山口被一支庞大的哥萨克骑兵抢先占据，整个队伍无法前进。在这紧急关头，渥巴锡指挥若定，亲率五队骆驼兵从正面猛攻。另一名将领率领一支训练有素的枪队从后面袭击，彻底歼灭了拦截之敌，大队人马顺利地通过了峡谷。

经过多次激烈战斗，土尔扈特部大批人员牺牲，大量牲畜死亡。不久，他们迷了路，进入了无水也无草的戈壁滩。恶劣的环境下，很多老人和孩子死去。伤心欲绝的蒙古人不得不横下心，擦干泪水，带着亡人的灵魂，继续前进。

严冬过后，酷暑来临，在漫长的征途中，疾病侵袭，饥饿折磨，疲惫不堪的队伍扶老携幼，在艰难中苦苦挣扎。到了土尔阶河，又突然遇到俄军两万多人的严密封锁，在这生死存亡的严重关头，许多人在饥饿和疾病面前已经失去了信心，瘫倒在地上，不愿意再往前走一步了。渥巴锡召集各部首领，动员大家团结抗敌，坚持到底！渥巴锡慷慨陈词：“我们只能前进，不能后退。我们再努力一些，胜利就在眼前！”在他的鼓励之下，他们又成功地击退了拦截部队，强渡土尔阶河，暂时摆脱了追击的敌人。

这天，大队人马来到一处沼泽面前。渥巴锡决定，抛弃所有牲畜，扔掉行囊和比较沉重的武器，每个青壮年护持5个老人和孩子，立即向沼泽前进。

渥巴锡知道，人们是不愿意抛弃畜群的，就向他们解释，只要人活下去，将来肯定还会有畜群。如果人都死了，再多的牲畜又有什么用？眼前的局势如此紧迫，人和牲畜不能兼得，为了保证每一个人，无论是老人还是孩子，都能活着回到祖国，只能舍弃畜群。

但是，对于游牧人民来说，让他们扔掉相依为命的畜群，毕竟不是轻而易举的事情。特别是这些畜群和他们一起度过了无数灾难，艰难地跋涉了1万多里地，在很多险恶的地方都没舍得抛弃，一旦扔在域外或者砍死，这无疑是在挖他们的心。人们纷纷跪在汗王的周围，请他收回成命，并表示要和畜群共存亡。

“你们是一群糊涂虫！”渥巴锡又急又气地喝道：“沙俄的人马离我们只有几天路程。带着畜群穿过沼泽，我们要花费3倍甚至10倍的时间，沙俄军队就会追上我们，把我们全部杀死，你们明白吗？”

渥巴锡喊着，抽出宝刀，跑到自己的坐骑跟前，猛劈下去，接着他又发疯一样砍烂了车驾，最后，他喊过来母后和王妃，让她们当众把随身携带的珠宝全部抛进沼泽。渥巴锡的母后和王妃在万般无奈的情况下，当着众人的面把价值连城的珠宝首饰全都丢进沼泽，场面是那样让人痛心和震撼，在场的所有人都掉下了眼泪。人们看到渥巴锡震怒的神态，不敢再坚持，只好忍痛割爱，哭着告别了畜群，向沼泽进军。

东归队伍像一条蜿蜒的长蛇，在沼泽地前行。当渥巴锡最后踏上已被9万人踏成一条深沟的道路进入沼泽时，已是第3天深夜。渥巴锡长长地舒了一口气，他确信哈萨克人是不敢在夜里进入沼泽的。他知道明天将是很安全的一天。

沼泽中那条唯一的狭窄而又拐来拐去的小路，对于9万人的长蛇队来说，不可能万无一失。稍有不慎，偏离道路哪怕一小步，就会陷进无底的泥淖，尤其是夜里，四面漆黑一片，他们必须紧紧拉着前面人的衣角，脚尖挨着脚跟一小步一小步地往前挪动，不时传来陷入泥淖中的人凄厉的叫声，他们整整走了两天两夜，连眼也不敢合一下。

第5天，渥巴锡终于最后一个走出沼泽。他看到草野上，人们横躺竖卧，连动也不想动一下。有人告诉他，至少有七八百人没能走出沼泽。

6个月的万里行程中，土尔扈特人无法找到饮水，只好喝牲畜的血，结果瘟疫肆虐，死者无数。渥巴锡年轻的胸膛里，盛满了痛苦。在6个月的征途中，他也有过痛苦的时候，但由于形势险恶，精神紧张，那些痛苦没有存身之地，或者稍纵即逝了。现在，旅途平安无事，精神可以松弛，那埋在心底的痛苦就不能不拥挤着在整个胸膛里攒集和膨胀了。他想起了这6个月种种噩梦般的经历。他失去的太多了。他失去了一多半部众，失去了自己的爱子，失去了自己的同胞兄弟，失去了他最喜欢的姑娘，失去了他最好的朋友……此刻的渥巴锡终于认识到，6个月经历积累起的痛苦，远远超过6个月之后的胜利积累起来的快乐。

1771年6月6日，土尔扈特部到达伊犁河畔。此时，他们只剩下1.5万户大约7万人。乾隆皇帝得知土尔扈特万里来归，立即派遣参赞大臣舒赫德星夜急驰伊犁，负责主持安置事宜。土尔扈特终于在自己的祖国重建家园了。

不久，在承德避暑山庄，清朝皇帝的离宫，渥巴锡和他的部下觐见了乾隆皇帝。乾隆为他们晋封爵位，树立两块石碑《土尔扈特全部归顺记》和《优恤土尔扈特部众记》，上面有皇帝亲自撰写的碑文，纪念这一爱国壮举。对于清朝来说，土尔扈特的回归，稳定了它在西北的统治，增强了凝聚力，具有深远的政治意义。

海禁与闭关政策

清朝政府对西方各国基本上采取闭关政策，即对外贸易的限制政策，是封建经济的产物。

闭关政策的产生是与中国比较稳定的自足自给、农业与家庭手工业相结合的小农经济相适应的。它并非完全闭关，对外贸易时还有照顾外商之意，正如乾隆对英皇敕谕所说：“天朝物产丰盈，无所不有，原不借外夷货物以通有无，特因天朝所产茶叶、磁器、丝斤为西洋各国及尔国必须之物，是以加恩体恤”。

清朝政府施行闭关政策的目的是怕外国商人与沿海人民往来，在沿海各地“滋扰生事”，所以也要对外商加以种种限制。

顺治时，东南沿海一带的人民在郑成功、张煌言等领导下进行了抗清的斗争。为了防范汉族人民的反抗，清朝政府施行海禁，严禁人民下海，又“禁佛郎机人不许入广东省会，荷兰之人贡者亦只令在馆贸易”。当时对外通商的口岸只有澳门一地。

康熙二十二年（1683），清朝平定台湾，东南各省疆吏请开海禁，康熙以开关“既可充闽粤兵饷，以免腹地省份转输之劳”，而又于“闽粤边海生民有益”，允许民间得以造船出海，并在二十四年（1685）设广东澳门、福建漳州、浙江宁波、江南云台山四榷关与外国通商。除对荷兰、暹罗等国的市舶宣布免税之外，对其他各国来华的商船也减免商税，以示“怀远”。当时沿海各地的商业极为兴盛，西方各国皆争来贸易，苏州船厂每年所造出海的船只多至千余，“商舶交于四省，遍于占城、暹罗、真腊、满剌加、浡泥、荷兰、吕宋、日本、苏禄、琉球诸国”。

清朝开关以后，对外贸易悉照明朝旧制。闽粤各关皆设正副监督各一人，相当于以前的市舶使，来船经监督盘验许可后，才能进行贸易。对外贸易的商人叫作“行商”“洋商”，又叫“官商”。对外贸易的组织叫作牙行，又叫“十三行”。为了统一贸易的规程，在康熙五十九年（1720）又成立了“公行”，公行垄断对外贸易，其他商人不得参与。

康熙时，清朝政府虽然开关与外国贸易，但对外国商船的活动极为注意，对逗留外国的中国人也防范极严。康熙下谕地方官要在沿海各地增设炮台，并指出“海外如西洋等国，千百年后，中国必受其累，国家承平日久，务需安不忘危”。可见康熙对西方殖民主义者始终是存有戒心的。

随着当时海上商业的发展，清朝政府对外贸易的限制也日益严格，清朝的闭关自守，最突出的表现是在乾隆、嘉庆时期。

乾隆二十二年（1757），由于英国等殖民者在中国沿海进行种种非法的活

动，清朝政府传谕外国商人，从这年开始，只准在广州一口通商，不得再往厦门、宁波等地。此外，清朝政府又制订了很多限制外商的禁例，如外商不得在广东省城过冬，外商需听中国行商的管束，外商不得随意奴役中国人，外商不得在广州自由出入，等等。同时也加强了对内地商人的限制，设立了保商制度。保商受政府委派，拥有对外贸易的特权，凡外来的一切人员、船只、货物及纳税等事皆由保商担保。

加税也是限制与西洋各国通商的办法之一。清朝政府的关税分船钞、货税两种。除康熙时曾有一度减轻税额外，以后各种名目的附加税日益增多。乾隆时，清朝即以加重浙江等地海关税以抵制外船北上。同时，清朝政府还先后颁行了禁止五谷、金银、丝斤出洋的种种禁令。

清代闭关锁国的后果：妨碍了海外市场的开拓，抑制了资本的原始积累，阻碍了资本主义萌芽的滋长；隔绝了中西文化交流，使中国落后于世界潮流。

林爽文起义

林爽文（1756—1788），原籍福建漳州平和。1773 年随父渡台，定居彰化县大里杙庄（今台中市大里区）。1784 年加入天地会，之后成为彰化天地会首领，1786 年曾发动林爽文事件，于 1788 年失败被捕，遭清政府于北京审讯判决凌迟处死。

乾隆四十八年（1783），福建省漳州天地会首领严烟悄悄地来到台湾漳化，表面上是开布店做生意，暗地里宣传天地会，发动人民起来进行反清斗争。经过一段时间的努力，他在当地找到了一位组织才能强、号召能力大的领袖人物。这个人叫林爽文，是福建漳州平和县人。十年前，因生活所迫，随贫苦农民出身的老父离乡背井，来台湾寻找生路。不料，天下乌鸦一般黑。台湾当时经济虽有很大发展，稻米产量一年足够四年食用，蔗糖、水果出产丰盛，除本岛自用外，还运往日本、吕宋等地出售，可是官府勾结地主层层盘剥，赋税重，地租高。台湾知府孙景燧竟把府库金银窃为己有，台湾总兵柴大纪两年就搜刮白

银五万两。他们下边的大小官员对老百姓更是进行敲骨吸髓般的剥削。台湾人民早已不堪忍受，全岛就像一座火山，随时都可能发生爆炸，遍地燃起冲天怒火。

林爽文来到台湾后，耕过田，从过军，做过工，却怎么也摆脱不了忍饥挨饿受贫穷的命运。正在他苦于找不到出路时，严烟找到了他。经过一番开导，他看到了台湾和自己的希望。他赞同天地会的道理，支持组织起义，很快宣誓加入了天地会。

在林爽文的带动下，天地会组织发展很快。漳化、诸罗、凤山（今高雄）、淡水等地民众踊跃加盟，三年后竟达万人之多。

这年春节，大里代的50多位穷弟兄聚会，大家谈起所受压迫、剥削，个个都是义愤填膺。最后，大家都觉得只有跟官府斗才是生路。要取得胜利，就得选个做主的人，好统一号令，一致行动。

林爽文平时正直无私，慷慨助人，肯为朋友两肋插刀，自然是众望所归，大家不约而同地把目光都集中在他的身上。

一年后，诸罗的天地会首领因带头抗拒官府勒索而被官府通缉，跑到大里代天地会来暂避一时。知府孙景燧很快侦知这个首领的行踪，命令知县俞峻带四百官兵前往捕人。俞峻的兵丁，不敢贸然进入大里代村，在离村六里之遥的大墩驻扎下来，疯狂地焚烧附近的几个村庄，威胁逼迫交出林爽文和那个首领。

这时，不少人主张赶快到衙门去找孙景燧讲理、告状。林爽文却说："有人主张到衙门去评理告状，这官司打得吗？当官的官官相护，没有我们说理的去处！我们去告状，正好是自投罗网。现在只有举旗起义，别无他路可走！"

乾隆五十一年（1787）十一月二十日深夜，林爽文率领起义军悄悄地进入大墩，发动突然袭击，当场杀死正在做美梦的知县俞峻，那四百官兵也因措手不及而无一漏网。翌日清晨，知府孙景燧派人侦知林爽文起义的消息，连忙召集二百多老弱残兵守城。第三日，起义军在大雨滂沱中像滚滚怒涛冲破县城北门，惊魂未定的孙景燧当即被起义军乱刀乱枪杀死，老奸巨猾的总兵柴大纪见势不妙，借口回府城调兵先开溜，才侥幸保住了一条命。

起义军乘胜前进，接连攻克淡水、诸罗和西部沿海地区。攻占漳化后，起义军宣布建立政权，改元“顺天”，推举林爽文为“顺天盟主”大元帅。林大元帅发布告示，反复强调起义军的宗旨是：“安民心”，“保农业”，“替天行道”；明确指出：“台湾皆贪官污吏，扰害生灵，本帅不忍不诛，以救吾民。”起义军每攻占一地，都杀贪官，诛污吏，“到各庄上派富户出银”，并将没收官府的“钱米，广为散给”贫苦人民，投军者日众，队伍很快发展壮大起来。

这年春，林爽文联合南部起义军共10万人，分成四路，合围台湾府城。清廷紧急调遣官兵10万余人，迅疾渡海抵台，命柴大纪攻打诸罗，命郝壮猷攻打凤山，引开起义军主力，以解府城之围。柴大纪部在当地地主武的装协助下以很大代价攻陷了诸罗。郝壮猷部却遇顽强抵抗，被打得落花流水。乾隆皇帝急不可待，擢任闽浙总督常青为将军，带兵南台督师。可他怀疑“敌有异术，实不敢对战”。有一次，他率兵进剿起义军，刚刚走出10里路，只见起义军有如潮涌浪卷而来，就吓得“战栗不能举鞭”，连呼“他们要砍我的头啦”，拨马率众退回府城，闭门不出。不久，起义军像铁筒一般紧紧围住府城。

正当胜利在望之时，起义军内部出了内奸叛徒。南部起义军闻变，自行撤退，林爽文部兵少势孤，也只好收兵。

林爽文带领起义军转攻南北要冲诸罗，切断了敌人的粮饷供应，粒米不得入城，清军饥饿难挨，不堪作战。常青数次派兵前来救援，俱被林爽文截击所败。乾隆皇帝大怒，撤了无能的常青，派福康前往督办军务，同时抽调湖南、广西、贵州等省万余兵力，开赴台湾助战。在敌众我寡势态下，林爽文带领的起义军虽在仑仔岭战斗中使清军遭受重大伤亡，但却在大里代的保卫战中失利。

马戛尔尼使团访华

马戛尔尼使团访华又称马戛尔尼来华，指的是1793年（乾隆五十八年），英政府想通过与清王朝最高当局谈判，想在开拓中国市场的同时搜集情报，于是派乔治·马戛尔尼等人访问中国的事件。然而，由于中英两国政治、经济结

构的截然不同，而双方政府为了维护本国的社会制度和历史传统，在各自的利益上采取了互不相让的顽强抗争态度。因此，在这次外交活动中双方的冲突便不可避免地爆发了。并由此导致外交谈判的失败 。马戛尔尼使团是到达中国的第一个英国外交使团，是中英之间最重要的一次早期交往，是中英关系史上的重大事件。

1792 年 9 月，一个多达 700 余人的庞大使团分乘 5 艘大型舰船，从朴次茅斯港起锚，绕道好望角，经过 10 个月的航行，于第二年的夏天到达中国。英国政府对这次出使非常重视，使团首脑马戛尔尼勋爵是位著名的外交官，曾任驻沙皇俄国公使、加勒比总督和马德拉斯总督。使团人员犹如皇家学会成员，其中有外交官、天文学家、物理学家、工程师、医师、画家、乐师、技师、军官和士兵。

使团携带的礼品是世界尖端科学技术的结晶：其中有天体运行仪、地球仪、赫歇耳望远镜、帕克透镜、气压计等科学仪器；还有蒸汽机、棉纺机、梳理机和织布机等工业机器；也有吊灯、座钟、机织布料、韦奇伍德瓷器、带有减震装置的马车、用特种钢制作的刀剑等生活用品；还有榴弹炮、迫击炮、卡宾枪、步枪、连发手枪等先进武器和装备有 110 门火炮的巨型战舰“君王”号舰艇模型；另外还准备进行机械和光学实验以及热气球和复滑车表演，陆军、炮兵表演和铜管乐队的演奏。

英国政府认为，中国毕竟是一个落后的农业帝国，使团携带的先进的科学仪器、兵器和工业机器，必能满足中国方面的迫切需要，从而有助于使团任务的完成。

1793 年 8 月初，马戛尔尼一行抵达天津，直隶总督梁肯堂专程到天津迎接。1 个月后，梁肯堂又陪伴他们到承德避暑山庄会见皇帝。

即将见到大清皇上，马戛尔尼免不了有点激动，但是他被告知，要按中国礼节觐见皇帝，也就是要行三跪九叩之礼，谁知马戛尔尼就是不同意：“不，我们是大英帝国的使臣，我们必须按照外交礼节会见皇上。”

陪同的清朝官员回道：“我皇英明，威震海内，哪有不承天朝恩惠的。对那些不服从我朝法度的外夷，皇上不能以礼相待。请贵使考虑!”

马戛尔尼没办法，只好用缓和的语气说：“能否按我国礼节，单腿跪地行礼?”

陪同的官员说：“等我奏明皇上，再答复你，今日贵使团不能觐见皇上了。请休息!”

马戛尔尼不明白，怎么一个跪不跪的问题就这么复杂。其实，他是不知道，在满清朝廷看来，英使来华，虽然是给天朝进贡，但是特使不行三跪九叩之礼，绝对是大逆不道的。

更令马戛尔尼没想到的是，清朝官员还不露面了，马戛尔尼急了，一直等了两天，那边回话了：“皇帝不能单独接见贵公使，请等到八月十三日和各国大臣一起觐见。”

八月十三日，也就是9月17日，是乾隆的万寿节。避暑山庄的万树园张灯结彩，前来祝寿的王公大臣、各国使臣都穿着盛装，早早地来到万树园等候。随着旭日初升，霞光四射，鼓乐齐鸣，一座锦绣大轿在众多侍卫的护卫下，缓缓进入万树园。前来祝寿的人一齐跪下，齐声高祝：“皇帝陛下万寿无疆!”庄严隆重的气氛着实让马戛尔尼感动了一番。

乾隆下轿后，稳步走进澹泊敬诚殿，接见祝寿人。然后，他坐在御坐上，祝寿者一一敬献寿礼，马戛尔尼也向乾隆献上了那份厚礼的名册，乾隆回赠给女王一对珍贵的玉如意，马戛尔尼本人也得到了皇上的礼物。马戛尔尼看着这位皇帝，精神矍铄，目光炯炯，一股威严感油然而生。马戛尔尼心想，这个皇帝还真是名不虚传啊。

第二天，马戛尔尼本来准备和清朝官员谈判两国贸易问题，不料，收到圣旨：“请贵公使先期返回北京。”马戛尔尼只好遵命。也是使团倒霉，在回京途中，因水土不服，连续死了3个人。乾隆知道后，心生厌恶，认为不吉利，让大学士和珅传旨，让他们离京回国。

和珅会见马戛尔尼，对他说：“皇上对你们不远万里，前来祝寿，非常感念。但北京天气寒冷，担心你们再生疾患，所以皇上特谕使团即刻回国。”马戛尔尼一听就急了，身负的使命还没完成，就让我们回国，哪成啊。便对和珅说："承蒙皇帝陛下垂念，不胜感激。在下还有一事，烦请禀报皇帝陛下。"和珅说："有什么事，和我说，我会禀报皇上。"

马戛尔尼于是向清政府提出了一系列要求：请求中国政府允许英国商人在北京设立商馆，在舟山、宁波、天津等处贸易；在舟山附近小岛和广州附近划一块地给英商居住、储存货物，减轻和优待英船入港的商税。

马戛尔尼的要求遭到乾隆皇帝的拒绝。乾隆给英王颁发了三道敕谕，义正词严地说："天朝的每一寸土地，都划归在版籍之中，疆土森严，即使岛屿沙洲，也都在疆界之内，划分细致，各有专属。外邦和天朝进行贸易的很多，不止英吉利一国。如果其他国家纷纷效仿，要求赏给地方买卖居住，岂能都答应？而且天朝没有先例，此事更不能准行。"

在乾隆皇帝看来，英使不行三跪九叩之礼已经不能容忍了，再提其他要求，岂非痴心妄想？至于机器和贸易，大清是不需要的。他曾数次对臣下说："天朝物产丰盈，无所不有，远不借外夷货物以通有无。"

所以，英王精心准备的那些高科技的礼物在清朝皇帝眼里，也算不得什么。几十年后，当英国侵入中国，再次看见他们赠给大清的厚礼时，发现上面布满厚厚的灰尘，清人甚至动都没动过它们。

马戛尔尼心灰意冷。10月9日，使团一行离开北京，由广州乘船悻悻回国。1894年9月5日，马戛尔尼一行回到伦敦。

马戛尔尼使团访华失败了。乾隆帝高傲自大，故步自封，陶醉于"天朝上国"的迷梦之中。他看不到世界发展的潮流和工业科技的远大前景，拒绝了英国的要求，使中国失去了一次和外界正常交流的机会。

"浓墨宰相"刘墉

刘墉（1719—1804），字崇如，号石庵，另有青原、香岩、东武、穆庵、溟华、日观峰道人等字号，清代书画家、政治家。山东省高密市逄戈庄人（原属

诸城），祖籍江苏徐州丰县。乾隆十六年（1751年）进士，刘统勋子。官至内阁大学士，为官清廉，有乃父之风。刘墉是乾隆十六年的进士，做过吏部尚书，体仁阁大学士。工书，尤长小楷，传世书法作品以行书为多。嘉庆九年十二月二十五日卒于京。谥文清。

乾隆十六年（1751），33岁的刘墉才以恩荫举人的身份参加当年的会试和殿试，中进士，不久改翰林院庶吉士，1年后授翰林院编修。这个职位虽然薪俸很薄，但作为皇帝身边的文学侍从近臣，有“清贵”之称，清代的宰辅，多从这些人里选拔。所以，清代中进士的人，都非常重视翰林出身。刘墉由此进入仕途，可谓开局良好，再迁侍讲。

乾隆二十年（1755）十月，刘墉的父亲刘统勋因办理军务被乾隆下狱，刘墉受株连与兄弟们一起被遭囚禁。不久，刘统勋父子被释放，刘墉被降为编修。次年六月，充广西乡试正考官。十月，提为安徽学政。他任职期间，针对当时贡监生员管理的混乱状况，上疏“请州县约束贡监，责令察优劣”，并提出了切实可行的补救办法，得到批准后，他立即着手改革积弊，受到当地官民的好评。

乾隆二十四年（1759）十月，刘墉调任江苏学政。在任期间，他又上疏：“生监中有不少滋事妄为者，府州县官却照顾他们，不加管束。行政官员既畏惧刁民，又畏惧生监，加上胥役的横行，造成遇事迟疑，皂白不分，科罪之后，应处治的不处治，实属玩忽职守，讼棍蠹吏，狼狈为奸。”乾隆看了这个奏折，认为深刻而又切中时弊，非常赏识，称赞其“知政体”。乾隆二十七年（1762），任命刘墉为山西省太原府知府。

以后，刘墉又在各处任官，到处留下清名。

这期间，刘墉的父亲刘统勋任职朝廷，和大贪官和珅同朝为官。刘统勋疾恶如仇，和珅贪得无厌，但碍着皇帝的情面无法惩治他。乾隆三十一年（1766），天下大旱，各省都不同程度地受灾，直隶、山东最重。饿殍遍野，人们易子而食。两省官员纷纷设立粥厂，赈济灾民，在京官员又纷纷解囊捐助，由祖籍直隶的纪晓岚和祖籍山东的刘墉代运到家乡。而此时，和珅却依然搜刮不止。刘墉非常气愤，就和好友纪晓岚设计让和珅拿钱出来。

一日，和珅得到密报，说刘墉要将20万两白银送到家乡赈济灾民，打算在后半夜运出。和珅就想趁机惩治一直和他作对的刘统勋父子，并且把银子占为己有。于是，暗中设下埋伏，把运输队拉到了自己家，可打开箱子一看，里面全是石头。

第二天，刘统勋父子早早地到皇上面前告状。当堂对质，刘统勋父子一口咬定里面是20万两白银，还有捐助的百官为证，和珅咬定里头是石头，可是没人作证。乾隆暗暗埋怨和珅不把东西运到官府，却拉到自己家了，没办法，只得让和珅拿出40万两白银作充资和罚金。和珅哑巴吃黄连，对刘墉父子更记恨了。

乾隆三十八年（1773），刘统勋病故，刘墉回家服丧。

乾隆四十一年（1776），刘墉服丧期满还京，诏授内阁学士，入值南书房。十月，任《四库全书》馆副总裁，累迁户部右侍郎，后又调吏部右侍郎。

乾隆四十六年（1781），迁刘墉为都察院左都御史。次年三月，仍入直南书房；不久，又充任《四库全书》馆总裁。这期间，刘墉处治了一件极棘手的案件，案件涉及乾隆身边的红人和珅以及乾隆的宠妃郑妃。

乾隆四十七年（1782）四月，御史钱沣弹劾山东巡抚国泰专横跋扈，结党营私，并以向皇上纳供的名义大肆搜刮，致使下属历城、益都等几十个州县仓库严重亏空。乾隆对这个案子非常重视，责成刘墉与和珅等同钱沣一起审理这个案子。

刘墉知道国泰的后台就是和珅。所以，他做事总要与钱沣商议。和珅一到历城，就说不用挨个核对，抽查几个就行了。钱沣要求先封库，第二天彻底查。结果发现库里都是杂色银，经过盘问，才知道这些银子都是从各商铺借来临时充数的。刘墉又假扮成道人，步行私访，查明山东连续三年受灾，而国泰邀功请赏，以荒报丰。征税时，对无力缴纳者，一律拿办；并残杀进省为民请命的进士、举人9人。

刘墉把国泰这些罪行如实报奏朝廷，奉旨开仓赈济百姓，捉拿国泰回京。此时郑妃已为国泰说情，有的御史也从旁附和，和珅亦有意袒护国泰。刘墉遂以民间查访所获证据，历数国泰罪行，据理力争，终使国泰伏法。

国泰案结，刘墉又历任吏部尚书、工部尚书、上书房总师傅、协办大学士等。

但为这个案子，刘墉得罪了和珅等人，和珅又不断地在乾隆面前说刘墉的坏话，致使乾隆对刘墉心生芥蒂。

乾隆五十四年（1789）四月，连天阴雨，诸位上书房师傅们没有入值，乾隆得知，非常生气，下诏责备刘墉身为总师傅而不予纠正，被降职为侍郎。乾隆还为此特意下了一道上谕，说刘墉在府道上任职还算尽力，出任学政就不再认真办事，入京为官，办事情更是一味地模棱两可。我曲意优容，不加责怪，以为他会感激圣恩，勤勉办事，不想却发生这种事，上书房师傅们旷工7日之久，刘墉却置若罔闻，刘墉这样事事不能尽职，于国则为不忠，于父则为不孝，其过甚大，实在不能宽恕。措辞非常严厉。

乾隆五十六年（1791）初，刘墉迁都察院左御史，旋擢礼部尚书，并再次兼管国子监事务。五月，又署吏部尚书。

嘉庆二年（1797）四月，授刘墉为体仁阁大学士。嘉庆四年（1799）三月，加太子少保。后奉旨办理文华殿大学士和珅植党营私、擅权纳贿一案。刘墉不畏权势，很快查明和珅及其党羽横征暴敛、搜刮民脂、贪污自肥等罪行20条，奏朝廷。皇上处死了和珅，没收了他的家产。

嘉庆四年底，刘墉上疏陈述漕政，对漕运中的漏洞体察至深，忧国忧民之情溢于言表，嘉庆皇帝看后，非常感动。

嘉庆六年（1801），刘墉充任会典馆正总裁。

嘉庆七年（1802），嘉庆帝驾幸热河，命刘墉留京主持朝政。此时，刘墉已年过80，却轻健如故，双眸迥然，精神矍铄。

嘉庆九年（1804），刘墉死于任上，享年85岁。卒后赠太子太保，谥号文清。

刘墉不仅是政治家，还是大学者，著名的书法家，是帖学之集大成者，是清代四大书家之一。

著名学者纪连海这样评价刘墉："历史上的刘墉不是状元，也不驼背。他的官位确实数经起落，不过他并没有跟和珅斗一辈子。相反，历史上的刘墉虽然也是个清官，但在那个复杂的历史背景下，他也做了一些随波逐流的事。"

乾隆与香妃

在乾隆皇帝的40多个后妃中，有一位维吾尔族女子，她就是闻名遐迩的香妃。其实香妃是否遍体生香，根本无从考证。但乾隆帝只有一个维吾尔族妃子却是史实。她就是容妃。在乾隆帝的40多名妃子中，有一名回妃，本不奇怪，可是在容妃死后的一百多年内，却引起了一批骚人墨客的兴趣，在容妃身上大做文章，甚至编造出一个"香妃"的故事。从野史、诗词到舞台，绘声绘影大肆渲染，竟达到了真假难辨的程度。诗词、戏曲中的人物是可以编造的，但发展到排除史实、以假乱真的程度，就有问题了。以下，我们暂还按习惯称其为香妃，看看她的真实生平。

容妃（1734—1788），霍卓氏（又作和卓氏），维吾尔族人。传说中的香妃原型。生于雍正十二年九月十五日，阿里和卓之女。

香妃的传说与征讨回部大、小和卓木有些关联，稗官野史对此屡书不绝，并演绎出一出凄美的传奇故事。

乾隆二十四年，回部大、小和卓举兵谋反，乾隆皇帝派定边将军兆悳带领十万大军，从乌什打进喀什噶尔。和卓木兄弟连吃败仗，越过葱岭逃去。兆惠长驱直入，杀到伊西浑河边。大、小和卓木兄弟两人逃过河去，后来被巳达克山的酋长擒住，割下头来，献与兆惠将军。兆惠将军又奉乾隆帝之命，寻找到了大和卓的妃子香妃，把她送到皇宫。

香妃进了皇宫，富丽的宫殿，美妙的宫人，也曾让她有一种新奇感，她终日和那些妃嫔宫女游玩，仿佛不知有亡国之恨。她容颜美丽，性情和顺，大家都和她相处很好。有时，她会和宫女交换衣服穿，有时，她会和宫女们挤到一张床上睡觉。没多久，她就已经和妃嫔们很亲热了。

到了第八天，乾隆大帝临幸西内，香妃的美貌压住了皇帝的欲望。尽管香妃对皇帝毫不买账，皇帝临走时还是叮嘱宫女："须小心伺候安慰。美人离乡万里，也难怪她心中悲苦。"

又过了几天。这天，乾隆皇帝酒醉了，想起香妃，便命太监扶着，走到西内去，走进香妃的宫室。皇帝刚到香妃近前，只见香妃"嗖"地拔出一柄尖刀来……香妃要俟机杀死乾隆，但乾隆仍舍不得放弃。以后，他还是时时幸其宫中，企图以时间的流逝消磨她的复仇之心。

由于有侍者相随，香妃连自杀的机会也没有，每逢节令，想起故乡风物就潸然泪下。乾隆就吩咐内务府，为香妃修建了宝月楼。还连日连夜地赶造回部的街市和回回营、回回教堂，又弄了许多回族人在街市上做买卖，跑来跑去，和回部的风俗一丝不差。又命宫女，每日领着香妃在楼上观看。

乾隆想以此取悦香妃。但那香妃总是冷如冰霜，怎样的温情，都不能打动美人之心。

乾隆暗地里伤心，心想：我贵为天子，却不能享受这一段艳福，真是人生在世，各有姻缘。想着想着，竟思恋成疾。

皇帝苦恋香妃的事传到了皇太后的耳朵里。皇太后钮祜禄氏，一辈子就疼爱这个皇帝，又知道皇帝有些任性，看着儿子一天一天地消瘦，皇太后心里难受，她不能不出面，拯救皇帝了。于是，趁乾隆帝赴斋宫祭祀之际，皇太后将香妃召至慈宁宫，并把宫门下了锁，谁也不让进来，连皇帝也不例外。皇太后赐香妃尽命，香妃竟异常感激太后，从容就死。

这时，乾隆在斋宫已得到消息，仓皇赶来，却开不了宫门，于是痛哭门外。香妃死后，肤色如生，面色含笑，乾隆大恸之后就以隆重的妃礼埋葬了香妃。

香妃死后，乾隆一直怀念不已。虽然他已经命人厚葬了香妃，可是看看香妃留下来的物品，物在人亡，总不由得要掉下泪来。香妃成了风流天子一生的情爱之痛。

传说中的故事总是不免让人潸然泪下。那么，香妃到底是怎样的一个人，她和乾隆到底有没有一场人间的夫妻情爱呢？

学者认为，乾隆确有一位回妃，她就是容妃和卓氏，她艳丽多姿，天生丽质，体有异香，美貌绝伦。和卓氏是新疆回教始祖噶木巴尔的后裔，因世居地叶尔羌属和卓旗，被称和卓氏。她的兄长因不满霍集占的虐政，举家搬到北疆伊犁。乾隆二十五年（1760）二月，定边将军兆惠平定回部凯旋，她随受封亲属到京师定居，后被选入宫，两年后被册封为贵人，29岁时晋为容嫔，35岁升为容妃。传说，乾隆帝为容妃修建宝月楼，也就是今天的中南海新华门楼。还亲自手书《宝月楼记》，楼南建有“回子营”，修礼拜寺。

容妃深得乾隆皇帝宠爱。乾隆三十年南巡，她曾随驾，到过苏州、杭州、江宁、扬州等地。她在宫中被允许穿着本民族服装。为尊重她的民族习惯，宫内专为她设了回族厨师。容妃也深感乾隆恩宠，多次把回族厨师的拿手名菜呈献给乾隆品尝。乾隆三十五年，容妃病逝，终年55岁。死后，以妃礼入葬。葬清东陵。今天的新疆有香妃遗馆，当地传说是从北京运回去的。香妃与容妃是一个人还是两个人，连学者们也很难弄清了。

太上皇乾隆帝

乾隆六十年（1795）九月初三，紫禁城勤政殿，隆重的传位大典正在举行。一大早，皇子皇孙、宗室、王公大臣、蒙古王公、准噶尔及回部首领、西藏喇嘛代表、各属国使臣就争先恐后地齐集太和殿，向乾隆皇帝献礼。这是乾隆大帝执政60周年的日子。

在和珅等一干文武重臣的簇拥下，随着响声震天的鼓乐升起，乾隆帝隆重地出场了，如今，他已是85岁高龄，可精神矍铄，洋溢着一股兴奋的神色。因为，今天，他多年的愿望就将实现了。早在乾隆四十年前后，年过花甲的乾隆帝看到张廷玉、傅恒、刘统勋等一批老臣，一个个死的死了，告老还乡的也都归老田园了，心里很不是滋味，感触很大。他下决心做满60年皇帝后，一定把皇位传给嗣子，以实现原来的誓言，自己要做一个真正的太上皇帝。

随着老皇帝的出场，皇室子弟、诸王大臣齐跪在他的脚下，“吾皇万岁、万岁、万万岁”的呼声让乾隆皇帝又一次体会到了权力所带给他的满足，那是人间至高无上的权力，只要他活着，他就一天也离不开。

君臣各就其位。

“朕即位之初，曾默祷上天，若蒙眷佑，不敢上同皇祖康熙帝纪元六十一载之数，得在位六十年，即当传嗣子。当时默祷此话时，朕刚二十五岁，并未顾及六十年朕已八十五岁了。追忆五十岁生日时，曾与圣母皇太后谈及归政之事，母后说皇帝如此勤政爱民，天下臣民归心，就是在六十岁时也不该传位。第二天，朕又默祷，若上天嘉祐母后寿过百岁，朕即八十五岁也何敢言归政？今母后已归天，朕亦年八旬开五，精神康健，不至倦怠朝政，天下臣民以及蒙古王公、外藩属国都不愿朕归政，但对天许下的诺言不敢更改，朕已定下心志难以勉顺群情。”

于是，九月初三就成为一个非同寻常的日子。乾隆帝下旨，将“正大光明”匾后的立储原件取出，这道立储密旨已经秘藏整整22年了。乾隆帝让皇子、皇孙、王公大臣共同阅视，正式册立皇十五子、嘉亲王永琰为皇太子，为了避讳，改“永”为“颙”，并确定于冬至日，将皇位禅让给颙琰，翌年改元为嘉庆元年。

乾隆六十年九月初三，老皇帝坐龙廷已满周甲，把皇位让给自己的儿子，是他自己早已决定了的，可真到了让位的时候，还是别有一番滋味在心头。但他还是收拾起心中那复杂的心绪，欣然作诗抒发情怀：

归政丙辰天佑荷，改元嘉庆宪书观。
祖孙两世百廿纪，绳继千秋比似难。
弗事虚名收实益，唯循家法肃朝端。
古今惇史诚希见，愧以为欣敬染翰。

此时的颙琰，则完全是另一番心境。当他听到自己被宣布为皇太子时，真是惊喜交加，诚惶诚恐。他也用诗表达自己当时的心情：

天光下贲到臣身，秩晋青宫恩命申。
一己愚衷频战栗，千秋金鉴凛遵循。

歉忝作则钦先训，胞与为怀体圣仁。

自愧凡材何以报，趋庭听夕侍君亲。

一切都按自己的意志安排好了之后，乾隆皇帝看到立嗣储君问题得到了最后的落实，很是满意。但是，60年里，乾隆皇帝乾纲独断，年事越高越是迷恋权势，所以从内心里他压根儿就不想彻底让位，淡出政坛。他要做有职有权的太上皇，把一个嗣皇帝的虚名让给颙琰，这样既可以江山永固，又能为自己博得美名，真是何乐而不为呢！

所以，就在这一天，他就当着皇太子颙琰和王公大臣的面表示："归政后，凡遇军国大事及用人行政诸大端，岂能置之不问！仍躬亲指教，嗣皇帝朝夕敬聆训谕，将来知秉承，不致错失，岂非国家之庆。"这无疑是在表明，一切军国大事，一如从前，由他老人家亲自过问。这等于为他自己及新皇帝在日后政治生活中的地位定了基调——老皇帝还是一国之主。

不巧，当年冬至十二月初一正遇日食。日食，被当时国人视为不吉天象，民间有天狗吞太阳之说。不得已，授受大典改为次年元旦举行。

嘉庆元年（1796）正月初一，这个值得永载史册的日子到来了。紫禁城张灯结彩，喜气洋洋。万众瞩目的内禅礼皇位授受大典在太和殿举行。与过去众多的皇帝登基的情况不同，颙琰不是在先帝大丧期间即位的，因而用不着一面办理丧仪，一面筹备庆典，所以，这种帝位传承方式在清朝是唯一一次，在中国漫长的封建社会也是不多见的，朝内朝外到处洋溢着一派喜气洋洋的景象。

清朝内外王公、文武大臣，以及朝鲜、暹罗、安南等国的使节，都齐聚太和殿，按班序列。授受大典仪式隆重而且热烈。随着吉时一到，乾清门外钦天监格外地拉大了嗓门，叫道："吉时已到——"顿时，午门外钟鼓齐鸣，广场更显得庄严肃穆。乾隆禅位、颙琰登基大典正式开始了。

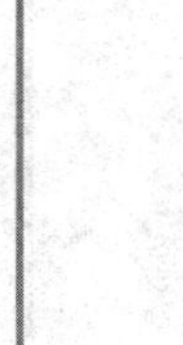

礼部堂官到毓庆宫，将换上朝服的皇太子颙琰请出宫，恭敬地等候老皇帝弘历到太和殿升坐。老皇帝在太和殿一露头，立时鼓乐齐鸣。皇太子以下所有朝臣跪伏在大殿上，听宣表官员宣传位诏书。之后，两位大学士将皇太子导引至老皇帝御座前，太子跪地俯伏，老皇帝将"皇帝之宝"授给皇太子。

颙琰在接过“皇帝之宝”的刹那间身份陡变，由皇太子一跃升为至高无上的皇帝。也就在这一刹那，乾隆帝的身份也发生陡变，由现任皇帝变成太上皇。随后，嗣皇帝率满朝文武向太上皇行九叩礼。嘉庆帝御殿登基，群臣如仪朝贺。

乾隆帝交出皇帝大宝后，心中既有一种顺利完成历史使命的无限快感，又同时深怀“大权旁落”的失落，还有一种担心所托非人的忧虑。所以，他没有参加儿子颙琰的登基大典，带着复杂的情绪回宫了。

老皇帝归政，新皇帝上台。普天同庆。然而，一切都不过是形式而已。

老皇帝仍然紧紧地握着权柄，用无比威严的目光打量着如同囊中之物的大清江山，新皇帝小心翼翼地生活在太上皇的影子里，战战兢兢，不敢多说一句话，不敢多走一步路。

历史尚未进入嘉庆时代。

老皇帝交位不交权。乾隆时代还远没有结束。

宫廷画师郎世宁

郎世宁（Giuseppe Castiglione，1688—1766），意大利人，原名朱塞佩·伽斯底里奥内，生于意大利米兰，清康熙帝五十四年（1715）作为天主教耶稣会的修道士来中国传教，随即入宫进入如意馆，为清代宫廷十大画家之一，历经康、雍、乾三朝，在中国从事绘画50多年，并参加了圆明园西洋楼的设计工作，极大地影响了康熙之后的清代宫廷绘画和审美趣味。主要作品有《十骏犬图》《百骏图》《乾隆大阅图》《瑞谷图》《花鸟图》《百子图》等。意大利籍著名宫廷画师郎世宁，在清廷官封三品，一直为皇帝作画，他将中国绘画技巧与西方艺术相结合，创作了许多精品，今日全球各大博物馆均有他的作品陈列。

郎世宁教士于1715年7月抵中国，11月获康熙皇帝召见。当时康熙61岁，酷爱艺术与科学，虽然不赞成郎世宁所信仰的宗教，却把他当作一位艺术家看待，任郎世宁为宫廷画师。

宫廷画师在紫禁城内一所坐落于庭院与御花园之间的画室内作画，除绘画外，他们还修习汉文与满文。

康熙不喜欢油画，因为油画年代久了就会变得模糊不清。于是郎世宁与其他欧籍画师学习使用胶质颜料在绢上作画的艰难技巧。一笔下去就不能再加第二笔，也不容修改润饰。笔触偶有踌躇，或下笔太重，那幅画就毁了。

宫廷画家都依照宋人郭熙定的原则作画："山水画中，画山盈丈，树木盈尺，马盈寸，人物盈十分之一寸。"郎世宁向康熙建议设立一所绘画学校，未被采纳。后来他出版了一本《视学》。

1722年，康熙驾崩，雍正继位，传教士皆逢厄运，唯有在宫廷服务的教士受到特殊礼遇。

雍正在位13年后驾崩，由乾隆继承大统。乾隆登基时年24岁，经常去看郎世宁作画。这时郎世宁已47岁，谙习内廷事务，于是教会高级人士令他向皇帝呈递奏折。但此举很危险。一日，乾隆照常来看他作画，郎世宁匍匐跪下，说了几句有关"我们的神圣教律"遭受谴责之类的话后，就从怀中掏出一卷用黄绸包着的耶稣会奏折呈上。当时内廷太监看见郎世宁的大胆举动，都吓得心惊胆战，乾隆却温和地说："朕并没谴责你们的宗教，朕只是禁止臣民皈依罢了。"从此以后，郎世宁每晨入宫必受搜查，以保证他的确没有怀带什么奏折之类。

1746年，有五名本笃会传教士被判处死刑。郎世宁又试了一次。一日，乾隆来看郎世宁的画稿时，他又跪下说："求陛下对我们忧伤戚戚的宗教开恩。"乾隆不置答复，且面带怒容。郎世宁也有些后怕。

但郎世宁与乾隆也有轻松之时。有一次，乾隆左右皆是妃嫔亲昵地环绕时，郎世宁颇感局促不安，乾隆付之一笑，问他道："卿看她们中谁最美?"郎世宁答道："天子的妃嫔个个都美。"乾隆追问："昨天那几个妃嫔中，卿最欣赏谁?""微臣没看她们，当时正在数宫殿上的瓷瓦。""瓷瓦有多少块?"郎世宁答："三十块。"皇上命太监去数，果然是三十块。

郎世宁的绘画题材多是皇上及妃嫔在一起的图像。他所绘二百幅人物中最著名的一幅，名为《心写治平》；乾隆仅在该画完竣、七十岁寿及让位时看过此画三次。他随即命人将此画密封于盒内，并下旨道：谁胆敢窃视此画，必处以凌迟！

郎世宁身为宫廷画师，将乾隆一生中的大事都一一入画：战争的场面、壮观的狩猎、喜庆宴会等。他最好的作品之一为《哈萨克贡马图》，整个绢卷轴挥洒自如，景色生动逼真。

乾隆要修建圆明园为夏宫，命郎世宁设计图样时说："可采用欧式。"我们从所遗图片可以看到那幅带有巍峨壮丽巴洛克风格的大理石圆柱以及意大利式螺旋形柱头装饰。

郎世宁于1766年去世，年78岁，乾隆还亲自撰写墓志铭，葬于城外御赐的墓地上。

嘉庆帝的中兴梦

嘉庆四年春季，嘉庆帝除掉了和珅一党之后，意气风发，锐意进取。一时万象新天，人们都在期待着大清中兴时代的到来。嘉庆直接掌权后对于嘉庆朝的形势和任务进行大刀阔斧的行动，确实具有"维新"的气势，这或许是他心中还有一个梦，那就是创造大清中兴的辉煌，于是就着力采取了除旧布新的措施。

第一，革除时弊，广纳良言。嘉庆帝提出，如今各处上传的奏报，一概直接送达朕前，军机处除拟写谕书外，与朝廷其他部门相同。因此，事无巨细，全由皇帝决断，这样就大大地削弱了军机大臣的权力。在各地任职的道员，因为身处地方，能够深察本省政治民情，故较多真知灼见。所以，"今后除知府以下等官仍准奏事外，其他各省道员，均着照藩臬两司之例，准其密折封奏"，这样方便皇帝更直接地掌握下情，而不被蒙蔽。这一措施是嘉庆帝针对乾隆后期和珅擅权，蒙上视听，危害天下的教训而提出来的。因而，具有很大的现实意义。

嘉庆帝在查阅雍、乾时期的文字狱案以后，认为这种文字狱案件牵连的家属与实犯叛逆者应该有所区别，即使乾隆帝期间发生的徐述夔、王锡侯两个案件，也都是因其著作狂悖，将其家属子孙比照大逆律连坐定罪。然而，殊不知文学诗句，原本就有各种理解，因此定罪可轻可重。何况受牵连的子孙，都是生长在本朝，他们的高、曾、祖父，都受深仁厚泽，已然有百十年了，哪里会有眷怀故国而挟仇反抗的道理呢。即使有不免发泄牢骚、指责时政的人，也是笔墨偶尔不检。如果将他们与叛逆同样治罪，那是不公平的。除情重罪大者不准宽免外，嘉庆帝将以往受到文字狱连坐的子弟侄孙，一律释放。其名单内所开列妇女，已经发配给功臣家为奴的，如果想回去的就让她们走，如果想留下来的就留下，各听其便。于是嘉庆帝不仅让许多无辜受文字狱之害的人得到了自由，也放宽了人们的思想。这也是嘉庆为政 25 年里文字狱案件几乎没有发生的一个重要原因。

上述措施的施行，毫无疑问地可以看作是对前朝弊政的一点改革，或多或少给治理国家带来了积极作用。虽然还不能确认此时的嘉庆朝已出现“九州生气”，打破了“万马齐喑”的沉闷局面，但毕竟是个大好的开端，它为嘉庆帝提供一个考验自己的机会，就看他是否有足够的胆识与决心，丰富的智慧与正确的策略以及是否具备明主的气质和心态，来实现其中兴的宏图。

亲政之初，嘉庆帝针对乾隆朝由于和珅一手遮天而出现万马齐喑的局面，采取开张圣听、广纳良言的言路政策，大力提倡无论官位高低对于各种问题提出意见和建议，好则受奖，谬而不究。嘉庆能够听取臣僚的建议，并尽可能地加以采纳。

张鹏展，广西人士，盛京礼部侍郎，在京任御史时就很敢讲话。当时的刑部郎中金光悌很会讨嘉庆帝的欢心，因而自是专擅一时。张鹏展因此上奏弹劾了他，他的大意是说：刑部是天子的刑部，竟然让金光悌一人把持二十多年，其余的司官都出自他的门下，因此朋比为奸，结党营私，对于这种事情却一直没人管，真是让人愤慨。嘉庆皇帝接受了他的意见，把金光悌从刑部调离，人心顿时大快。

周栻，宁夏人。曾向嘉庆帝建议说，外省大吏常常参劾自己的属下，这些被参奏的人未必真有多少劣迹，而且有些还是非常忠诚和朴实的人，只是因为不得上司的欢心，而被参奏的。因此希望以后能让这些属员也有机会进京引见，这些人的好坏，自然不能逃脱皇帝的明鉴，这样就可以制止地方大吏的过分专断。嘉庆帝接受了他献的计策，允许了他的请求，一时多少属员对他感激涕零。

沈琨，归安人。当时的江苏巡抚宜兴包庇属员，信任管家门人，肆意收受贿赂，若有人告发，即用严刑审讯，以种种名目整人，还在乾隆崩逝的"国丧"时期里演戏，无所忌惮。因此沈琨上疏将他的劣迹一一向嘉庆帝列出，宜兴随即被罢职。嘉庆六年，嘉庆帝打算东巡盛京，又受沈琨以及张鹏展等人劝阻而未能成行。

此外还有肖公芝，湖北汉阳人，任御史时已逾 70 多岁，上疏数千言，请皇帝端正风俗，返璞归真。

王宁炜，山东人。上疏请求皇帝用人行事时，要注意考察此人平时的表现，不要一有人保举，就立即升用，等等。

第二，整顿吏治，惩治腐败。嘉庆帝亲政以后，面对朝纲废弛、贪污风行的时弊，确实采取了一些措施来加以整饬吏治，其中重要的一项就是下令在全国各地查处贪赃枉法的官吏。

嘉庆五年的秋天，嘉庆发现待他审核的秋审罪犯名单上，因贪污获罪的官吏，竟然有 1000 余人，这时他才真正意识到地方上问题的严重性。于是便对臣僚们发布了"以清廉为本"的长篇上谕，说：整饬吏治，必须以清廉为本，为官必须先有操守，然后才谈得上有所作为，自己操守不正，就不能要求别人，就不能执行好各种措施。

嘉庆从每年秋审罪犯的名单中可以看到，凡是谋杀、奸淫、盗窃等罪的人犯，很少有当官的，凡是有官员犯重罪的，都是因为贪污。事实上一介寒士，一旦当上了官，再清贫，养赡身家也是足够了，如果再放外任职的话就更加富有了，怎么还如此欲壑难填，利令智昏，简直是飞蛾扑火，可悲已极。就拿这 1000 多名贪赃枉法之员来说，朕再三斟酌，凡有一线可原谅的，都予以宽省，然而却仍有那么一些人，是再想求生也不可得了。

嘉庆特别重视对州县一级吏治的整顿。嘉庆五年五月，江西巡抚张诚基赴任前面见皇上，嘉庆就曾密谕指示他要特别注重考察官吏。嘉庆说，州县官的好坏，直接关系到一个地方治理的好坏，如果州县官吏贪污腐化，导致民不聊生，那么民不畏死，还怕犯罪吗？如果这样，即使有再好的督抚，结果也是难以收拾的。现在江西各知府每月都要从知县那里索贿，较大的州县每月要提供百余两，较小的也需八九十两，他们称之做"月费"，知府到省里去一次，各县又得送上七八十两的"盘费"，这种知府，哪里还能做各县官吏的表率呢。他还详细告诉张诚基，建昌、南昌二名知府，一般不敢索要钱财，还算守法，可是瑞州的知府，人品就很拙劣，而临江知府以及清江、宜春等地的知县，都是名声很坏的人，你到任以后一定要特别注意监视他们，看他们是否还有贿赂贪污的恶行。还有宁都石城县的知县许翌，老百姓给他取了个绰号叫"无牙虎"，这种人只要找到证据，就不要姑息，立即向朕报告。当然，朕了解的只是这些，具体情况，还要你下去细细查访，你一定要努力勤奋地去开展工作。

嘉庆对地方官吏的了解，达到了惊人的地步。因此他打击贪官污吏，在地方一级也比较坚决，在他亲政的最初几年里，地方上的风气，确实有过一段好转的景象。

终嘉庆一朝，贪赃枉法，吏治腐败，一直形影不离，尾大不掉。也许是山中无老虎猴子也称王的缘故，和珅被除掉后，在各级政府中的官吏贪污腐败现象不但不见有多少好转，反而愈演愈烈，几近失控。这与嘉庆帝本人不无关系吧，因为他既没有乾隆的威望、魄力和手腕，又畏首畏尾，对贪污腐败打击不力，所以这一顽疾成为嘉庆中兴梦破灭的主要原因。

第三是河患频发，治而不理。在嘉庆当政25年里，人祸天灾，此伏彼起，使嘉庆应接不暇，疲于应付。河患这个甩不掉的包袱，压得他喘不过气来。高昂的付出和投入，带来的却是无尽的忧虑和苦恼，治理河患，成为治理国家的重要组成部分。洪灾过后，腐败也像洪水一般向他袭来，导致一有洪灾必有腐败，令嘉庆帝甚为惶惶，不知所措。

黄河是中华民族的象征，它养育着亿万中华儿女，在这片广袤的大地上生生不息。然而黄河水灾，危害极大，人民要治理它。治理它，费用浩繁，有关官员视之为个人发财良机，穷奢极欲，丧尽天良，使得治洪工程几乎变为他们发家致富的聚宝盆。如果不管它，洪水成灾，使生产遭到破坏，令百姓流离失所，又构成对社会稳定的严重威胁。所以嘉庆朝的河患频犯频治，可总是不能彻底地根除，治理河患的开支一直是军费以外最浩大的一宗。因此河患成了嘉庆帝一块挥之不去的心病，如同梦魇一般紧紧地纠缠着他。下面仅举几例嘉庆朝较大的水患，从中可见水患到了何种严重的程度：

嘉庆六年，自从五月以来，直隶京畿连同河南一带大雨不止，同年七月，京郊的永定河决口，大水泛滥成灾，宛平、大兴两县有数十个村庄被洪水淹没，良田被废，房屋倒塌，导致大量灾民纷纷涌入京城。同时，京城特别是皇宫一带积水达数尺之深。而远在千里之外的河南境内黄河水骤涨二丈余，导致黄河干堤数处决口，淹没三四十个州县，灾民流窜外省，一时情景惨不忍睹。

这年，洪水河患之重是嘉庆数十年来没有见过的。嘉庆于是将隐匿灾情不报的直隶总督姜晨革职，并下诏自责，继续停止每年一度的木兰秋狝，立即命派治理河工能手奔赴河南，同时调用国库银两赈灾。

接着，嘉庆十年六月永定河再次发生洪水泛滥。十一年，王家营、郭家房等处河水漫堤。十二年，河南陈家浦等处决口，同年，运河两次决口。十五年，永定河又一次决口。十七年，黄河决口，洪水凶猛，一时急难堵合，因行贿而做到河道总督的陈凤翔被上枷于河，然后又发配到乌鲁木齐，陈凤翔不久就惊悸而死。二十四年，永定河决口。同年，河南开封北岸黄河决堤，续塌至百余丈。

由此可见，嘉庆朝期间洪水频繁，其破坏程度自然可以想见。而就在京城眼前的永定河，在康熙朝治理很好，在嘉庆朝短短的 25 年里仅大的决口就有三次。

乾隆前期，治河的官吏基本上能做到胜任其职，务实地治理，可到和珅擅权之后，河道总督一职却都是要先向他纳贿以后才能就任，所以这帮人根本无心治河，反而巴不得多闹水患，以便从中聚财，故而导致河堤因年久失修，河道淤积，每遇大雨必成灾害。

嘉庆即位以后，采取指标不治本的做法，每当发生水灾以后，才派大臣前去修筑，而且治河之人根本不作通盘规划，只是敷衍了事，往往堵住一处，又有它处崩塌，辗转之间，碌碌无为。一遇风雨就成灾害，一有河堤倒塌，就有官吏请求拨金放银，可终究毫无功效。

嘉庆十五年十月，南河工程花费的白银，已经达到2000余万两，而洪灾泛滥或者倒灌之事，却仍然是年年有发生，岁岁见灾难，由此可见其中的腐败是多么的严重。

就此一事而让嘉庆帝焦头烂额、忧虑不已，而且不仅是他一人如此伤悲；物力财力仍在被消耗，中兴时代何时到来？真正节操清廉、忧国忧民的官员以及苦难的人们心中都不免狐疑，这种恶性循环，何时才是尽头？

然而洪水泛滥，却让河工中饱私囊，过着奢侈惊人的生活。不少官吏往往到任没几年就坐拥财产数万之巨，因此管理河务便成为世所公认的肥缺。比如有个叫张松庵的浙江绍兴人，出任河道提督一职，他贪污赈灾款，卖官鬻爵，无所不为，他踏着黎民百姓的血泪，过着穷奢极欲的生活，他购买燕窝，动辄成箱，而一箱要费数十金。秋季霜降过后，他便花费数万金到苏州召名优为其演戏，一演就是一两个月。甚至一日三餐用的柳木牙签，一钱可买十几枚的，他也动辄就买下数千枚，至于海参鱼翅所费更不下数万。张某每每请客，都是从早晨吃到夜半，仅小碗就需要数百只，厨房中有几十具火炉，每个厨师专司一种菜肴，自己专司的菜肴做好以后就可以飘然出去狎游。可见这位张公的厨师数目之多，其奢侈程度之巨大非一般人可以想见。

嘉庆时期，那些管理河道的总督们冬天所穿的皮裘，从不在市面上购买，而是在夏秋期间就派车辆出关到东北选购金狐皮，然后交给工匠细心缝制，所以，他们的皮裘颜色匀净，无瑕疵，就连大皮货店里也找不到如此完美的皮衣。他们穿的绸缎，也是每年自定花样颜色，在苏杭的机房里专门织造。尤其奢侈的是，他们在宅中从不点油灯，大小官吏均点蜡烛，就连妇女的裹脚布也均用锦缎。每到衙署办事之时，就连千里之外的商贾都来到衙门外云集，书画玩好莫不具备。

当然，河督的官吏中也不乏较为正派之人，但其不得善终，不是更为可悲？譬如徐端，原来不过是一个小吏，因其廉能而受到提拔重用，直至河东总督。他一任上便深知其中的积弊，常常叹息国家资财被贪吏如此滥用，想上奏皇上。

然而，许多同僚唯恐他揭发隐私，断其财路，株连众人，故而百般阻挠，致使他抑郁而死。他死后，妻子儿女生计竟无着落。真是撑死贪鄙的，饿死廉洁的。嘉庆帝多次强调用人的重要性，可像这样廉洁干练、熟谙技术的官员，居然在官场中无法立足，河务哪还有希望，他用人之道哪堪再提？

嘉庆帝用来治理河务的巨资，就如此这般地落入一小撮贪官的腰包。嘉庆帝深知其害匪浅，可就是没决心、没魄力、没智慧处理，一些贪官酷吏得到过降职或革职处分，但舞弊侵蚀之风，依然故我。

嘉庆没有办法惩治这帮贪官，河患又不得不治理，所以就只能开捐例敛钱，虽然自知这种做法使吏治更加败坏，却也不得不为。

嘉庆朝几次开捐例，都以河费为由，而搜刮来的钱财，又使这帮治河大吏更加奢侈，河务之事依然无望。这就是素以“节俭”“爱民”自居的嘉庆帝留给后人的一个莫大的笑柄，同时也难怪他暗生闷气、烦躁易怒了。种种原因导致河患问题始终成为他难以治理的难题。

陈德行刺嘉庆帝

嘉庆八年（1803）京城发生一起宫中行刺案，目标直指嘉庆帝。嘉庆帝虽然没有受伤，但也受到不小的惊吓，这起刺杀案如同一场政治强震，惊动朝野，闹得人心惶惶。这个以卵击石的人到底是谁？他为何不顾生命去冒险呢？

这起刺杀案的主角陈德既不是哪个秘密教会的教徒，也不是哪个反清组织派来的刺客，行刺嘉庆帝只是他个人一时的义愤之举。陈德，祖籍河南泰县，本为清朝内务府厨师，失业后生活无着落，便于嘉庆八年闰二月二十日（1803年4月11日）在神武门刺杀嘉庆帝，未遂被捕，四天后被凌迟处死。

陈德从7岁到30岁期间，一直随父母在山东青州一带给人家做家奴，或者到官衙服役。乾隆五十二年（1787），31岁的陈德因父母先后病故，在山东谋生也没了依靠，便携带岳母、妻子来到北京，投亲于他的外甥、内务府正白旗护军姜六格。姜六格是内务府的包衣，也就是皇家奴仆，陈德于是有机会到内务府造办处服役，并渐渐地成了嘉庆帝的諴贵妃刘佳氏身边的人，为她配送锅碗瓢盆，办理日常生活物件。陈德因为给諴贵妃跑腿，得以经常出入紫禁城、圆明园等皇家禁地，对宫廷的门禁、宫内的行走路线以及皇帝的护卫情况比较熟悉。

后来，陈德的妻子死去，岳母病重，儿子幼小，他也被内务府解雇，生活又没了着落。没了生活来源的陈德日子更加艰难，整日饮酒，时而歌唱，时而哭泣不已，深深感觉到生不如死。由于他曾接触过皇家权贵，亲眼看到过皇室的奢靡生活，这使他深深感到人间的不公，心里越来越仇视权贵，于是打起了行刺的主意。他发誓说："我将来总要找一硬对儿，哪怕官员们？拿刀扎死一个我与他抵偿，扎死两个我抵偿了还便宜一个，如果扎死四五个。我就便宜好几个。"在生活走投无路的情况下，陈德决定铤而走险。就这样，到了嘉庆八年（1803）闰二月十六日，他看到街道上正在铺垫黄土，判断皇帝即将回宫，于是便带着儿子事先从东华门潜入紫禁城。

二月二十日这天，嘉庆帝从圆明园返回皇宫。当嘉庆帝的坐轿进入神武门，刚要转向顺贞门时，陈德突然蹿出，手持尖刀，直扑坐轿。这突如其来的袭击，吓坏了守卫神武门、顺贞门之间的上百名侍卫，他们一个个呆若木鸡，不知所措，危急时刻竟没有人上前抓捕。只有嘉庆帝的侄子、御前大臣、定亲王绵恩，嘉庆帝的姐夫、乾清门侍卫、喀尔喀亲王拉旺多尔济，乾清门侍卫、喀喇沁公丹巴多尔济和御前侍卫扎克塔尔等几人还算镇定，紧急关头挺身而出，一边护卫嘉庆帝的轿子，一边奋力捉拿刺客。嘉庆帝坐着轿子，很快躲入顺贞门内。经过一番搏斗，绵恩的衣服被刺破，丹巴多尔济的身上被刺伤三处。陈德奋力搏斗，但最终寡不敌众，很快便被制伏捉拿。陈德的儿子陈禄儿，竟然乘乱溜出皇宫，跑回家里，当然很快也被捉拿。

嘉庆帝虽然没有看到凶手，但却惊出了一身冷汗，他意识到不仅有人要杀他，而且刺客就近在眼前，甚至差点得手。在惊恐之余，嘉庆帝下令彻查此事，刺客到底受谁的指使？有没有同伙？在后来的刑讯中，陈德交代他只是因生活没有出路，情急之下才出此下策，并没有幕后指使，也没有什么同伙。审讯的人不相信，嘉庆帝也严令要求审出结果。经过三四天的刑讯折磨，陈德最终也没有新的招供，只求一死。四天后，陈德被凌迟处死，其子禄儿按说年龄不足，按律应当监禁，等成丁后再发往伊犁戍边，结果还是在当日被处以绞刑。

陈德刺杀嘉庆帝无异于以卵击石，尽管他不是哪个秘密会社的成员，也没有接受哪个反清组织的指使，但这件事本身反映了当时被统治阶级反抗求生的愿望。

禁止旗人看戏

嘉庆道光年间，朝廷多次下令严禁京城旗人官员看戏，但收效甚微。自清初以来，内城就禁止开办茶园、酒楼、戏馆，但后来禁令难以执行，内城也有不少地方办起了戏园。为了扭转旗人沉迷于奢华娱乐的生活，嘉庆帝严禁内城开戏园。

就在嘉庆帝亲政当年的四月，他发现城内私开的戏馆越来越多，八旗子弟征逐歌场，沉迷其中，消耗靡费，不仅习俗日渐浮荡，而且生计日见拮据，于是下令城内戏园全部禁止。当时负责京城警卫的步军统领、定亲王绵恩认为唱戏作为一种粉饰太平之事，不宜完全禁止。嘉庆帝驳斥说：“夫太平景象，岂在区区歌舞为之粉饰？”而且，嘉庆帝认为，在管理戏园的过程中，每个地段的人员还借机勒索，其中也不乏步军统领衙门中的官员。因此，嘉庆帝坚决关闭了内城戏园。

即便是自己的生日万寿节，嘉庆帝也绝不允许唱戏。嘉庆十六年（1811）九月，御史景德上疏，称京城内由于限制歌舞唱戏而冷冷清清，希望在皇帝万寿节期间允许京城内演戏一日，以后每岁照例如此。结果，嘉庆帝大怒，在景德的折子上朱批：“一片犬吠之声！”而景德也因此被人讥讽为“犬吠御史”。

嘉庆帝屡次下令禁止八旗官员偷偷跑到茶园、戏馆看戏。对于旗人唱戏，嘉庆帝也是严厉禁止。嘉庆十一年（1806）十一月，御史和顺奏称，有旗人加入戏班唱戏。嘉庆帝认为，旗人唱戏简直就是甘为下贱，要求和顺具名指证到底是哪些旗人登台唱戏，姓甚名谁，以便查办。和顺回奏说有图桑阿等六个旗人参与唱戏，是他一次骑马路过戏园时远远看见的，后又说是他的家人在戏园看戏时所见。和顺所言前后矛盾，皇帝怀疑其中必有猫腻。因此，嘉庆帝在查办图桑阿等人唱戏的同时，又挖根究底，追查和顺为何前后所言矛盾。

嘉庆帝首先命禄康将和顺所举报的唱戏旗人捉拿到案，经审讯，说是在广成茶园看座的王大以前经常看到和御史到院内听戏。于是又将王大传来，让和顺与其他官员站在一起，让王大辨认，结果王大一眼就认出了和顺，而且供称和顺曾经在戏馆与他人争抢座位，发生口角甚至动手。于是，军机大臣又询问和顺，和顺辩称他是在嘉庆十一年（1806）夏天去衙门的路上，路过西单牌楼戏园时，曾入内看了一下，而且未戴顶帽，目的只是为了秘密查访里面到底有没有旗人唱戏，并不是自己看戏去了。嘉庆帝终于明白了，原来和顺不但违禁看戏，而且与他人争抢座位，之后为了公报私仇，才上奏举报有旗人唱戏。于是，将和顺革职，发往吉林当差。

至于和顺举报的参与演戏的旗人图桑阿、乌云珠、德泰、全魁、李惠等人，都是八旗官兵，嘉庆帝斥责他们甘与优伶为伍，玷辱旗人颜面，于是销去他们的户籍，发往伊犁充当苦差。

进入道光朝，道光帝依然严禁旗人官员看戏、唱戏，甚至采取的措施比嘉庆朝还要激进。比如，道光元年（1821）四月，御史马步蟾甚至奏请禁止外城开设戏园、戏庄。其实，京城前三门外，原来并不禁止开办茶园、戏馆。道光帝也明知这种做法并不可行，但仍然谕令步军统领衙门、五城兵马司衙门操办此事，结果可想而知。

无论是嘉庆帝还是道光帝，禁止开戏园、禁止八旗官员看戏，其目的都是为了巩固满洲国本，“杜奢靡而端习尚”。所采取的措施不可谓不多，惩罚也算严厉，但最后都没能达到目的，也没有真正让旗人回到纯朴、尚武的过去，八旗腐败、世风日下的问题依然存在。为什么呢？问题在于看戏这种文化娱乐活动本身并不代表社会风气的败坏。看戏、唱戏是一种文化娱乐活动，一味禁止，并不符合社会发展规律，禁止它，也不能消除整个社会矛盾。八旗战斗力的消失、八旗生计的困难、八旗官场的腐败，关键在于“首崇满洲”的体制，而不在于旗人看戏、唱戏。这也是嘉庆、道光朝很多措施并不起作用的根本所在。

白莲教起义

白莲教是唐、宋以来流传民间的一种秘密宗教结社。渊源于佛教的净土宗，相传净土宗始祖东晋释慧远在庐山东林寺与刘遗民等结白莲社共同念佛，后世信徒以为楷模。许多农民起义，都是利用白莲教进行宣传的。元朝末年，刘福通、韩山童就是利用白莲教进行宣传，从而领导红巾军起义。明朝末年徐鸿儒也是利用白莲教而举兵起义的。

明朝灭亡了，但一些人总想反清复明，他们就秘密发展白莲教教徒，积蓄力量，准备东山再起。这个阶段，有一个有名的白莲教首领，名叫王伦。

王伦，山东省寿张县党家庄人，从小爱好武艺，广交天下朋友，而且此人聪明好学，精通医术，但他却是一心想反清复明。为了达到这一目的，他利用给人看病之机，宣传白莲教，广收教徒。由于王伦为人慷慨，济危扶贫，给人治病经常不收报酬，而他的医术又很高明，所以在寿张、堂邑一带很受百姓的欢迎和拥戴。在看病过程中，他宣扬白莲教教义：人人平等，有福同享，有难同当。许多百姓纷纷加入白莲教，很短的时间，白莲教徒就有几千名。

乾隆年间，太平盛世，但是百姓仍生活在最底层，受苦受难，所谓的“太平盛世”也只是和别的时期相比，百姓的生活并没有从根本上得到改善，仍是饥一顿、饱一顿。而这时期，贪官污吏横征暴敛，苛捐杂税有增无减，朝廷奢侈腐化，百姓叫苦不迭，他们看到富家子弟平日游手好闲，却富甲一方，心里很不平衡。渐渐地，对白莲教产生信赖，这些受苦难的百姓认为只有白莲教才能使人人平等，加入白莲教的人越来越多。

但是清政府并没有意识到危机。公元 1774 年，山东寿县等地歉收，百姓生活雪上加霜，地方官不但不减租，反而额外加派，一下就激起百姓的愤怒。王伦看到时机已成熟，便准备起义。8 月 28 日，王伦在寿张县党家庄聚众起义，举起了反清大旗。

寿张县知县沈齐义刚想派兵去镇压，王伦和堂邑县的王经隆率领几千白莲教徒已攻入县城。杀死沈齐义，杀死平日作恶多端的官吏，又打开粮库赈济百姓。接着，白莲教徒又攻克阳谷县、堂邑县。

起义军占领堂邑县后，队伍不断扩大，王伦乘胜包围了临清旧城。

乾隆得知义军围攻漕运要地，立即派大学士舒赫德、额驸拉日王多尔济、左都御史阿思哈率大军前来镇压。

王伦的义军没有经过训练，虽然很英勇，但既无兵器也无战马，很快就被援兵和城中的军队镇压下去。王伦夫妇双双战死，王经隆被活捉。

王伦的白莲教起义失败了，但官军屠杀百姓又激起民愤，白莲教继续存在，只不过暂时转入地下。

“野火烧不尽，春风吹又生”，白莲教又逐渐发展壮大。乾隆末年，朝廷政治开始腐败，官员奢侈腐化，百姓对清朝严重不满。白莲教再度举兵反抗。

枝江县刘云协、张正漠等人酝酿已久，看到时机成熟，立刻举兵攻打枝江县城。枝江县令还没有准备好，就被义军占领县城。他们乘胜而行，进攻留阳县。留阳县县令为了镇压白莲教，马上召集书办、衙役商议对策。谁料这些人当场捉住县令，将其杀掉，原来他们也都是白莲教的人，义军很快占领了留阳县。

枝江县白莲教起义，其他各地也纷纷响应，规模最大的就是襄阳王聪儿领导的白莲教起义。

王聪儿出身于贫苦家庭，虽为女子，却爱好武艺，因为家境贫穷，王聪儿以卖艺为生，后又与齐林成亲，二人流浪卖艺，受尽官府、恶霸的欺压和凌辱。他们把仇恨压在心里，借卖艺之机，向百姓宣扬白莲教，煽动百姓反清复明，很快襄阳一带就有一大批教徒。王聪儿和齐林成为教首，官府得知这一情况后，立即派兵镇压，齐林等人被惨杀。

王聪儿继续宣扬白莲教，她不仅要反清，而且要亲手杀掉那些贪官污吏，为死去的丈夫和教徒们报仇雪恨。

后来，她听说刘云协带领白莲教教徒已经起义，立即招集白莲教教徒，在襄阳黄龙荡举兵响应。义军十分英勇，在吕堰驿大败清军，声势大振，又有许多人加入义军。起义军节节克敌，打得清军只有招架之功，没有还手之力。

嘉庆帝得知义军连连取胜，心中焦急万分，忙召集文武百官，商议对策。有一大臣说道："陛下，反贼十分猖獗，在湖北、河南两地不断获胜，气焰嚣张，我们可以派周围几个省的兵力去围攻反贼，将其包围，反贼无路可逃，只能束手就擒！"嘉庆帝也没有别的办法，立即下旨，命周围各省的骑兵、步兵开赴湖北、河南，又从京城调去大队人马，想把义军包围在吕堰、双沟，准备将其一网打尽。

王聪儿得知清军从四面八方杀过来，特别是从京城方向也杀来大批清军，她立即决定，挥师南下。

义军一路上占领数个州县，夺取了孝感城，王聪儿下一个目标就是夺取武昌城。但是由于大雨，攻城没有成功，而这时清军已追杀过来。

王聪儿起义不久，楚、豫、秦、蜀等地也纷纷起义，白莲教教徒连连获胜。王聪儿为了彻底摆脱清军的围剿，决定与四川白莲教会合。

由于路程较远，而清军又处处设防，王聪儿知道大队人马一起行军，必然会引起清军的注意，她便把队伍分成小队，每小队只有几百人，而且走小路，夜里行军，白天休息。王聪儿这样一做，清军竟没有发现他们。公元1775年，王聪儿带领白莲教教徒与四川白莲教教徒胜利会师。白莲教教徒士气大增，王聪儿继续指挥这些白莲教教徒。

王聪儿指挥着大军，东打西杀，巧妙与清军周旋，清军想镇压他们，却根本见不到他们的影子。清军"徒劳兵费力"，却屡屡扑空，气得清军将领破口大骂，但是没有办法，就是追不到义军。

公元1798年，王聪儿挥师北上，义军一路势如破竹，连连攻克城池，直逼西安。清军将领得知义军正在围攻西安，心想：这一次我不会放走你了，我要让你死无葬身之地！但是清军万万没有想到，他们刚一起兵，王聪儿就带领义军去攻打湖北了。

但是清军也非常狡猾，虽然大队人马去了西安，但在三岔河等地也埋伏了重兵。义军刚一到三岔河，就被清军团团包围。白莲教教徒，奋勇杀敌，一个个十分英勇，王聪儿更是从容自若，指挥着人马与清军展开了一场血战。但是力量相差悬殊，白莲教教徒孤军无援，相持一段时间后，清军突破了义军的防线，开始大规模的屠杀。义军视死如归，宁死不降。王聪儿也是奋勇杀敌，多处受伤，后发现大势已去，纵身跳入悬崖，壮烈牺牲，白莲教教徒也都被斩杀殆尽。

王聪儿这支白莲教起义虽然失败了，但却牵制了清军，其他地方的白莲教起义此起彼伏。这预示着清王朝已经由鼎盛时期开始走向衰败。

天理教教徒攻入紫禁城

天理教又称荣华会、白阳教，是清初创立的白莲教支派之一。嘉庆十三年，林清出任掌教后，将其改称天理教。并于嘉庆十八年（1813）举行了以攻占紫禁城为主要目的的反清起义。在这场动乱中，绵宁的勇敢表现，更使他在内廷上下，威望大增，也极大地巩固了他的储君地位。

天理教本来是白莲教的一支，因人员按乾、坤、坎、离、震、艮、兑八卦编排，所以又叫八卦教，教徒遍布河北、河南、山东、山西、北京等地。在北京掌管坎卦的首领叫林清。他是北京大兴人，当过药铺学徒、商店伙计，也在衙门里干过差事。他到过东北关外，还在大运河上当过纤夫。后来，林清住到北京郊外宋家庄外甥家，替外甥照料家务。他在宋家庄经人介绍参加了八卦教。因为他见多识广，为人仗义，不爱钱财，被推举当了教首，掌管坎卦，积极筹划起义。林清自称是弥勒佛转世，他口才很好，讲话极具鼓动性，又善于结交人，很快就吸引了不少人入教。就连皇宫里的太监，也有许多受他影响入了教，还表示愿意为日后起事做内应，帮助起义军攻进皇宫。

为了使八卦教各部人马能协同一致，林清几次去河南滑县同震卦首领李文成、离卦首领冯克善等人建立联系。他们商定八卦以震卦为首，李文成统领八卦，而林清则是整个天理教的“当家的”，包括李文成在内的八卦教各位首领都要向他磕头。这样，天理教就建立起了严密的组织。他们又在河南滑县和北京郊区多次聚会，共商起义大事。众人选举林清为天皇，冯克善为地皇，李文成为人皇，约定第二年（嘉庆十八年，1813）闰八月十五日午时同时起义，林清带人由北京直接攻打皇宫。李文成叮嘱林清说：“你的人少，滑县人多，我回河南以后就选派精明强壮的，让他们扮成商人、小贩，陆续前来帮助你。你一定要等滑县兵到了再起事。”林清答应了。他们又约定用“二八中秋，黄花落地”作为口号。“二八”是指嘉庆十八年的第二个八月，也就是闰八月，“黄花落地”是暗示大清王朝将在这一天结束。

自古以来，民间就有关于闰八月的迷信，以为凡是有闰八月的那一年，总免不了天灾人祸。嘉庆皇帝对这种说法也深信不疑。这一年，天空出现了彗星，那时的人很迷信，把彗星叫扫帚星，认为是“妖星”，有些大臣更将之附会为嘉庆十八年将会有兵灾。嘉庆皇帝听了更加惶恐不安，连忙下命令将十八年的闰八月取消，改为十九年闰二月。他固执地以为取消了闰八月，就能消灾释难了。

然而，天理教教徒才不管皇帝的这一套呢。他们认为这年的九月并不是九月，依旧是闰八月。“二八中秋，黄花落地”的口号不但依然有效，而且不胫而走，并很快在四邻八乡传播开来。

正当起义日期迫近的时候，不料滑县方面泄露了机密。

九月五日，李文成、牛亮臣被捕入狱。河南义军不得不提前起义。九月七日，在李四嫂的领导下，义军攻克滑县县城，救出了李文成、牛亮臣等人。直隶的长垣、东明和山东的曹县、定陶等地天理教教徒和农民纷纷起义响应，在大好形势下，李文成在滑县县衙内设翊帐，撑起“大明天顺李真主”的大旗，大封教徒，抢占要地。秋狝木兰之后正从承德避暑山庄返回京城的嘉庆皇帝听闻奏报，大惊失色，当天连发几道上谕，调兵遣将，进行围剿和堵截。准备北上驰援京城起义的天理教教徒，遭到清军和朝廷组织的乡勇的阻击，无法按原计划赶到北京支援林清。

林清在京对滑县发生的变故一无所知。

林清仍按原计划发动起义。此前，正黄旗汉军曹福昌提供了一个重要情报：嘉庆帝将于十七日返抵白涧。按照惯例，京内留驻大臣必定前往迎接，到时京城空虚，正是发动造反的大好时机。林清认为九月十五日这个起义日期是“天定”的，不能随意更改，决定派出数百名教徒如期攻打皇城。这时，有一位做内应的太监站出来说：紫禁城太小，派太多的人马杀进去反而施展不开，况且天理教教徒人人身怀神术，还是少派一些人马为好。林清采纳了他的建议，决定只派二百人进攻紫禁城。

九月十四日，林清派遣二百人的突击队，身藏兵器，潜入北京，埋伏在饭铺、酒楼等处。九月十五日，突击队兵分两路进入内城。东路由陈爽、刘呈祥率领，太监刘得才、刘金当向导，攻打东华门。不料，教徒中有人露出兵刃，被守门禁兵发觉，当即关上大门，只有十几个教徒杀进东华门。西路由陈文魁、刘永泰率领八十余人，太监张广、高广幅当向导，全部进入西华门。义军手持钢刀，打着“大明天顺”“顺天保民”的旗帜，一路杀来，占领了尚衣监文颖馆，准备攻打隆宗门。此时，隆宗门已被禁兵关闭，教徒们头裹白巾，手执旗帜，在墙头奔走呼号。教徒和守门清军展开一场惊心动魄的浴血奋战，喊杀声直撼养心殿，王朝大厦摇摇欲倾，哀鸣阵阵。惊慌失措的皇亲国戚和后宫嫔妃都被这从天而降的呼喊声吓得魂不附体，惊恐万状。

正在上书房读书的皇子们获悉了这个天崩地裂的消息，顿时一片慌乱。同时得知这一消息的宫中诸王大臣，更是束手无策，有的甚至准备撒腿逃跑。皇次子绵宁很快镇定下来，急命太监取来鸟枪和腰刀，冲出书房迎敌。

绵宁发现，当时情势十分危急：几名天理教教徒已经爬上养心门的高墙，正准备进入皇帝居住的养心殿。这道高墙一旦被突破，必将血溅大内深宫，紫禁城将成为造反者的天下，大清皇宫危在旦夕。绵宁在危急时刻举枪便射。第一枪因为枪内没有实弹而放了空枪，他急忙取下衣服上的银扣作子弹，射杀两名教徒。绵宁的勇敢行为，为清兵壮了胆，他们纷纷拿起弓箭朝墙上猛射，隆宗门上留下了两支箭镞作为永久的纪念。天理教教徒也被迫撤出西墙。

在保卫皇宫的关键时刻，绵宁成了核心人物。在此前后，他连发数道命令：一是火速将皇宫事变奏报尚在京外的嘉庆帝。二是关闭紫禁城的四座城门，命令各路官军飞速入宫“捕贼”。三是安慰居住在储秀宫的皇母，并派皇三子绵恺保护她，要求他不离皇母半步。四是亲率兵丁到西长街一带访查。五是派谙达侍卫到储秀宫东长街巡查警卫，以备不测。

天理教教徒翻墙进攻受挫后，决定发动火攻，焚烧紧闭的隆宗门。午后，京城内的多位王爷及内务府大臣引兵入神武门增援，原准备派出京城赴河南滑县的火器营1000多名士兵也被调入宫内，围剿天理教义军。经过两日一夜的战斗，天理教教徒寡不敌众，终于失败，除死者，还有41人被俘；官兵则死41人，伤60人。

攻打紫禁城失败后，官军到大兴逮捕了林清。九月十九日，嘉庆帝还宫，二十三日，凌迟处死了林清及其教徒、内应太监等。

当绵宁等人与天理教教徒在内城激烈战斗之时，皇父嘉庆帝正在东巡返京途中。嘉庆帝对发生在宫内的事变一无所知。归途中他曾接到直隶总督温承惠奏报，获知河南滑县被天理教教徒占领的消息，正调兵遣将“剿贼”，压根儿没想到另一拨造反的天理教教徒差点端了他的老窝。他于这年七月十八日按例从圆明园起驾东巡，秋狝木兰。他一离开，紫禁城的警卫部队立即放松警戒，正好给天理教教徒杀入禁宫提供了良机。绵宁也随皇父秋狝木兰，因阴雨连绵，溪水暴涨，沙渍泥淖，人马向前行进困难，严重影响行围打猎，嘉庆帝遂下令压缩原定计划，将十三围减为十二围，并令绵宁等人先期返回京城。绵宁因此得以在这场保卫皇宫的战斗中一展才能。

京城叛乱平定后，绵宁与皇三子迅速写信派人飞马送至嘉庆行在，嘉庆得知后十分震惊，当了解儿子率众已平定了暴动，内心深为感动。第二天嘉庆回京途中，下罪己诏，检讨自己行为失当的地方，同时祈求上苍保佑大清江山永固。

让嘉庆皇帝感到可以慰藉的是，在这场保卫禁宫的战斗中，绵宁的表现是如此出色，他庆幸自己选他为皇储真是选对了，他在内心深处对绵宁充满了嘉许，称赞绵宁有胆有识，忠孝兼备，他封绵宁为“和硕智亲王”，并爱屋及乌，将绵宁使用的那杆鸟枪冠以“威烈”之名。

绵宁在危难之中力挽危局，却全无居功自傲之态，他在给父皇的奏章中说自己在大内之中放枪是“势不由己”，因为事发仓促，又没有御敌之人，手足无措之际，斗胆在宫内放枪，事情过后真是越想越怕。尽管明眼人一看就看出绵宁是在故作姿态，但嘉庆皇帝却是喜上眉梢，对绵宁的表现大加褒奖。从此以后，嘉庆帝在许多重要场合几乎是公开地把绵宁当作接班人。1818 年，嘉庆东巡，特命绵宁随行，瞻仰太祖太宗所留下的法物，并谆谆告诫说缔造一个国家的艰辛，而守成更加不易。

天理教教徒攻入皇宫的事件发生在嘉庆十八年（1813 年）的秋天，这一年是农历的癸酉年，因此，这个事件又称“癸酉事变”。在“癸酉事变”发生的十几年前，绵宁就已被嘉庆帝内定为皇储了，绵宁在“癸酉事变”前后的表现更是大大巩固了他的皇储地位。对于隆宗门保卫战，有人曾对此专门作文一篇，上有“林清似为宣宗起，一霎晴雷震太空。鸟枪一举，储位遂定，天云而雷，殆有天意。”

就在“癸酉事变”这一年，绵宁已经 32 岁了，距离他继承皇位还有五年时间。

穿着破裤套上朝的皇帝

嘉庆帝从乾隆帝的手上接过了一个表面繁荣实则危机四伏的天下，道光帝从嘉庆帝手上接过的依然是一个难以收拾的烂摊子。但虽以 39 岁才得以登基的道光帝，还是想干一番大事业的。他特别清楚，他登基后面临的最大问题就是国库空虚，财力匮乏。大清王朝由康雍乾早期积累下来的殷实的国库已今非昔比了。

乾隆帝一生在位 60 年，打了十次大仗，六下江南，花费了数不尽的银两。

同时，这位功绩卓著的皇帝又特别喜欢追求排场，挥金如土，晚年还落下了个“散财童子”的“美名”。就在乾清宫里“千叟宴”上袅袅的热气向上升腾的时候，这位“十全老人”也许还不清楚，他留给子孙的银两已经不多了。

道光

嘉庆皇帝目睹了父皇时代的繁荣景象，也更了解日渐虚空的国库现状，他从父皇的失误中吸取了教训，办事十分务实，花钱也很谨慎。无奈一场持续了7年多影响到中国五个大省的白莲教起义，又耗费了国家大量银两。嘉庆在位的20多年，财政上始终是匮乏的。

到道光帝时代，人口又大大地增加了。乾隆中期有人口两亿多，到道光时，人口骤增至三亿五千多万，但耕地却没有增加，生产力也没有相应的提高，百姓、国家日趋贫困，再加上军需、灾荒、河工的花费，整个社会濒于贫困危机的边缘。尽管宫廷还掌握着相当的财富，但社会上这种贫困趋势不能不反映到宫廷中来。

在巨大的财政压力下，道光帝一上台，便决定继续提倡节俭以作为突破口。

道光帝认为满族人在入关前，民风是相当淳朴的，自从入关后，上至达官显贵，下至普通满族百姓，都沾染了许多汉族人不好的习气，生活上贪图享受，追求富贵，腐化奢靡，使得全国的民风都变坏了。现在，道光帝上台了，他要扭转这种普遍的骄奢淫逸之风。为此，他亲自颁布了著名的《声色货利论》，阐述论证了声色货利有百害而无一利，并将这个问题提高到关系大清王朝生死存亡的高度。

在《声色货利论》中，道光帝首先引用了先贤经书中关于摒除声色的论点，指出皇子皇孙们五六岁就入学，对一些修身立志的道理是很清楚的，但是知道容易做起来却难了。作为一国之君更应该时刻注意，因为平常百姓为声色所惑，危害的只是一家一姓，做君王的若是做错了，会危及天下。道光帝为此语重心长地告诫子孙们，千万不要沉湎于声色之中。

关于货利，道光帝引用了孔圣人的名言："百姓足，君孰与不足；百姓不足，君孰与足？"这反映了君民货利的深刻的内在联系。而"任土作贡，自古有之"，但时间一久，必然"渐生侈靡"。为此，他要求朝廷内外、文武百官要戒奢靡，要"知稼穑之艰难，力崇节俭，返本还淳"。

道光帝还提出了一系列具体要求。他认为皇家御用的宫室苑囿，已经是尽善尽美，足供游憩，不必再花费更多物力去经营、去打造了。道光帝继位之初，曾有谄媚之人向皇上进言，说"内廷之兴造，不同往昔，今则自内发帑募夫，并非劳民力伤民财而成之"，道光帝予以严厉驳斥，他说："此乃我大清万世之罪人，即应立正典刑，暴白天下！""试思府库之藏，来自何所耶？变其名色，分其出纳，又将谁欺乎！呜呼！仍是吾民脂膏也。"道光帝不但要求本朝如此，而且告诫后世子孙和内廷大臣要永崇节俭并认真执行。

道光帝认为，只要全国上下都大力推行节俭，力戒奢靡，几年以后，整个满族臣民都可以"返本还淳"，恢复到入关前淳朴的民风。到那时，个个以节俭为荣，人人以浪费为耻，国家将会是国库充盈，五谷丰登，普天之下的民众都安居乐业，康乾盛世就将再一次来临。

道光帝为了推行他这套节俭治国的想法，身体力行，首先从自己做起。

道光初年，他下令停止福建向朝廷进贡荔枝，扬州向朝廷进贡美玉等成例。作为乾隆、嘉庆两朝的亲历者，他深知热河避暑、木兰秋狝等清室相沿成习的活动，既耗资巨大又扰及地方，他也很少再举行了。

皇帝每日三餐都是非常隆重的事，不管吃多少，每餐必是数不清的山珍海味，哪怕不吃，也要摆上去以示皇帝的排场。道光帝吃饭则非常简单。每日只点四盘菜肴。这四盘菜肴，按照过去规定，有两盘是赏给军机大臣的，其余两盘赏给内廷主事。现在，军机的两盘照赏不误，内廷的两盘则不再赏给，而将

这两盘留作晚膳，晚膳就不再另外点菜了。

有一次，正好赶上皇后过生日，这是宫中的隆重庆典之一，理应大排筵宴，朝臣与内廷共同道贺。但道光却破除旧例，当面谕令内务府总管大臣，“已经好久没有给内廷赏赐食物了，这次皇后圣寿，到时候多预备些面条，多加点卤，让内廷人员吃个饱。”内廷大臣奏道：“既然皇上如此开恩，那就额外多杀几口猪吧。”道光说：“杀四口猪就足够了。”大臣又奏：“按照惯例，应是十口猪。”道光又道：“现在是什么时候？花销、开支这么紧张，怎么能报销十口猪呢？”结果是道光只准宰两头猪，用打卤面招待群臣，搞得赴皇后寿宴的文武百官哭笑不得。

道光在穿着方面也非常朴素、节俭，他不追求衣饰华美，旧衣服能穿就一直坚持穿下去。传说他的套裤因穿得时间太久，膝盖处破了一个洞，就令内务府差人在膝盖上补了两块补丁，并且穿着这条带补丁的衣裤上朝接见文武百官。

当时把裤子上打补丁叫“打掌”，自从道光帝开了打掌之风，那些擅长阿谀奉承的文武大臣马上群起效仿，不管裤子是真破了还是假破了，都在膝盖处打掌，待到早朝时刻，只见从皇帝到大臣，都穿着打着补丁的衣裤，这成了道光年间的一大风景。

其实，并不是所有大臣的套裤都已穿破，不过是讨皇上开心而已。但是，道光帝倡导节俭，却是真心实意的。

一次，道光帝召见军机大臣，正好军机大臣曹振庸靠近皇帝御座，道光一眼看到曹振庸套裤上有补缀的痕迹，就问道：“你的套裤也打补丁吗？”曹振庸就讨好说：“换一件新的，要花不少钱，所以打了一块补丁。”道光帝听了，正和自己心意，便十分高兴，一时来了兴致，又问道：“你打一块补丁需要多少银子？”曹振庸没有料到皇上会问起这等细节小事，愣了半天才胡乱回答：“需要三钱银子。”其实，曹振庸恐怕也未必知道需要多少银子，不过是虚应而已。但道光帝一听，却认认真真地说：“宫外的价钱实在太便宜了，宫内补这样一块补丁，要用五两银子呢！”

道光帝有一件黑色的狐皮端罩。端罩，是一种非常高贵的礼服，狐皮端罩，自然就更珍贵了。这件端罩，里面的衬绸过于肥大，穿上时就会露出一圈，道光帝便命令内侍，在四周加上一圈狐皮，盖上露出的那一段衬绸。内务府得到任务，立即向道光报告，说加一圈狐皮，需一千两银子。道光一听，忙谕令内府，不要加狐皮了。第二天，道光向军机大臣们提及此事。以后，军机大臣们又将此事张扬了出来，以致此后10余年间，京官们的衣裘下面都露出了一段衬里。道光帝的本意在于节俭穿衣，而朝臣们的刻意模仿，却将道光的节俭思想扭曲变形了。

对于皇家的仪仗排场，道光也颇不以为然。每年八月，道光都驾临圆明园。由圆明园回宫时，均要大排仪仗，鼓乐齐鸣，王公大臣还要齐集三座门前，恭迎接驾。九年（1829）七月二十八日，距离驾幸圆明园的日子还有八天，道光帝提前下达谕令，排仪仗、作乐、接驾等事，均属“繁文缛节”，并无可取之处，命自本年为始，以后每年八月的进宫、回园之时，“将仪仗、作乐及王公大臣接驾之处，俱行停止”。

道光十年四月十六日，道光准备前往天坛，举行祭天仪式。皇城銮仪卫上奏，“此次前往天坛祭祀，请按照旧例，预备玉辇、礼轿伺候。”道光帝批示道：“前往天坛祭天，关键在于心诚，如果心存诚意，即使不乘辇，也没有什么不可以的。以后遇有天坛祭天之事，将玉辇、金辇预备在天安门外即可，所有抬辇人员，或者另派差事，或者裁减。”

道光帝说到做到，作为宫廷承应演戏奏乐的机构——南府，嘉庆末年有650多人，到道光时几经缩减，最后减到了59人。人员减少了，开支也自然会减少。

道光不仅严格要求自己节俭戒奢，还严格要求皇室人员一切从简，戒“声色货利”以求“返本还淳”。

在清代皇室中，皇子皇孙的订婚、结婚仪式，均是大事，总管内务府大臣要作为重大活动隆重进行。但道光在登基的第二年，就专门就皇室子孙的婚姻问题，向总管内务府下了一道谕旨：“以后，皇子皇孙一经订婚，其福晋（指儿媳或孙媳）父家置办嫁妆，不得追求奢华，务必一概从俭。将来一旦发现呈进的嫁妆清单中，有靡丽浮费之物，不仅将原物退回，而且还要予以处分。命内

务府大臣将这道谕旨保存好，凡有皇子、皇孙指婚之事，就将这道谕旨交给福晋的父家阅看，严格遵守，不得违反。向来旧例相沿的开箱之礼（即指婚后福晋应进呈给皇帝和皇后的各式衣服各九套），也不必预备。”

这道圣旨一下，清室成婚之风为之大变。道光最宠爱的皇六子奕䜣的婚礼就简单得让人难以相信。

道光二十八年（1848），奕䜣18岁。二月十四日，道光帝将热河都统桂良召回京城，指其女为奕䜣的嫡福晋。按照规定，举行初定礼的这一天，要筵宴朝中所有大臣、侍卫官员等，并由鸿胪寺及内务府传奏音乐，热热闹闹地庆贺一番。但是，道光皇帝没有如此，而是谕令取消筵宴，停止奏乐，甚至连理应赏给奕䜣福晋的嵌珊瑚东珠项圈也没有赏给。道光二十九年三月初三日，结婚典礼如期举行。按制应于皇宫内大摆宴席，新娘的父母、亲族以及王公大臣的命妇均要入席。但道光又传出旨意，停止奏乐，取消宴席，婚礼从简。

奕䜣是道光最得意的皇子，其婚礼尚且如此简单，其他皇子的婚姻操办状况也就可想而知了。当然，公主们的下嫁仪式就更加简单了。

道光二十二年，五公主出嫁，道光要求内务府官员从俭办理，所有备办嫁妆及一切仪式开销，不准超过两千两白银，如有超过，则由内务府大臣赔垫。并且，连五公主府第也没有赏给。内务府只好将没收的琦善的零散、破旧的房子，略加修缮后，让五公主住了进去。但尽管如此，承办婚礼的内务府官员，还是赔进去了数百两银子。

天下第一家的婚礼办得如此简约，正是道光崇俭抑奢思想之所在。

可惜，皇帝所做的一点节俭措施，对日渐拮据的宫廷来说，不过是杯水车薪而已。皇帝想节俭，而实际上，大量银两却曲曲折折地流入了私人腰包，那些中饱私囊者，是不管皇帝的“声色货利论”的。

相反，作为宫廷经济的后盾——整个社会的农业生产——却日趋萎缩。《清实录》记载，乾隆六年，人均占有土地约六点二亩。到乾隆三十一年，人口数为二亿零八百零九万五千七百九十六人，田地为七百四十一万四千四百九十五顷（每顷百亩），平均每人为三点五六亩。至道光元年，人口增至三亿五千五百五十四万零二百五十八人，田地数字没有统计。但从嘉庆十七年至道光二年，有四省田地数下降了百分之七多。即使与《石渠余记》所载嘉庆十七年田地数持平的话，到道光二年，每人平均土地也只有二点二三亩了。在当时农业生产技术落后的情况下，人均土地占有面积的减少，就意味着人均农业生产量的降低，人均占有粮食数量的减少以及国家粮食储备的相对降低，这是关系到国家战略安全的大事。

与此同时，宫廷经济也日益恶化。作为宫廷主要经济来源的税关和盐政往往长期拖欠，造成宫廷经济的匮乏状况。道光三年十一月，总管内务府的一件奏折反映，仅两淮盐政就欠交各款银共五十六万一千余两，长芦盐政欠交各款银共二十八万六千余两。其余各地所欠银两不计其数。

面对如此困难的局面，道光帝也不得不下决心厉行节约。但是，作为一国之君，道光帝对全国以至宫廷经济情况并没有一个全面透彻的了解，他只是在谕旨中要求节约，在某一件具体的事情上制止浪费，却没有一个科学的统筹规划和强有力的制度保证，结果只能是无济于事。

在传统的农业社会里，社会财富人均占有率极低的前提下，节俭被称颂为美德，而富有四海的天子讲究节俭，道光帝可谓前无古人，后无来者。他身穿带补丁的衣服，平时御膳不超过四样菜肴，嫔妃非节庆不得食肉，公主出嫁费用降到了最低，至于外出巡幸、木兰秋狝、营建宫室、梨园声色更是能减则减，能弃则弃。以帝王之尊而能如此节俭实在难得，史载此间社会风气确实较为淳朴。

但也应指出，道光帝的节俭根本不是节俭，而是吝啬了。鸦片战争中不断裁撤军备，以节靡费的例子屡见不鲜。总之，一个大国的君主不为国家大事考虑，只是斤斤计较于减膳、打补丁等这些小节，难免有舍本逐末之讥。

乾嘉学派

乾嘉学派，又称“乾嘉之学”，是清朝前期的一个学术流派，以对于中国古代社会历史各个方面的考据而著称。由于学派在乾隆、嘉庆两朝达到鼎盛，故得名。因为此一时期的学术研究采用了汉代儒生训诂、考订的治学方法，与着重于理气心性抽象议论的宋明理学有所不同，所以有“汉学”之称。又因此学派的文风朴实简洁，重证据罗列而少理论发挥，而有“朴学”“考据学”之称。

清代考据学派的出现和盛行有其多方面的社会原因。首先，乾嘉时期国内基本统一，经济有所发展，清朝统治不断加强，但是这一时期土地兼并加剧，阶级矛盾激化，封建统治日趋严酷与黑暗，特别是屡兴文字狱，迫使文人不敢研究现实，只好把精力放在古籍整理上。其次，考据学的出现，也是明末清初理学发展的必然结果。自宋代以来，理学统治思想界和学术界已500多年，至清初已明显地暴露了它的腐败和空虚，考据学正是作为理学的对立物应运而生。清朝统治者在初期曾大力提倡理学，但很快就发现考据学对于笼络文人，粉饰盛世，巩固统治有很大好处，因此，大力提倡对古籍的考据和整理，并组织大批文人进行大类书和大丛书的修纂，故而乾嘉时期考据学大盛。

清代考据学也有它出现、兴盛和衰亡的过程。清初，考据学尚未形成一个学派，但它的一些重要特征在某些学者的治学方法上已经体现出来。最早可上溯至黄宗羲和顾炎武。他们提倡读书，强调实用，贵重证据，“取代近理明义精之学，用汉儒博物考古之功”。他们并不独尊汉学，而且主张“经世致用”。考据学的奠基人应是胡渭、阎若璩。他们敢于怀疑，长于考证，治学态度严谨，治学方法精密。但他们对黄宗羲、顾炎武的“经世致用”精神已淡薄，开始钻进古书堆里，对现实问题不予问津。

胡渭（1633—1714），清代经学家、地理学家。初名渭生，字朏明，号东樵。浙江德清人。年十五为县学生，入太学，笃志经义，尤精舆地学。清康熙二十九年（1690），尚书徐乾学奉诏修《大清一统志》，延胡渭分纂。康熙三十六年（1697），撰《禹贡锥指》20卷，作图27幅，搜采方志舆图，阐释《尚书·禹贡》，将九州分域、山水脉络的沿革变化，详加说明，特别重视治水，是研究中国古代地理沿革的重要参考书。《四库全书总目提要》评称：“宋以来……注《禹贡》者数十家，精核典赡，此为冠矣。”梁启超说：“《尚书》里头的单篇，最复杂的是《禹贡》，胡朏明著《禹贡锥指》，是为清代研究古地理之首”。其中导河一章，博考精思，对后世研究黄河变迁颇有价值。又撰《易图明辨》10卷，考定宋儒所谓“河图”“洛书”之误。另有《洪范正论》5卷、《大学翼真》7卷等。浙江德清人。阎若璩（1636—1764），字百诗，号潜丘，山西太原人，侨居江苏淮安府山阳县。阎若璩平生治学强调读书，反对空谈，考证方法比较精密，是汉学发轫时期最重要的代表人物之一。所撰《尚书古文疏证》八卷确证东晋梅赜所献《古文尚书》为伪，又撰《四书释地》，校正前人关于古地名附会的错误，其他撰著有《潜邱札记》等，均对后世学者有较大影响。

乾隆、嘉庆时期是考据学的兴旺时期。这个时期考据学派又分吴、皖两大派系。吴派以惠栋为代表，皖派以戴震为代表。惠栋（1697—1758）字定宇，江苏吴县人。他的学生余肖客、江声、钱大昕、王鸣盛等又都是苏南人，因此这一派称为吴派。这一派治学的重要特点是尊崇、信守汉儒的说经，即所谓“凡古必真，凡汉必好”。惠栋是一个名副其实的“汉学者”。他专精《周易》，研究了30余年写成《周易述》，完全抛弃魏晋以后的注释，而专采汉儒诸家的主张。但是他“大都不论是非”“株守汉学而不求是”。其他著作如《易汉学》《易例》《九经古义》《古文尚书考》都具有这一特点。惠栋学风的特点是治经从研究古文字入手，重视音训，以求经义。这是考据学派的共同特点。他在《九经古义》中就曾说：“汉人通经有家法……是故古训不可改也，经师不可废也”。由于吴派墨守汉人成说，思想保守，成就不大。在他们中间，成就稍较显著的是钱大昕。他主张“有文字而后有训诂，有训诂而后有义理”。他经过认真地校勘和考证，在《二十二史考异》中指出了“正史”的许多错误和缺漏，订正了许多传抄和刊刻的讹误。

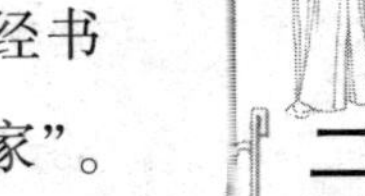

戴震是皖派的主要代表。皖派擅长“三礼”（即《周礼》《仪礼》《礼记》），尤精小学（即文字学）。其特点是从小学、音韵入手，了解和判断经书的含义，即“由声音文字以求训诂，由训诂以寻义理，实事求是，不偏一家”。皖派与吴派的不同点在于“惠君之治经求其古，戴君求其是”。戴震认为：“汉儒训诂有师承，有时亦傅会”。他主张应该以“不以人蔽己，不以己自蔽”的态度从事考据。其方法富有创造性。纪昀就称赞他：“洁明古人小学，故其考证制度字义，为汉已降儒者所不及，以是求之圣人遗经，发明独多”。《孟子字义疏证》是其代表作。皖派是考据学派的主流，而戴震则是汉学的高峰。

在戴震之后，他的学生又分为两派：一派以段玉裁、王念孙为代表，继承了戴震的音训考据学，而不谈抽象的“义理”。这一派在音训考据方面取得的成就是突出的。段玉裁的《说文解字注》，王国维称它是“千古卓识，二千年来治《说文》者，未有能言之明白晓畅如是者也”。王念孙的《读书杂志》考订了许多古书中音训、句读和文字的讹误。另一派以汪中、阮元为代表，音训考据与义理之学并重。阮元曾说：“圣人之道，譬若宫墙，文字训诂，其门径也，门径苟误，跬步皆歧，安能升堂入室乎？或者但求名物，不论圣道，又若终年寝馈于门庑之间，无复知有堂室矣！”

清代考据学的成就主要表现在：

第一，古文字学和古韵的研究成果突出，超出前人。段玉裁的《说文解字注》和朱骏声的《说文通训定声》及王引之的《经传释词》，都是考据学派关于文字学的重要成就。段书由音韵考订文字并对中国文字构造原则的“六书”(象形、指事、形声、会意、转注、假借) 的意义做了进一步阐明。《经传释词》从古书中归纳了160个虚词，并考订了它们的渊源、演变，解说其意义、用途。此外，江永的《古韵标准》、戴震的《声类表》《声韵考》，段玉裁的《六书音韵表》对古韵学都有重要的创见。段玉裁的音韵学成就已超过戴震。戴震是依据心目中的音理作主观演绎，段玉裁是在《诗经》里作客观的归纳。还有，戴震已正确认识了人的发音与口腔牙齿喉舌的关系，钱大昕发现了古人舌音多变齿音等规律。

第二，对古籍的整理、考订、校勘、辨伪和辑佚工作取得了显著成就。考据学派学者整理和考订古籍的论著甚多，仅阮元辑的《皇清经解》及王先谦辑的《皇清经解续编》所收书籍就有389种，727卷之多。还有一些学者专门从事古籍的校勘和辨伪工作，对《荀子》《墨子》《管子》《逸周书》《战国策》《竹书纪年》《山海经》和《水经注》等书，都做了认真的校勘，订正了许多脱漏和错误。姚际恒的《古今伪书考》，对《易传》等91种书的真伪都进行了辩证。对散佚古籍的辑佚工作成果也很显著。如从《永乐大典》辑出已佚的古籍就有300余种。

第三，考据学派严谨的治学态度和重视客观资料的收集、归纳、考证、研究，不以主观想象轻下结论的治学方法，对后来的学术发展研究也起了一定的积极作用。

元明清的都城北京

北京历来被风水学家称为“山环水抱必有气”的理想都城。其西部的西山，为太行山脉；北部的军都山为燕山山脉，均属昆仑山系。两山脉在北京的南口（南口是兵家要地）会合形成向东南巽方展开的半圆形大山湾，山湾环抱的是北京平原。地势由西北向东南徽倾。河流又有桑干河、洋河等在此汇合成永定河。在地理格局上，“东临辽碣，西依太行，北连朔漠，背扼军都，南控中原。”利于发展和控制的战略。

此地先秦称蓟，是北方强国燕的都城，故址在今北京广安门附近一带。秦为广阳、渔阳、上谷等郡地，汉属幽州刺史部。十六国时前燕曾都蓟8年。

在唐代之前，北京一直属于幽州。安史之乱时期，公元759年至763年，史思明称燕帝，以蓟城为燕京。

赵宋政权期间，辽国占据燕云十六州，北京在其内。经宋一朝，北京一直为少数民族的政权所控制。

辽太宗会同二年（938），辽在燕京建陪都南京幽都（后改析津）府，也称燕京。金与宋共同灭辽后，金占据燕京，直到金海陵王贞元元年（1153）定都于此，改名中都大兴府。自此至1214年为避蒙古军迁都开封，中都为金的首都共61年。

元世祖中统元年（1260），忽必烈即蒙古大汗位于开平府（今内蒙古正蓝旗东），旋即分立政府机构于此。后复号中都。至元四年（1267），始于中都旧城

东北另建新城，自开平迁都于此。至元九年（1272）改号大都。至元十三年（1276）灭南宋，大都从此成为全国的首都，历时92年，至顺帝至正二十八年（1368）为明北伐军所破。明初称北平府，对元大都城施行了重大的改造。

永乐元年（1403），朱棣通过武力夺得政权，自己当上了皇帝。随即把自己的封王之地北平府改为顺天府，建北京，作为陪都。

永乐十九年（1421），朱棣下诏以北京为首都，称京师。明末崇祯十七年（1644）三月十九日中午，农民起义军领袖李自成进驻北京，四月二十九日，即帝位于武英殿，次日主动撤离北京。五月初一，清军占领北京。同年九月，顺治皇帝从沈阳迁来北京，北京又成为清代的首都。

自元代开始，除明初的几十年外，北京一直是中国封建社会后期全国性政权的首都。早在元代，马可·波罗在他的游记里就赞叹北京："城是如此的美丽，布置得如此巧妙，我们竟是不能描写她了。"在中国建都史上，其地位可与西安并列，而为其他所有古都所不及。

北京是"北京人"和"山顶洞人"的故乡。"北京人"是从古猿进化到智人的中间环节，在人类经济文化史上还属于旧石器时代初期；"山顶洞人"则属于旧石器时代晚期，其身体特征已与现代人没有明显的差别了。

除此之外，北京有传统工艺品牙雕、玉雕、漆雕、面人、景泰蓝、地毯、京绣，烤鸭、炸酱面、涮羊肉、豆汁、炒肝儿、爆肚儿，豌豆黄、驴打滚、卤煮火烧、冰糖葫芦、良乡板栗、妙峰山玫瑰、怀柔油栗、海淀玉巴达杏、昌平苹果和草莓、京白梨、密云小枣、顺义酥梨、房山磨盘柿子、大兴庞各庄西瓜等特产，故宫、天安门、景山、北海及团城、天坛、明十三陵、八达岭长城、居庸关长城、司马台长城、慕田峪长城、房山云居寺塔及石经、红螺寺、云居寺、天宁寺塔、卢沟桥、银山塔林、北京石花洞国家地质公园、北京四合院、北京胡同、北京庙会、京剧、雍和宫、白塔、北京孔庙、恭王府、北京城东南角楼、西周燕都遗址、智化寺、直觉寺金刚宝座、西山大觉寺 、法海寺、太庙、社稷坛、正阳门、古观象台、牛街礼拜寺、国子监、颐和园、圆明园遗址、周口店北京人遗址等名胜古迹。

近代中国

事件	阶段	主要事件
1939年 林则徐虎门销烟 1840—1842年 鸦片战争 1842年 中英《南京条约》签订 1844年 中美《望厦条约》、中法《黄埔条约》签订 19世纪40—50年代 中国无产阶级诞生 1851年 金田起义、太平天国建立 1851—1964年 太平天国运动 1853年 太平天国定都天京 1856年"亚罗"号事件、"马神甫事件"、天京变乱 1856—1860年 第二次鸦片战争 1858年 中、俄、美、英、法签订《天津条约》。中俄签订《瑷珲条约》	1840年—19世纪中期	清朝晚期中国开始沦为半殖民地半封建社会
19世纪60—70年代 中国民族资产阶级产生 19世纪60—90年代 洋务运动 1883—1885年 中法战争 1894年 兴中会成立 1894—1895年 甲午中日战争 1895年 中日签订《马关条约》；公车上书 19世纪90年代 帝国主义国家在中国掀起瓜分中国的狂潮 1898年 戊戌变法 1898—1900年 义和团运动 1900年 八国联军侵华战争 1901年《辛丑条约》签订	19世纪中期—19世纪末20世纪初	中国资本主义的产生、发展和半殖民地半封建社会的形成
1905年 中国同盟会成立 1906年 萍浏醴起义 1911年 黄花岗起义；保路运动；武昌起义 1912年 中华民国成立；清帝退位；颁布《中华民国临时约法》；袁世凯篡夺辛亥革命果实；同盟会改组为国民党 1912—1919年 民族工业短暂的春天	20世纪初—1912年	资产阶级民主革命和清王朝的覆亡
1913年 宋教仁案；二次革命 1915年 护国运动开始；新文化运动开始；袁世凯接受"二十一条" 1916年 袁世凯复辟帝制失败 1917年 张勋复辟失败；护法运动开始 1918年 李大钊发表《布尔什维主义的胜利》，举起社会主义的大旗 1919年 五四运动爆发	1912年4月—1928年12月	北洋军阀的统治时期

鸦片战争前的中国与世界

公元1644年，是清顺治元年，清军入关，问鼎紫禁城，开始了清王朝在全国的统治。公元1640年，是明崇祯十三年，在西方，英国国王查理一世和国会斗争日益加剧，从而导致英国内战爆发。经过几十年的激烈斗争，英国最后确立了君主立宪制，为英国资产阶级革命树立了榜样，标志着资本主义世界竞争的新时代即将全面到来。

清朝在开国之初，特别是在康雍乾三朝，曾出现过中国封建社会历史上最后一个盛世景象。康熙帝（1662—1722年在位）励精图治，对内重视安全稳定，发展社会经济，对外维护国家主权，抵抗外来侵略，坚定有效地遏制了来自海上和沙皇俄国的殖民扩张。雍正（1722—1736年在位）帝大刀阔斧地进行政治改革，皇权巩固了，府库充实了。到他的儿子——乾隆帝（1736—1795年在位），继续其祖、父的基业，在初期和中期，国势到了鼎盛。这一百年，被称为"康乾盛世"。到19世纪末，也就是乾隆帝统治的后期，西方资本主义国家的武装入侵和外交讹诈，都没能打开中国市场的大门。在中国北方，沙俄侵占中国领土的虎狼野心，也未能得逞。

19世纪之后，大清王朝统治下的封建主义的中国，和欧美资本主义各国的差距拉得越来越大了，资本主义在欧美国家的普遍确立，为生产力的发展提供了有利条件。中国和欧美诸国相比，生产力发展的较慢，国力对比明显下降，中外关系的格局，遽然发生了巨大变化。欧美资本主义各国蒸蒸日上，而大清王朝却是江河日下了。

乾隆末年，清王朝已经明显地由盛入衰，自道光帝的父亲嘉庆帝（1796—1820年在位）开始，到鸦片战争（1840年）的前夜，大清王朝的每一个角落都已危机四伏。

以小农业和家庭手工业相结合为基本特征的自给自足的自然经济，一直是中国封建时代的社会经济基础。从明朝中叶开始，中国封建社会母体内商品经济的发展，已经孕育着资本主义的萌芽。到鸦片战争前夜，在丝织、棉纺织、陶瓷、煮盐、采铜冶铜、采铁冶铁、制茶、制糖、造纸、木材加工等行业，更出现了具有资本主义性质的手工工场。但是，清政府一直推行“重农抑商”政策，把先进的工业技艺视为“奇技淫巧”。根深蒂固的封建势力，阻碍了资本主义因素的发展。

中国封建社会的主要特点之一，是地主阶级、贵族和皇帝拥有最大部分的土地，而农民则很少或者完全没有土地。这种时张时弛的土地兼并、集中现象，到了19世纪初更是惊人。据清嘉庆十七年（1812）统计：直接、间接掌握在皇帝手中的土地，竟达八十三万顷（每顷一百亩）。其他大地主大官僚也占有大量土地，北方的官僚豪富，有的拥地数百万亩，或“膏腴万顷”；江南一带，豪强兼并，土地集中在百分之一二十的人口手里，以致“田主不知耕，耕者多无田”。

清王朝，作为一个君主专制政权，在鸦片战争前就已经腐朽不堪了，外迫强敌，祸在眉睫，统治阶级仍然昏昏沉沉。道光皇帝此时已失去早年励精图治、复兴大业的宏愿而变得骄傲自大，手下的封疆大吏闭塞无知，吏治黑暗，贿赂公行，朝廷充斥“除富贵而外不知国计民生为何事，除私党而外不知人才为何物”的老朽官僚；地方官吏，“为大府者，见黄金则喜，为县令者，严刑非法以搜刮邑之钱米”。

国家政权的主要成分——军队，也逐渐瘫痪。以刀、矛、弓箭、短剑、藤牌、甲胄和少量火绳枪、滑膛炮等老式兵器装备起来的八旗兵、绿营兵，鸦片战争前夕约有九十万（内八旗兵为二十二万）。兵器落后，营务废弛，百弊丛生。当时任鸿胪寺卿的黄爵滋奏称：“今日之兵，或册多虚具”，或“粮多冒领”，或“老弱滥充”，或“训练不勤”，或“约束不严”，“凡此诸弊，翻为兵蠹，稍有缓急，其何可恃？”驻防京城的八旗兵，竟三五成群，手提鸟笼雀架，终日闲游，甚而相聚赌博。有些海防要塞，使用的还是三百年前的旧炮。至于沿海水师所用战船，大多是以“薄板旧钉”制成，不堪一击。

为了维护满清专制统治，镇压和消弭汉族知识分子及其他反抗势力的“排满”思想，清朝统治者从入关之初，就采取怀柔与高压相结合的手段，实行严厉的文化专制政策。一次又一次文字狱，消弭了汉族知识分子的锐气。他们被迫面向故纸，背对现实；或沉湎科举考试，猎取功名利禄；或从事烦琐考据，不敢触及政事。他们闭目塞聪，孤陋寡闻，甚而“不读秦汉以后之书，更不考地球各国之事”。

平民百姓则无法照旧生活下去了，从嘉庆朝开始，到鸦片战争爆发前，北方以白莲教为主，南方以天地会为主，起义延绵不断。嘉庆十八年（1813 年），天理教教徒发动起义，一些教民一举攻入紫禁城，在隆宗门一带和清军展开激战，嘉庆皇帝连连惊呼：这是宋、元、明、清以来从未有过之祸！

正当清朝国势江河日下之时，英、法、美等国迅猛发展。

英国资产阶级掌握政权后，为了争夺海上霸权，扩张和掠夺殖民地，从 17 世纪 50 年代至 18 世纪 60 年代，先后打败葡萄牙、西班牙、荷兰以及法国，成为显赫一时的“海上霸王”。英国从十八世纪六十年代起开始工业革命，用机器工业逐渐代替工场手工业。到 19 世纪三四十年代，这个过程大体完成。据统计：1835 年，英国已拥有蒸汽机一千九百五十三台，纱锭九百万枚，年产生铁一百零二万吨，煤三千万吨。这时，英国已成为世界上最强大、最先进的资本主义国家，它的炮舰走遍全球，它的工业占世界总产量的一半，它的贸易额在各国对华商务中居压倒优势。为适应炮舰政策和经济掠夺的需要，英国的军事工业也在急速发展。当时，它已经拥有主要靠帆力航行，但也装备了蒸汽机的海军舰船，这种两层或三层的木质装甲舰船，每艘配备几十门精良大炮，陆战部队则使用新式的来复枪和各式大炮。

法国经过 1789 年资产阶级革命，为资本主义的发展扫清了道路。到 19 世纪 20 年代，工业革命在国内大规模地进行。到 1830 年，法国拥有蒸汽机六百二十五台，1837 年生铁产量达五十九万吨；从 1815—1840 年，棉织品的产量也增加了三倍。鸦片战争前夕，法国的工业产量在世界上已居第二位，但对东方的商品贸易额仍很小。

美国在1774年7月4日发表《独立宣言》，从此，北美十三州联合起来，取得了反对英国殖民战争的胜利，在美洲大陆建立了第一个独立的资产阶级共和国——美利坚合众国。19世纪初期，美国赶不上英国、法国，资本主义成分还很弱小，南部盛行奴隶制度。1820年，美国的农业人口占总人口的六分之五，只有六分之一的人口从事工商业和其他职业。这个刚刚崛起的移民国家起步虽晚，但发展速度很快，到1850年，铁路总长度达一万五千公里，居世界第一位。到鸦片战争前夕，它的对华贸易额仅次于英国而占第二位。美国运来中国的货物，主要是北美的人参、毛皮、棉花，南洋的檀香，从土耳其转卖的鸦片，以及从英国贩运的工业制造品；带回去的则是中国的茶叶、生丝和“南京布”（即土布）等。优厚的利润和美国政府的保护与帮助，使美国资产阶级“把中国看成是一个不可限量的销货市场”。

沙皇俄国位于中国的北部，长期处于封建农奴制下。从16世纪末到17世纪初，开始了资本主义原始积累，18世纪后期才出现具有资本主义性质的手工工场，19世纪初资本主义生产关系才有一定的发展。但是，和英法美等资本主义国家相比，它的发展速度显然是太慢了。

以英国为首的欧美主要国家早就对中国及东方各国怀有野心。16世纪末，英国殖民势力开始侵入印度，并于1600年建立东印度公司，以垄断东方贸易。之后，英国又对阿富汗、波斯、缅甸、印尼等国进行侵略渗透。1637年，英国兵舰四艘驶抵中国广东，不顾明朝政府的禁令，竟然闯入珠江，炮击并占领虎门炮台。中国军民坚决抵抗，击退侵略军。1793年，英国以祝贺乾隆皇帝八十寿辰为名，派遣马戛尔尼率使团来华，提出开放宁波、舟山、天津等地为商埠，割让舟山附近的岛屿与广州附近的地方，减轻税率等侵略要求，遭到清政府的拒绝。尔后，英国兵船多次侵扰我国东南沿海。1825年，英国爆发了第一次资本主义经济危机。为了摆脱危机，英国资产阶级更加紧推行殖民扩张，一些侵略分子不断公开鼓吹武装侵略中国。1832年，英船“阿美士德”号窜到中国沿海测量港湾航道，调查港口情况，并绘制地图。1836年，英国政府代表、驻华商务监督义律，扬言要用武力对付中国。

法国把在亚洲侵略的目标放在了越南和中国。1640年，法国开始对华贸易活动。法国在打开商品市场的同时，也把宗教作为主要的侵略工具。1660年，法国成立了中国公司。随后，不断派遣传教士来华。1689年，第一只法国商船抵达中国，其中就有一批传教士随船而来。法国的天主教传教士私自进入中国内地者日渐增多。19世纪30年代，法国工业进一步发展起来，因而也加紧向外扩张势力。

美国在独立之后就极力向海外伸展势力。1784年开始与中国通商。其对华贸易的开展较其他国家虽晚，但发展很快，商船数量由1789年的十五艘，增至1832年的六十二艘。1855年，美国组织东印度洋舰队，执行其对远东的“炮舰政策”。

沙皇俄国本来同中国并不接壤。16世纪下半叶，沙俄越过欧亚交界的乌拉尔山，迅速向东扩张。17世纪中叶，沙皇俄国武装侵入我国黑龙江流域和贝加尔湖以东地区。沙俄的侵略行径，遇到中国军民的抵制和反击。1689年，中俄两国经过平等协商，订立了《尼布楚条约》。1727年，中俄双方又签订了《布连斯奇条约》。这两个条约规定了两国东段和中段边界。东段以外兴安岭至海、格尔必齐河和额尔古纳河为界，肯定黑龙江流域和乌苏里江流域的广大地区都是中国领土；中段以西起沙宾达巴哈、东至额尔古纳河为界。清代我国的西部疆界在巴尔喀什湖。自18世纪初叶起，沙俄侵略者不断侵占巴尔喀什湖以东、以南的我国领土，相继吞并了西部哈萨克和北部哈萨克。与此同时，沙俄还对我国进行经济掠夺。在鸦片战争前的一个较长时期内，沙俄在对华贸易方面，比其他欧洲国家处于有利的地位。

西方资本主义的迅猛发展以及它们随之而来的疯狂的殖民主义扩张，使古老的中华民族面临着一场空前的挑战和危机。

鸦片入境

嘉庆四年（1799年），嘉庆帝即下旨将和珅革职下狱至死大快人心，天下百姓也是拍手称赞，但是“和珅跌倒，嘉庆吃饱”，和珅所聚敛的财富，约值八亿两至十一亿两白银，所拥有的黄金和白银加上其他古玩、珍宝，大多数进了嘉庆的私人腰包，百姓生活根本没有得到改善。嘉庆抓住和珅这条线索，又严惩一些贪官污吏，朝廷风气有所好转，但也只是昙花一现。

百姓生活仍处于水深火热之中。万般无奈，纷纷起义造反。

王聪儿的白莲教起义，影响十分大，嘉庆帝一听说农民起义，慌了神，立即派大队人马前去镇压，义军被消灭，但清王朝的危机已显露出来。

台湾有一人叫林爽文，从小生活在贫苦的农民家庭，受地主和官府的层层剥削，因此生活陷入困境。生活的压迫，使林爽文也加入了天地会，很快成为组织者。公元 1787 年，林爽文带领义军突袭大敦，知县俞峻还没明白怎么回事就被义军杀死，义军从此开始征伐。起初义军连连获胜，嘉庆帝害怕了，连忙派清军去镇压，义军作战英勇，两军相持不下。但由于组织不严密，义军中出现了内奸叛徒，义军被迫撤退。后来，林爽文又继续起义，由于缺乏指挥经验，不幸被俘，英勇就义。天地会的起义再次向清王朝敲响警钟。

清王朝从康熙盛世起，雍正严治，乾隆虽然生活奢侈，但治国有道，还有康熙打下的基业，所以社会较稳定。但是到了乾隆末年，由于和珅受宠，天下大小官吏乌鸦一般黑，社会开始出现动荡的局势。到了嘉庆时，有一点好转，但随着官吏的敲诈勒索，百姓又怨声载道，社会出现不稳定因素，清王朝的盛世已经过去，已进入衰落的阶段。

顺治帝入关，凭借武力和智慧征服天下，到了康熙大帝时，他很有治国平天下的才能，把国家治理得井井有条，但他也有骄傲之事，以为他是天子，唯我独尊意识十分强。明朝郑和七下西洋，一些小国与明朝成为友邻，清朝以后，这些小国仍与清朝保持着关系，所以康熙妄自尊大，到了雍正、乾隆之时，这种意识有增无减，对外国一律视为外夷，自称天朝，闭关锁国。

嘉庆帝时期政治开始腐败，贪污成风，但他仍是“天下唯我独尊”，所以仍是高枕无忧，根本没有把欧美诸国放在眼里。

乾隆末年，英国当时已经非常发达，他们得知中国是一个人口众多的国家，

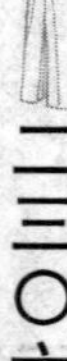

他们想：如果能打开中国市场的大门，那么白银就会“哗哗”地流到手里。于是一些商人铤而走险，带着英国商品，千里迢迢来到中国，但那时，清朝实行闭关锁国的政策，老百姓也不认洋货。英国人没有达到目的，自然也不死心，仍是挖空心思，想尽一切办法打开中国这扇大门。

英国侵略者很有经验，他们知道通过正常的通商手段根本无法打开中国的市场，他们便想出一条毒计：向中国输入鸦片。

鸦片是从罂粟花中提炼出的一种有毒的麻醉品，经火煎烤，会发出一种香味，不久，就会染上毒瘾，一旦上瘾，很难戒掉，那几乎就等于死亡。

英国人处心积虑地想出这种策略，不顾中国人生命安全，只要能捞到钱就可以，这正是侵略者的丑恶嘴脸。

鸦片开始向中国输入。开始之时，价钱极低。一些商人、官宦子弟有钱而且又游手好闲，无所事事，所以他们便买来吸。鸦片十分厉害，只要吸上两三次，就会上瘾，这些人自然也不例外。由于当时鸦片的价钱很低，所以在这些人的影响下，平民、士兵也有吸鸦片的了。

渐渐地，鸦片大量流入国境，吸食鸦片的人也越来越多，嘉庆初年，输入中国的鸦片只有三四千箱，而到了嘉庆末年，竟增加到七八千箱。

随着鸦片输入量的增加，英国侵略者看到大量中国人吸食鸦片，便开始提高价格，那时从印度购买鸦片，每箱200多卢比，而到了中国，每箱卖大约相当于2800多卢比的价钱。一些官员吸食鸦片上了瘾，本来就肆意搜刮民财，这一下更加疯狂了，有的大官手中有权，开始卖官，而这些花钱买官的人，一上任，为了捞回本钱，更是横征暴敛。百姓本来生活就贫苦，被官吏再一搜刮，更是一无所有，那些染上烟瘾的平民，没有钱，只好卖儿卖女。

鸦片严重影响了人们的健康，吸食烟片的人都骨瘦如柴，有的甚至丢了性命。鸦片不仅给中国人的身体带来灾难，而且造成大量白银外流，英国从中捞取暴利。

但可耻的侵略者没有停止，反而越来越猖獗。他们勾结清朝的一些官吏，与他们一起狼狈为奸，吸吮中国人民的血。由于有了地方官的保护，英国人有恃无恐，又大批地向中国输入鸦片。中国的白银滚滚向外流去，银价飞速上涨，百姓难以忍受，社会开始出现动荡的局面。而清军由于吸食鸦片成瘾，不用说战斗力了，有时候连刀枪都拿不起来。

面对鸦片的如此毒害，朝中一些正直的大臣，纷纷上书，要求禁止鸦片向中国输入。嘉庆帝也怕因鸦片之事影响到自己的皇位，他下令，让两广总督查明鸦片的来源及中国人吸食的情况。因为鸦片当时从海上走私，所以销售主要在沿海一带，特别是两广地区。

没多久，两广总督将了解的情况上奏朝廷，嘉庆帝一看大吃一惊。原来两广总督通过调查得知，两广地区，白银大量外流，军队丧失了战斗力，一些官吏与外来人相互勾结，而且农民有造反的倾向。嘉庆帝得知情况后，傻了眼，他不禁说了两句“怎么，这么个小东西就有如此大的威力！”于是他召集大臣，商议对策，但是嘉庆帝没有魄力，办事优柔寡断，措施还没有想出来，便于嘉庆二十五年死去。

嘉庆一死，他的二儿子旻宁继承了王位，就是历史上的道光皇帝。道光初年，禁烟措施仍然无力，一些地方官与英国商人仍相互勾结，瞒上欺下，继续大量销售鸦片。

鸦片销量有增无减，白银外流也逐渐增加，社会开始动荡，一些农民开始酝酿起义，中国的社会经济处于急剧的变化之中。而外国侵略者看到这种情况欣喜若狂，他们想借机侵占中国的目的即将得逞。

因为鸦片的大量输入，流毒极为严重。不仅损害吸食者的健康，造成白银外流，而且引起银贵钱贱，直接破坏社会生产，影响广大劳动人民的生活。鸦片的大量输入，还加深了清朝封建统治的危机，给中国人、中国社会带来了无穷的灾难。

林则徐虎门销烟

林则徐（1785—1850），汉族，福建侯官人（今福建省福州），字元抚，又

字少穆、石麟，晚号俟村老人、俟村退叟、七十二峰退叟、瓶泉居士、栎社散人等。是清朝后期政治家、思想家和诗人，是中华民族抵御外辱过程中伟大的民族英雄，其主要功绩是虎门销烟。官至一品，曾任江苏巡抚、两广总督、湖广总督、陕甘总督和云贵总督，两次受命为钦差大臣；因其主张严禁鸦片、抵抗西方的侵略、坚持维护中国主权和民族利益深受全世界中国人的敬仰。

林则徐出生于福州侯官一个下层知识分子家庭，但他的父亲却对他寄予厚望。据说林则徐刚一出生时，福建巡抚徐嗣曾乘轿从他家门口过。侍卫随从簇拥，十分威风。林则徐的父亲也希望林则徐有一天能够做官，像徐嗣曾那样威风，所以给他取名为“则徐”。

林则徐

林则徐没有辜负他父亲的厚望，4 岁入私塾，他聪明伶俐，13 岁便中了秀才，19 岁又中了举人，27 岁中进士，可谓一路高奏凯歌。林则徐为官清廉，而且办事认真负责，所以很受当地百姓的拥护。

林则徐看到鸦片给中国带来了严重的灾难，人民处于水深火热之中，强烈呼吁禁烟。林则徐给道光帝写了一道奏折：鸦片大量入境，白银外流，自本朝十四年至今，每年白银外流量 3000 多万两，长此以往，国库空虚，而且军民吸烟成瘾，数十年后几乎没有可以抗击敌人的兵力。一定要严厉禁止鸦片，严厉惩治那些吸食者和勾结英国销售鸦片的官吏。

道光帝看了林则徐的奏章，又想起黄爵滋、汤金钊等大臣的奏章，这些人都主张禁烟，道光帝也想禁烟，他怕长此以往，自己的统治受到威胁。但他反复无常，而且优柔寡断，所以迟迟没有下旨。还有一点，他自己也染上了毒瘾，以首席大臣穆彰阿为首的一批大臣经常将鸦片送给道光帝，从而得到道光帝的宠爱。这些人包庇、纵容鸦片走私，从中牟取暴利。道光帝又认真读了一遍林则徐的奏章，他知道事关重大，特别是林则徐所说“数十年之后，国家将没有兵力可以抵抗敌人”。道光帝为了保住清朝江山，防止大量白银外流，他下定决心，召林则徐进京，任命林则徐为钦差大臣，赐尚方宝剑，可先斩后奏。又特赏黄马褂，可在紫禁城骑马，并严厉警告穆彰阿等人，不许纵容、包庇鸦片走私。

林则徐接受旨意，自感责任重大，他知道鸦片不仅关系到白银外流，还关系到国家的安危，所以他下定决心：一定要销毁鸦片，鸦片一日不绝，就一日不回。这位爱国将领在国家危难之际，挺身而出。

1839 年 1 月 8 日，林则徐冒着风雪，从京城出发，直奔广州。

林则徐不仅有爱国之心，而且很有策略。一路之上，就下令捉拿重要烟贩。

两广总督邓廷桢和广东水师提督关天培知道光帝派钦差大臣林则徐来禁烟，非常高兴。他们对林则徐非常敬佩，知道他为官清廉，而且忧国忧民。邓廷桢和关天培看到鸦片泛滥成灾，也是痛心疾首，他们想方设法捉拿走私鸦片者，但效果不大，因为这些人在朝中有要臣包庇。

林则徐也非常尊敬邓廷桢、关天培，知道他二人忠心不二，而且也主张禁烟。林则徐刚一到，邓廷桢和关天培就率领文武百官前来迎接。三人来到总督府，商议如何打击走私鸦片者。

三人后来达成一致意见：先捉拿重大走私鸦片者，严惩官员中的包庇、纵容者，再向外发布公告，严格禁止吸食鸦片。

林则徐到广州不久，就了解到这里有一个罪大恶极的走私者，他就是三品道员伍绍荣。他原是个买办，后来走私鸦片发了横财。那时候政治腐败，有钱可以买官做，这小子一狠心，买了个三品官，而且在朝中也拍了一些要臣的马屁，所以他一方面横征暴敛，另一方面更加肆无忌惮地走私鸦片。

林则徐以钦差大人的身份前来禁烟，这个家伙心里有些发慌，但又一想：我朝中有人，他敢奈我何！但他没有想到，林则徐“壁立千仞，无欲则刚”，根本不畏权贵，了解情况后，立即命人将其捉拿归案。

伍绍荣一看林则徐天不怕，地不怕，当时就傻了，把自己替英国包销的 1 万多箱鸦片交了出来。林则徐知道伍绍荣作恶多端，下令将其斩首。

伍绍荣一死，其他的官吏都吓得惊慌失措，林则徐又派人抓来20多个走私鸦片、包庇奸商的污吏，这些人被抓之后，都如实交代了自己的罪行。林则徐心想：为了稳定军心、民心，不能都杀了，杀一个伍绍荣，就足可以警告他们了。于是，林则徐说道："我可以暂免你们一死，但是你们要将功补过，首先要保证以后绝不走私鸦片，同时要配合本大人开展禁烟活动。这两点有一点做不到，定斩不饶！"这些人都跪地称谢。林则徐杀一儆百，官吏一下都被镇住了，他们知道这位钦差大人铁面无私，都开始有所收敛或金盆洗手。

林则徐、邓廷桢、关天培采取果断措施，刹住了不良官风，但是英国走私商还十分猖獗，他们决定整治这些英商。林则徐通告英商：三天之内，务必将鸦片全部交出。

英商虽然都提心吊胆，但他们存在一丝侥幸心理，以为有义律为他们撑腰，可以不交出鸦片。

义律是英国驻中国的商务监督，他想方设法袒护英国商人从事鸦片生意。义律与当地一些官员相互勾结，在广州一带为所欲为。林则徐到广州之后，官员被镇压，义律一看失去了靠山，便想办法去对付这位钦差大臣。先是贿赂，林则徐根本不吃他那一套；又用美人计，林则徐不动心；又派人暗杀，但林则徐毫不畏惧。

烟商一看林则徐软硬不吃，只好纷纷交出鸦片，但是狡猾的商人想蒙骗林则徐，他们手中有2万多箱鸦片，却只交出了1037箱鸦片。林则徐早就了解到实际情况，当然不会放过这些烟商了。而这时义律又赶到商馆，告诉烟商不要交出鸦片。

林则徐得知情况后，立即带领清军围攻了商馆，断粮、断水，义律等人坚持不住，企图夜里逃跑，但林则徐早料到了他这一手，派兵将其截回。义律等人没有办法，只好乖乖地交出2万多箱鸦片。禁烟运动取得第一回合胜利。广州人民拍手称好，全国也为之喝彩。

林则徐看着堆积如山的鸦片，心中十分高兴，他想：我没有辜负皇上对我

的厚望，也对得起天下百姓对我的拥护，还可以杀一杀英商的锐气。

林则徐、邓廷桢、关天培联合上奏，道光帝得知英商已经交出鸦片，非常高兴，他想：我说外夷没什么难对付的，我大清朝乃天朝上国。道光帝立刻下令：就地销毁，以扬我国威！

林则徐接到圣旨，立即着手销毁这批鸦片。为了使更多的人受到教育，林则徐命人在大街小巷贴满布告：皇上命钦差大臣林则徐于4月22日在虎门烧毁鸦片，着沿海居民外商前来观看。

布告一贴出，人们议论纷纷，有的称赞道光是一位好皇帝，有的称赞林则徐是一个铁面无私的好官。当然也有一些极个别的想从鸦片中捞到好处的人不愿意看到这一幕的发生，但他们阻止不了林则徐禁烟的决心和意志。

林则徐和邓廷桢商议怎么销毁这批鸦片，邓廷桢说："我们可以放火焚烧，然后再放入大海之中。"林则徐说道："这种方法，以前我在湖广任总督时，也使用过，但是有的鸦片会渗到地下，一些鸦片贩子等到焚烧完毕，再到那里去挖出泥土，然后再煎熬一次，还可以提取出鸦片。"邓廷桢说道："我们不如去问一问当地的百姓，他们一定知道如何彻底销毁鸦片。"林则徐觉得这是一个好办法，便派人去走访当地的老百姓。

老百姓得知是官府想彻底销毁鸦片，都非常支持，都献力献策。后来这些人根据老百姓提供的方法，总结出一个好办法"煮化法"。这种方法是先将鸦片和石灰、盐放在一起，煎熬，鸦片经过加热后，与石灰、盐水相结合，就变成渣沫，这样就没法再提取了。

公元1839年6月3日，虎门彩旗飘飘，锣鼓震天，无数老百姓都前来参观。林则徐早已派人挖好了长宽各15丈的两个大池子，池前挖开了一涵洞通向大海，池后挖了一道水沟。

林则徐下令：开始销烟！霎时间，士兵们将鸦片都倒入大池中，把石灰和海盐也都倒了进去，然后从池后的水沟把海水引入池中。由于池中有石灰，立刻气泡翻滚，浓烟冲天。鸦片渐渐地与石灰相结合，变成了渣沫，人们打开涵洞，池里腐蚀的鸦片浆流入了大海。这次销烟持续了23天，共销毁200多万公斤鸦片。

林则徐虎门销烟，显示中华民族是不可欺辱的，同时也打击了鸦片贩子的猖獗气焰，令那些想侵占我中华的帝国主义者心惊胆战，虎门销烟是中国人民禁烟斗争的伟大胜利，显示了中华民族反抗外来侵略的坚强意志。

“少说话、多磕头”的曹振镛

嘉道之际，不仅皇帝无能，就连朝中大臣也没有任何解决危机的办法。更可笑的是，没有任何主意的人却能深得皇帝宠信。其中典型的代表当数曹振镛。

曹振镛（1755—1835），字怿嘉，号俪生，安徽歙县人。乾隆朝户部尚书曹文埴之子，魏武帝曹操之后。乾隆四十六年（1781）进士，历任翰林院编修、侍读学士、少詹事、体仁阁大学士兼工部尚书、首席军机大臣、武英殿大学士、军机大臣兼上书房总师傅，以平定喀什噶尔功绩晋封太子太师，旋晋太傅，并赐画像入紫光阁，列次功臣之首。卒谥“文正”，入祀贤良祠。

乾隆四十一年（1776）中进士。曹振镛这个人政绩平平，并没有多少建树，却仕途通达，升得很快。道光皇帝即位后，曹振镛很快就进入军机处，并在首席军机大臣的位置上一干就是15年。

道光三年（1823）万寿节，道光帝在万寿山玉澜堂赐宴15位老臣，曹振镛在这班老臣中年龄最小，但也分享了与宴、绘像之荣。第二年，他荣任上书房总师傅，成为皇子包括未来皇帝的师傅头领。道光六年（1826），他入值南书房，担起“拟御纂笔札”之任，成为须臾不离的股肱大臣。削平张格尔叛乱、再定回疆之际，他荣晋太子太师。第二年，张格尔被擒的消息传来，道光帝封赏群臣，将曹振镛晋为太傅，赐予紫缰，获得在紫光阁陈列画像的殊荣，进入显赫功臣之列。清代沿袭历代制度，以太师、太傅、太保为“三公”，曹振镛位列“三公”，可谓宠荣备至。道光十一年（1831）万寿庆典，赐予曹振镛双眼花翎。

道光十五年（1835），80周岁的曹振镛死去，留下生前自缮的一份遗疏上陈述了十余件事。道光帝为之震悼，颁诏对曹振镛盖棺定论："大学士曹振镛，人品端方。自授军机大臣以来，靖恭正直，历久不渝。凡所陈奏，务得大体。前大学士刘统勋、朱珪，于乾隆、嘉庆中蒙皇祖、皇考鉴其品节，赐谥'文正'。曹振镛实心任事，外貌讷然，而献替不避嫌怨，朕深倚赖而人不知。揆诸谥法，足以当'正'字而无愧，其予谥'文正'。"

道光

既然曹振镛平平庸庸，无所建树，为何能在政治上平步青云，长盛不衰？其中肯定大有"奥秘"。

曾有个门生向曹振镛讨教为官的"诀窍"，他回答道："无他，但多磕头、少说话耳。"多磕头，是唯上，"上所是必皆是之，所非必皆非之"；少说话，不轻易表态，即使非说不可，也要说得模棱两可，让人摸不着头脑，抓不住把柄。

其实，道光帝也想治理好国家，但他个人能力有限，力不从心，又缺乏革除积弊的勇气和措施，往往头痛医头，脚痛医脚，不能从根本上解决问题，经常是"雷声大、雨点小"。到最后，连道光帝自己也对朝政失去信心，心灰意冷。道光帝虽有心求治，但他好求全责备，又对当时复杂的局面缺乏判断，根本没有应对世变的胆识。曹振镛看出了道光帝的心思，向道光帝禀报："现在国家无事，天下太平，可偏偏有一些大臣无事生非，尽在奏折中讲一些危言耸听的故事，无非是为了换取直谏的虚名。对这些人又不好降旨怪罪，否则人家会说皇上拒绝纳谏。依我看，只要皇上能挑出奏折中的错误，严加斥责，大臣们就会明白您不是随便就能糊弄的，以后他们再上奏的时候，自然就会小心谨慎得多了。"道光帝听信了曹振镛的话，于是在看奏折时专门找毛病，许多人因此

而受斥责或贬官，弄得给皇上上书的大臣人人自危，有了事情也不敢向上汇报，即使上报，也往往粉饰太平，使国家的许多弊端得不到及时纠正，日积月累，民怨沸腾。

在此情形下，曹振镛这样宁可不说话，也不愿因发表建议而获罪的现象自然再正常不过了。也难怪有人作《一剪梅》来讽刺曹振镛："仕途钻刺要精工，京信常通，炭敬常丰。莫谈时事逞英雄，一味圆融，一味谦恭。大臣经济在从容，莫显奇功，莫说精忠。万般人事要朦胧，驳也无庸，议也无庸。八方无事岁岁丰，国运方隆，官运方通。大家襄赞要和衷，好也弥缝，歹也弥缝。无灾无难到三公，妻受荣封，子荫郎中，流芳后世更无穷，不谥文忠，便谥文恭。"像这样的人掌握军机处十余年，政治怎么能够振作呢？

要说这也怪不得曹振镛，他还根本算不上是个十恶不赦的人，最多只能算个庸官。再看看当时清王朝的一把手道光皇帝，虽然也试图勤政，可所有措施都是守成不变，在旧有的圈圈里打转转。算上他前面的嘉庆皇帝，前后50余年的时间里，中国仍沉浸在"康乾盛世"的良好感觉之中，而当时的欧洲大国已经完成了工业化，忙着在世界各地推进殖民政策。即便是鸦片战争后，道光皇帝还有近十年的时间来思考，做一些应有变革还是可以的，但最终这些改变未能出现。如此情形，后人又怎么能够苛求曹振镛一个人呢？

第一次鸦片战争

虎门销烟，灭了英国人的气焰，长了中华民族的志气。此事后来成为第一次鸦片战争的导火线，也间接导致了不平等条约给华夏人民带来的伤害（割地赔款）。

虎门销烟后，林则徐任两广总督。林则徐不仅有魄力，而且很有眼光，他已经看出西方国家的经济在迅速增长，所以林则徐下令：恢复与英国的正常交易，但是不允许向中国境内输入鸦片。

虎门销烟

林则徐虎门销烟后，便加强军队训练，他知道英国的经济发展很快，世界各国都有其殖民地，它在中国失利，是不会甘心的。于是便上奏道光帝，想购买大炮。但昏庸的道光帝，认为虎门销烟之后，无论是外夷还是内敌都不会再作乱了，所以他觉得林则徐是多此一举，就没有批准。

这时林则徐便倡导官员捐款，强迫那些发了鸦片横财的人捐助，用这些钱购置了200门大炮，把这些大炮安装在虎门。

与此同时，水师提督关天培加紧训练，随时准备与英国侵略者决一死战。

果然不出所料，1839年9月，义律率领英军闯入九龙，林则徐早有准备，命令狠狠打击敌人。英国侵略者没有得逞，但他们不甘心，10月又带领舰队闯入珠江领域。水师提督关天培一看英军来了，立即下令向英军开炮。英国人被打得措手不及，慌忙逃跑。

林则徐得知水师取胜，非常高兴，又提醒关天培，敌人是不会就此停止的，要小心谨慎。

关天培组织水军在珠江海面严密监视着英军，只要英军一出现，就向英军开炮，随后带领水师冲杀过去。义律接连6次都没有得逞。

义律又气又恨，没有办法，只好向英国政府撒了个谎，请求援助。英国早想侵略中国，一听到这个消息，立即出兵。1840年6月，48艘舰船组成的远征舰队侵入广东海面，鸦片战争爆发了。

英国侵略者到了广州海面，看到清军戒备森严，又得知林则徐在此把守，便挥军北上，想攻打厦门。闽浙总督是邓廷桢，他更是早有准备，英军也没有缝隙可钻，只好继续北上。英舰到了浙江，由于定海防御薄弱，英军占领了定海。英军不罢休，又来到了天津白河口。英国在这里提出了割地、赔款等多项

不合理要求。

道光皇帝得知英国来挑衅，开始之时，并没有惊慌，他认为英国军队不堪一击，但是英国舰队攻占了定海，这个胆小昏庸的国君就害怕了，立即派直隶总督琦善前往天津与英军议和。

琦善对英国侵略者卑躬屈膝，他对英军表示：只要撤兵，一定会严惩林则徐等人。

琦善对林则徐禁烟十分不满，因为林则徐断了他的财路，所以见到道光帝说道："陛下，林大人破坏两国贸易关系，操之过急，大英帝国本无侵略之意，只是因林则徐镇压英商，才不得已而派来军队，他们答应只要撤了林则徐等人，他们就会撤兵！"

昏庸的道光帝不知道英国侵略者的真正目的，只听一面之词，便将林则徐、邓廷桢等抗英将领革职查办。而派琦善到广州与英军继续交涉。

1841年1月，英军突然发动进攻，强占大角、沙角炮台，炮台守将陈连升与英军顽强抵抗，英勇牺牲。琦善却下令撤退守兵，1月26日，英军占领香港。

道光帝得知香港失守，大怒，将琦善革职查办，派自己的侄子奕山前去广州督战。但是奕山无才无德，到了广州，每天只知大吃大喝，根本不做准备。为了显示一下自己所谓的才能，5月21日晚，贸然偷袭英船。由于准备不足，竟将中国的渔船击毁多艘，他正在扬扬得意之时，英军乘机反扑，轻易占领了泥城、四方军炮台，炮轰广州城。

奕山早已吓得六神无主，派广州知府向英军求和。5月21日，奕山与英国侵略者签订了屈辱的《广州条约》。

但是英国人认为还没有达到打开中国市场的目的，1841年8月，英军进犯厦门。总兵江继芳英勇杀敌，但英军武器先进，总兵江继芳战死，厦门陷落。

1841年10月，英军又进攻镇海，两江总督裕谦率领大军与英军展开了血战，但浙江提督余步云临阵脱逃，镇海也失守了。

1842年6月，英军攻打吴淞口，江南提督率领清军与敌人拼杀，但是孤军无援，年近70的老将军陈化成战死在炮台上。英军乘机占领了上海、宝山、镇江等地。

1841年8月，英军侵入南京。

道光帝为了维持自己苟延残喘的统治，宁可丧权辱国。于是便派耆英、伊里布到南京同英国议和。

英国侵略者为了给清王朝一个下马威，便带领二人参观英国的船队。二人吓得六神无主，向英军投降求和。英军提出十分苛刻的条款，而且十分傲慢。

耆英、伊里布将此事上奏道光帝，道光帝一看条款内容，十分生气，但这二人却说："该夷船坚炮猛……益知非兵力所能制服。"道光帝没有办法，只好点头答应。1842年8月29日，在南京签订了丧权辱国的《南京条约》。

《南京条约》破坏了中国的领土完整和关税主权，便利了英国对华的商品输出，使中国开始沦为半殖民地半封建社会。《南京条约》签订后，西方列强趁火打劫，相继强迫清政府签订了一系列不平等条约，进一步侵犯了中国的主权，破坏了中国的自然经济，并加速了清王朝的衰亡。

抗英将领

鸦片战争开始了，爱国将领和人民群众积极反抗，但是清王朝政治腐败，用人不当，结果这些仁人志士大都怀才不遇或结局悲壮。

林则徐、邓廷桢是主张禁烟的民族英雄，也是积极抗英的英雄。

林则徐（1785—1850），汉族，福建侯官人（今福建省福州）人，字元抚，又字少穆、石麟，晚号俟村老人、俟村退叟、七十二峰退叟、瓶泉居士、栎社散人等等。是中国清朝后期政治家、思想家和诗人，是中华民族抵御外辱过程中伟大的民族英雄。

邓廷桢（1776—1846），字维周，又字嶰筠，晚号妙吉祥室老人、刚木老人。汉族，江苏江宁（今南京）人。祖籍苏州洞庭西山明月湾。清代官吏，民族英雄。邓廷桢进士出身，历任湖北按察使、安徽巡抚，道光十五年，任两广总督。他一方面帮助林则徐积极禁烟，另一方面又加强军队训练。虎门销烟之后，邓廷桢调任闽浙总督，他与林则徐互相勉励，遥相呼应，二人为国为民筑起了闽浙、两广一带的钢铁长城。英军在广州没有得逞，想在厦门找点便宜，但被邓廷桢当头一棒，英军被迫北上。但是昏庸的道光帝却将林则徐、邓廷桢二人革职查办。

提起抗英将领，绝不能少了关天培。鸦片战争爆发时，他任广东水师提督。

关天培（1781—1841），字仲因，号滋圃，江苏淮安府山阳县（今江苏淮安市淮安区）人，清朝著名爱国名将，民族英雄。关天培自幼爱好习武，1803 年，考取武生。由于他武艺高强，又很有谋略，入伍不久，便得到重用。由千总升至守备、都司、游击、参将、总兵，后升为广东水师提督。他看到当时鸦片走私猖獗，十分痛心，后来林则徐来广州禁烟，他积极响应。虎门销烟之后，又按林则徐的指示，在虎门增设炮台，加强水师训练。

但是不久，林则徐被革职，昏庸无能的道光帝派出琦善任两广总督。琦善任意破坏军事防御设施，裁减水师，气得老将关天培没有办法。

正当琦善用裁减水师向英国表示友好之时，英国侵略者却没有领情。1841 年 1 月，英国军队突然袭击大角和沙角炮台。炮台守将是陈连升父子，这二位也是著名的抗英将领，但是他们孤军无援，关天培想出兵增援，却被昏官琦善制止。陈连升父子率领 6000 清军与英军战到最后一刻，英勇牺牲。

关天培得知陈连升父子战死，大角和沙角炮台失守，万分悲痛，也十分痛恨琦善。老将军知道虎门最后两个炮台也很难守住，但他横下一条心，誓与虎门共存亡。

关天培给家里写了一封诀别书，然后大义凛然地来到炮台上。关天培看着自己亲手培养起来的士兵，激动不已，他对众将士说道：“今日，吾等面对强敌，只有决一死战，关某在，炮台在，决不后退半步!”

众将士本来对老将军就十分敬佩，今日一见老将军如此激昂，也都被深深感动，异口同声地高呼：“吾等愿与大人同生死，与炮台共存亡!”

这是抗英将士的豪迈呼声!

英军占领了大角和沙角炮台，又向镇远和威远炮台进犯。关天培带领众将士早已做好了准备。英军正在前行，眼看就要到炮台了，就在这时，一声巨响，一排炮弹直轰英舰，英军将领乔治吓了一跳，赶紧下令还击。

关天培被琦善弄得一无兵，二无弹药，而英军则万炮齐发，从三面包围过来，关天培早已把生死置之度外，从容指挥。将士们一看老将军如此英勇，也都奋勇杀敌。关天培一看弹药已尽，而英军也越来越近，呼地一下站起来，大声高呼："众位将士，上！"关天培大刀一挥，带领清军与英军展开了肉搏战。喊杀声震耳欲聋，关天培的将士越战越勇，但是敌我力量悬殊。老英雄和官军壮烈牺牲，镇远、威远也失陷了。

但这并没有吓倒有志气的中华民族，又有许多抗英将领前仆后继，与之展开英勇血战。两江总督裕谦就是英雄中的一员。

裕谦是蒙古镶黄旗人，公元 1817 年中进士，鸦片战争时，他任两江总督。他也十分痛心鸦片对中国造成的伤害，主张痛击英国侵略者。为了有力地抗击英军，他加强水师训练，增添火炮，但是昏庸的道光帝却下令裁兵节饷。裕谦没有办法，眼睁睁地看着水师减少。裕谦几次上书，要求增兵，但道光帝都没有同意。

英军进犯竹山门，处州镇总兵郑国鸿不让敌半步，与英军展开了一场激战。英军损伤不少，便分兵两路，一路攻竹山门，另一路偷袭，但英军的计谋早已被裕谦看穿，他让寿春镇总兵王锡朋埋伏在小路上。英军刚一到，王锡朋就带领官兵杀了上去。英军立时乱了，但王锡朋遭到敌人的暗枪，不幸牺牲。竹山门失守，但定海镇总兵葛云飞面对强敌，丝毫不退缩，与敌人展开了肉搏战。葛云飞率领官兵杀死了许多英军，但终因寡不敌众，这些爱国将领全部壮烈牺牲。

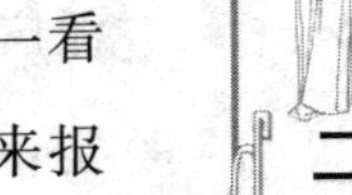

裕谦得知三位总兵壮烈牺牲，非常心痛，他命提督余步云防守镇海门户招宝山，自己领兵守城。但是余步云贪生怕死，英军一到，就吓跑了。裕谦一看英军乘胜占领了招宝山和金鸡岭，知道大势已去，便纵身跳入水中，以此来报答皇恩，来表示他的赤胆忠心，但昏庸的道光帝却不为其所感动。

1842年6月，英军进攻吴淞口。吴淞口是南京的门户。这里设置了两座炮台，西炮台是提督陈化成把守，东炮台是参将崔吉瑞把守。

英军刚一到吴淞口，陈化成立即命令开炮，英军也同时开炮，炮声惊天动地。陈化成一看打了几炮，都没有打中英舰的要害，便亲自瞄准，又一炮，敌舰一下被打中，但是炮弹质量太差，没有把敌舰炸沉。他又从数十枚炮弹中，选出几枚，自己亲手开炮，接连击沉了好几艘敌舰。

但是东炮台的官兵却被牛鉴带着逃跑了，阵地上仅剩下西炮台的全体官兵，但老将陈化成丝毫不退缩，仍然指挥士兵杀敌。

西炮台孤军无援，英军这时候进攻得更猛烈，已上了西炮台，陈化成手持宝剑，上下翻飞，真是老当益壮。可是敌兵将他团团包围，陈化成倒在了血泊中。

抗英将士数也数不清，虽然他们大多数是悲壮的结局，但正是这种不屈不挠的精神，才令侵略者望而却步，才使我们中华民族有了生存的力量，看到了希望。历史不会忘记，人民不会忘记，这些爱国将领，他们为了国家、为了民族，视死如归，这种精神永远激励着华夏子孙奋勇前进。

三元里杀鬼子

三元里抗英事件是第一次鸦片战争时期英国军队与非官方武装力量间在广州市郊外三元里发生的冲突事件。英国侵略者用武力占领了许多地方，在他们眼里，只要有武力，就无所不摧，但他们想错了，三元里人民给了他们一个响亮的耳光，让他们知道了什么叫人民的力量。

英国侵略者占领了泥城、四方等炮台，又包围了广州城，奕山只好投降，派广州知府余保纯到英军那里求和，奕山签订了屈辱的《广州和约》。和约规定：清军在6天内撤驻广州城外；7天内缴纳600万元的“赎城费”，赔偿英国商馆损失30万元。这些规定，卖国贼奕山都一一答应。英军在广州一带，更是有恃无恐，四处骚扰百姓，无恶不作。

1841 年 5 月 29 日，有一股英军没事，到广州城北三元里来寻事。走着走着，他们看见一位姑娘正在田里干活，这些丧尽天良的侵略者立即走了过去，想调戏这位姑娘。姑娘一看来了这么多英军，撒腿就跑，但很快就被英军追上，他们拉住姑娘，姑娘又抓又咬，还大声呼喊：“救命啊！救命！有英军！”

三元里的青年农民韦绍光，一听见喊声，知道准是这些英军想非礼，立即叫上了几个干活的小伙子，扛着锄镐跑了过来。这些人平时都恨透了英军。而这时，英军正在调戏那个姑娘，韦绍光等人从英军身后突然袭击，一下就打倒了三四个英军，有一个英军刚想端枪与他们搏斗，韦绍光眼疾手快，一锄头将大枪打掉在地。其余的英军一看，这些人如此勇猛，都吓得跑了。

韦绍光一看敌人跑了，忙把那位姑娘送回了家，他对乡亲们说：“英国鬼子被我们打死了几个，他们一定会来报复的。官府怕鬼子，我们不怕他们，如果他们来了，我们就和他们拼了，让他们知道我们的厉害！”

韦绍光的话引起了乡亲的叫好，他们都恨透了英军，也恨透了那些卖国贼。韦绍光原来是水勇的带头人，林则徐禁烟时，他也出了不少力，但是琦善、奕山的上任，使这些水勇有力无处使，水勇解散，韦绍光等都回家种田。韦绍光不仅勇猛，而且很聪明，他知道英军十分强大，如果和他们硬拼，不但取不了胜，反而会搭上许多乡亲的性命。但是韦绍光也知道，不反抗，就等于白白送死，只有反抗才是一条生路。韦绍光边走边想，怎样才能打退英国鬼子呢？

正低头走着，差一点撞上一个人，他抬头一看，心中大喜，此人是肖岗乡的举人何玉成。何玉成，不仅有文采，而且很有谋略，在附近的村中很有威望。韦绍光立刻说道：“快到我家中来，我有要事与你商议！”

二人来到了韦绍光家中，韦绍光将此事的过程一说，何玉成也气坏了，说道：“不杀英鬼子，他们不知道我们的力量！”但是何玉成马上镇定下来，说道：“英国鬼子有先进的武器，我们绝不能和他们硬拼，我们可以采取诱敌深入的办法，然后再突然袭击他，这样就可以打败他们。”二人商议好计策后，便分头联络村民。由于英军四处骚扰百姓，早就引起了民愤，乡亲们一听说要打英鬼子，

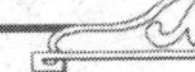

都积极响应。

晚饭过后，附近103个乡的青壮年都集聚在北帝庙，大约有四五千人。何玉成对大家说："乡亲们，英鬼子肆意扰乱我们的生活，烧杀抢掠，无恶不作，我们绝不能任他们胡作非为，官府怕鬼子，可我们不怕，我们只有打败了英鬼子，才能杀杀他的气势，否则，他们以后会更加放肆！乡亲们，只要我们团结在一起，就一定能打败英鬼子！"大家热烈响应。

接着何玉成、韦绍光将这些人分成两批，交代了任务。

公元1841年5月30日凌晨，三元里的人们开始了行动。这些人都手执大刀、长矛，有的手里拿着棍棒，有的手里拿着锄头，韦绍光带领着他们浩浩荡荡，气势汹汹地杀向了四方炮台。

而何玉成则带领大队人埋伏在牛栏冈，准备突袭英军。

再说英军哨兵发现了大队人马杀了过来，忙向英军将领卧乌古汇报：清兵攻打炮台！卧乌古一听，有些吃惊，心想：清军已投降，怎么会突然又攻打炮台呢？他立即走到瞭望台，一看这些人，有几个拿着大刀、长矛，其余的人拿的都是农具。卧乌古看后，哈哈大笑，说道："刁民，你们打死我的将士，还没找你们算账，你们竟前来送死，太好啦，我让你们有来无回！"说完带领2000多英军杀了出来。愤怒的百姓一看见英军，纷纷抡起手中的器具，向英军打去。英军万万没有想到这群人会如此勇猛，一时间，被打得纷纷后退。卧乌古连忙带领英军逃了回来，命英军炮轰农民。农民早有预料，一下散开了，纷纷逃跑。卧乌古又笑了，说道："追！一个也不要留，统统杀掉！"英军又追了上来，农民们且战且退。英军更是得意了，认为农民就这样不堪一击。

路越来越窄，卧乌古率军已追到了牛栏岗。而这时，却见不到百姓的身影了，卧乌古大呼一声："上当了！"就在这时，一声锣响，杀声四起，英军被团团围住。英军虽有大枪，但根本无法用上，而百姓看见他们，眼都红了，一个个英勇异常，与英军展开了肉搏战。这里边有一员女将，名叫阿凤，她从小学武，十八般武艺样样精通，手使风铊。她一看到英军，恨不得喝了他们的血，手中的风铊如流星闪电，打得敌人头破血流，纷纷后退。

英军一时间大乱，少将毕霞、旗手伯克莱等十几人被愤怒的百姓砍死。这些百姓越战越勇，卧乌古一看大事不好，忙带兵逃了回去。

可就在这时，天降大雨，英军被淋得像落汤鸡似的，百姓都躲进了密林之中，英军刚要进树林，里边就飞来石头、灰瓶、木棒，打得英军只好在雨中被淋。想逃跑，大雨又挡住了视线，英军被困在了牛栏冈。

英军这一下可惨了，火药受潮也无法开枪，泥泞的土地，又湿又滑。雨渐渐小了，英军四处逃窜，百姓从密林中冲出来，杀得英军惊恐万分，一口气跑到了炮台处。

英军到了四方炮台，一查点人数，竟少了 200 多人，其中校官 2 名，将军 1 名。卧乌古气得直大叫："我非报此仇不可，我非亲手杀了这帮刁民。"

英军非常狼狈，赶快换了军装，一觉睡到天亮，可就在这时，四方炮台四周响起喊杀声。卧乌古一下就从床上跳了起来，赶快爬到瞭望台上，一看，黑压压一片，人们从四面八方杀了过来。

原来是韦绍光、何玉成领导的抗英斗争取得胜利，鼓舞了人们的士气。何玉成和韦绍光又分头联系，这一下，有 400 多个乡的百姓积极响应，竟有几万人，将四方炮台重重包围。英军再想架炮攻击，早就晚了，百姓高呼："扫平洋鬼子！……赶走英夷！"

卧乌古急忙派人给广州知府余保纯送信，余保纯一听说三元里带头围攻四方炮台，吓坏了，立即赶到，又是威胁又是利诱，那些士绅惧怕官府，都离开了，百姓这才渐渐地离开了。英军和余保纯都吓出了一身冷汗。

三元里抗英斗争是近代史上中国人民第一次自发的大规模抵抗外国侵略的斗争，表现了中国人民不畏强暴、抵御外敌的爱国精神。

黄河铜瓦厢决口

咸丰五年（1855）黄河铜瓦厢决口，黄河在下游脱离了原来的河道，由山

东夺大清河入海。为治理这次决口，到底是让黄河回归故道，还是顺势走新道，清政府竟然为此争论了30年。

这年七月初，黄河发生了大洪水，七月头三天，大雨倾盆，河水猛涨。当时，河南境内下北厅水位骤然升高4米，两岸多处漫滩，一望无际。四日，兰阳县铜瓦厢三堡以下的河段出现坍塌。五日，河堤终于溃决，次日冲刷成七八十丈宽的决口，导致正河断流；漫流之水改向折往东北，分三股横穿运河，汇入山东大清河，在利津县附近入渤海。

这次黄河大改道，造成河水泛滥，成千上万的良田、农舍、村镇被淹，河南、山东、直隶三省40余州县一片汪洋，无数居民流离失所。其中山东省受灾最重，“水由曹、濮归大清河入海，经历五府二十余州县。漫口一日不堵，则民田庐舍一日不能复涸”。菏泽县首当其冲，“平地陡涨水四五尺，势其汹涌，郡城四面一片汪洋，庐舍田禾尽被淹没”。下游的濮州、范县、寿张等州县也未能幸免。

铜瓦厢决口之前，黄河由河南兰阳、仪封（今兰考）、归德（今商丘）、虞城及山东曹县、单县，经江苏砀山、丰县、沛县、萧县、徐州、宿迁、桃园，在清口与淮河交汇，历云梯关入海。这是自金、元至明、清700年间黄河的主河道。尽管历朝屡堵屡决，但黄河主河道没有大的变化。特别是明代以后，为确保运河漕运，统治者在治河策略上重北轻南，在北岸修筑大堤，尽量使黄河南流。

到了清朝咸丰年间，黄河下游河床淤积已相当严重，黄河河滩地面一般高出背河地面七八米。洪水期间，河中水位高出堤外平地10多米，很容易发生决溢。加上两岸堤防的间距愈向下游愈窄，排泄洪水的能力愈低，因而常常是“下游固守则溃于上，上游固守则溃于下”。黄河成了地上悬河，一到汛期，洪水猛涨，顾得了上游，顾不了下游；顾得了左岸，顾不了右岸。

铜瓦厢决口之初，清政府并没有放弃堵口，也没有料到黄河会由此改道。但实际情况比清政府的估计要严重得多。八月十九日，东河河道总督李钧派人在决口处做了一次实地勘查，测得决口东西坝相距实有一百七八十丈之宽。这么大的决口要想筑堵成功，实在是一项巨大的工程，需用工几万至十几万，用银几百万至上千万两。而这时对清政府来说是一个生死攸关的年份，太平天国不仅在南京建立了政权，控制了长江流域的大片地区，而且北伐军一度打到北京附近，清政府面临被推翻的危险。在这种严峻的形势下，清政府自然会把农民起义当作心腹大患，必欲除之而后快，对黄河的泛滥则只能“深堪悯恻”而已。

在黄河改道后的30余年中，清廷在堵复黄河决口，使之回复故道，还是顺应决口后的形势，改道从山东入海的问题上，一直争论不休，长期拿不定治理方案，使灾情更为严重。

咸丰十一年（1861），侍郎沈兆霖建议让黄河改道，由大清河入海，“宜乘此时顺水之性，听其由大清河入海”，如此则“河庆顺轨，民乐力田，缺额之地丁可复，历年之赈济可停，就此裁去南河总督及厅员，可省岁帑数十万，而归德、徐、淮一带地几千里，均可变为沃壤，逐渐播种升科，似亦一举而兼数善者矣”。清廷就此令直隶总督恒福、山东巡抚文煜、河南巡抚庆廉、东河总督黄赞汤勘议。但终咸丰一朝，清政府对黄河的治理并没有明确的方案，决口后的黄河处于一种“无防无治”的状况。

同治以后，随着国内农民起义的平息和中外“和好”局面的出现，治黄才被提上日程。清廷令直隶总督曾国藩、湖广总督李瀚章、两江总督马新贻、漕运总督张之万、东河总督苏廷魁，及江苏、河南、山东、安徽各巡抚妥议具体方案。随后，以上九人联合上奏，以费用过多、兴工太难、数万民工难以驾驭为由反对黄河复归故道，“唯有赶堵荥工，为保全豫、皖、淮扬下游之计”。清廷采纳了这一建议，荥泽决口合龙后，黄河仍由铜瓦厢决口流向山东。

同治十年（1871），黄河又从山东郓城侯家林溃决，黄水直趋东南。两年后，李鸿章上了一个很长的奏折，就堵决口、浚故道的难度，黄河北行对漕运的影响等诸方面，阐明了自己的观点，极力反对黄河复归故道。李鸿章的这份奏折，基本上确立了清政府的治河方案。光绪十三年（1887），黄河在郑州大溃决，夺溜由贾鲁河入淮，直注洪泽湖。于是主张复归故道的建议又重新提起。

钦派督办郑州河工的礼部尚书李鸿藻、河道总督李鹤年也持这种主张。但户部尚书翁同龢、工部尚书潘祖荫、两江总督曾国荃则极力反对。翁、潘在奏折中罗列了黄河南流有二大患五可虑，表示“现在水势断不能入黄河故道”。光绪十四年（1888），清廷在权衡轻重后确定黄河改道。至此，从咸丰五年铜瓦厢决口起，延续30多年的复道与改道之争才告平息。

晚清时期不治理黄河，既是嘉道以来国运衰落的表现，又反过来进一步加速了国运的衰落，国运与河运之间陷入了恶性循环，最终导致清政府在河难与民怨中一步步走向灭亡。

中国第一个不平等条约

《南京条约》为中国近代历史上第一个不平等条约，其与作为附约的《中英五口通商章程》和《五口通商附粘善后条款》（即《虎门条约》），产生重大历史影响，是英国侵略者通过炮舰强加于中国人民的枷锁。

第一次鸦片战争以清政府的战败求和而告终。在英国侵略者的强迫下，1842年8月29日，道光帝派耆英和伊里布等赶到南京，在停泊于南京下关的一艘英国军舰上与英国签订了《南京条约》。1843年7月和8月，清政府又先后订立了中英《五口通商章程》和《五口通商附粘善后条款》（又称《虎门条约》），作为对《南京条约》的补充。通过这一系列条约，英国从中国攫取了许多特权，主要包括：

第一，割让香港。香港从此沦为英国的殖民地，成为英国对华侵略的重要基地。从马戛尔尼要求占有中国沿海一小岛或港口，到《南京条约》割让香港，英国人的意图是非常明确的。这和印度的情况不同，印度比较简单，英国战胜唯一的竞争对手法国后，就占有全印度了。而中国的情况较为复杂，竞争者较多，英国不可能战胜所有的竞争者独占中国。但是，不能否认的是，英国占领香港是它侵占中国内地的第一步。以后的事实也证明了这一点。令人遗憾的是，当时的统治者并没有意识到这种危害。英国人当初提到香港的时候，道光帝都还不知道香港在哪里。更不可能认识到香港在日后所显示出来的巨大的商业价值和军事价值。作为堂堂大国的君主，连自己的国土都不清楚，又谈何保护呢？

第二，中国付给英国巨额赔款。中国赔偿鸦片烟价六百万两、商费三百万两、兵费一千二百万两，共二千一百万两白银，这还不包括广州的赎城费六百万以及英国侵略者四处抢掠勒索的银两。这笔巨款，相当于清政府全年财政收入的三分之一。要求分四年偿清，未付清前，英军继续占领舟山群岛和厦门鼓浪屿。这种贪婪无耻的掠夺，无疑加重了中国人民的负担。销毁的鸦片再赔款，等于默认鸦片可以继续走私。

第三，五口通商。规定中国开放广州、厦门、福州、宁波、上海五地为通商口岸，英国在此可以派驻领事等。英人可以自由通商，并可在通商口岸租赁土地房屋，永久居住，这为以后西方殖民者在华建立租界立下口实。从此，中国东南沿海门户洞开。

第四，协定关税。条约规定居住五口的英商缴纳进出口货税"均宜秉公议定则例"，中国若想增减海关税率，必须预先征得英国的同意，后来的条约又将中国海关税率大幅度压低，减少到百分之五到百分之六左右。这项原则的确定，开了协定关税的先例，破坏了中国的关税自主权，大大削弱了中国对民族经济的保护，有利于西方资本主义在中国倾销商品、掠夺原料。

第五，领事裁判权。《五口通商章程》规定，中国人若与英国人打官司，如何定英国人的罪，须由英国议定章程法律，再发给领事馆照办，中国官员无权据中国的法律进行判决。这严重侵犯了中国的司法主权。

第六，片面最惠国待遇。《虎门条约》规定，如果中国以后有什么新的好处或方便给其他国家，也必须准英国"一体均沾"，"以示平允"。这一条被后来的侵略者广泛利用，只要一国与中国签订了不平等条约，其他国家都可分享其中特权，各国在侵华过程中结成了伙伴关系，已对中国造成了极严重的伤害。

《南京条约》签订之后，美国和法国接踵而至，强迫清政府分别与之签订了《望厦条约》和《黄埔条约》，不仅攫取了英国在《南京条约》中的一切特权，

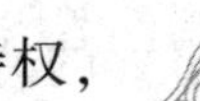

还获得了更多的特权。

1843 年，美国首先派特使顾顿来华，采取种种恐吓手段，要求订立中美条约。1844 年 7 月，耆英与顾顿在澳门附近的望厦村签订了《望厦条约》。在这个条约中，除了割地、赔款外，几乎包括了与英国所订条约的一切内容。此外，中美条约中还新增了如下的侵略特权：

第一，扩大了领事裁判权的范围。条约规定美国人与中国人之间的一切刑事案件和民事案件，以及美国人与其他外国人在中国发生的一切诉讼，中国官员均不得过问，只能由美国的领事馆处理。

第二，进一步明确了协定关税。条约规定："倘中国日后欲将税例更变，须与合众国领事等官议允。"

第三，规定美国兵船可至中国各港口"巡查贸易"；美国人可在通商口岸建立教堂、医院。

《望厦条约》将中英《南京条约》中的各项侵略权益更具体地明确下来，它成为其他资本主义国家订立不平等条约的范本。

《望厦条约》签字后不久，法国也派专使拉萼尼来中国进行讹诈。1844 年 10 月 24 日，双方在停泊于黄浦江的一艘法国兵船上签订了《黄埔条约》。法国也获取了中英、中美条约中规定的全部特权。在《黄埔条约》中，法国人特意增加了一条："倘有中国人将法兰西礼拜堂、坟地触犯毁坏，地方官照例严拘重惩。"这是法国迫使清政府放弃对天主教禁令所走的第一步。此后，传教成了外国侵略势力渗入中国内地进行政治、经济、文化侵略的一个重要武器。

《望厦条约》和《黄埔条约》签订后，西方另一些国家也步其后尘，比利时、瑞典、挪威等国陆续取得五口通商的特权。葡萄牙侵略者还趁机篡夺了中国对澳门的管辖权。

鸦片战争期间，沙皇俄国利用时机加紧在我国东北和西北地区进行侵略活动和领土扩张，相继侵占了黑龙江下游的大片土地。1851 年 8 月 6 日，沙俄强迫清政府签订了《伊犁塔尔巴哈台通商章程》，获得在伊犁、塔城免税倾销商品的特权，同时享有领事裁判权。这个条约为沙俄攫取了重大的经济特权，它同

《南京条约》《虎门条约》《望厦条约》一起成为鸦片战争后中国被迫签订的第一批不平等条约。

1840年的鸦片战争及战后一系列不平等条约的签订，使中国的社会性质开始发生根本性的变化。

鸦片战争前，中国在政治上是一个独立自主的国家。鸦片战争之后，香港的割让，以及因外国人在通商口岸租地建屋而逐渐发展而成的租界制，破坏了中国的领土主权；协定关税、外国人在通商口岸的自由通商活动，使中国的海关自主权及贸易主权受到侵犯；领事裁判权扩大了治外法权，破坏了中国的司法主权。中国成为主权不再完整的半殖民地国家。鸦片战争前，中国在经济上是农业与手工业相结合的自给自足的封建经济结构。鸦片战争之后，外国资本主义的侵入，中国逐渐成为西方资本主义国家的商品市场和原料供给地，这破坏了中国自给自足自然经济的基础，破坏了城市的手工业和农民的家庭手工业，使中国日益成为世界资本主义附庸。

鸦片战争前，中国社会的主要矛盾是农民和地主阶级的矛盾。鸦片战争之后，帝国主义同中华民族的矛盾、封建主义同人民大众的矛盾成为中国社会的两大主要矛盾。

鸦片战争成为中国由封建社会逐渐沦为半殖民地半封建社会的起点，成为中国近代史的开端。

而在这个重要的转折关头，执掌中国命脉的是道光皇帝，对于第一次鸦片战争中中国的失败，以及随后而来的一系列不平等条约相继签订，道光帝应负不可推卸的责任。

澳门被掳

澳门自古就是中国领土，早在5000多年前，中华民族的祖先就在这里繁衍生息。公元前3世纪，秦始皇统一中国，实行郡县制，澳门归南海郡番禺县管理。此后，在汉、晋、隋、唐各朝，澳门或归东官郡，或属南海县，或隶东莞县。1152年，南宋在滨海之地建香山县，澳门划入香山县境。元末明初，澳门已有长期定居的汉族居民，明清时期，澳门仍属香山县（今中山市）管辖。

1553年，葡萄牙人以曝晒海浸货物为由，贿赂广东海道副使汪柏，葡萄牙人得以在澳门上岸居留。后来，每年地方官员收受葡萄牙人五百两白银成为定数，不久，葡萄牙人通过暗中帮助广东地方官员镇压潮州柘林兵变，而被获准在澳门筑室定居，澳门于是出现了葡萄牙人居住的村庄，并逐渐成为葡萄牙人在华的集中居留地。

1572年起，广东地方官员把葡萄牙人每年行贿银五百两，外加一定数量的"火耗银"一起上交国库。葡萄牙人的地租由香山县代征。葡萄牙人向中国政府交纳地租，表明他们承认澳门是中国领土。中国政府收受他们的地租，而且将这笔地租记入当时的《广东赋役全书》，显示出中国对澳门拥有无可争议的国家主权。

葡萄牙人在澳门久居以后，逐步建立起一套自治制度，管理其在澳门的内部事务。但这种自治管理是在中国政府对澳门管辖的前提之下进行的。澳门完全是中国领土，明代属香山县管辖，香山县有常驻官员派驻澳门。

澳门还有很多名称，如：香山澳、濠镜澳、濠江、镜海、濠海、莲岛、马交（MaCao），等等。在16世纪中叶，明政府允许葡萄牙人在此租住的时候，"澳门"这个名字还没有出现。因澳有南台、北台二山，相对如门，后得名澳门。明朝成化年间（1465—1487），闽粤两地人民即在此段建有阿妈神庙，所以，初来的葡萄牙人便把澳门称为妈港。

1644年，明朝灭亡后，清王朝仍继承明朝旧制，坚持对澳门行使完全的主权和治权。对澳门的管制在一定程度上还有所加强。雍正九年，清政府由相当于副县长的香山县丞专责管理澳门事务。乾隆八年，增设比县丞级别所更高的广州府海防军务同知一职，专责澳门事务。首任海防同知印光任制定了七条澳门葡萄牙人和外船进出澳门港口必须遵守的规定。在司法和关税等方面也相应加强了管理。

第一次鸦片战争后，葡萄牙趁机追随西方列强，利用清王朝的软弱无能，试图摆脱中国政府对澳门的管制。

1843 年，澳门葡萄牙当局与耆英开始谈判澳门的地位问题，葡萄牙希望能得到香港所享有的那种完全的自由。葡萄牙要求免纳年租，但被拒绝；但是对于修建房屋须申请牌照和缴纳规费的办法，朝廷恩准予以照办，葡萄牙当局又得寸进尺，进而提出国家平等的要求，清王朝表示在一定的限度内予以照办，但不准其进一步接近中国地方官和省级官吏。澳门在事实上已取得了一个类似通商口岸的地位，而且中国政府所控制的财政和司法权并没有从根本上触动。

香港被割让给英国以后，香港连同它的自由港政策，显然是在贸易上极大地威胁着澳门，并分流了澳门的商业利润。于是，葡萄牙政府决定要将澳门作为一个自由港。1749 年 3 月 5 日，澳门葡萄牙官员亚马勒发布一道告示，声明清朝地方政府在澳门不得征收任何关税，并下令封闭粤海关在澳门的办事处。

3 月 8 日，亚马勒以同样的意思致函两广总督徐广缙，并建议签订一项澳门与中国口岸的通商协定。在此形势下，中国海关撤离澳门而改设于黄埔。于是，中国商人也偕同眷属和职工由澳门迁到黄埔，致使澳门街道荒凉，港口空无一船。为此，亚马勒在四月二十五日布告澳门及其附近四乡的中国居民说：如无许可而擅离澳门，其财产将“作为放弃论，立即由政府接受。”这一办法并不能阻止有钱人的离去，反而激起当地居民和地主的愤慨，于是便发生了亚马勒被杀事件。

1849 年 8 月 22 日，当亚马勒骑马行到界栅的时候，遭到八名当地中国人的袭击而致死，“身体被砍成许多段，头和仅有的那只手都被砍下来带走了。”澳门葡萄牙当局立即向中国政府提出交涉，要求归还亚马勒的人头，但没有得到中国方面的答复。

25 日，澳门葡萄牙当局派出一支一百二十人的军队，占领了界栅和防守该处的中国军队的炮台。二十四日，英国香港总督文翰派遣英国军舰两艘驶往澳门以示支持；文翰还会同美国、法国专使就此次事件向两广总督提出严重的抗议。尽管如此，亚马勒的头和手还是在第二年 1 月中旬才与他的尸体一同入殓。

尽管中国政府不承认葡萄牙占有澳门，但葡萄牙占澳门已成事实。不容改变的是，即使1887年将澳门“永租”给葡萄牙的《中葡和好通商条约》，也规定未经中国政府首肯，葡萄牙不得将澳门让与他国。澳门主权仍然属于中国。从此，澳门历经百年耻辱，直到1999年12月20日，中国对澳门恢复行使主权。澳门历史从此迈入新的历史里程，社会发展日趋稳定，经济蒸蒸日上。

华工血泪

中国人移居国外，可追溯到2000多年以前的古代。据说，周武王灭商后，箕子拒不降周，带着他的封国的民众徙居朝鲜，至今在平壤郊外还有箕子陵、箕子井田等古迹。公元前333年，楚威王兴兵伐越，一些越人逃到了越南。《史记》记载，秦始皇为求不死之药，派遣徐福带领数千人入海东渡求仙人仙药，据传这些人漂洋过海到了日本，现在日本还有徐福墓、徐福村。汉朝，航海技术有了新的突破，开辟了中国到南洋和印度洋的航路，不少中国商人到了东南亚、南亚地区，有些商人留居当地经商。

唐代是中国封建社会的鼎盛时期，中外交流十分发达，日本、朝鲜、东南亚、南亚、西亚等地区的人纷纷来到大唐帝国。同时，也有许多唐朝人或东迁朝鲜、日本，或沿丝绸之路到西亚一带，或南下到了东南亚诸国。从唐代开始，侨居国外的中国人被称为“唐人”，中国人在海外聚居的地方叫“唐人街”，并沿袭至今。

宋代，中国的经济重心南移，商品经济发展，航海和造船技术提高，朝廷鼓励商人出海经商，使得南部中国人出海贸易成为一种时尚。中国的商船频频往来于南中国印度洋、波斯湾等地。明朝初年，郑和下西洋促使了向东南亚移民的迅速发展。16世纪后期，明朝政府废除了海禁政策，刺激了私人海外贸易的蓬勃发展，也成为时人移居海外的强大动力。西方殖民者的势力在此时也扩展到了东南亚一带，中国人作为中间商人和开发当地的劳动力受到欢迎。明末清初，一批明朝将士逃亡到周边国家。到鸦片战争爆发前夕，中国人移居海外约在一百万人以上。

大约在15世纪中叶到19世纪下半期，非洲历史上出现了一次骇人听闻的大灾难，这就是被马克思称为“贩卖人类血肉”的奴隶贸易。15世纪初，西方殖民者纷纷进行海外殖民扩张。随着殖民扩张的发展，开始出现了掠夺黑人作为奴隶的交易活动。到15世纪中叶，随着美洲被发现，种植园的创建，金银矿的开发，罪恶的奴隶贸易愈演愈烈。

最早掠卖黑人奴隶的是西班牙人和葡萄牙人。16世纪下半叶，荷兰、丹麦、法国、英国等国殖民者相继加入这项血腥的贸易中。18世纪初叶，英国取得奴隶贸易垄断权，利物浦成为奴隶中心市场。从1660年到1786年，仅利物浦这一个港口，就转运了三十万黑人奴隶。19世纪前半叶，美国殖民者也大肆从非洲劫掠黑人奴隶，高价卖给美国的矿主和种植园主做奴隶，牟取了巨额暴利。西方殖民者把黑人作为商品转卖到西印度群岛和南、北美洲的种植园里，也有的黑人奴隶被运到阿拉伯国家和亚洲其他国家。

400年的奴隶贸易，两亿多非洲黑人惨遭劫难。他们有的在捕捉时被杀害，有的在贩运的路上被折磨致死，幸存下来的则被作为活的商品，多数被卖到美洲种植园，过着牛马不如的生活。

到19世纪中后期，兴盛了几个世纪的黑奴贸易不得不有所收敛，直到被禁止。然而，随着西方资本主义工业化进程的加快，促使了他们加紧对殖民地的原料掠夺和商品倾销。东南亚、北美、澳洲、南非、南美等地需要大量的劳动力，吃苦耐劳、工资低廉的华工成为他们掠夺的理想对象。从此，西方殖民者将寻找新的劳动力的目光投向了拥有数亿计人口的中国。

早在鸦片战争以前，西方殖民者就诱拐华工出国，“令开山种树，或做粗重活计”。战后情况日益严重。1845—1846年间，仅法国人就从厦门掳掠了近四百名华工，卖往非洲马达加斯加以东的法国殖民地布尔邦岛。与此同时，英国、美国、西班牙、葡萄牙等国的人口贩子，也在我国的厦门、汕头、南澳、广州等处，采取诱骗、胁迫、绑架等卑鄙的手段，掳掠中国“猪仔”出口。

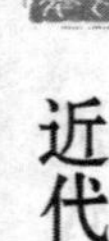

清人张心泰在1847年所著的《粤游小记》中这样写道："东省有诱拐愚民而贩卖出洋者谓之卖猪仔"，这是已知的最早记载贩卖猪仔的文献。为什么把人称为"猪仔"呢？目前大约有几种说法：一说是诱拘华工的所谓"客馆"围以木栅栏，一切不得自由，就像养猪仔一样；一说是出洋华工，驱迫装船，拥塞不堪，如装猪彘；一说是被骗、被劫华工，蠢笨如猪仔等。这里既有血泪的事实，而更多的是吃人者对牺牲品的侮辱。"猪仔"已经成为那个非人时代的专有名词，永远标志着中国人民的苦难和耻辱。

把"猪仔"贩卖到海外为奴隶做苦工，洋人称之为"苦力"，而贩卖"猪仔"的罪恶过程，被称之为"苦力贸易"。据统计，把一名猪仔贩卖至南洋的成本大约是40元（包括安家费10元、介绍费3—14元、运输费10元、抵达新加坡集中"猪仔馆"费用10元），而最后的卖价却是在100元左右，利润率在百分之一百以上；如果运到古巴，据1866年统计，成本费用是190元，包括装船前费用70元、租船费用60元、佣金利息、保险、死亡损失等六十元，在古巴拍卖时，每"头"却达400—500元，利润率高达百分之一百二十以上。

英国占领下的香港和葡萄牙租借的澳门是两个最大的苦力出口港口。1857年，香港政府颁布了《贩运工人出洋牌照条例》，规定只要交纳一笔税款，就可以在香港合法从事"苦力贸易"。英国的殖民部曾有训令："应设立专人尽一切努力使香港成为所有从中国出洋前往西印度的移民出发地点。"英国人甚至在广州设立移民局，招募华工。澳门的"招工馆"，也叫"猪仔馆"，1865年大约是8至10家，到1873年增至约300家。

中国第一个留美毕业生容闳1865年归国途经澳门时，这样描述道："无数华工以辫相连，结成一串，迁往囚室，其一种奴隶牛马之惨状，及今思之，犹为酸鼻。"华工被贩运出国前，被剥得一丝不挂，并按各人预定输送地点，在胸前烙上C（加利福尼亚）、P（秘鲁）、S（夏威夷）等字样，若有人反抗，就会遭到鞭笞吊打。装载华工的船，成为名副其实的"浮动地狱"。这种非人的待遇，使华工在航行途中死亡率高达百分之四十五，最低也有百分之十四。侥幸活着到了国外的华工，与奴隶相差无几，他们在国外长期过着暗无天日的生活，

得生还祖国者只是少数。

在"浮动地狱"上，华工们为摆脱悲惨的命运，经常奋起反抗。1852 年 3 月 21 日，英国商船私运华工 475 人自厦门赴旧金山。这些不肯卖身为奴的华工，于 4 月初发生暴动，杀死英籍船主，在琉球八重山岛登岸逃亡。五月初，英船到琉球八重山岛捕拿华工 80 人。次年 11 月，琉球将遇难华工 175 名送回中国福建，其余皆病死或自缢。

1852 年到 1861 年，华工先后在十七艘贩奴船上暴动。美国的白鹰号行抵马尼拉以东海面，500 名华工奋起暴动，不幸楼梯被殖民者堵上了，殖民者用枪疯狂扫射华工，子弹射出的火焰烧着了华工尸体的布衣，华工们死生相继，拼命保住火种，使其燃烧扩大，与敌人同归于尽。白鹰号终于在烈火中沉入海底。

掠卖华工，实际上就是奴隶贸易，是西方殖民者侵略中国的产物，也是贩卖非洲黑人奴隶的继续。1801 年到 1850 年，出国华工约有 32 万人，1851 年到 1875 年，则增加到 128 万人。其中贩往南北美洲和西印度群岛的约有 50 万人，前往东南亚的约有 65 万人，他们为开发西半球和东南亚等地做出了贡献。他们也是今天许多华侨和外籍华人的祖先。

"华人与狗，不得入内"的背后

上海成了对外通商口岸是在《南京条约》签订以后。因为上海是南北海上航运的枢纽，又是富饶的长江三角洲的门户。它不仅水陆交通便利，而且流经市区的黄浦江风浪很小，海岸线长，航道深，很适宜建筑码头。外国殖民主义者早就渴望着占据这个理想之地了。

现在，他们的贪心实现了，可并不满足，又得寸进尺，打算在上海建立外国人居留区。《南京条约》签订后的第二年，英国驻上海领事巴富尔海军上校就向上海道台宫慕久索取一块土地，以供他们永久居住和活动。宫慕久起初拖延着不敢答应，巴富尔便威胁："如果不划给我们专用区域，今后中国人和外国人发生纠纷，你要负全部责任！”宫慕久吓晕了头，答应了巴富尔的无理要求，和英国领事议定了《上海土地章程》二十三款，把洋泾浜（今延安东路）以北，李家场（今北京东路）以南，黄浦江以西，路边（今河南路）以东的约830亩土地作为英国人的永租“居留地”（后来，租界又向北扩大到苏州河边，面积为2820亩）。这就是上海英租界的由来。

这个章程还规定英国人可以无限期地租用下去，也可以随时退租，中国方面却不能中止出租，又规定中国人之间不能租让租界内的土地，也不能建造房屋租给中国商人。后来，连租界的管理权和司法权都由外国人掌握，中国政府不能干涉了。

英国首开先例，其他列强自然也不甘落后。法国驻上海领事仿照英国人的先例，取得了东起城河浜，南到打铁浜，西至关帝庙，北到北长浜的大片地区为法租界。

美国早在1848年就开始在苏州河以北地区擅自广置土地，建造房屋，企图把这一带划为美国租界。由于已造成的这种既成事实，1863年6月，终于迫使上海道员将该处7856亩的辽阔土地划为美国的租界，面积比英租界还大。

从此，上海城附近水陆交通最便利，地理位置最重要的苏州河两岸等地区，成了外国的租界地。在租界地里，侵略者肆无忌惮地贩卖鸦片，推销剩余产品和掠夺工业原料，还在各种外衣的掩护下，干尽了伤天害理的罪恶勾当。这种国中之“国”的现象说明了“租界”实际上是外国列强的殖民地。“浮动地狱”“外白渡桥”“外滩公园”和“公济医院”的故事，深深印在了上海人民的记忆中。

当时，一些外国流氓在黄浦江岸的百老汇路（今东大名路）开了一个酒店，卖走私进来的外国酒，还用娼妓和舞女来招引顾客。一些不明真相的中国青年被诱骗到那里去喝酒跳舞，老板和舞女就用烈性酒或药酒把他们灌醉，然后叫人绑起来抬到停在黄浦江边的船里。原来，这些人都是些人口贩子，他们把拐骗来的人都运到美洲各国去贩卖。

有时候，人口贩子还勾结地痞流氓明目张胆地在黄浦江边一带捕捉孤单行人，装在麻袋里扔到船上运走。被绑、被抓的人运出海口以后，人口贩子还要强迫他们立一张卖身契，表明是“自愿”到外国去做工，是“华工”。每个华工胸前被他们烙上火印，标明要运到什么地方去。为了防止华工逃跑和反抗，装着华工的底舱门上钉上了铁条，禁止华工随意出入。谁要稍有不满，就被当场活活打死，或者吊在桅杆上用枪射击。有些人熬不住饥渴和虐待，在途中生了病，竟被活活扔到大海里。

当时人们气愤地把贩卖华工的船只叫作“浮动地狱”。这“浮动地狱”的后台老板，就是驻在上海租界里的外国领事和传教士。

有一年，上海市民听说一艘名叫“吉尔楚得”号的轮船上装了一批被抢走的中国人，其中四十多人因为忍受不了虐待投水而死。大家便急着去寻找失踪的人。在法国领事的住宅和外国教堂里，他们找到了一批被抓住还没有来得及运走的人。这些人已经被人口贩子灌了药，折磨得声音嘶哑了。大家救出了自己的同胞，并且让他们指认人口贩子。一天，他们在跑马厅（今南京东路、河南中路口）认出两个英国人口贩子，当场向群众揭发他们的罪行。群众一拥而上，要他们交出被抢走的人。人口贩子不仅不认账，还诬蔑群众要拦路抢劫。窃据了中国海关总税务司职位的英国人李泰国出面干涉，说这两个人口贩子是“友邦客人”，反把群众说成是“刁民”和“无赖”，要送给清朝官府惩办。群众知道和侵略强盗是没法讲理的，在忍无可忍的情况下，齐声喊打，当场打死了一个，打伤了一个，把李泰国也狠狠地揍了一顿。

在苏州河和黄浦江汇合处，有一座外白渡桥。白渡，就是过桥不花钱的意思。为什么叫这个名呢？这也和上海租界有关系。

早先，苏州河靠近黄浦江的一段没有桥，只有几处渡口摆渡，分别叫“头摆渡”“二摆渡”“外摆渡”。后来有一个名叫韦尔斯的英国人纠集一伙人，建了一座木桥。因为桥是建在原来的外摆渡旁边，上海人就叫外摆渡桥。桥建成以后，韦尔斯以“偿还造桥费”为名，要每个中国人先交“过桥税”才能过桥。“过桥税”收了好多年，早就超过造桥的费用了。韦尔斯不但不免税，还要加倍收税。上海人民向英美等国在租界里设立的工部局和英国领事馆提出抗议说：

"造桥费究竟有多少，怎么收税没个完？既要收税就应该都收，为什么你们外国人过桥不收税，单收中国人的？桥建在中国的土地上，要收税也应由中国官府收，怎么老是由你们外国人收呢！"工部局和领事馆自然无法回答，只是用谎话搪塞一番。

上海市民为了不受外国人的敲诈，就自己集资打造了几只渡船，义务接送过往行人。外摆渡桥立刻冷落下来。后来，工部局在群众的要求下，被迫在外摆渡桥旁边另造了一座新桥。这座桥不收过桥税，上海人民就叫它"外白渡桥"。

外白渡桥旁边，有个外滩公园（今黄浦公园）。公园的地皮是中国官地，不属于租界范围。可外国侵略者见它和租界连在一起，就霸占了这块地皮，开辟成为一个公园。公园建成以后，工部局还派人到门口把守，不许中国人入园游玩。因为外国人爱养狗，也有带着狗来逛公园的。公园管理人就在门口立了一块大木牌，牌上同时用英文和中文写着"华人与狗，不得入内"。这是对中国人民的极大侮辱，激起了上海市民的强烈不满。人们愤怒地向工部局提出抗议，要求拆除木牌，公园对中国人开放。同时，报纸上又发表文章，抨击外国侵略者。侵略者害怕事态扩大，对自己不利，就答应在外白渡桥西面另建一个"华人公园"。但这个公园面积很小，只有几棵树和几张椅子，很少有人去。

外国侵略者一面公开侮辱和欺压中国人，另一面却以办慈善事业为名，干着残害中国人民的罪恶勾当。有一伙传教士在外滩办了一所"公济医院"，又凭借特权，赶走了医院周围的居民，强行拆毁民房。医院专给外国人和为他们服务的洋奴们治病，而把普通中国人拒之门外。有个外国人头上生了瘌痢，医生要给他做头皮移植手术。医院没有头皮，他们竟派人到马路上抓了一个乞丐，把他的头皮剥下，贴在外国人头上，然后，把这个鲜血淋淋的乞丐赶出了医院。

在徐家汇附近，还有一所外国传教士办的孤儿院。他们在"慈善救济"的幌子下，诱骗一些孤儿入院，实际上把他们当成了最廉价的劳动力。孤儿们吃的是糠秕、麦皮、霉米和臭咸菜。饭里虫子很多，孩子们难以下咽，这伙"慈善家"们竟说："虫子是吃粮食的，吃虫子最有营养了。"

孤儿们吃不饱，穿不暖，每天都要干10至12小时的重活，干得稍慢一点，就要遭受毒打。有很多孤儿受不了摧残，生了重病。当他们还在挣扎呻吟的时候，就被抬出去活埋了。

"租界"是旧中国的一个怪现象。侵略者利用租界的特权干尽了坏事。然而，腐败的清朝政府不但不为人民撑腰，还和侵略者勾结起来压迫人民，这就不能不激起人民的强烈反抗。

林则徐被贬与王鼎"尸谏"

第一次鸦片战争失败后，清政府与英国签订了《中英南京条约》，这是中国近代史上对外签订的第一个不平等条约，丧权辱国，令人愤恨！可惜，这一次的挨打并未给大清敲响警钟，更没有警醒后来的统治者，于是在1856年，咸丰年间，再度爆发了第二次鸦片战争，这一回，直接酿成了英法联军火烧圆明园的惨剧！但是，第一次鸦片战争的惨败，却唤起了一代知识分子的觉醒，刺激了他们了解世界的欲望。战争失败后不久，中国便出现了一股研究世界历史、地理的高潮，涌现出《四洲志》《海国图志》《瀛环志略》等世界历史地理名著。正是这些书，向中国人展现了一个全新的陌生的世界。

《四洲志》的作者林则徐是近代中国历史上开眼看世界的第一人。在来广东主持禁烟运动之前，林则徐也和当时一般的封建官僚一样，对世界没有什么了解和认识，认为英国并不怎么强大，英国人是野蛮而又不开化的民族，每天吃的都是肉类食品，需要用中国的茶叶来助消化，如果中国不卖给英国人茶叶，那么英国人便无法正常地生活。这种错误的认识，说明当时林则徐的世界知识也十分有限。

但林则徐与清朝那些老朽官员不同的地方是，他没有停留在这个肤浅的认识水平上。在广州组织禁烟和抗英斗争的过程中，他与西方人有了直接的接触，逐渐认识到自己对西方资本主义国家的情况，知道得太少了。只有了解西方，

认识西方，才能有效地抵抗殖民者的侵略，保卫海疆。于是，林则徐开始主动放下钦差大臣的架子，放眼看世界，大胆地学习外国新事物。

为了尽可能多地了解英国，林则徐聘请了四位精通英文的翻译，大量翻译外国书报。这四位英文译员的名字分别叫亚孟、袁德辉、亚林、梁进德。其中，袁德辉和梁进德都是华侨，对汉语和英语都非常精通。他们在林则徐的组织下，把英国人主办的《广州周报》上发表的与中国问题有关的部分翻译、编辑在一起，借此初步了解到英国政府对华政策的变化，及时向北京传递，呈送给道光帝阅读。

1839 年 7 月 7 日，一群英国水手在九龙尖沙咀行凶，殴打当地居民，其中一位名叫林维喜的村民受重伤在次日死亡。案发后，林则徐立即以钦差大臣的身份，严令英国商务监督义律交出凶手，狡猾的义律借口凶手应按照英国法律惩办，企图蒙混过关。林则徐针锋相对，立即命令袁德辉和当时在广州开设眼科医院的美国传教士伯驾，一道翻译瑞士人滑达尔写的《万国公法》的部分内容，据此掌握资本主义国家通行的法律条文，以便在与英国人的交涉谈判中，有据可依，掌握主动权。

1839 年秋，在广州两广总督衙门，美国传教士勃朗牧师向林则徐赠送了一批装帧精美的英文图书，其中有一部是由英国作家慕瑞写的《世界地理大全》。这是一本在当时内容最全面、形式最新颖的世界地理图书。鉴于当时中国人的世界地理知识极为贫乏，林则徐命梁进德把这部书译成中文，把书中记述的三十多个国家和地区的历史地理概况介绍给中国人。后来，林则徐的好友魏源就是在《四洲志》的基础上，扩大补充而成《海国图志》，成为鸦片战争后中国人自己著述的第一部世界史地著作。

组织译员翻译外国书报，成为林则徐向国人介绍世界知识的主要途径。为了了解西方各国的真实情况，林则徐还经常访问外国人。1839 年 10 月 12 日，英国一艘船只在海南岛文昌市附近遇难沉毁，船上 17 人淹死，15 人脱险生还。林则徐得到消息，急忙命令地方官员把他们护送到广州。他还在广州亲自接见了这批幸存者。

其中一名叫喜尔的医生，曾经这样回忆当时的情景：林则徐面容和蔼可亲，双目炯炯有神，声音清楚洪亮。幸存的船员见到林则徐都毕恭毕敬地脱帽行礼，林则徐也以茶点热情地款待他们，林则徐还认真地向他们询问：你们什么时候离开英国的？从英国到中国需要多长时间才能到达？途中停靠过哪些港口？土耳其是不是英国的一部分？等等。

在鸦片战争以前，清朝以“天朝上国”自居，从上到下闭目塞听，把周边各国一律看作是野蛮的不开化的蛮夷之邦。广州更有明确规定，朝廷官员不得与外国人直接见面打交道。林则徐亲自会见遇难外国船员了解西方情况，在那些愚昧顽腐的清朝官吏看来简直是不可想象，林则徐此举，冲击了闭关自守的官场陋习，成为放眼看世界的第一人。

林则徐是一个以济世匡时为己任的正直官员。在京官时期，他曾参加宣南诗社，与魏源、龚自珍等文学家结成至交，深受他们的影响。任职地方以后，在与西方的交往中，他认识到西方的科技文化，特别是武器装备的先进性，他从国外购买了先进的武器装备沿海炮台和水师战船。虎门销烟使林则徐成为中国历史上当之无愧的民族英雄。

可是，这位中国最早的放眼世界的开明官员，并没有完成他济世匡时的夙愿。

林则徐于广州整顿海防的措施，在鸦片战争中起到了明显的效果。由于广州防守严密，英军见无隙可乘，只好向北方进犯，骚扰闽浙，直闯白河口。然而清廷的腐败和道光帝的昏庸，使以琦善为首的投降派在朝中占了上风。1840年10月，惊慌失措的道光皇帝以“办理不善”为名，革了林则徐的职，令其留在广州听候查问。

1841年5月，林则徐授命以四品卿衔赴浙江镇海协防。七月，再遭贬斥，被罚遣新疆伊犁，在西行途中，他曾奉命襄助军机大臣王鼎去开封府办理黄河堵口工程。

林则徐到达河南开封后，力排众议，支持王鼎保卫开封的正确主张。道光帝批准了他们的方案后，王鼎、林则徐调动各方力量，加固城墙，力堵进水，终于保住了危城。

水退之后，林则徐又协助王鼎筹办填口工程。他以戴罪之身，身先士卒，朝夕住在坝上，每天都要熬到半夜以后才能入睡。经过半年的努力，到1842年3月，终于使黄河归道，决口合拢，止住了水患。

但是令人没有想到的是，水患刚刚治好，道光帝的圣旨就到了，仍要林则徐到新疆伊犁去。林则徐与王鼎挥泪告别，带病踏上了去新疆的千里征途。

王鼎回到北京后，抱病上朝，向道光帝激烈陈词，历数林则徐治河的功绩，要求对林则徐论功行赏。但朝堂上的道光帝仍相信穆彰阿一伙，虽然没有指责王鼎对穆彰阿的出言不逊，但也没有要赦免林则徐的意思，只是派人将王鼎扶送回家。

王鼎回家后，想到忠臣报国却屡遭贬斥，越想越气愤。他决定实行尸谏，以死谏道光帝，为林则徐争一个清白，为大清朝的基业做最后的努力。他连夜书写了一份上给道光的遗疏，弹劾穆彰阿欺君误国、陷害忠良的十条大罪，并沉痛地指出："条约不可轻许，恶例不可轻开。穆不可用，林不可弃。"随后，王鼎怀揣遗书，在家中悬梁自尽。

穆彰阿有一个亲信叫陈孚恩，时为军机章京，此人为人十分狡猾，第二天早朝，他见王鼎没有上朝，便马上赶到王家。在王鼎怀中，他发现了王鼎写给道光帝的遗疏。他立即把王鼎的儿子、编修王沆叫到一旁，威胁说：遗疏上的那些话，皇上是听不进去的，如果如实上奏，一旦触怒皇上，不但令尊得不到抚恤，你这辈子也别想再入仕途。

在陈孚恩的威胁恐吓下，王沆含悲忍泪，屈辱妥协，他向道光帝谎报其父王鼎"暴疾"而死。当然，还有另一种说法，说穆彰阿派人从王鼎家将遗疏骗来，换写了一篇，然后递给了道光帝。事实到底是怎样的，没有确切记载。

王鼎"尸谏"没有取得任何效果！而他以生命推荐的林则徐已经踏上不归之路。

1842年8月，正当中英《南京条约》签订前后，病后初愈的林则徐在西安踏上了去新疆的路程。行前，他留下了两首告别诗，抒发了他忠心报国、磊落

坦荡的胸怀。其中一首写道：

力微任重六神疲，再竭衰庸定不支。

苟利国家生死以，岂因祸福避趋之。

谪居正是君恩厚，养拙刚于戍卒宜。

戏与山妻谈故事，试吟断送老头皮。

1842年底，林则徐抵达伊犁惠远城，伊犁将军布彦泰十分尊重林则徐。鉴于林则徐病后不久，又经过四个月的长途跋涉，身体虚弱，便安排林则徐好好休息，调养一下身体。1843年秋天开始，林则徐协助布彦泰从事恢复已被废置的阿齐马苏垦地的工作。1845年初，他又奉命前往南疆的阿克苏、和阗一带查勘新垦土地。在那里，他游历南八城，遍行三万里。“浚水源，辟沟渠，垦田三万七千余顷，请给回民耕种。”当年底，他去哈密奉旨，以四五品京堂回京候补。此时，他去新疆正好任满三年。

1846年初，林则徐在从新疆返回内地的途中又接到圣旨，授他以三品顶戴署理陕甘总督。六月，改任陕西巡抚。但仍留驻甘肃凉州，协助布彦泰平定西宁一带的反政府武装暴动。

1847年5月，林则徐又奉调云贵总督，7月，到达昆明。在云贵总督任上，他一面整顿矿业，广开银行，以图帮助政府解决银荒；一面着手解决当地的大规模民间纠纷。次年七月，因处理“汉回互斗”有功，加封为太子太保，赐花翎。

1849年10月，经再三请求，林则徐以体弱多病辞去云贵总督的职务，告老还乡，回到福州。次年初，道光帝病逝，咸丰帝继位，欲再次起用林则徐，但“叠诏之召未至”。

1850年底，洪秀全在广西准备起义。朝廷数次宣召林则徐入京。林则徐因病重不能应命。朝廷竟强令他为钦差大臣，赶赴广西，林则徐只得抱病启程。在路过普宁县城洪阳镇时，旧病加剧，只得暂驻洪阳镇，请普宁县保和堂名医黄华诊治。黄医生切脉后，断定其病状已经极其危险，只能尽力设法挽救。他当即立下症论和方论，配合药物予以治疗。不料，侍从医官是个北方人，认为

剂量太轻，不让林则徐服药。第二天，县令再请复诊，黄医生切脉后，断定林则徐的病已入膏肓，无法救治。1850年11月19日，林则徐病死于洪阳，终年66岁。

因当时交通不便，信息不畅，清廷没有立即得到林则徐的死讯。10月20日，云贵总督程矞采致函清廷，急切盼望林则徐速往广西。24日，咸丰帝下诏罢免广西巡抚郑祖琛，以林则徐继任。同时，为抚慰林则徐第一次鸦片战争时期的创伤，特发布命令，贬斥投降派穆彰阿和耆英等。

12月初，清廷得知林则徐中途暴卒的消息，举朝震惊。12日，咸丰帝下诏，悼恤林则徐，晋赠太子太傅衔，赐祭葬，谥号"文忠"。

不拘一格降人才

鸦片战争及其失败，给中国当时的知识界以极大的震动和刺激。这一时期，朝廷中具有爱国思想的抵抗派，受到排斥和打击。鸦片战争后，面对割地、赔款、开放口岸、外国势力侵入、社会日趋衰败的惨痛现状，抵抗派中有一些人开始倾向革新，反对长久以来因循守旧、与世隔绝的旧制度。龚自珍、林则徐、魏源等便是其中的代表。

龚自珍（1792—1841），清代思想家、文学家及改良主义的先驱者。27岁中举人，38岁中进士。曾任内阁中书、宗人府主事和礼部主事等官职。主张革除弊政，抵制外国侵略，曾全力支持林则徐禁除鸦片。48岁辞官南归，次年暴卒于江苏丹阳云阳书院。

龚自珍一生写了很多诗文，至今尚存诗词500余首，政论、杂文200余篇。龚自珍的诗词气势恢宏，风格清新，《乙亥杂诗》是他的代表作。他的文章开阔纵横，自成一家，深刻表达了要求变革的思想，对晚清的思想解放和近代资产阶级改良主义思潮的出现，起了推波助澜的作用，甚至对日本的维新派也有一定的影响。

龚自珍

多年以来，龚自珍随做官的父亲往来各地，接触到社会各个阶层。封建末世的刺激和影响，使他放弃了从小接受的汉学考据、训诂的方法研究学问，而更多地转向关心社会的现实问题。他大力提倡“经世致用”之学，也就是提倡对治理当时社会政治、经济有实际应用价值的学问。在鸦片战争之前，他与林则徐、魏源等人共同倡导了抨击时弊、抗御外侮、经世致用的进步思想。

1813年，河北、河南、山东等地爆发了天理教教民起义。这一年和第二年，嘉庆皇帝两次颁发“罪己诏”。有感于此，龚自珍写成一组有名的政论文——《明良论》四篇，对皇权专制、吏治腐败予以猛烈地批判和揭露。

他以辛辣之笔，毫不留情地指出：专制君主视臣下如犬马，专制制度像绳索一样，捆绑、束缚着官吏的四肢，官吏们无法专心于政事。封建社会上自三公九卿，下及百官士大夫，都是些谄媚君上、醉心利禄，不惜以犬马自为的寡廉鲜耻之徒。政要之官，只知逢迎奉承、声色犬马，清闲之官只知吟词作画、恬然自乐。一旦国家遇到危难，他们便会像鸠燕一样各自逃奔。

他还猛烈抨击论资排辈的用人制度。他说，朝廷选拔官吏“累日以为劳，计岁以为阶”，致使整个官僚队伍充斥着老朽之徒，毫无生气可言。龚自珍大声疾呼：“救今日束缚之病”，“奈之何不思更法”。

《明良论》一经问世，犹如一石激起千层浪，立即在社会上引起轩然大波。然而，龚自珍的变法之声，并没有引起统治阶级的注意，统治阶级上层仍旧在日甚一日的腐败下去。

龚自珍在任内阁中书期间，国家已陷入危机之中，可一些文人只会写文章颂扬“盛世”，以“皇上圣明”“国家富强”之类讨好上司，谋取功名富贵，龚自珍耻于与他们为伍，更不肯随波逐流。他视野开阔，议论辛辣，专门研究社

会政治经济问题。他把自己的学问称作“天地东西南北之学”。也正因此，他常常受到那些庸庸碌碌、胸无大志，专以阿谀奉承为能事的小人的排挤，性格豪爽、胸怀坦荡、正直不阿的龚自珍渐渐变得落落寡合，他的远大抱负没有人能理解，更不可能付诸实践。

尽管如此，龚自珍仍然始终关心国家的命运，愿意为国家振兴鞠躬尽瘁。那时候，英国非法向中国输入鸦片，毒害人民，白银大量外流。龚自珍坚决主张禁烟。1838 年冬，老友林则徐被道光皇帝任命为钦差大臣，前往广州查禁鸦片。临行前，他给老友写信，给他送行，支持他的禁烟主张，并且提出了许多有益的建议。他建议林则徐要制止白银外流、平定银价；严惩鸦片的贩卖者和制造者；加强整顿军备，一旦开战，要同西方列强周旋到底；对于国内那些花言巧语、纵容鸦片贸易的人决不姑息迁就，斗争到底。他满心希望通过林则徐的查禁，能使中国的白银不外流，国力充实，人心安定。而且，他还一再要求随林则徐南下，为禁烟效力。林则徐考虑到当时局势的复杂性，婉言谢绝了。

第二年，也就是 1839 年，48 岁的龚自珍厌倦了官场互相倾轧的生活，以父母年事已高为由，南归老家。临行前，他写下一首诗：

浩荡离愁白日斜，吟鞭东指即无涯，

落红不是无情物，化作春泥更护花。

这是一首家喻户晓的名诗，诗人以花自喻，表示自己虽已辞官，仍然愿意为国家人民尽一点余力。

当林则徐在广州虎门销毁鸦片，积极准备抗击英国侵略者武装进攻的时候，他还特意写了一封信，提出对敌作战的策略，准备寄给林则徐，但后来因故没有寄出，为此，他感到十分惋惜，曾写了一首诗表达这种心情：

故人横海拜将军，侧立南天未蒇勋。

我有阴符三百字，蜡丸难寄惜雄文。

也就是在此次南下途中，龚自珍路经镇江。当时，镇江的居民正举行迎神赛会。人们高举仪仗，奏着鼓乐，演着杂戏，把玉皇、风、雷之类的“神仙”都迎出庙宇，抬着周游全城，非常热闹。百姓们扶老携幼，把大街小巷挤了个水泄不通。龚自珍见到这样热烈的场面，也受了感染。他停下车来，高兴地站在路边观看。

主持迎神赛会的老道士听说有位站着观看的远方旅客是文坛大师龚自珍，就连忙走过来，恳切地请求他代写一篇祭文，龚自珍爽快地答应了。他拿过笔来，略加思索，当场写了一首七言绝句：

九州生气恃风雷，万马齐喑究可哀。

我劝天公重抖擞，不拘一格降人才。

这首诗的意思是说，要使国家振作起来，靠的是一场变革，可现在全国都这样沉闷寂寞，我劝老天爷抖擞一下精神，降下几个改革现状的人才来吧！

在那"万马齐喑"的社会里，龚自珍的诗像一声惊雷，使人惊醒，促人深思。

不久，龚自珍回到杭州老家。两年以后，这位掀起近代改革风潮的勇敢战士，因病去世，年仅49岁。

龚自珍以才华、思想名闻当世。然而，他并没有在生前得到应有的认可，由于清初统治者大兴文字狱，在专制主义的淫威下，读书人噤若寒蝉，哪还敢谈论经世之学。他们一头扎进故纸堆中，研究烦琐的考据、训诂，学术界、思想界一片死气沉沉。正像龚自珍在一首诗中所描绘的那样："避席畏闻文字狱，著书都为稻粱谋。"

对于学术界、思想界这种沉闷的空气，龚自珍感到十分的不满和压抑。他要求改变这种状况，把学术变为"经世致用"之学。他宣称，"一代之治，即一代之学"，学以致用，方是目的，在治理国家中用得上的才算作真学问。他主张把经学当作史书读，从中观察每个朝代的兴盛衰亡，有所借鉴，用于改造当今社会。

他从这一立场出发，揭露黑暗，针砭时弊，勇敢地走上了文人议政的道路。"从今烧尽鱼虫学，甘作东京卖饼家"，这就是龚自珍冲破罗网的欣喜心情的真实写照。他勇敢地走在时代前列，开启了一代新风。有人曾评论道："近数十年，士大夫诵史鉴、考掌故，慷慨论天下事，其风气实定公开之。"

但他开创的这种新风气，在当时很难为人所接受。尤其是那些封建的卫道士——士大夫更把他看作“言多奇僻”的“狂士”，甚至称他为“龚呆子”。他言词苛刻，令他的一些知交经常为他担心。魏源在给他的一封信中说：“吾与足下相爱不啻骨肉，常恨足下有不择言之病。……苟不择而施，则于明哲保身之义恐有悖。”他的外祖父段玉裁则希望他成名儒、成名臣，不要做名士。直到资产阶级改良派兴起后，一些知识分子才对他所开创的新风有了较为深刻的理解。梁启超曾说过：“晚清思想之解放，自珍确与有功焉。光绪间所谓新学家者，大率人人皆经过崇拜龚氏之一时期。初读《定庵文集》，若受电然。”

龚自珍是时代的思想巨人，他站在时代之巅，以敏锐的洞察力，深刻地剖析封建社会的腐朽衰败。他指出，自乾隆末年以来，社会风气十分腐败，“不士、不农、不工、不商之人，十将五六。又或飧烟草，习邪教，取诛戮，或冻馁以死，终不肯治一寸之丝、一粒之饭以益人。”因此，“自京师始，概乎四方，大抵富户变贫户，贫户变饿者，四民之首，奔走下贱，各省大局，岌岌乎皆不可支月日、奚暇问年岁”？

他指出“世有三等”，即“治世”“乱世”“衰世”。社会处于何等之世，要看人才。这种人才，即包括将相、士民，也包括工商人等。在“衰世”，人们的忧愤、思虑、廉耻、作为之心统统被扼杀了，一切聪明才智都被扼杀了。从将相到士农工商皆如行尸走肉，没有独立意志，善恶不辨，黑白不辨，是非不清，整个社会已经形如槁木，无可救药了。社会到了这个地步，祸乱还有多远呢？而这一切都是由人造成的，是统治者压抑人才的结果。

龚自珍一再地抨击封建官僚制度。在这种官僚体制下，以资格为晋身之阶，造成了官吏的腐败无能和有识之士得不到重用。他根据当时用人的种种“资格”限制得出结论：“凡满洲、汉人之仕宦者，大抵由其始宦之日，凡三十五年而至一品，极速亦三十年。贤智者终不得越，而愚不肖者亦得以驯而到。”也就是说，一个人进入一品大员之时，要经过二十至三十年的时间，到此时，这个人已是老态龙钟、精力衰竭了。

这样的老朽昏庸之官，如行尸走肉，占据权位是非常有害的，他们贪恋权

位，顾及子孙，没有作为，年轻有为之人无法上来代替他们，这种用人制度腐蚀着整个官僚集团，论资排辈，不思进取，不求有功，但求无过，早晚能熬到尚书、侍郎之位，何必冒着风险，求大作为呢？

龚自珍还指出官员们为保住官位、资格，便一味趋炎附势、阿谀奉承，丧失了自己的独立人格，甚至沦为卑鄙无耻的小人。那些皇上身边的要员们，只知揣摩皇上的心理，无视江山社稷大事，结果必将导致亡国。

那么，官吏们寡廉鲜耻，败坏国家，根源在哪里呢？龚自珍指出，是君主的极端专制造成的。他认为，君主带领百官共同治理天下，应该是"但责之以治天下之效，不必问其若之何而以为治"。制定各种法令、政策是为了使官吏们有所遵循，但是如果"守律令而不敢变"，则"吏胥之所以侍立而体卑也"；"行政道而唯吾意所欲为"，则"天子百官之所以南面而权尊也"。这样，即使是一二品的大臣虽然职位都很高，但实际上却不能独立地做任何事情。所以他认为："圣天子亦总其大端而已矣。至于内外大臣之权，殆亦不可以不重。权不重则气不振，气不振则偷，偷则弊。权不重则民不畏，不畏则狎，狎则变。"如果君主专权，为所欲为，后果是不堪设想的。

如何拯救这个万马齐喑的衰世局面呢？龚自珍提出"一祖之法无不弊，千夫之议无不靡，与其赠来者以劲改革，孰若自改革？"他希望通过自己的呐喊，唤醒醉生梦死的统治者，以改革求得国家的强盛。

怎样改革社会弊政呢？他给出了一些具体设想。如：为防止外国势力入侵，他提出严禁鸦片，限制通商口岸和商品种类，巩固边防等主张，还提出了"以耕以牧""以边安边"的富国强兵思想。

在那个特定的历史时代，龚自珍的所有改革主张都假托"古方"名义。他有一首诗说："何敢自矜医国手，药方只贩古时丹。"尽管如此，他的治国理想还是受到封建顽固派的阻挠，并且很难为当时的人们所理解。这一切使龚自珍陷入了苦闷和矛盾之中，1839 年，他辞官回乡途中，写了 315 首《杂诗》，这是他回忆、记叙自己一生的游历、感受的叙事诗，在最后一首诗中，他十分伤感地写道：

吟罢江山气不灵，万千种话一灯青。

忽然搁笔无言说，重礼天台七卷经。

表达了他想力挽狂澜却无人响应的苦闷心境。无可奈何之际，只有从清灯佛卷中寻找些许慰藉。

1841 年，龚自珍去世之时，中国封建社会已是末世。作为一个知识分子，他以极大的爱国热忱，开创了知识分子积极议论政事，关心国家大事的新风气，他对于封建腐朽制度的抨击，对社会改革的呼吁，“不拘一格降人才”的呐喊，在当时起到了振聋发聩的作用。他的创新精神，给随之而起的近代先进的爱国人士以深远的影响。柳亚子誉之为“三百年来第一流”，在中国思想文化的转折时期，龚自珍留下了光辉的一页。

师夷之长技以制夷

魏源（1794—1857），清代启蒙思想家、政治家、文学家，近代中国“睁眼看世界”的先行者之一。名远达，字默深，又字墨生、汉士，号良图，汉族，湖南邵阳隆回人，道光二年举人，二十五年始成进士，官高邮知州，晚年弃官归隐，潜心佛学，法名承贯。魏源认为论学应以“经世致用”为宗旨，提出“变古愈尽，便民愈甚”的变法主张，倡导学习西方先进科学技术，总结出“师夷之长技以制夷”的新思想。

魏源热心于研究中国现实问题，喜欢议论时政。青年时代，他参与过贺长龄主编的《皇朝经世文编》的撰写。鸦片战争时期，经林则徐推荐，他在两江总督裕谦的幕府协助抵抗英军，目睹清王朝当权派的闭塞、愚昧、无知和英国侵略者的残暴、无耻。他曾感叹“曾闻兵革讨承平，几见承平话战争”，也曾悲愤地写道：“城上旌旗城下盟，怒潮已作落潮声！”

为了更好地报效祖国，抵御外侮，从鸦片战争爆发那一天起，魏源就开始注意了解和研究世界。1840 年九月的一天，占领定海的英军，为了筹划进攻中国内地的作战计划，派出人员刺探军情，一名叫安突德的炮兵军官偷偷地到定海附近的青山嶴测绘地图，被当地百姓抓获，送交给宁波知府衙门。魏源听到这个消息，立即赶到宁波，亲自审讯安突德。安突德向魏源详细介绍了英国的历史、地理、经济、政治等自然情况，同时也交代了英军的作战意图和武器情况。事后，魏源根据安突德的交代材料，写成了《英吉利小记》，向中国人介绍英国的历史、地理等基本情况，供人参考。

1841 年八月的一个黄昏，魏源在镇江城边的码头上，迎来了因中英战事被道光皇帝革职罢官、即将发配新疆伊犁的林则徐。两位忧国忧民、力主抗英的爱国志士相见，不由得百感交集，慨叹不已。在魏源的住处，林则徐小心翼翼地打开一个布包，指着布包内的一大捆书报说："这是我在广东时组织译员从香港、澳门的书籍和报纸上翻译的译文材料。如今我发配新疆伊犁，路途遥远，不知何年何月才能返回。我想把这些东西交给你，如果你能依据这些材料，编写一种介绍海外各国情况的书，改变国人对世界的无知状态，这便实现了我的夙愿。"

魏源从林则徐手里接过这些珍贵的资料，感到重任在肩，他决心在林则徐已有资料的基础上，搜集天下有关世界各国的地理、历史资料，编写一部集大成式的世界史地著作。

1842 年八月，中国因鸦片战争失败，被迫签订了近代历史上第一个丧权辱国的不平等条约——《南京条约》。魏源闻讯后，非常气愤，加快了写作的步伐。他在林则徐《四洲志》的基础上，又根据历代史书记载及新搜集的外国图文资料，夜以继日地奋笔疾书。到 1852 年初的一天，魏源终于写完了最后一页。就这样，鸦片战争失败后中国先进分子了解和认识西方的第一部百科全书式的珍贵典籍诞生了，书的名字叫《海国图志》。

《海国图志》的初稿为五十卷本，魏源在全书的序言中提出了"以夷攻夷"和"师夷之长技以制夷"两大反侵略纲领。"以夷攻夷"的意思是：联合其他国家，打击外国侵略者；"师夷之长技以制夷"是说：要学习西方国家先进的科学技术和练兵方法来战胜外国侵略者。

通过第一次鸦片战争时期参加抗英斗争的亲身经历，魏源认为，这些西方侵略者超出中国的长处有三个：一是行驶如飞的战舰；二是打得远、杀伤力极强的大炮；三是严谨的练兵方法。这三个长处结合起来，就使英国的军队能够很容易地就打败中国。所以，中国要想避免鸦片战争的灾难重演，就要建造制造武器的火器局，从法国和美国请来技师传授技术，选送中国工匠学习制造，以加强国防。

魏源从反侵略的立场出发，主张在军事技术上师敌之长，补己之短，以“师夷”为手段，以“制夷”为目的，迈出了向西方学习的第一步。

除了在军事上要向西方学习之外，魏源还主张在经济上，学习西方国家的近代机器工业，包括军火工业和民用工业，提出了“沿海商民，有自愿仿设厂局以造船械，或自用或自售者，听之”的建议。在政治上，他羡慕西方资本主义国家的民主政体。比如美国的联邦制度，把“不设君位，唯立官长、贵族等办理国务的瑞士”，颂扬为“西土之桃花源”。

《海国图志》也是中国关于世界地理的空前详细、准确的著作，书中以巨大的篇幅，详述各国历史和地理概况，收录了各种地图七十七幅，分地球全图、各大洲图、各国地图，对地球全貌、经纬度、五大洲、四大洋，都有详尽介绍。

《海国图志》是一部关于世界各地地理、历史概况和社会现状的巨著，它开阔了中国人的视野，迈出了向西方学习的第一步，对后来的洋务运动和戊戌变法都产生了巨大影响。《海国图志》还漂洋过海，传到中国的东部邻国——日本，被日本维新志士翻译成各种版本，对日本的明治维新产生了相当大的影响。

在1842年写成的《圣武记》中，魏源还揭露沙皇俄国从17世纪中叶起“逾外兴安岭侵略黑龙江北岸”，鲸吞中国大片领土的残酷事实，隐喻“北洋俄罗斯”是清朝未来的边患，表现出了一个知识分子的胆量和卓识。

鸦片战争结束后，在清王朝的腐朽统治下，整个社会濒临“鱼烂河溃不可救”的困境，而投降派却坚守“祖宗之法不可变”。对此，魏源提出“天下无数百年不弊之法，无穷极不变之法，无不除弊而能兴利之法，无不易简而能变通之法。”他认为“变古愈尽，便民愈甚”，只有革除弊政，才能抵抗外国侵略者。

魏源的改革思想中，虽然有发展资本主义经济的微弱呼声，有称赞资产阶级政体的某些词句，可惜，他的脚步却始终没有跨出封建主义的门槛。他幻想清王朝能改弦更张，通过学习西方某些富国强兵之道，以重振国威。而这终究不过是一个幻想。

严复翻译《天演论》

无论是"师夷长技以制夷"，还是"中体西用"思想，都是从器物乃至制度层面对西方的学习，仍带有相当的局限性，未能促成中国走向现代化。真正社会变革的到来，还需要民主、自由思想的培育。其中，为中国早期现代化启蒙思想做出重大贡献的代表人物之一就是严复。

严复（1854—1921），原名宗光，字又陵，后改名复，字几道，汉族，福建侯官县人，近代著名的翻译家、教育家、新法家代表人。先后毕业于福建船政学堂和英国皇家海军学院。严复 14 岁入福州船政学堂学习海军，19 岁毕业，先后在建威帆船及扬威军舰上实习。光绪元年（1875），23 岁的严复赴英留学。在此期间，严复主要学习的是自然科学和军事科学。据郭嵩焘记载，光绪四年（1878）四月，他前往格林尼治游览。在留学生寓所，严复拿出几种测量仪器给客人们看，又拿出两个薄铜圆片，以及松香片、兽皮毛，为客人们做了一个摩擦起电的实验。他告诉郭嵩焘，无论干电、湿电，都有阴阳之分；刚才实验中产生的则是阳电。据郭嵩焘记载，这一天严复讲解了许多自然科学知识，例如数学对数表、万有引力、西方人利用铁杠的热胀冷缩加固危墙、物质有三态、水的各种特性及其利用，等等。郭嵩焘听后十分赞赏。尽管学习以自然科学为主，但严复更倾慕于西方的政治、经济、文化各方面的成就，并开始接触亚当·斯密、边沁、穆勒、卢梭、孟德斯鸠、达尔文、赫胥黎、斯宾塞等人的著作，深受影响。这为他日后从事翻译西方思想文化名著奠定了基础。

光绪五年（1879），严复 27 岁时卒业归国，任教于福州船政学堂。次年，调任天津北洋水师学堂总教习，达20年之久。

为寻求救亡强国的道路，严复开始大量而有系统地引进西学著述。西方的八大思想名著都由他先后译述。其中《天演论》是严复最著名的译作，对中国思想界的影响巨大。《天演论》是英国生物学家赫胥黎的一本论文集，原名直译是《进化论与伦理学》，在甲午战争失败的刺激下，严复以数月之力翻译了《天演论》，主要阐述生物是进化的，不是不变的，而变的原因是物竞天择。严复在译文之后都加以按语来阐明自己的观点，这些按语都有意结合中国急需救亡图存的现实问题而加以发挥。他把“物竞天择”的学说从生物引申到人类，并在《自序》中强调此与“强国保种之事”有关，直接面向甲午战争后民族危机严重的社会现实，因此引起全民族的震惊而产生了很大的反响。“物竞天择”几乎成为当时救亡图存的警示语，进而演化成“优胜劣败”“适者生存”“天演进化”等口传箴言。

严复的翻译西书活动，不仅传播了西方科学知识，更重要的是传播了西方的科学精神、民主原则和自由平等观念。在严复看来，科学精神和民主原则是实现国家富强的根本所在。

《天演论》正式出版时，青年鲁迅（周树人）正在南京的洋务学堂里读书。只因校长提倡读新书，他便去买了一部《天演论》。刚刚翻开扉页，就被书中内容所吸引：“哦！原来世界上竟还有一个赫胥黎坐在书房里那么想，而且想得那么新鲜？一口气读下去，‘物竞’、‘天择’也出来了，苏格拉第、柏拉图也出来了，斯多噶也出来了……”那时有位本家老辈反对阅读《天演论》，甚至强迫鲁迅抄阅顽固派许应骙参劾康有为的奏章，可是鲁迅却毫不在乎，“一有闲空，就照例地吃侉饼、花生米、辣椒，看《天演论》”。

光绪三十一年（1905），少年胡适在上海进了澄衷学堂，遇上一位“思想很新”的国文教员杨千里。“有一次，他教我们班上买吴汝纶删节的严复译本《天演论》来做读本，这是我第一次读《天演论》，高兴得很。他出的作文题目也很特别，有一次的题目是‘物竞天择，适者生存，试申其义’……这种题目自然不是我们十几岁小孩子能发挥的，但读《天演论》，做‘物竞天择’的文章，都可以代表那个时代的风气。”胡适的学名本来叫胡洪骍。有天早晨他请二哥代想一个表字，二哥建议用“适者生存”中的“适”字，后来他便用“胡适”作笔名，宣统二年（1910）开始就用“胡适”作名字。

洪秀全金田起义

清朝道光、咸丰年间，西方殖民者向中国大肆入侵，古老的中国社会发生了极大的变化。清政府的腐败无能，人民群众的苦难生活，这一切都在一个叫洪秀全的农民知识分子心中引起了强烈的震动。

洪秀全塑像

洪秀全（1814—1864），是太平天国以宗教名义发动民变的领袖，汉族客家人，原籍广东嘉应州。洪秀全以一乡村塾师走上武装斗争道路，领导了规模空前的太平天国农民战争。洪秀全是个读书人，曾经好几次到广州去应考秀才，都没考上。这不是因为他的成绩不好，而是由于当时考场营私舞弊，重钱不重人。像洪秀全这样的普通知识分子，对此当然产生了不满。

1836 年，洪秀全到广州参加考试，认识了一个叫梁发的基督教教徒。一天，梁发送给洪秀全一本小册子，对他说：“这里有许多上帝的旨意，你看看吧，对你有帮助。”洪秀全一看，书名叫《劝世良言》。洪秀全想：“无非是一些闲来无事修身养性的东西。”于是敷衍说：“好，我会看的。”洪秀全后来翻了几页就丢到书箱里去了。当时的洪秀全是想靠考取功名走上仕途，匡济天下。

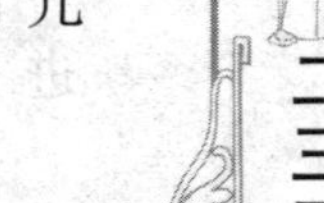

这一年，洪秀全考试未获通过，胸怀大志却报国无门，使他变得更加愤世嫉俗。第二年，洪秀全继续参加考试，仍然失败，这一打击使洪秀全大病了40天，整天高烧不退，口中念念有词。后来据他自己讲，他在这次大病中与上帝进行了交流，上帝交给他拯救大众的任务。

1843年，洪秀全最后一次去广州参加考试，仍未通过。他激愤地说："不考清朝试，不穿清朝服，而要自己来招集人才重建天下。"这时，他想起了《劝世良言》，便拿出来细细阅读，发现其中一些基督教义十分符合农民的想法，于是便以此为基础创立了"拜上帝会"。洪秀全同好友冯云山、族弟洪仁玕共同研究《劝世良言》，宣传宗教思想。洪秀全和冯云山还利用在私塾教书的机会传道。

洪秀全对听他传道的人反复地这样说："人人都是上帝的儿女，应该平等相爱。上帝派他的儿子耶稣到人间解救苦难。我是耶稣的弟弟，也受命下凡救世。现在大大小小的妖怪践踏了上帝的真道。崇信上帝的人就要起来赶走他们，夺回自己的权力！"

为了扩大拜上帝教的影响，壮大拜上帝教的力量，洪秀全和冯云山长期奔走于广东和广西两省。在传教过程中，洪秀全发现光靠外国的"上帝"还不足以打动更多老百姓的心。要想达到推翻清妖的目的，还必须有适合中国老百姓口味的思想。于是洪秀全和冯云山分手，自己回乡去创造更容易被接受的教义。冯云山则继续他们的传教活动。

冯云山后来到了广西桂平市紫荆山一带，这里地形险恶，受苦的人也多。在烧炭工和农民中，有不少敢作敢为的好汉。冯云山一到这里，便和当地人混熟了，不少人加入了拜上帝教，其中的杨秀清和肖朝贵都成了拜上帝教的骨干。他们帮助冯云山使拜上帝教的力量不断壮大起来。

几年后，洪秀全也来到了紫荆山。这时候拜上帝教会员已达3000多人。洪秀全到了紫荆山，立刻得到了大家的拥护。成了人们心中的领袖。

有一天，洪秀全正在煤窑里传道。杨秀清带着两个满身是血的烧炭工走了进来。洪秀全连忙问杨秀清："兄弟，这是怎么回事？"

"大哥，他们让地主王百万的人给打了。"

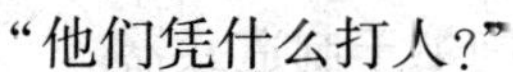

“他们凭什么打人?”

“就因为我们俩没钱给甘王爷进贡，他们就说我们是在给百姓作孽，非要往死里打我们。多亏杨大哥的解救，我们俩才逃了出来。”

“甘王爷是什么人?”

“甘王爷是王百万立的一个神像。”杨秀清给洪秀全解释，“王百万说如果给这个甘王爷进贡，他就能保佑我们荣华富贵。如果不进贡把甘王爷得罪了，我们就要大难临头。每年王百万都要靠甘王爷剥削我们的钱财。”

“世上还有这种没道理的事!”洪秀全站起来对大伙说，“走，咱们把这个甘王爷给他砸喽。”

说完，洪秀全和杨秀清就领着拜上帝教的人冲进了甘王庙，把甘王爷的神像砸了个稀巴烂。老百姓听说有人竟敢把甘王爷给砸了，纷纷赶来围观。洪秀全踩着甘王爷的脑袋，大声对百姓们说道：“兄弟姐妹们，你们每年都给甘王爷进贡，你们又得到了什么荣华富贵呢?你们还不是照样受苦受穷吗?只有上帝才能带给你们幸福安定。”围观的群众听到洪秀全激昂的讲话，都热烈地欢呼起来。

从此，拜上帝教影响越来越大。就连地主出身的韦昌辉和石达开也入了教。洪秀全看到队伍不断壮大，觉得起义的时机成熟了。于是他便开始准备起义。

一天，洪秀全召集拜上帝教的骨干们开会。他讲着讲着，突然两眼一翻，腿一蹬，就昏倒了过去。周围人都吓死了，正在不知怎么办才好的时候，洪秀全“啊”了一声，又活了过来。他揉揉眼，重新坐起身，好像刚从梦中醒来。其实这一切都是他故意装出来的。他看了看大家，严肃地说：“刚才天父（上帝）把我叫了去，告诉我解放百姓的时候到了。他老人家让咱们马上准备起义。”于是，起义的准备工作就紧张而又秘密地展开了。

在洪秀全的号召下，各地会员马上都到金田村集中，这叫作“团营”。团营后，会员们把变卖家产的钱和物都集中到“圣库”。无论官还是普通会员，都由圣库统一发给衣食杂物。

在准备过程中，洪秀全回广东处理拜上帝教的事情。杨秀清、冯云山和肖朝贵便加紧整编队伍，进行严格训练。韦昌辉和石达开则忙于制造武器。

由于规模太大，拜上帝教的行动引起了那个地主王百万的注意。自从洪秀全领人砸了甘王庙后，这家伙对拜上帝教的人早已恨之入骨。于是，王百万悄悄把拜上帝教的行动告诉了官府。官府前来搜捕，最后把冯云山给抓走了。会员们一见冯云山被抓，洪秀全又不在广西，那种起义的热情渐渐变成了忧虑，人心也有些散了。

杨秀清一看情况不妙，为了使起义不在关键时候夭折，他便模仿洪秀全的样子搞了一次“天父附体”。他告诉大家，天父命令他们立刻去解救冯云山。于是在当天晚上，武艺高强的石达开带领几个会功夫的会员，把冯云山从监狱里救了出来。第二天，洪秀全也恰好赶了回来。他见起义行动很可能被官府发觉，便下令立即起义。

1851年1月2日，在金田村的广场上，一队队汉、壮、瑶各族起义军战士，头包红巾，手持大刀长矛、精神抖擞地排成方阵。洪秀全威武地站在一面杏黄大旗下，杨秀清、肖朝贵、冯云山、韦昌辉和石达开分别站在两边。四周围，无数的妇女儿童手拿彩旗，兴高采烈。

洪秀全望着整齐的队伍，挥起拳头，庄严地宣布：“拜上帝教今天正式起义了！我们目标就是推翻腐败的朝廷，斩尽一切害人的妖魔，让天下所有的老百姓过上太平的生活。我们的国号就叫‘太平天国’”。战士们和周围的妇女儿童一起欢呼起来。“一定要斩尽清妖——”嘹亮的口号声在山谷间回应着……

太平天国的起义军从金田出发，转战广西，连连获胜并且一举攻下了永安城（今广西蒙山县）。在这里，洪秀全把日益壮大的队伍进行正规整编。洪秀全自称天王，封杨秀清为东王，肖朝贵为西王，冯云山为南王，韦昌辉为北王，石达开为翼王。在各王中，东王权力最大，仅次于天王，并且直接负责军事指挥。

在北京紫禁城里的道光，被几年来的内乱外患折腾得精疲力尽。当金田起义的消息传进他的耳朵后，这位昏庸的皇帝再也经不住这样的打击，口吐鲜血，一命呜呼了。咸丰皇帝即位后，立刻调动各地军队围攻太平军，可是太平军在杨秀清的指挥下，在永安突围后，一路北上。

太平军每到一处，都要开仓放粮。各地的老百姓们都怀着无比的激动，欢迎这支起义的队伍。尽管在攻打全州和长沙时，冯云山和肖朝贵不幸先后牺牲了，可是太平军却一天天壮大起来。在占领武昌后，太平军人数已达20多万。

在这以后，太平军分水陆两路，沿长江直攻南京。太平军以排山倒海的气势，吓得清军节节败退，最后一举攻占了南京。

洪秀全在10多万太平军的簇拥下，被人民群众迎接入城。洪秀全把南京改名为天京，作为太平天国的首都。定都天京后，太平天国贴出招贤榜，招揽文武人才。还发布天朝田亩制度，规定“有田同耕，有饭同食，有衣同穿，有钱同使。无处不均匀，无人不饱暖”。希望建立一个人间天国。

由于有人民的热烈支持和拥护，加上太平天国将士英勇奋战，太平军粉碎了清兵对天京的一次又一次围攻，并且向清政府发动了猛烈的反攻。

而正当太平军在南京建都之时，咸丰帝也没有闲着，他又调集了大队人马准备围攻南京城，彻底剿灭太平军。

太平军已料到清军会来围攻南京，洪秀全决定北伐和西征。

1853年5月，林凤祥、李开芳、吉文元开始北伐，目标是直捣清朝的老巢北京。北伐军作战勇猛，一路势如破竹，连续攻克了滁州、凤阳、亳州等地。太平军围攻开封，久攻不下，又来攻打怀庆。咸丰帝得知太平军已到怀庆，不禁大惊失色，立即派直隶总督讷尔经额为钦差大臣，率领2万人马，火速前往怀庆，来解怀庆之围。林凤祥、李开芳、吉文元率领太平军与清军展开了一场血战，未能攻克怀庆，立即突围。经山西，入河北，智取军事重镇临洺关，又乘胜攻占了献县、交河、沧州等地，大军直逼天津。

这时已进入秋季，天气比较寒冷，而太平军大多数是两广一带的人，所以处境十分危险，而且太平军又缺少粮食、孤军无援，但是太平军士气依旧很高昂。

太平军决定南撤。1855年3月，林凤祥与清军战到最后，终因寡不敌众，被俘，在北京被杀害。李开芳在高唐州与清军周旋，但是清军久久围困，李开芳也被俘。

太平军北伐，由于孤军无援，又遇上了寒冷天气，最后失败了，但是北伐军从南到北，从西到东，转战数千里，连克数城，为太平军西征牵制了清军。

北伐的同时，1853年6月3日，胡以晃、赖汉英、曾天养也率领太平军开始了西征。

太平军于6月10日，攻克安庆，24日乘胜围攻南昌。但是南昌久攻不下，太平军分兵两路。

胡以晃、曾天养以安庆为基地，连克贤关、桐城、舒城，太平军士气大涨。1854年1月，攻克了战略要地庐州（今合肥），安徽巡抚知悉清军惨败后，投水自杀。

另一路人马，由石祥桢率领，直奔九江，太平军没有受到多大阻力，顺利占领了九江，又连克汉口、汉阳等地。湖广总督吴文镕立即上奏，请求援兵。咸丰帝立刻派清军来支援。由于太平军兵力不足，而清军又有了援兵，石祥桢放弃了汉口、汉阳，退守黄州。而就在清军准备继续追剿石祥桢时，曾天养率领太平军前来支援，清军腹背受敌，在黄州展开了激战，清军逃的逃，亡的亡，毫无斗志，吴文镕万般无奈，投水自杀。太平军又继续攻城，一口气夺下了汉口、汉阳、武昌三镇。

西征连连取胜，咸丰帝慌了手脚，命令曾国藩一定要在湖南消灭太平军。

曾国藩不敢怠慢，立刻调集了所有的军队，准备与太平军开战。在岳州，太平军与湘军展开了激战，结果曾国藩的湘军大败。曾国藩发现太平军太厉害了，便决定撤兵退守长沙，准备伺机反扑。

太平军一看曾国藩退守长沙，决定乘胜追击，连克靖港等地，直逼长沙。1854年4月，林绍璋率领太平军攻占湘潭，曾国藩知道湘潭失守，长沙就很危险。他调集了所有湘军，孤注一掷，准备与太平军决一死战。经过7天的恶战，太平军损伤很大，曾国藩看到太平军伤亡很大，立即派兵追杀。林绍璋不是对手，只好退守岳州。

曾国藩调整了人马，又带领湘军攻打岳州。太平军还没有从失败的阴影中

走出，又遇到了湘军的围剿，林绍璋只好带领太平军继续撤退。曾国藩乘胜追击，而就在这时，曾天养率领太平军与曾国藩的湘军在城陵矶展开了一场恶战。曾天养率领太平军打死湘军将领 4 人，击毁湘军战船 30 多艘，湘军损伤无数。太平军就要取胜之机，湘军大将塔剂布又带领大队人马来支援。曾天养与塔剂布展开了大战，但是被湘军用箭射伤，最后壮烈牺牲。曾国藩又重整旗鼓，围追太平军。太平军已没有了根基，只好连连后退，最后退出了湖南。

但是曾国藩不甘罢休，又率领湘军直奔武汉。太平军与湘军又展开了激战，湘军此时士气正旺，重新夺回了汉阳、汉口、武昌三镇。太平军西征人马节节败退。

在天京的太平军得知西征人马节节败退，立即派翼王石达开率领大军前去支援。1855 年 2 月，石达开率领太平军夺取汉阳，乘胜追击，又攻克武昌。太平军士气重新高涨，而这时周培春的天地会人马也加入进来。石达开如虎添翼，连克瑞州、临江、袁州等地。几个月的时间，石达开在江西打开了一片新天地，打得清军闻风而逃，湘军也吃了败仗，逃回了湖南。

咸丰帝得知曾国藩也没有战胜石达开，又派大军支援围攻天京的清军，但是清军的援军还没到，杨秀清等人率领太平军就打败了围攻天京的清军。而这时石达开的大军又杀了回来，大破清营七八十座。清军大败而归，威胁天京的江南、江北大营彻底被打垮，太平军有了调整的时机。

太平军击溃江北、江南大营，又占领了许多地方，控制了长江中下游的许多地方。这为太平天国的辉煌打下了坚实的基础。

一分为二看曾国藩

曾国藩（1811—1872），初名子城，字伯函，号涤生，谥文正，汉族，出生于湖南长沙府湘乡县杨树坪（现属湖南省娄底市双峰县荷叶镇）。晚清重臣，湘军的创立者和统帅。清朝战略家、政治家，晚清散文“湘乡派”创立人。晚清

"中兴四大名臣"之一，官至两江总督、直隶总督、武英殿大学士，封一等毅勇侯，谥曰文正。

曾国藩

曾国藩，小时候家境贫穷，但他聪明伶俐，父母希望他能够金榜题名，所以尽管家里很穷，但还是让他读书。曾国藩也没有辜负父母的厚望，读书特别用功，而且有过目不忘的本领。

曾国藩的仕途之路很顺利，1838 年考上进士，不久就入翰林院，后任礼部方侍郎。

1852 年，曾国藩的母亲死去，他还乡丁忧为母亲守孝。而就在这时，太平天国运动如火如荼地开始了。由于太平军节节取胜，咸丰帝吓坏了，立即命令曾国藩组建湘军，镇压太平军。

曾国藩接到命令后，不敢怠慢，他知道农民运动非常可怕，历史上许多朝代都是农民运动推翻的。他也知道这些人，作战十分英勇，视死如归。所以曾国藩决定训练出一支强大的军队，专门对付农民义军。

曾国藩确实很有才能，他有自己的一套治军之道。他很清楚官兵之所以战斗力差，主要是官兵在选人的时候方法不对头，所以他吸取经验教训，招兵时，只招那些健壮、朴实、忠厚的山乡农民，对那些油头滑舌之人，一律不收。曾国藩对军人要求十分严格，军纪严明，因此这支军队很快出名，被称为无敌湘军。曾国藩自己以身作则，对手下将领的要求也十分严格。曾国藩非常清楚，作为军队的指挥者，不能光凭武力，必须要有智谋，所以他在选择将领时，主要选那些有才华的绅士和文士。这些人虽然不会武功，但他们可以指挥千军万马，可以指挥武将冲锋陷阵。

咸丰帝看到太平军声势越来越大，便命曾国藩率领湘军镇压太平军。这些湘军作战十分勇猛，把西征的太平军打得连连后退。曾国藩用事实证明了他训练军队的方法非常正确。但是曾国藩也有马失前蹄的时候。

曾国藩在湖南大败西征的太平军后，本来可以以此来请功领赏，但他为了大清王朝的江山社稷，决定乘机追杀太平军，以免放虎归山，于是他带领湘军出省作战。

西征失利，洪秀全立即派翼王石达开前去支援。石达开发现曾国藩的湘军阵容严整，将士士气旺盛，倒吸了一口凉气，不禁赞叹道："昏庸的皇帝手下居然有这等忠臣为他卖命，难得啊！难得！"罗大纲也看出了湘军的气势很旺，便对石达开说："翼王，我看湘军确实不简单，他们接连取胜，证明他们战斗力很强，我们不能硬攻，只能智取。"石达开哈哈大笑，说道："正合我意！"二人便商定了智取湘军的对策。

石达开命令太平军只守不攻，曾国藩的湘军几次攻打湖口，都被石达开的太平军打退。曾国藩知道太平军想和自己打持久战，也便安下心来，准备和太平军展开激战。

刚过了一两天，石达开就派人划着小船到曾国藩军营附近，喊杀声、战鼓声，合二为一，震耳欲聋。曾国藩不敢怠慢，便立即下令，准备迎战。湘军乘着小船追杀过来，可还没有与太平军相遇，太平军的小船又都划回去，曾国藩怕中了埋伏，所以又命湘军撤了回来。一连数日，湘军都在夜里起来，唯恐太平军乘其不备，偷袭他们。

但是这样一来，湘军可就惨了，白天得守营，防止太平军来攻战，夜里又一折腾，时间长了，士兵们都休息不好。曾国藩的心里也很急，但他不敢轻易去追杀，他怕上当。正在这时，咸丰帝又来了圣旨，大意是：得知你在湖南大败反贼，朕甚是高兴，但不知你为何一连数日没有战绩，朕希望你迅速剿灭反贼，为国为民除忧。曾国藩接过圣旨之后，知道皇帝是在批评他进展太慢，没有办法，只有按皇上所说的去做，准备在夜里追杀太平军。

这一天夜里，石达开又派几十只小船来到湘军阵营附近，又喊又叫，战鼓声不断。曾国藩没有让湘军出战，等到太平军近了的时候，曾国藩一声令下，湘军迅速上船，追杀太平军。湘军也恨透了太平军，每天被他们折腾得睡不好

觉，所以都想乘机剿灭太平军。太平军一看湘军要出战，忙掉转船头，一边向江心飞快地划去，一边射箭，一时万箭齐飞，如雨点似的，射得湘军抬不起头，湘军未曾出征，就损伤一批，气得曾国藩直咬牙，大喝一声："给我追!"湘军听到命令，立刻去追杀太平军，眼看就要追上了，可就在这时，从江中芦苇丛中开出一批大船，上边都安有大炮，一齐向湘军开炮，打得湘军顿时乱了阵脚。曾国藩一看到这种情况，立时下令："跳入水中!"大炮过后，湘军又上了战船，尽管如此，湘军伤亡仍很惨重。就在这时，太平军又划着小船，与湘军战在了一起。湘军这时已有些乱阵，曾国藩一看太平军太凶猛了，便带领残兵败将逃了回去。

曾国藩败回湖南，收拾残部，又招兵买马。他知道要想战胜太平军，必须有先进的武器，所以他下了狠心，花了大批钱财，购买了当时非常先进的武器，同时他大胆提拔年轻有为的人才。曾国藩积蓄力量，准备报昨日之辱。

后来由于太平军内乱，大伤元气，曾国藩乘机剿灭了太平军。

曾国藩剿灭太平军，对清王朝来说，是大功臣，而且由于历史的局限性，他只能做到这一点。他也看出了清王朝的腐败，但是进士出身的他，封建正统思想非常浓厚，所以他只能忠君。

曾国藩一生文集非常多，从这些文集中，我们可以看出曾国藩很有文采，还可以看出他忠君的一面。他的重要文集有《曾文正公全集》《手书日记》《曾文正公家书》《家训》等。在这些著作中，他曾表达了自己对仕途的看法。他认为好男儿应该读书报国，但是如果死读书，而无仕途、报国之心，是没有用的，应该用知识来报效祖国。所以曾国藩"拼命报国，侧身修行"。从这些作品中，我们还可以看出他已经看到了社会、朝廷的腐败，但他又不敢冲破世俗禁锢。这些作品中，收录了他给胡林翼的一封书信，信中写道：天下大局，万难挽回，侍与公之力所能勉者，培养几个好官足矣！从这封信中，我们可以看出，他知道自己无法挽回朝廷的失败，把希望寄托在培养人才身上。

曾国藩很早就利用外国兵器来武装湘军，结果太平军损伤惨重。他确实很有远见，他主张"洋务运动"，如办江南制造厂、选派留学生等。无论在当时还是后来，都起到了积极作用。

虽然曾国藩在历史上的评价不一，毁誉参半，但是他是一个人，他有大识，忠君爱国，重视延揽人才，他也有自私怯弱的一面。曾国藩有功有过，应该从不同的角度，用历史的、客观的标准来评价他。

太平天国失败

太平天国攻占了清军江南大营和江北大营，军事上、士气上、人马上都达到了鼎盛时期，但是农民阶级的劣根性也表现了出来，农民阶级不能领导中国革命的胜利。洪秀全虽然颁布了《天朝田亩制度》，但是没有真正实行，宣扬的所谓“有田同耕，有饭同食，有衣同穿，无处不饱温，无处不均匀”的理想社会也没有实现。

洪秀全看到太平军声势浩大，可以和清王朝抗衡了，一种骄傲心理也潜滋暗长，不再像以前那样，认真分析天下形势，准备和清王朝决战。而是动用大批农民，开始修建豪华住宅。上梁不正下梁歪。洪秀全这样做，手下的将领也纷纷仿效。东王杨秀清在一人之下，万人之上，也开始大兴土木。洪秀全住进了豪华宫殿，也建立了森严的等级制度，和历朝历代没有什么两样，所谓的人人平等变成了一纸空文。洪秀全自己觉得功德盖世，所以吃、穿、住、行都非常奢侈、讲究。每天吃的，十分浪费；用的，大手大脚；就连出去，也得坐 64 人抬的大轿，而且军民必须回避，高呼万岁。而其他各王也都纷纷仿效，生活开始腐化，农民阶级的弊端充分暴露出来了。

洪秀全不仅生活腐化，而且沉溺于酒色，每天在后宫和皇宫与一百多位妃子饮酒作乐，很少过问太平天国之事。洪秀全还下令，从民间选取了上千名宫女。其他王爷也不甘落后，只不过数目上比洪秀全要少一些。

生活上的腐化，使各个王爷之间以前的同甘共苦的亲密感全没有了，而是转变为权利和派系之间的争夺。由于东王杨秀清手握太平天国军事、政治大权，

又因为洪秀全每天在后宫饮酒取乐，很少过问政事，所以大权都落在了杨秀清手中。

杨秀清手握大权，专横无礼，滥用权力，欺上瞒下。他自以为功劳比洪秀全大，所以对别人称洪秀全为万岁，而称自己九千岁，非常不满。

1856 年 8 月，太平军西征取得胜利。杨秀清认为这是自己的功劳，又想到金田起义前，自己假托天父附身，稳定了军心，才使太平天国有了今日，所以他想让洪秀全封自己为万岁。于是借着庆祝这一胜利时，又说天父附身，让洪秀全封自己为万岁。

洪秀全虽然沉溺于酒色，但对东王杨秀清早有戒心，他知道杨秀清手握大权，对自己的皇位非常危险，而且杨秀清曾经借天父附身之机，杖责洪秀全，二人早已产生了隔阂。但是洪秀全为了稳定大局，而是先忍了下来，暗中早已做好了准备，派人去通知石达开、韦昌辉秘密来天京。

北王韦昌辉接到洪秀全的密信，非常高兴，他早就恨透了东王杨秀清，对杨秀清的专权十分不满。他认为自己的功劳和智慧都不比杨秀清差，也想专权。韦昌辉立即带兵秘密来天京。

而翼王石达开，为人比较忠厚，他接到洪秀全的密信后，非常为难，他不愿看到结拜兄弟为了权力互相残杀，他虽然对东王杨秀清也有所不满，但他认为杨秀清功劳很大，所以不应该除掉。如果那样，又违背了天王的旨意。思前想后，还是带领人马前去天京，准备化解此事。但是石达开优柔寡断，半路上又想回去，所以比韦昌辉晚到了几天。

韦昌辉到了天京后，便与洪秀全商议，决定立即下手。当天夜里，韦昌辉带领着自己的人马突然包围了东王府，杨秀清还不知怎么回事，就被杀掉了。但是韦昌辉没有住手，也没有按天王的旨意去做，而是滥杀无辜，将东王府的所有人全部杀掉，天京在这次事变中竟死了 2 万多人。而这时，石达开也来到了天京，但是把军队安营在武昌。韦昌辉受到了天王和翼王的指责，认为他杀人太多。韦昌辉怕天王、翼王再联起手来杀他，所以他下令围攻翼王府。而这时翼王石达开早已闻风逃到城外，但是石达开的一家人没有躲过这场灾难，全部被杀掉。石达开得知全家被杀之后，又悲痛又气愤，立即调集4万多人，前往天京。

此时，韦昌辉竟以为自己没有了对手，围攻天王府，幸亏石达开赶来，将韦昌辉的人马包围起来，将韦昌辉、秦日纲二人生擒活捉，并将其杀掉。

这就是天京之变。天京之变使太平天国元气大伤，从此太平天国一步一步走向失败。

石达开救驾有功，而且威望很高，洪秀全便任命石达开负责管理军政大事，但是此时的洪秀全已经非常多疑了，他怕石达开独揽大权，所以把自己两个无能的哥哥洪仁发、洪仁达安排在石达开身边，封二人为安王和福王。这二人无才无德，却有实权，石达开根本无实权，石达开一怒之下，率领着自己的人马，离开了天京。

石达开虽然离开了洪秀全，但他仍然与清军对抗，却孤军无援。1863年5月14日，石达开的人马在四川大渡河紫打地（今石棉县安顺场）被清军包围。太平天国的将士们都战死在沙场上，石达开也英勇牺牲。

洪秀全发现朝中无将，便大胆提拔年轻的将领陈玉成为前军主将，封为英王；李秀成为后军主将，封为忠王；封洪仁玕为干王，总理全国政事。太平天国士气有所回升。

清政府得知太平军互相残杀的消息，立即派曾国藩前去围剿。曾国藩又请外国侵略者帮忙共同镇压太平军。外国侵略者深知中国百姓的厉害，而且处处和他们作对，所以为了保住自己的利益，立即答应派兵援助。

洋兵和湘军共同来围剿天京，但是太平军在年轻将领陈玉成、李秀成的带领下，与敌人展开了一场又一场血战。

陈玉成年轻有为，使用诱敌深入的计策，在三河镇大败李续宾的人马，歼灭6000多清军。但是陈玉成最后却因洪仁达的谗言，得不到援助，战死在庐州。

陈玉成一死，千斤重担落在了李秀成一人身上，李秀成不敢怠慢，亲自带领太平军死守城池。由于天京的门户安庆、庐州失守，所以天京成了一座孤城。而洋兵和湘军、清军死死围住天京。李秀成打退了敌人的一次又一次进攻，激

战 40 多天，还是打不退敌兵。

洪秀全知道清兵、洋兵围城数日，而城中一无粮草，二无救兵，非常着急，竟一病归西了。

清军、湘军、洋兵得知洪秀全病逝，知道太平军不会存在多久了，便用大炮将城门轰开，天京陷落，李秀成英勇杀敌，洪仁玕带领人马保护着幼主杀了出去。李秀成被擒。李秀成被洪秀全封为忠王，但在最后，忠王不忠，背叛了太平天国，投降了湘军，将太平天国的所有机密都说了出来。但是曾国藩仍没有放过他，而是将其杀害。

曾国藩又按李秀成所说，带领湘军围剿太平军残余势力，没用几天，彻底剿灭了太平军，杀死了幼主洪天贵。

太平天国运动经过了 13 年，势力扩展到 18 个省，是中国历史上规模最大的农民起义，沉重地打击了清王朝的腐朽统治。太平天国运动最后失败了，但它的精神永远激励着中国人民与封建势力、帝国主义势力进行彻底斗争。

第二次鸦片战争

第二次鸦片战争是 1856 年至 1860 年间发生于中国本土，英国与法国趁中国太平天国起义之际，以亚罗号事件及马神甫事件为借口，联手进攻清朝政府的战争，又被英国人称为“亚罗号战争”“英法联军之役”或“第二次中英战争”。1856 年的一天，广西西林地区发生了一件事。一个近似无赖的法国传教士，被当地愤怒的群众押赴县衙，在列举了他的罪行之后，县令就将他斩首了。这件看起来似乎很小的事情，在当时却引起了轩然大波，随后，开始了一场长达四年之久的战争。

事情还得从头说起：1852 年，法国天主教神甫马赖未经清朝地方政府的许可，私自潜入广西最西北角的西林地区传教。

本来，根据中法两国签订的不平等条约，外国传教士是不能到中国内地传教的。可是马赖不但不听，反而在中国内地招收了一伙地痞流氓作教徒进行“传教”活动。实际上，他们是在传教的幌子下进行抢劫、强奸妇女一类的勾当。这自然触犯了清政府的法律，广西西林县知县张鸣凤忍无可忍，在1856年，下令将马赖一伙逮捕，随后，将马赖和两个民愤极大的教徒斩首。

法国政府得知这一消息后，无理取闹，硬说马赖是无辜受害，便通知英国政府说，要派远征军到中国。英国政府早就想找个借口，发动侵略中国的战争，于是想与法国以“马神甫事件”为共同侵略中国的借口，然而在1856年10月发生的另一件事，使他找到了属于自己的借口，那就是“亚罗号事件”。

第一次鸦片战争后，一些中国的不法商贩为了便利从事走私或海上抢劫，经常雇佣英国人为船长，并在香港定居，悬挂英国国旗，用来对抗中国水师和地方官员，划艇“亚罗”号就是其中之一。

“亚罗”号原是中国人苏亚成在1854年建造的一条运输船，在福建沿海等地贩运货物。船主为了贪走私之利，雇用了一个名叫亚罗的英国人，又在香港纳银一千元，买得牌照，以求香港当局庇护。

1855年，这条船卖给了另一个中国人方亚明（一说萧成），雇佣英国人托·肯尼迪为名义上的船长，又在香港领取了自1855年9月27日起有效期为一年的执照，就以英国船自居。船上的水手都是中国人，其中有些是在海上抢劫货物的匪徒，他们与海盗串通一气，贩运鸦片及从事其他非法活动。

1856年9月6日，“亚罗”号船上的水手在上川岛附近抢劫了一艘中国船，双方在争夺中，“亚罗”号船上指挥抢劫的那个水手被打掉门牙，但他与其他船员侥幸逃脱，一个月后的10月8日，“亚罗”号来到广州，恰好在上川岛附近被抢的那艘船的船主也在广州。

船主一下子认出了上次被打掉门牙的那个人，并把这件事立即报告给了中国水师。中国水师广州官员闻知消息，立即登上“亚罗”号，降下该船的船旗，拘捕了船上的12名水手，带回衙门审讯。

事情发生后，船长肯尼迪把这件事报告给了领事巴夏礼。巴夏礼乘机挑起事端，声称中国士兵无权到英国船上抓人，并要求释放被拘捕的水手。

巴夏礼的这一无理要求遭到了中国广州水师的拒绝。为此，巴夏礼致书两广总督叶名琛作同样的威胁和要求，还诡称船上的英国旗被扯下，触犯了英国的尊严，巴夏礼这样做的目的无非是为了取得英国人和英国政府对其挑衅行动的支持。此时，叶名琛留下已经判明是海盗的 2 人和 1 名证人，将其余 9 人送还。

由于巴夏礼早就决定借机生事，因此，不管叶名琛怎样忍让，他都不会就此了事，并且还限令叶名琛在 48 小时内向英国政府提出道歉。叶名琛认为清政府方面并无过错，因而拒绝了英国的最后通牒。

当“亚罗”号事件的消息于 1857 年春传到伦敦时，英国首相巴麦尊主张对华开战，但议会议员们却对此态度各不相同，为此，展开了激烈的讨论，甚至还通过对巴麦尊首相的不信任案。然而巴麦尊却解散议会、重新组阁。改选后的议会里，巴麦尊派获得议会中多数人的支持，并通过了扩大侵华战争的提案。

3 月，英国政府任命额尔金为全权专使，率领一支海陆军来到中国；同时，建议法国政府共同行动。法国政府接到英国的照会后，欣然接受其建议，派葛罗为全权公使，率军来华，协同英军作战。

1857 年 12 月，英法联军 5600 余人（法军 1000 人）在珠江口集结，并向两广总督叶名琛投递照会，要求进入广州城，赔偿损失，限十日答复。

随后，英国公使照会叶名琛，要求入城。叶名琛对待洋人有一套特殊的办法——不理睬，偶尔复函，也只是几个大字而已。英国侵略者扬言，对于中国人，只能用大炮和他们讲话。英军就从下午一时起，炮轰总督署，每隔十分钟发一炮，一直打到日落。在英军步步紧逼，广州城岌岌可危的情况下，叶名琛深知，备兵抵抗，最终会给侵略者侵略的口实，于是，想依靠民力来反击侵略者。

他发出告示，希望全省各色人等，合力绞杀英国侵略者，杀死或擒获一个侵略军，将会得到一百两白银的赏赐。

没有国家支持的民众的战斗毕竟是有限的，虽然广州人民奋力杀敌，最终因为双方力量悬殊，广州城陷落，叶名琛被联军所俘，解往印度加尔各答。广东巡抚柏贵等人则在巴夏礼为首的英法三人委员会的严密监视下继续担任原职，替侵略者维持地方秩序，成为中国近代史上第一个由西方殖民者一手操纵的地方傀儡政权。

占领广州后，英法联军根据其本国政府在出兵时的指示，要和北京直接打交道，以此迫使清政府就范，为了达到这一目的，他们决计北上，直逼北京，行进路线几乎是1840年北上进军路线的翻版。

1858年4月，英、法、俄、美四国公使陆续来到大沽口外，分别照会清政府，提出各自的条款，要求指派全权大臣进行谈判。清政府在万般无奈之下，只得派直隶总督谭廷襄为钦差大臣到大沽谈判，英法代表竟蛮横地限令六天内答复要求，否则将诉诸武力。

而俄美公使则在这时假充"调停人"，单独和谭廷襄周旋，麻痹清政府。英法军队在俄美的掩护下，做好了一切战争的准备，于5月20日对大沽炮台发动攻击。炮台守军奋起还击，顽强抵抗，但因驻在大沽的文武官员对抵抗毫无决心，纷纷逃跑，致使大沽失陷。英法联军溯白河而上，直逼天津城下，扬言要攻打北京。

清政府闻讯后，急忙派大学士桂良、吏部尚书花沙纳赶赴天津议和。议和中，英国公使巴夏礼提出了苛刻的无理要求，被清方代表断然拒绝，谈判没办法再进行下去，只好就此结束。这时候，英法联军已经进入了北京近郊的通州，咸丰帝慌乱之中，改派怡亲王载垣与兵部尚书穆荫继续与巴夏礼讲和。这一次，和巴夏礼同来的还有额尔金的私人秘书洛克、英军代表瓦勒克上将、伦敦《泰晤士报》记者波勒拜等人。

巴夏礼等人此次的任务，是转交一封额尔金写给载垣、穆荫的信。信中表示英法联军与中国交涉的具体事情应交巴夏礼负责。巴夏礼可以代表英法联军处理与中国的某些事情。

巴夏礼满以为清方代表看到信后会对他优礼有加，然而，他不曾料到，载垣、穆荫的态度却与他想的截然相反，也不像以往那样客气了。因为在上次的谈判中，载垣、穆荫答应了额尔金亲自向咸丰帝递交维多利亚女王的国书，以

及准许英法二使各带一千卫队进京的要求。

这中无理要求使咸丰帝大为恼火，当着朝臣的面训斥了载垣、穆荫二人。所以，这次载、穆二人吸取前次的教训，只能小心从事了。

载、穆二人不敢告诉巴夏礼咸丰皇帝的谕旨如此如此。倘若他们这样说，等于自认并无“全权”，额尔金与葛罗就不肯以他们为交涉对手，和议就要破裂。

载、穆二人只能向巴夏礼委婉说劝，举出亲递国书的事实上的不方便，亦即“磕头”问题。虽然《天津条约》原文早已写得相当明白，以后英、法使节觐见，行欧洲各国通行的礼仪（只屈一膝鞠躬，而不作三跪九叩首），但是清政府君臣仍以为洋人觐见不磕头，是对中国皇帝一大侮辱。

载、穆二人也用同样的语调，劝巴夏礼转告额尔金：一千名卫队带到通州以后，把其中的多数留在通州，只带少数人进京较为省事。

这些“遁词”，巴夏礼听来极不顺耳。分明是早已接受的条件，而且写成白纸黑字，用“交换函件”的方式加以确定了的，怎么又变起卦来？

又过了两天，巴夏礼偕同瓦勒克上校、洛克秘书与一位中国军官，去张家湾以南五华里处，选择可以驻扎英、法军队的地方，却看到上万的中国军队已经先到。

巴夏礼怒不可遏，又去通州责备载垣“背约”，然后就离开通州回天津，去向额尔金报告。刚走到张家湾，他就被中国兵围住逮捕，押送到僧格林沁面前，按在地上。

僧格林沁问他：“怎么敢对怡亲王（载垣）口出不逊？”同时命令他写信给额尔金，停止进军。

巴夏礼不肯，于是就被上了手铐脚镣押解圆明园，接着又送刑部监狱。

起初，狱中伙食很差，巴夏礼干脆不吃，以绝食抗议，刑部尚书赵光知道这件事后，特别从刑部拔出五十两银子给监狱，为巴夏礼改善伙食，伙食改善后，巴夏礼饮食如常了。

咸丰帝扣押巴夏礼及随员的目的是“等以后战争结束，议论战后问题时，作为筹码，再将他们放回也不迟”。可是，清军方面接连的失败使清政府没有台阶下了。恭亲王奕䜣照会额尔金，要求议和。额尔金回复说：要是不放回俘虏的话，我们是不会答应议和的。鉴于此，奕䜣派恒祺入监狱探视巴夏礼，因为恒祺以前曾任广州海关监督多年，与巴夏礼是老相识，恒祺见到巴夏礼，请他写一封信给额尔金，要求他退兵议和。

巴夏礼以自己身陷大牢为由，拒绝了恒祺的要求。奕䜣见此计不成，于是马上将巴夏礼提出大牢，另外安排了一间住处，并摘了刑具，好酒好肉招待。期间，恒祺来往多次，在多次讨价还价后，巴夏礼给额尔金写了封信。

此时，清方与联军的谈判已经开始，英方要求先放人，再画押，后撤兵，而中方的要求则刚好相反，双方相持不下，最后，互相恐吓，英方以攻城相威胁，中方则以杀巴夏礼相威胁。

扣押人质，在讲求血缘关系的古代是一种非常的交涉措施，能起到重大的作用。然而，在当时的情况下，清政府的这种幼稚行为，不但显得落伍可笑，而且更加激起了英法联军向清政府疯狂的报复行动。果然，9 月下旬，英法联军向北京城东 20 里的八里桥推进。双方在这里展开了激烈的战斗。

僧格林沁的马队向联军发起反冲锋，齐声大呼杀敌，用长矛和弓箭攻击联军，企图以快速的冲锋，冲入敌阵进行短兵相接的战斗。但在联军枪炮下，伤亡惨重，终因武器落后，被联军击退。

在南路战争场上，清军副都统胜保率领的旗兵也与联军展开了激战。胜保一马当先，与联军头目相对，左突右杀，异常凶猛，士兵见此，大受鼓舞，勇气倍增，呼喊杀敌，如排山倒海之势。猛扑联军，激战两小时，伤毙敌军 1000 多人。激战中，胜保被炮弹击中面部，当场跌下马来，昏死过去，士兵抢回胜保，送回京城养伤。

在胜保与南路联军激战时，僧王指挥骑兵穿插于联军南路与北路之间，企图分割联军，以配合胜保围歼的南路联军，最终，由于胜保受伤，这一打算未能实现。

这时，英军分兵一部分抄袭僧王后路，僧格林沁极为惊恐，便于前军将士酣战之际，匆匆爬上一辆骡车，在卫队的护卫下，仓皇逃去。将士们一见主帅逃跑，无心再战，纷纷败退，联军占领八里桥。

这一仗打死联军极多，由于伤亡过重，联军不敢贸然进攻北京城，而是绕道西北去圆明园，抢劫并焚烧了圆明园。

军事一败再败，英法联军进入京城，清王朝已无军再战，咸丰帝手中已经无牌可打，他授奕䜣为钦差便宜行事全权大臣，办理和局，而自己以“秋狝木兰”为名，仓皇逃往热河。

奕䜣在英法武力的逼迫下，于10月24日、25日分别与额尔金、葛罗交换了《天津条约》批准书，并签订了中英、中法《北京条约》：承认《天津条约》完全有效；增天津为商埠；割九龙一部分给英国；英法军费赔偿各增至八百万两。至此，第二次鸦片战争告一段落。

历时四年多的第二次鸦片战争，中国人民和爱国官兵保家卫国，英勇抗敌，给予侵略者沉重的打击。但是，由于清政府的腐败无能，战争以中国失败而告终。

咸丰帝逃亡热河

咸丰十年（1860）八月初八，英法两国再次组成侵华联军，大举入侵。咸丰帝自圆明园仓皇逃亡热河（今承德市），命恭亲王奕䜣留京议和。

英法联军攻陷广州，这并不是他们的最终目的，他们要直指北京，速战速决，逼迫清政府签订更多的不平等条约。咸丰十年（1860），战火重燃，得到兵力补充的英法联军在大沽口西北的北塘登陆，在占领了天津之后，随即发兵北京，千年古都第一次暴露在西方列强的炮口之下。如果北京守不住，他作为一国之君，必将成为英法联军的俘虏，一想到宋徽宗、宋钦宗的下场，咸丰帝双腿战栗。这个时候，僧格林沁不失时机地上了一道密折，建议咸丰帝举行“木兰秋狝”。所谓“木兰秋狝”，就是秋天到热河北部的木兰围场去打猎，这是康

熙皇帝确定的制度，乾隆、嘉庆皇帝都遵循不移，以此训练军队，锻炼尚武精神。此时遍地烽烟，咸丰帝哪有这种心情？显然，僧格林沁的用意是希望咸丰帝暂时逃离北京。

但是堂堂一个皇帝怎么能说逃就逃呢？而且就在这时，北京城内骚动不安，谣言四起。据消息称，前门很多铺子所卖的烧饼一下子被买光了，人们纷纷议论这是皇帝准备逃跑，一时间群情惶惶，令人不安。一些不明真相的朝臣也纷纷开始上疏，要求皇帝留守京城，稳定人心。南书房、上书房的大臣也纷纷上奏，力陈古来迁都之祸。咸丰帝看到僧格林沁的建议后，本想顺水推舟，借"木兰秋狝"之名逃离北京，但现在朝臣纷纷上奏要求皇帝留守，否则北京就乱套了。面对这种情形，到底该怎么办？

无奈之下，七月二十四日，咸丰帝将到底是应该"御驾亲征"还是"木兰秋狝"两个方案交由大臣讨论。讨论中，廷臣首先否决了咸丰帝御驾亲征的方案，认为这样太危险，于国家稳定不利。至于皇帝是否离开北京，则分成了两派：一派意见认为皇帝此时不应离开北京，他们认为，北京毕竟是一个军事堡垒，皇帝居住的紫禁城有好几道城墙和护城河做屏障，如果认为还不安全，你跑到野外去能跑得过英法联军的枪子吗？洋人能远渡重洋打到北京，难道就不能打到热河？另一派意见以肃顺等人为代表，认为皇帝应立即离开北京，暂时躲避风头。结果，握有权力的肃顺占了上风。八月初八日，咸丰帝从圆明园大东门起程，踏上了前往热河避难的征途。

由于仓促出逃，咸丰帝一路上没有行李，没有酒宴，每天仅能吃二两个煮鸡蛋，喝点小米粥。咸丰帝的这次出逃也开创了清朝历史记录，让他成为清朝入主中原以来第一个被逐出京城的皇帝，而且再也没能返回北京。在热河，咸丰帝往往中夜彷徨，一筹莫展，政事之余沉湎于声色，临死前两天还传谕"如意洲花唱照旧"。咸丰十一年（1861）七月，咸丰帝病故，在位只有11年。

更可悲的是，就在咸丰帝逃难热河不久，更加令人震惊的劫难发生了。英法联军闯进了皇家园林——圆明园，将富丽壮观的圆明园洗劫一空、付之一炬。为了阻止英法联军进一步施暴，留守北京的恭亲王奕䜣被迫签订了一系列割地

赔款、丧权辱国的条约。从此，中国开始跌入半殖民地的深渊，咸丰帝也已经无可推卸地背上了历史的罪名。

文明人犯下的最野蛮的暴行

1856 年 10 月，就在太平天国在长江中下游迅猛发展的时候，清王朝的统治却出现了严重危机，英国以“亚罗号事件”为借口，对中国发动了新的侵略战争。次年，法国以马赖神甫事件为借口，加入侵华战争中来，这就是历史上著名的第二次鸦片战争。

1857 年 12 月，英法联军攻陷广州。在俄、美的支持下，联军一路烧杀抢掠，打到天津。1858 年 5 月，联军攻陷大沽口，扬言要占了天津，再打北京。清政府吓坏了，连忙派人到天津议和，与英、法、俄、美四国签订了《天津条约》，从中攫取了大量权益。可是，侵略者欲壑难填。1860 年春，英、法政府再次分别任命额尔金、葛罗为全权专使，率英法联军侵华。仅有两万多的联军，迅速攻占大沽口，占领天津，直扑北京。面对侵略者恶狼般的进攻，清政府如一只受惊的绵羊，不知所措。9 月 21 日，联军向北京通州城西的八里桥发动猛烈的进攻，守桥的中国士兵经过激烈的抵抗，全部壮烈牺牲。英法联军占领八里桥。

在圆明园，咸丰皇帝听到兵败的消息，惊慌失措。22 日，他不顾群臣的劝阻，带着后妃、皇子和一大批王公大臣，狼狈不堪地逃离北京，直奔承德避暑山庄。

10 月 6 日，英法联军占领安定门。

同一天，联军攻打圆明园。中国守军寡不敌众，圆明园总管大臣文丰投福海自尽，住在园内的常嫔受惊身亡。联军占领了圆明园。“这就是圆明园，是皇帝住的地方，里面不知有多少宝物啊！”英军将领发出感叹，士兵便成群结队，蜂拥进入圆明园。他们打开丝库，“中国绸，太美了！”“快，装到车上去，送回我们的国家。”侵略军一面叫嚣着，一面把丝绸成抱地送到车上运走。能拿的都拿走了，能搬的都搬走了，能扛的都扛走了。运不走的，就被他们踩在脚下，肆意践踏。无数珍贵的古玩字画在侵略者手中被毁坏。随军书记官这样描述抢劫的情形：“英法军官与士兵疯狂抢夺，每个人都衣袋鼓鼓，满载而归。法国兵营驻扎园前，他们手里拿着铁棍，遇到珍贵的可以携带走的，就抢来，遇到带不走的珍贵物品，如铜器、瓷器、楠木等，就拿铁棒把它们击毁，必至粉碎而后快。”

这样疯狂的抢劫持续了好几天，没有人知道有多少珍宝被抢走。《泰晤士报》驻北京记者于1860年11月7日发回的电讯中说：“据估计，被劫掠的和被破坏的财产，总值超过600万镑……”

然而，圆明园更大的灾难还在后面。侵略者的抢掠暴行，激起了中国人民以及全世界的强烈指责。为了掩盖罪行，侵略者竟想出了放火灭迹的计划。英使额尔金发表了一个无耻声明：“只有焚毁圆明园一法，最为可行……此举足以使中国人和他们的皇帝产生极大的震动。”英国首相巴麦尊立即批准了额尔金的计划。他在议会发表演说，以绅士般的口吻表达他的强盗心理：“我对烧毁圆明园一事，感到由衷高兴。” “如果北京皇宫遭到同样的命运，我会同样十分高兴。”

一场文明人犯下的最野蛮的暴行开始了。

咸丰十年九月初五，即公元1860年10月18日，英军骑兵团3500人，开进圆明园，他们手持火把，到处放火。圆明园立时火光冲天，黑烟滚滚，风助火盛，火借风势，仿佛要将天地吞噬。熊熊的大火在黑夜中使方圆十几里外都能看到冲天的火光，烈焰映在这群外国士兵的面孔上，浮现出贪婪和狰狞的狂笑，魔鬼肆虐于神州大地。火舌舔食着已经倒塌的建筑，一片地狱中的景况。悲哀笼罩着赤县的长空。

此时，安佑宫中，还有近300名太监、宫女、工匠，他们来不及逃离，全部葬身火海。

一个参加了这场野蛮暴行的侵略军这样记载当时的情形：“顷刻间……所有

庙宇、宫殿、古代建筑、被视为举国神圣庄严之物，其中收藏着历代富有皇家风味和精华的物品，都付之一炬了。以往数百年为人们所爱慕的杰作，再也不能呈现在人类眼帘了。这些建筑是独一无二的，世界上没有什么东西能够和她比拟。你们曾经看过一次，就永远不能重睹了。”

圆明园的大火整整烧了三天三夜。被誉为“万园之园”的圆明园万劫不复了。

圆明园是清代皇家御花园，坐落在北京西北郊海淀以北，是清朝皇帝的一座别宫，有圆明、长春、万春三园。

这里原是明朝贵族的废园，1709 年，康熙皇帝把它赐给了四子胤禛（即后来的雍正帝），赐名“圆明园”。雍正时进行了扩建。乾隆皇帝尤其爱好山水和游玩，他到江南去过六次，看到奇峰异石，就命人搬运到圆明园内。搬运不动的东西，就叫能工巧匠在圆明园内按照样子进行修饰和扩建。从此，园内的风景日新月异，越来越美，形成一个周长 20 华里，占地 5000 多亩的园林。

圆明园四周有澄怀园、蔚秀园、亭泽园、朗润圆、勺园、近春园、熙春园、一亩园、自得园、清漪园、静明园环绕着巨大的园林建筑群杰作。后来，这座著名的园林又不断扩建，至咸丰朝时，园内有景点一百多处，大小桥梁一百多座，楼堂殿阁等建筑总面积比故宫建筑面积还多一大块。

圆明园内有弯弯曲曲的流水，高高低低的假山，湖如明镜，山似造翠，临湖靠山的地方建筑了一百多处风格各异的景致。圆明园内宫殿的建筑，有的活画唐诗意境、有的取自神话传说、有的源于民间故事、有的照搬江南名胜，既有凡人的生活气息，又有仙人的灵幻境界。此外，还有别具一格的“西洋楼”。

圆明园是巨大的艺术珍品宝库。作为一座规模巨大的皇家园林，它不仅有人间仙境的外表，更有举世无匹的收藏。除去建筑内精美绝伦的陈设之外，还存放历代著名书画家创作的艺术精品，价值连城的珍宝古玩，巧夺天工的手工艺品，难以计数的珍贵图书和万金不换的档案文献。

这座世界上最辉煌壮观的建筑群从此消失了，留下来的是一堆堆焦土和残破的砖瓦。

“有一天，两个强盗走进圆明园。一个抢了东西，一个放了火。……这个胜利者把口袋装满，那个把箱包装满。他们手拉手，谈笑风生地回到欧洲。这就是那两个强盗的历史。这两个强盗，一个叫法兰西，一个叫英吉利。”法国著名大文豪雨果得知圆明园被焚毁，悲愤地写道。

圆明园被抢掠和焚毁，是世界文明史上罕见的暴行。英法联军的野蛮行为遭到了全世界的抨击和谴责。前事不忘，后事之师。这一段惨痛的历史也永远铭刻在中国人民心中。

叶名琛的悲剧

第二次鸦片战争期间，两广总督叶名琛被英国侵略者所俘，成了清代封疆大吏中唯一当了西方侵略者的俘虏而客死异国的人。叶名琛被生擒后随即囚禁于英国军舰“无畏号”上，48天后，又被送至印度加尔各答。

囚禁在加尔各答的头几个月，他以苏武为榜样，“留胡节不辱”。当这种办法没有效果时，他便效法我国古代的志士伯夷、叔齐，不吃英法侵略军提供的食物，等到自己携带的食物用尽时，便绝食而死。这样一个重要的封疆大吏却以采取“六不”——“不战不和不守，不死不降不走”的措施和为英国所俘，屈死后被咸丰帝夺爵而遭到后世的嘲笑。叶名琛的悲剧，与他本人的出身、经历和知识有密切的关系。

叶名琛，字昆臣，湖北汉阳人。从他的曾祖起，世代为官。道光十五年（1835），叶名琛中进士，选庶吉士，授编修，从此踏进仕途，一路上，十分顺畅。到道光二十八年（1848），已成为广东巡抚，从入仕到成为一方大员仅13年时间，可见清政府对他是十分重视的。

1849年发生的一件事，使清政府对叶名琛更加刮目相看，倚为臂膀了。

那年三月，英国人打算进入广州城，巡抚叶名琛与总督徐广缙采用的办法是一方面向英国人宣示不准进城的“假圣旨”，以不失天朝国体，另一方面又加

强海陆边防，并利用当时民众反抗外国人进城的声势，企图以兵威胁吓退侵略者，以达到"不启边衅"的目的。他这办法本是行不通的，但由于当时侵略者准备不足，不想在这个时候打仗而搁置了入城的要求。因而使叶名琛等人的这次活动获得了意外的成功。

清政府把这件事的成功归结为叶名琛的功劳。1852 年，清政府授叶名琛为两广总督兼通商大臣，这是他生命中的一次转折。从此，他处处留意、事事小心，以极谨慎的态度与英人打交道。

1856 年 10 月，发生的"亚罗号"事件，使他进退两难。最终，出于民族利益的考虑，他拒绝了英国驻广州领事巴夏礼的要求，英国驻华公使包令和广州领事巴夏礼以此为借口，蓄意挑起战争。

10 月 23 日，英海军司令西马縻各厘率军舰攻虎门，广东水师提督吴大猷未接到叶名琛的命令，不敢迎击，不战而溃，英军舰顺利进入珠江内河，攻击猎德炮台，守军还击。

自第一次鸦片战争以来，清朝的对外方针一直是："从大的方面来说，不要丢失掉国体。从小的方面来说，不要轻易挑起争端。"尤其是当太平天国农民起义风起云涌时，清政府把上述方针看得更为重要。对此，叶名琛是清楚的，所以，当他得到战报后，只是淡淡地说："不会有什么事，天黑的时候，敌船肯定会退去，敌船要是进入内河航行时，不要放炮迎击。"于是，英国海军很顺利地登陆，英舰进泊广州城南西南十三行码头。

10 月 24 日中午，炮声大作，英军轰击凤凰冈炮台，炮台失守。

25 日，珠海炮台失守。

26 日是星期天，英军休息一天。

27 日。英国公使照会叶名琛，要求入城。

28 日，英军将城墙轰出一个缺口。

29 日，英军攻入广州城。当英军舰队司令西马縻各厘和巴夏礼进入总督府时，叶名琛刚刚离开。傍晚，英军就撤走了。

以后，英军仍然不断地炮轰广州城，中国军民多次与英军发生战斗，规模不大、持续不断的战斗一直打到1857年1月。1月20日英军退出珠江内河，撤往虎门口外，等待援军。

叶名琛立即向咸丰皇帝报喜，咸丰下谕，以息兵为要。

这年3月，英国政府新任命额尔金为公使，率领一支陆海军前来中国。10月，法国政府又以马神甫事件为借口，任命葛罗为全权大使，率法国远征军与英军合兵一处，侵略中国。

12月12日，英法联军陈兵海上，额尔金、葛罗向叶名琛发出最后通牒，要求入城“修约”“赔偿损失”，限十天内答复，不然就攻城。

24日，英法公使再次盟会叶名琛，由于叶名琛态度强硬，遭英国侵略者忌恨，因此在28日攻城时炮火“专攻督署”。

29日，联军攻广州城北五座炮台，清军拼死抵抗，联军攻不下炮台，攻转北门。城上清军抵挡不住，纷纷后退，英军占领观音山制高点，又相继攻占了北大门和东大门，联军入城。

30日，广东巡抚柏贵派绅商任崇曜、梁纶枉与联军议和，广州将军穆克德纳竖白旗投降。而叶名琛在炮火“专攻督署”的情况下，还整理紧要事件“坚不肯避”，最终被联军所俘。

当他被俘上船时，随从人员曾示意他投水自尽，以全名节，他却没有做，其原因是：“当时我之所以没有以死来报效国家，是因为听说侵略军要把我送到英国，在此之前，我听说他们的国王向来以理治国，很是英明，因此我想见见他们的国王，跟他当面做一番理论，问问既然我们国家已经和他们讲好了和好的条件，为什么还要毫无理由地挑起争端，这究竟是谁对谁错呢？当时我已经把个人的生死置之度外了，希望能把这件事情办好，然而，事情总是出人意料，我日复一日地等啊等，却始终到不了他们的国家。我现在在这里，活着还有什么意义呢？况且，我所携带的食物已经吃完了，我还有什么脸面去吃外国人的食物呢！”

叶名琛在印度尚保持着民族气节，他拒绝乘外国马车“游玩”，拒绝食用外国食物，而且还时时惦记着国内的战事：“听到清政府战胜的消息，就喜出望外

地奔走相告，听到清政府失败的消息，就常常独自叹息流泪。”当自己所带粮食用完后，就绝食殉国了。

其实，从叶名琛对英法联军的态度来看，他是想抵抗的，然而环境和清政府的对外政策制约了他，而他的出身和经历又使他不可能跳出这一藩篱，加上他的愚昧、固执、自负，因而导致了一个悲剧。

沙俄趁火打劫

第二次鸦片战争中，有一个俄国人来到中国，他穿梭于黑龙江流域、天津、上海、香港之间，来往于中、俄、英、法、美等几国军政人物和外交官之中，态度极为积极，他就是普提雅廷——沙皇政府的官员。要是把他的这种活动当作帮助清政府解除外来的威胁，那就彻底的错了。他这么做的原因只有一个：那就是为沙俄攫取在中国的更多利益，以满足其称霸世界的野心。

第一次鸦片战争后，一群俄国人就带着枪弹和大炮，闯入黑龙江流域，来到中国明朝设立奴尔干都司的地方，赶走了那里的满洲人，还顺黑龙江而下，到达出海口附近的庙街，宣布把庙街改成当时沙皇的名字叫尼古拉耶夫斯克，并在这里建立哨所，升起了俄国国旗，实行军事占领。

俄国东西伯利亚总督穆拉维约夫听到俄国人占领庙街的消息后，急忙向沙皇尼古拉一世做了汇报。尼古拉一世听后，欣喜异常，指着黑龙江下游的地图，说：“俄国国旗不论在哪里升起，就不应当再降下来。”

不久，俄军不顾清政府的抗议，强行越过石勒喀河中俄边界，闯过雅克萨、瑷珲等地，横穿中国领土两千多公里，并在黑龙江下游阔吞屯（沙俄改称马林斯克）等处屯兵筑垒，实行军事占领。

1855 年 5 月，沙俄再次武装侵入黑龙江，并迁来大批“移民”，在左岸建立俄国居民点。第二年末，沙皇政府公然成立了以庙街为中心的“滨海省”。这时候，英法两国发动了第二次鸦片战争。沙俄觉得时机已到，便派普提雅廷来到中国，进行其罪恶的活动。

1857年夏天，普提雅廷到了天津，他马上向清政府提出划定中俄边界的要求，并以愿意帮助清政府镇压太平天国运动为条件，换取清政府对这一要求的批准。清政府虽然在这时的内政外交已处于岌岌可危的境地，但面对沙俄的这一无理要求，还是拒绝了。

根据普提雅廷的提议，中国将要把黑龙江以北，乌苏里江以东的一百多万平方公里的土地让给俄国。这当然是清政府所不愿意的。因为早在康熙年间，中俄两国签订了《尼布楚条约》，规定中俄东部边界以外兴安岭和格尔必齐河为界，立了界址，这件事是不能推翻的。

普提雅廷在清政府方面碰了一鼻子灰，气愤之下，决定利用英法两国与中国的矛盾，借机挑起事端，从而坐收渔翁之利。于是，他离开中国先去了日本，当他在日本得知英法两国在第一次进攻广州失败后，又增派军队，打算卷土重来时，便匆匆地坐船到了上海，在那里会见了英国公使额尔金，双方对进攻北京的事一拍即合。

1857年，英法联军进攻大沽后，清政府人心惶惶。普提雅廷觉得这真是个千载难逢的好机会，就又向清政府提出划定新边界的要求。这一次清政府没有直接拒绝，而是让他到黑龙江去与黑龙江将军奕山商谈边界问题，普提雅廷没有去，他认为，这事完全可以让在黑龙江观察动静的穆拉维约夫去办。

就在英法攻下大沽的第三天，穆拉维约夫率兵到了瑷珲，俄国兵船鸣枪放炮，以武力相威胁。奕山被迫签订了不平等的中俄《瑷珲条约》。

条约的主要内容为：黑龙江以北，外兴安岭以南60多万平方公里的中国领土划归俄国，仅在瑷珲对岸精奇里江（今俄国吉雅河）以南的一小块地区（后称江东六十四屯）仍保留中国方面的永久居住和管辖权；乌苏里江以东的中国领土划为中俄"共管"，原属中国内河的黑龙江和乌苏里江，此后只准中、俄两国船只往来，别国不得航行。

清政府没有批准《瑷珲条约》，并对奕山等人予以处分。沙俄无视条约是非法的，竟把瑷珲北岸的海兰泡改名为"报喜城"。沙皇亚历山大二世特颁嘉奖，

晋封穆拉维约夫为阿穆尔（黑龙江）斯基伯爵。

随后，俄国新公使伊格纳季耶夫代替了普提雅廷。在英法联军兵临城下的时候，伊格纳季耶夫曾出面“调停”，他在1860年10月25日照会奕䜣，自称对中英、中法条约的订立曾经有过帮助，因而要求商议中俄之间的“未定文件”。

面对俄国的无理要求，奕䜣害怕假如不答应其要求，俄国便会从中挑拨英法不从北京撤军。为此，奕䜣派代表与沙俄进行谈判。

谈判之前，咸丰等认为，只将乌苏里江以东领土让与俄国即可了事。因此，在制定谈判原则时，奕䜣决定让清方代表在谈判时先提出将乌苏里江以东地区“只是暂时借给沙俄居住，但所有权还属于清政府，除此之外的一切要求，沙俄都不能再有所提及”。

然而，在谈判时，还没有等清方代表提出上述让步，俄方却先提出《中俄续增条约》15条，除了要求割让乌苏里江以东地区外，还要求西北划界，实际上是要求承认塔尔巴哈台地区西部和伊犁地区北部已为俄国侵占之地为俄国人所有，甚至还要求在北京、张家口、齐齐哈尔、库伦、喀什噶尔通商设领事。

经过讨论，俄国最终取消了北京、张家口、齐齐哈尔三地的通商要求。最后于11月14日，逼迫奕䜣签订了中俄《北京条约》。

通过中俄《北京条约》，沙俄不仅把《瑷珲条约》规定划为中俄“共管”的乌苏里江以东的中国领土强行割占，而且又为割占中国西部领土制造了“根据”。条约还为沙俄扩大对华商务的输出和进一步侵略新疆、蒙古地区创造了有利条件。

三年后的1864年，沙俄又迫使清政府在新疆塔城签订了《中俄勘分西北界约记》，俄国人在咸丰时期未能实现的愿望，在他的儿子同治时期实现了，俄国又侵占了中国西北40多万平方公里的领土。

沙俄是第二次鸦片战争中最大的获利者，它乘清政府内忧外患之机，掠夺了中国东北100多万平方公里土地，接着又夺走了中国西北40多万平方公里的领土，合计共达150万平方公里领土，这是中国失地最大，最严重的历史。

苦命皇帝

道光帝即位后，并没有按照清朝惯例马上着手秘密建储，他为什么没有将长子奕纬立为嗣君，至今仍然是一个无人能解的谜。

道光十一年后，随着奕纬的过世，几个小皇子的出生，道光才面临着建储这个本应早该解决的问题，在奕詝为长的几个皇子中，道光帝看中的是主要是皇四子奕詝和皇六子奕䜣。

皇四子奕詝于道光十一年十月初九出生在圆明园的湛静斋，消息传到养心殿，年近半百的道光皇帝极为高兴，满怀喜悦的他为小皇子起名奕詝。

时光如梭，不知不觉间奕詝已经 6 岁了，按照清朝皇室的规定，他得开始进入乾清门北侧的上书房读书。上书房的课程安排是：上午学习汉字诗词文章，儒家经典以及历代典籍史籍。午后，由满洲师傅教授满语满文，蒙古族师傅教授蒙语蒙文。然后，还要学习骑射、技勇等技艺，到太阳落山的时候才能休息。

对于这些课程的学习，奕詝是很用心的，特别对于骑射和棍棒刀枪，他更有很大的兴趣。这时候，同奕詝年龄差不多的皇六子奕䜣也开始进入上书房学习。在学习过程中，奕詝和奕䜣结下了深厚的友谊，成了最要好的朋友。

在奕詝 10 岁时候，母亲孝全成皇后突然去世了，临终前她将奕詝托付给奕䜣之母静贵妃抚养。静贵妃是一位十分善良的女人，她将奕詝接入自己宫中，像对待亲生儿子一样认真照料。有了这层关系，奕䜣和奕詝的关系更加亲密了。

每天早上，兄弟俩早早起床，在灯光的陪伴下走向上书房，学习儒家经典，蒙、满、汉文字。而且，兄弟俩对骑射武功也同样地感兴趣。每天正课之余，就在师傅的指导下，到上书房前的空地，练习射箭、角力、舞刀、使枪等技艺。

随着道光帝的日渐衰老，立储问题迫不及待地摆在了他的面前。在他看来，最佳的人选莫过于皇四子奕詝和皇六子奕䜣，可是，两个人各有千秋，各有优劣。奕詝是正宫皇后所生，而且年长，按一般惯例的传统，立奕詝为储的可能性最大，但奕䜣生性聪明，才华出众，尤其是相貌和举止都很像道光皇帝。因此，道光帝很是喜欢奕䜣。皇帝既称寡人，皇位就只有一个，究竟让谁继承皇位呢，道光帝一直犹豫不决。

为了考察他们的品行与能力，一年春天，道光皇帝命诸皇子去南苑围猎。奕䜣平时喜欢舞刀弄枪，骑射技术高超，这一点奕詝自愧不如。于是临行前，奕詝去上书房向其师傅杜受田讨计。

杜受田是山东滨州人，在1823年考中进士，会试第一，选庶吉士，授编修。1835年，入直上书房，教奕詝读书，后升为上书房总师傅。杜受田师傅教导奕詝尽心尽力，倾注心血，并有意辅佐奕詝登上皇位。

因此，奕詝向他问计时，他对道光帝的心理做过详细地揣摩。面对即将开始的围猎较量，杜受田认为只有如此这般，才能斗败奕䜣，于是给奕詝出了一个锦囊妙计。

南苑是皇家的围猎之地，位于北京郊外。这时正值谷雨，路边的垂柳已披上了绿装，一簇簇野花散发着醉人的芳香。正襟危坐在高头白马上的奕䜣，昂首挺胸，双目远眺，眉宇间透出一股傲气。他心想，此番狩猎较量，我如鱼得水，最后一定能以最多的猎物，博得父皇的欢心，那时，皇储就非我莫属了。

到了南苑围场，皇子们带领自己手下的人分别开始了围猎，奕䜣果然身手不凡，他骑的白马快如飓风，他拉的银弓满似圆月，只一会儿工夫，就猎获几只鹿和野兔。

正当奕䜣等人骑射的兴致正浓的时候，忽然发现奕詝正默坐在一旁，其手下人也在奕詝身边垂手侍立，丝毫没有要打猎的样子，奕䜣不觉心中纳闷，便骑马来到奕詝近前，试探性地问道："今天天高气爽，正是围猎的好日子，四哥为什么默坐在此呢？"

奕詝假装无意地答道："我这几天身体不太好，不敢随意驱逐，也没什么大的问题，你去打猎吧，别耽误了你进度。"

听奕詝这么一说，奕䜣也就放心地去打猎了。

太阳落山时，皇子几人带着各自的战利品，回到宫中向父皇禀报战绩，并献上猎物。果不其然，奕䜣所得猎物最多，心里也最为欣喜。皇子中独奕詝一无所献，道光皇帝不解，问其缘故，奕詝答道："儿私下里以为现在正是动物繁衍孕育下一代的时候，我不忍心在这个时候杀死它们，并且我也不愿意以骑马射猎这些小的技艺，与兄弟们争个高下。"

本来，道光帝看到奕詝一无所获，心里有些不高兴，因为习武围猎是爱新觉罗家族的家法，子孙也谨当遵守，现在杜受田所教授之言论有贬低皇室尚武精神之嫌。但当奕詝面见父皇，以此一番话奏对时，却果真博得了道光帝的欢心，认为他有仁爱之心和做皇帝的气度。

经过这番较量，道光帝初步有了意向：立奕詝为皇储。可是，道光帝却是个优柔寡断的人，虽然南苑围猎，已经决定把皇位传给奕詝，但不久，他的心里又不平衡起来，因为他毕竟是非常喜欢奕䜣的，所以，他决定再给奕䜣一次机会。

有一天，道光帝病重，自知不久于人世，派人通知奕詝和奕䜣到他那里去，想亲自考问一番。奕詝和奕䜣闻讯后，都深知这一次考问的重要性，急忙利用入宫前的短暂时间，匆匆赶到自己的师傅那里去讨教。

此时奕䜣的老师是卓秉恬，卓秉恬在嘉庆七年中进士，有才气，属于少年得志类型的知识分子，喜经世致用之学。他步入仕途后体察民情，为政多所兴革，升迁较快，历任工部、兵部、吏部尚书，道光二十五年充任经筵直讲，授体仁阁大学士。

此人的特点是办事认真，好发议论。如九卿会议制度，自军机处成立后逐渐形同虚设，到道光年间，遇有九卿会议，经常只由一两个王公或权相决定大计，其他与会者不过应名画诺而已，唯独卓秉恬一本正经，侃侃而谈，据理争辩。为此，常不为同僚所认同。

当奕䜣征询他的意见时，卓秉恬告诉奕䜣说：如果父皇问你什么事，你就知无不言，言无不尽。卓秉恬这样讲的意图实际上很明显，因为奕䜣人很聪明，反应也快，知识丰富，他完全可以凭借自己的才华压倒奕詝。

奕詝的老师杜受田分析了两位皇子的实际情况后，认为皇四子应该扬长避短，用自己的特长来使道光产生好感。他对奕詝说：如果父皇问起国家政事，你

在这方面的才识智慧是远远不能与皇六子相比的。要取胜，只有一个办法，那就是当父皇在谈及自己年老多病，可能不久于帝位时，你什么也不用说，只要一个劲地伏跪流泪，表现出你对父皇的孺慕真诚。

果然，道光帝在病榻前召见时，向奕詝、奕䜣提出了一些治国安邦的问题，并限定皇子们以最精练的语言进行回答。

六阿哥奕䜣先开了口：

"父皇，儿臣认为天子爱民如子是他的本分，治国安邦是他的天职。目前，英夷犯我大清，应当击退它，万一击退不了，应限定其再次进犯内地。至于各地的起义军，则应合力剿尽，以防后患。"

奕䜣讲得头头是道，道光帝满意地点了点头。他把目光投向四阿哥奕詝，希望他也能发表一下意见。可是奕詝沉默不语。他跪在龙榻前，泪如泉涌，伤心至极，泪水打湿了前襟，后来几乎是泪如雨下了。

道光帝见此情景，抽泣着说："皇儿，快别哭了。"奕詝仍然是泪水像断了线的珠子，直往下落，过了一会儿才断断续续地说："阿玛龙体欠安，儿臣日夜向上苍祈祷，唯愿父皇早日康复，此乃国家之大幸，万民之大幸，儿臣之大幸。"

道光帝紧紧拉住奕詝的手，不禁老泪纵横。那情境十分动人。奕詝将头埋进父皇的臂弯里，呜咽不止，他的泪水把道光帝的衣裳都打湿了。道光帝撩起自己的衣角为儿子擦去泪水。又哭了一会儿，奕詝才抬起头来："阿玛，此时儿臣方寸已乱，实在无法考虑国家大事。恕儿臣无能，倘若阿玛有什么不测，儿愿伴驾西行，永伴身边。"

一番话情真意切，句句动人，在场的几个皇子也纷纷落泪，哭作一团。

自古以来，月有阴晴圆缺，人当然也有悲欢离合。眼见骨肉至亲就要永别，怎么能不叫人痛心呢。

"阿玛，儿臣不孝。未能尽孝病榻之前，儿不能原谅自己，愿父皇赐儿随父而去。"奕詝见父皇奄奄一息，的确也很悲伤，再加上他又想起师傅杜受田的教导。

"病榻前无孝子，若出了个大孝子，做父母的宁愿牺牲一切，也要给孝子大半个天。"

于是，奕詝说出了这句话。道光皇帝听来字字都是那么入耳，心中不禁十分宽慰。他认为奕詝这孩子实在太仁孝了，做人君的就应该有这种气度，思来想去，道光帝决定将皇位传给奕詝。

道光三十年（1850）正月，本来身体欠佳的道光帝因在皇太后的丧事上操劳过度，竟至一病不起。没过多久，他就随皇太后而去了。

国不可一日无君，道光皇帝去世后，几位亲王出来主持局面，最后共同决定在先帝去世后的第三天上午，携同诸位大臣，当着几位皇子的面，爬上乾清宫"正大光明"匾额后，取下密缄，与一个月前道光帝交给大臣们的密匣一同打开，取出两份密缄，遵照遗旨拥戴新皇帝登基。

1850 年 2 月 25 日，也就是道光三十年 2 月。众皇子在皇族亲王的陪同下，来到了紫禁城乾清宫。

决定他们命运的关键时刻要到了。奕詝、奕䜣两兄弟从小手足情深，可此时彼此戒备，谁也不想多说什么。

只见淳亲王小心翼翼地开启两个一模一样的密匣，奕詝、奕䜣两人直盯着他的手，眼睛一眨也不眨。

淳亲王是道光皇帝的弟弟，他的资历最老。于是由他宣读遗旨。只见他双手捧起两张黄色御书，大声宣读：

"皇六子奕䜣封为亲王。"

"皇四子奕詝立为太子。"

"特谕！"

半晌，无人出声。这遗旨既在人们的意料之中，又在人们的意料之外。大清入关二百多年，前几代君王皆立储，可从来没有过在立储的同时，又立亲王。由此看出，道光帝当时的矛盾心情：他生前生怕委屈了六阿哥，亲立奕䜣为亲王，不能不说是用心良苦。

天平终于倾向了奕詝这一边，皇六子奕䜣虽深得父皇的钟爱，最终因为种种

原因，被淘汰出局。历史开了个大玩笑，乱世登基的新皇帝才学、胆识竟比不上亲王奕䜣。

就这样，大清国开国以来的第八位皇帝在大喜大悲中登上了历史舞台。历史进入咸丰时代。

奕詝如愿以偿地得到了皇位，然而，祖先留给他的已经是一副相当破败的家当。刚一登基，就有湖南天地会起义，尚未改元的当年年底就爆发了声势浩大的太平军起义，咸丰三年（1853）二月，太平军攻克了江宁（今南京），改名天京，定为国都，天王洪秀全正式建立了一个与清王朝分庭抗礼的新政权。不久，曾国藩招募乡勇组成“湘军”，与太平军作战，开始控制住了局面，但咸丰之世，湘军始终与太平军交战，其他地方小股起义更是接连不断，并且，由于团练武装日益壮大，开始了晚清地方权重的新统治格局。“内乱”未靖，“外患”又起。

咸丰继位之初，也曾为振兴正在走向衰亡得清王朝颇费心思，然而不久便发现自己回天无力。从咸丰四年（1854 年）起，他便开始疏怠政务，转而以声色自娱。他喜爱听戏，对戏曲颇有研究，甚至还能给升平署伶人挑错。他喜爱女色，这在野史中颇被渲染，甚至说不顾祖制挑选汉女（非汉军）进宫，令居于圆明园的牡丹台、武陵春色、杏花春馆等处，号牡丹春、海棠春、杏花春、武陵春“四春娘娘”。有了“四春”的陪伴，咸丰帝的斗志更加消沉了，他开始肆无忌惮地放纵自己，纵情声色。

当时，有一个年轻的优伶叫朱莲芬，姿色艳丽，为诸伶之冠，善于唱曲，歌声清脆甜美，且又写得一手精美的小楷。咸丰帝知道后，就令太监召朱莲芬来宫中唱昆曲，而且晚上绝不放她出宫。有一个叫陆懋宗的御史是朱莲芬的常客，一日，陆老爷无事又到朱莲芬家里走走，结果她不在，一连去了几天，竟然一面也没有见到。

后来才知道这些天朱莲芬在侍候皇上。陆懋宗想来想去，突然想到一条妙计，立即给皇上呈上一份奏折，折中直言纳谏，引经据典，洋洋数千言，劝说皇上国难当头之际，应将主要精力放在国事上，而不应寻花问柳。

咸丰帝看了奏折后，只是微微一笑。回到后宫就问朱莲芬可认识陆懋宗，朱莲芬回答，陆大人是我那里的常客。

咸丰帝听后大笑说："陆老爷吃醋了。"随即在陆御史的疏本上批道："就像狗正在啃一块骨头，突然间被人家夺去，能不发怒吗？我不怪罪你！"

可见，咸丰帝此时，已经不是一个雄心勃勃的君主，而是与臣子为妓女争风吃醋的酒色之徒了，其意志已消沉到极点。

咸丰六年（1856），英、法等国又以"修改条约"为名，挑起了第二次鸦片战争，停停打打，到了咸丰十年（1860）八月，英法联军攻占北京，火烧圆明园，奕詝事先以"木兰秋狝"为名，仓皇逃往承德避暑山庄。咸丰帝率众后妃及皇子仓皇出逃，一路之风餐露宿，担惊受怕。等到了承德避暑山庄时，早已人困马乏，筋疲力尽。一波未平，一波又起。刚有喘息工夫的皇上与众随从，被一封六百里加急的快报惊呆了。圆明园烧了三天三夜，内中财宝被搜刮净尽。呆若木鸡的咸丰帝只觉得眼冒金星，浑身的血一下子涌到头上，双腿发软，咕咚一声瘫在龙榻上，众大臣急呼："皇上！"过了好一会儿，咸丰帝慢慢把目光移向南面的京城方向，想到几百年的祖宗基业，竟毁于自己之手，心中一阵剧痛，顺着双颊流下了两行热泪，他在哭泣，他的心更在流血！

经历了这场打击，咸丰帝一下子苍老了许多。本就虚弱的身体更加孱弱，当初那股施展宏图大志的勇气，早已烟飞云散。

咸丰十一年（1861）六月初九，是咸丰 31 岁生日，也是他人生的最后一个生日，在生日宴席看戏的时候，咸丰帝病情加重，戏没看完，就因腹痛难忍而中途退场。

第二天清晨，即咸丰十一年七月十七日寅初（1861 年 8 月 22 日凌晨），咸丰皇帝驾崩了。奕詝就这样走完了短暂而又不幸的一生。

慈禧垂帘听政

公元 1860 年对于清政府是一个多事之秋，南方的太平天国叛乱还没有平定，北方的英法联军已经打到帝国的首都北京城附近。

帝国的年轻统治者咸丰皇帝只好以狩猎的名义，仓皇逃到了河北承德的避暑山庄。不久，传来英法联军火烧圆明园的消息，咸丰又急又气，不久便病倒在了床上。随着割地赔款的条约越来越多，他的身体也越来越衰弱。

慈禧

一天晚上，咸丰派人叫来承德的肃顺、端华等八位大臣。咸丰勉强从床上撑起身。有气无力地说："我的身体越来越差，恐怕活不了多久了。我的儿子刚6岁，还不能处理国事。我现在封你们为顾命八大臣。在我死后，你们要尽心竭力地辅佐他。"

八位大臣一听咸丰这么说，便连忙跪下磕头。肃顺说："皇上只管保养您的身体吧，我们绝不敢辜负皇上的希望。"

"还有，"咸丰皇帝刚躺下，又挣扎着起来对八大臣说："懿贵妃这个人你们今后必须加以注意，她阴险狠毒……"不久，咸丰皇帝就死了。

咸丰临死前叮嘱肃顺等人提防的懿贵妃，姓叶赫那拉，小名叫兰儿，16岁被选入皇宫。皇宫里大大小小的妻妾很多，兰儿刚进宫时，地位很低，没有什么机会和皇帝亲近。有一天，她看到咸丰皇帝在圆明园散步，就躲进树林里。故意娇滴滴地唱起歌来。咸丰皇帝被这歌声吸引住了，他把兰儿叫了出来，发现兰儿长得比她的歌声还美。从此，兰儿就再也没有离开过咸丰的身边。过了几年，她生了皇子载淳。咸丰虽然妻妾很多，但还没有一个给他生过儿子，于是，兰儿更加得到咸丰的喜欢，并被封为懿贵妃，地位仅比皇后低。懿贵妃为人机灵，聪明能干。咸丰经常生病，不能料理国事，她就代笔批阅奏折。时间一长，懿贵妃渐渐有了一定权力，谁也不敢得罪她。皇后是个老实忠厚的人，什么事都让着她，她也就越来越骄横了。所以，咸丰临死前才表示出对她的不放心，让八大臣多加注意。

皇上死了，八大臣拥立载淳为皇帝，尊皇后为慈安太后，尊皇帝的生母懿贵妃为慈禧太后，然而，慈禧对这些一点儿也不感到满足。她真正的目的是要掌握国家的一切大权，所以拥有这些权力的八大臣就引起了她的不满，被她看成了眼中钉。而八大臣也对她怀有戒心，不让她干涉朝政。慈禧为了争权，便暗中与在北京的恭亲王奕䜣取得了联系。

奕䜣是咸丰的弟弟，因为排行老六，常被称为"鬼子六"，当时正在北京跟英法联军议和，控制着北京的局势。当他看到咸丰死时没有任命自己辅政，心中十分恼火。正在这时，慈禧给他写来一封信。他打开一看，顿时喜出望外，觉得夺取大权的机会来了。经过一番紧张的准备，他便快马加鞭地赶到了承德，一到承德，他顾不上休息就单独和慈禧进行了长时间的密谈。

"这八个人太可恨了，"慈禧咬牙切齿地说，"尤其是那个肃顺，根本不把咱们看在眼里。"

"他们猖狂不了多久了，"奕䜣也恨恨地说，"不过，要除掉他们也不容易。"

"我倒有一个办法。"慈禧压低了声音，把她的阴谋告诉了奕䜣，然后又问："不知道外国人对此有什么看法？"

"我经常和外国人打交道，这方面的事就交给我了。"奕䜣一拍胸脯，显出非常自信的样子。

奕䜣在承德只待了一天，就连忙赶回北京了。不久，八大臣接到了御史（掌握监察的官员）董元醇的一个奏折（递交皇帝的文件），奏折上说，皇帝还小，不能料理国家大事，应该让皇太后暂时负责。这个奏折使肃顺等人非常生气，他们马上以皇帝的名义，要对董元醇治罪。其实董元醇这个奏折是奕䜣回到北京后，按慈禧的意图安排的。第二天，慈禧便把肃顺等人找来，吵了一架。

"现在朝中的大臣们都希望由两位太后料理国事，你们为什么不同意呢？"慈禧一开口，便直截了当地讲了自己的意图。

"大清朝从来没有皇太后参与国政的先例，"肃顺对慈禧进行了坚决的回击，

“而且是先皇的遗嘱，皇太后怎能随便更改。”

“难道你们连皇太后的话也不听吗？”慈禧说话非常骄横。

“我们是根据先皇的遗嘱办事，不能听太后的！”肃顺也毫不示弱。

于是双方越吵越凶，慈禧是又哭又闹，屋子里的气氛十分紧张，6岁的小皇上躲在慈安的怀里，吓得缩成了一团，最后竟“哇哇”大哭起来。慈安见小皇上都被吓哭了，也气得发起火来，大喊：“都给我滚出去。”肃顺等人平时非常尊敬慈安，见事情弄成了这样，便只好退了出去。

慈禧在承德与八大臣闹翻，恭亲王奕䜣在北京也没闲着，他把掌握兵权的胜保拉拢过来，完全控制了北京的军队。等奕䜣把北京的一切安排好以后，慈禧便催促八大臣早点动身，把咸丰皇帝的遗体送回北京。她对肃顺说：“我和慈安太后、皇上由载垣、端华他们七个人陪着，从小路先走。你带领军队护送皇上遗体，从大路走。我们先到北京，好率领文武官员迎接你们。”这一次，狡猾的肃顺上了当。他不知道慈禧这样做，实际上是把他这个核心人物与其他七个人拆开了。这样就有利于慈禧、奕䜣除掉他们。

慈禧他们走小路，先到了北京。这时候，奕䜣早把政变的准备做好了。就在当天晚上，胜保等一大批官员就纷纷要求由皇太后料理国家大事。他们声称，如不这样的话，就没办法安定人心，维持统治。然而，慈禧造的这些声势，没能引起载垣、端华等人应有的注意。

第二天一大早，文武大臣们都到皇宫去给小皇上请安。大伙给皇上磕完头后，退到了宫殿两侧。这时候奕䜣突然站出来，双手高举早已用小皇帝名义写好的圣旨，大声念道：“将载垣、端华、肃顺等人立即捉拿。”大臣们一听，都惊呆了。还没等他们明白是怎么回事，武士们已经冲上去，把端华、载垣等七个人抓起来。然后，奕䜣又命令醇亲王奕𫍽领人去逮捕肃顺。

这时候，肃顺护送咸丰的遗体已到了密云区。奕䜣赶到后，对肃顺说：“大人辛苦了，皇上命我来迎接大人。”肃顺对此并没有在意，可是晚上他刚刚躺下，就听到外面大乱起来。他刚要问是怎么回事，十几名武士已经闯了进来，把他从床上拖下捆住了双手。肃顺拼命挣扎，大声叫骂：“你们竟敢抓顾命八大臣，难道不想活了！”可是再喊也没用了，倒是他自己连性命也保不住了。

慈禧把八大臣全部抓获后，下令将肃顺杀头，命令载垣和端华自杀，其余五人全部被撤职。除掉了八大臣，慈禧一步登天，掌握了国家大权。她宣布，由她自己和慈安太后垂帘听政。垂帘听政就是在小皇帝的座位后面挂一个珠帘，两位太后坐在帘子后面处理国家大事。慈禧给小皇帝起了个年号，叫“同治”，意思是由两位太后共同治理国家。而实际上，国家一切权力都掌握在她一个人的手中。

慈禧太后从公元1861年发动政变上台，到公元1908年病死，在这漫长的47年中，她一直操纵着中国的命运，祸国殃民，是中国近代史上一个臭名昭著的大野心家、阴谋家、卖国贼。

中法战争不败而败

第一次鸦片战争、第二次鸦片战争结束后，法国从中国取得了不少利益，但仍然得寸进尺，又开始了厚颜无耻的侵略。

法国这一次侵略中国，没有直接率领大军进犯中国，而是以侵略越南为跳板，这样一是可以很顺利地打开中国西南大门，二是可以在中越边境借机挑起事端。

1873年，安邺带领着法国远征军，强行进犯河内，与越南军队展开了激战，越南军没有准备，很快被法军打败，安邺占领了越南北部地区。

越南阮氏王朝得知河内失守，大惊失色，越南国国王立即召集文武百官商议对策，有一位大臣说道：“法国武器先进，而且人数众多，单凭我们的力量很难打败他，我们要找援军来帮助我们作战！”

越南国国王问道：“我们到哪里去找援军呢？我们与中国相邻，不知是否可以到中国去请求援兵？”

话音刚落，一位大臣立即说道：“陛下，万万不可，中国如今内忧外患，不

断有反贼起义，中国正在四处自救，他不会出兵帮助我们的，另外中国自从受了英法联军的侵略，从内心深处惧怕英法等帝国主义侵略国家，所以从这一点上来说，他也不会出兵援助我们。但是，您不必焦急，中国政府虽惧怕帝国主义列强，但中国人民不怕帝国主义列强。中国不仅有许多抗英、抗法英雄，而且许多民间组织也纷纷起来反抗帝国主义列强，我们可以请中国民间的组织来援助我们，共同打败法国。”

越南国王一听，点头答应，便立即派人去向黑旗军求援，而且他还存在一丝侥幸心理，以为越南与中国是唇齿关系，所以也派人向中国政府求援。

黑旗军是中国农民起义军，1865 年在刘永福的带领下掀起了农民运动的小高潮，这支队伍把七星黑旗作为军旗，所以人们称他们为黑旗军。刘永福带领起义军占领了许多城镇，但由于孤军无援，被清政府团团包围，刘永福为了保存实力，非常果断地带领黑旗军突围出来，一口气逃到了中越边境保胜一带。这里清政府的兵力少，而且地势险要，刘永福想在这里积蓄力量。

一天，刘永福正训练军队，忽报有越国使节求见。越南使者说明了情况，又把国王的信递给了刘永福。刘永福看完信后，非常气愤，立即带领黑旗军前去支援。

黑旗军很快就到了越南河内城外。法国头子安邺没有费多大兵力就占领了河内，他认为几天之后就可以灭掉越南这个小国。一看城外来了一批人马，根本就不放在眼里。立即下令，出城攻打黑旗军。

刘永福一看安邺带领法国军队已经冲出来了，并不急于和他们交手，自己带领一部分人马与法国军队且战且退，又安排一部人马从后面包抄。黑旗军恨透了法国人，在中国时，得知英法联军进攻北京，烧毁圆明园，都恨得直咬牙。如今与法国军队交了手，更激起了心中的怒火，与法国军队展开了激战。安邺目空一切，他认为越南没有人能阻挡他侵略的步伐，所以也没有把刘永福的黑旗军放在心上。可一交战，才知道低估了黑旗军的能力。这支队伍能征善战，而且每个人都如下山的猛虎，杀得法国士兵鬼哭狼号。安邺一看黑旗军人数虽少，但每个人以一当十，自己的人马损失很大，便带领法国残兵败将想逃回去。

正在这时，从后路包抄的黑旗军在战鼓的助威声中，黑压压一片杀了过来。法国侵略者腹背受击，一下乱了。黑旗军大开杀戒，侵略者的首领没有逃跑掉，被吴凤典一刀砍死。法国侵略者夹着尾巴逃跑了，越南河内之急已解。越南国国王非常高兴，盛情挽留刘永福，封他为三宣副都督。

法国人吃了败仗，自然不会甘心，侵略者的本性决定了他还会再次出兵。

1883 年，法国再次侵犯越南，而且扬言要侵占中国。清政府为了向法国表示友好，撤退了派驻广西、云南一带的清军，并和法国人议和。

法国人表面上答应，实际上则做好了侵略中国的准备。

1883 年 5 月，法国统帅李维利攻占了河内，并且悬赏捉拿刘永福。刘永福毫不畏惧，带领黑旗军和越南人民一起抗击法军。刘永福和越军将河内团团包围。李维利知道这是一座孤城，一旦被围困，饿也得饿死，便准备带领法国侵略者冲出城去。

刘永福早已料到李维利会突围，便对黄守忠说道："李维利一旦出城，先不要与他交手，等他的人出了城，你断他的后路。"刘永福又命杨著恩在低桥一带做好埋伏。

李维利带领法国人缩头缩脑地出了城。他以为天黑，不会有人发现他们，但他想错了，早有人埋伏在暗中注视着法国人的一切。

天已蒙蒙亮，李维利带领法国侵略者眼看就要逃出去了，李维利大笑道："这些人太笨了，我这么轻易地就突围出来了！"一个法国士兵说道："大帅，也许他们惧怕我们，只想把我们吓跑，而不敢来追我们！"李维利又说道："你说得很有道理，但是他们想错了，我们还会杀回来的！"

这些人边说边行军，刚一到低桥，忽听得鼓声震天，伏兵四起，吓得李维利立刻傻了眼，大声叫道："上当了！上当了！别乱，稳住阵式！"他喊他的，法军早已乱了，杨著恩带领人马杀了上来。法国军队是仓促应战，战斗力丧失，很快就被黑旗军打败。李维利怕全军覆没，准备带领法军退回到河内。没走多远，就听得喊杀声震耳欲聋，法军一看又遇到伏兵，也不交手，而是四处奔逃，只剩下李维利这个光杆司令。他一看大事不好，撒腿就跑。黑旗军恨透了这家

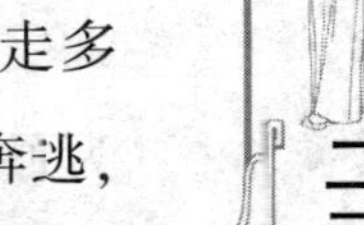

伙，一枪就将他打倒。

法军接连两次受到重创，恼羞成怒，又派孤拔带领4000海军侵占越南。孤拔带领洋枪队，攻占了越南首都，越南沦陷了。刘永福将黑旗军移到中越边境，准备与法军决一死战。

法国军队占领了越南，他们的第一个目标达到了，他们又开始了第二个目标：侵占中国。没有理由，便编造理由，他们说刘永福是中国人，两次重创法军。

1883年，法国舰队侵占山西。山西是越南北部的战略要地。越南使者到中国求援，他们希望清政府出兵赶走侵略者。清政府也害怕法国攻占了越南，便会侵占中国，于是答应派去一部分清军，但是这支清军没有和法军交战，只是奉命守在山西，防备法军进攻中国。

可是防守在这里的清军看到法国舰队来攻打山西，立即撤了回去，黑旗军与法军展开了一场激战，但是寡不敌众，黑旗军也被迫撤出了山西。

法军一看取胜，立即加快了侵略的步伐。1884年，向福建水师基地马尾港进攻，守将张佩纶毫无准备，一味妥协退让，而且下令不准先开炮，违者虽胜亦斩！这种情况下，中国军队陷入了被动之中，企图以此来博得法国的仁慈是办不到的，侵略者的本性决定了他们是不会停止侵略的。8月3日，法国舰队突然向马尾港袭击。张佩纶急忙逃跑，官兵与法军展开了激战。由于仓促，中国军舰尚未起锚就被法国大炮击沉。这次战斗，中国福建水师损失惨重，官兵几乎全部牺牲，而军舰全部被击沉。

清政府完全陷入了被动挨打之中，这才宣布对法作战。

中国人民和爱国官兵是有骨气的，他们视死如归，拼命保卫国家。1885年，法国攻占中越边境重镇——镇南关。镇南关是我国西南的门户，如果这里一旦失守，法国侵略者就可以长驱直入了。

法国的侵略行为，激起了中国边境军民的愤怒。老将冯子材，年近七旬，为了保卫国家，又重出江湖。由于老将军冯子材在这里很有威望，所以他一出山，军队士气大增。

1885年3月，法国统帅尼格里分兵三路进关。由于法军大炮猛烈轰炸，东岭炮台失守。法军又调集了所有火力轰炸长墙，法国人在炮火的掩护下，已攻到了长墙下。老将冯子材一看，情况非常危险，立刻带领守兵冲了出去，冯子材高喊："将士们，为了报效祖国，消灭鬼子，杀呀!"这些清军看到，老将军虽已年近七旬，仍然奋勇杀敌，手中的长矛舞动得像银蛇似的，杀得法国人节节败退。士兵们满腔的愤恨发泄出来了，个个勇猛无比，法国军队被打得狼狈不堪，而这时王德榜率领清军已攻下了文渊城，这是法军弹药粮草基地。随后带领人马从西岭杀了过来，清军这时又拿下了东岭，法军三面受敌，只好后退。而在这时，山谷里又响起惊天动地的喊杀声，清军和法国人都愣了一下，原来是中越两国的老百姓前来助阵。尼格里身负重伤，带着残兵败将逃了回去。这一仗歼灭法军1000多人，打伤者无数，而且缴获了法国的许多门大炮。

镇南关大捷，扭转了整个中法战争的局面，中国由败而胜，由被动转为主动，又乘机攻下了凉山、谷松、观音桥等地。

然而就在这时，卖国贼李鸿章在征得慈禧的同意后，乘胜即收，乘胜议和。慈禧降旨，撤回清军，与法国人议和。

1885年6月，李鸿章与法国人签订了《中法天津条约》。消息一传开，举国上下都对李鸿章、慈禧的卖国行为极为不满，有的写诗讽刺这些卖国贼，有的暗杀卖国贼。老将左宗棠也大骂李鸿章，气得卧病不起。

反洋教争人权

同治九年（1870），天津接连不断地发生儿童失踪的事件。小孩儿的父母着急地到处寻找自己的子女，却不见踪影。有人告诉他们："现在，有些拐子（拐骗人口的贩子）专门拐骗小孩儿，你们的孩子一定让他拐走了。"大家就自动联合起来，想办法抓住那些拐子。

不久，果然抓住了几个，他们把拐子送到官府审问，发现这件事跟法国天主教堂和仁慈堂有关。

法国天主教堂就在天津城东门外三叉河口北岸，叫“望海楼”。本来，望海楼是清朝初年修建的。第二次鸦片战争以后，法国天主教会占据了它，又转让给法国驻天津领事馆。同时，在附近建了一座新的望海楼天主堂。望海楼旁边有一个叫“仁慈堂”的孤儿院，又叫育婴堂，也是法国传教士办的，主要是收养孤儿与弃婴。由于华人自动将孤儿或弃婴送来的极少，堂中的主持人为了“鼓励”这件事，常常交给送来孤儿与弃婴的人一些零钱。

因为这个原因，便有若干“非孤儿”与“非弃婴”被拐子拐骗送到仁慈堂领赏。儿童失踪的事越来越多，当父母的无不提心吊胆。

仁慈堂的修女，对于病得垂死的孤儿或弃婴也肯收留，好在他们气绝之前由神父施以洗礼，让他们的灵魂获得升天的资格。为了进一步帮助这些可怜的小灵魂升天，神父在夜间用天主教的葬礼把他们埋葬在天主堂的坟地。棺材不够用了，就把两三具尸骸合并装在一个棺材里。

老百姓不了解真相，他们只知道：第一，他们的儿女失踪；第二，天主堂坟地埋了日益增多的小孩子。

老百姓因此相信当时流行着的一种谣言，说天主堂的神父与修女经常派人用迷药拐孩子，然后，挖眼剖心。这件事马上传开，天津市民都议论着法国传教士干的“缺德事”，恨得咬牙切齿。

这年夏天，两名拐子张栓、郭拐被抓获，天津知县刘杰、知府张光藻审明罪证之后，将二犯正法，并张贴告示，暗示二犯是由教堂指使。后来，桃花村乡民又抓获了拐子武兰珍，送到县衙，他供出主使人教民王三将他迷住，又指使他用药迷拐儿童，拐送一人给洋钱 5 块。此事哄传以后，人心大愤，民情汹汹，书院停课，绅士们集会于孔庙，仇教情绪高涨。不论是教士或其他外国人走到街上都会遭到围哄和袭击。

老百姓的愤怒到了难以控制的程度，北洋通商大臣崇厚同法国领事丰大业交涉，要求调查仁慈堂的内部实况，提讯王三。丰大业答应了他的要求，约定在望海楼故址的天主堂提讯王三，与武兰珍对质。会审时王三又翻掉原来的口供，使案子没有办法再继续下去。这时，有人提出到教堂内去检查，但结果依然一无所获。于是，民间又传说，教堂内必有地下密室，专干剜眼剖心的事情。群众听说后，又聚集在望海楼教堂前抗议，与那里的教徒发生了冲突。崇厚听说天主堂附近发生冲突，正要派官军去弹压，丰大业却已怒气冲冲地来到三口通商大臣的衙门。

丰大业身上挂上两把铳子（长手枪），一进门就对崇厚破口大骂，拔出铳子放了一响，但没有打中。

崇厚躲进房间，丰大业在客厅里摔茶碗、拍桌子骂个不休。崇厚在里面连大气儿也不敢出。崇厚的衙役跑出衙门，把丰大业逞凶的情形跟群众说了一遍。一传十，十传百，成千上万的群众都知道了这件事。大家纷纷走上街头，怒不可遏。

天津知县刘杰赶忙前来维持秩序。丰大业从衙门走出，碰到刘杰又放一枪，没打中刘杰，打伤了刘杰的一名随从。

老百姓立刻行动，围住丰大业，将他乱拳打死。他的秘书西蒙，虽然身上挂了长刀，也敌不过成千的老百姓，与丰大业同时丧命。

老百姓一不做二不休，转到天主堂（在通商衙门东边不远），把天主堂烧了，杀死两个神父。再到天主堂东边的领事馆，杀死另一个秘书多玛散和他的妻子。最后，到仁慈堂，杀死 10 个修女，放出 150 名左右孤儿，然后将仁慈堂付之一炬。

同一天遭殃的，另有法国商人夏勒迈松夫妇与俄国人 3 名。

这 3 名俄国人，是被认错了的。老百姓以为他们是法国人。

被杀的教民（信教的中国人）也有三四十个。

四座英国人教堂与两座美国人教堂同日被毁，老百姓以为这六座教堂也是法国人的。

天津教案震惊中外，七国公使联合向清政府提出抗议，各国兵舰聚集在天津和烟台示威。法国海军司令甚至叫嚣要把天津化为焦土。4 天以后，清政府命令直隶总督曾国藩赴天津查办这个案子。

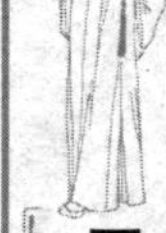

曾国藩来到天津查了一阵，认为仁慈堂修女挖眼剖心不是事实，但拐卖人口就很难说了。但是，为了避免刺激洋人，尤其是为了避免刺激法国人，曾国藩故意把有关迷拐的一节在奏疏中说得语焉不详。

而且，他一到天津便撤换了天津道、天津知府、天津知县，借以博取洋人的好感。

洋人的反应是：英、美、法、比、俄、普、西七国驻华外交代表联名对中国抗议；法国代办罗淑亚单独要求将天津知府、天津知县与提督陈国瑞斩首抵命；各国聚集了若干兵船在天津与烟台，实行威胁。

曾国藩答应赔偿教堂损失，惩办杀人凶手，但拒绝以提督、知府、知县三个无辜的人抵命。罗淑亚一度想使用武力，但法国海军指挥官没有同意。原因是，普、法战争已经爆发，非得巴黎当局正式训令，否则，不便对中国启衅。罗淑亚因此也软了下去。

曾国藩及慈禧太后与恭亲王奕䜣，并不想利用法国此时不利的形势，而一秉原定的方针进行。曾国藩一面交涉，一面大捉所谓的凶手，分别请旨判刑。被判死刑的有15人，其后又加杀5人，凑足20颗头颅，替法国人出气。被判充军的前后共有25名，知府张光藻与知县刘杰被曾国藩押交刑部，请旨判以终身充军。

事后，曾国藩对人说，他明知张、刘二人无罪，但为敷衍法国人只得牺牲他们。

教堂的损失，清廷赔偿13万两。给死亡者的抚恤是25.5万两。此外，赔3万两给3个被错杀的俄国人，赔2500两给英国教会、4785两1钱9分给美国教会，作为重建被毁的英、美教堂之用。

天津教案实际上是全国各地反洋教斗争的一部分，被称为“教案”的自发反洋教斗争在贵州、湖南、江西、四川、江苏、安徽、河南、河北、福建、台湾等地，都先后发生过。天津教案又使这一斗争更广泛地开展起来。天津人民为纪念死难烈士，把这件事编成唱本、快板书，刻成版画，广为流传。

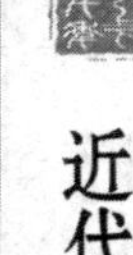

张汶祥刺马案

清朝晚期的历史上，曾出现过四大震惊朝廷内外的奇案，它们作为轰动一时的新闻，在坊间闾巷、朝廷上下闹得沸沸扬扬，尽人皆知。其中张汶祥刺杀两江总督马新贻案更是曲折无比，富有传奇色彩。

19 世纪初期，淮河连年发生水患，致使广大农民颗粒无收，生活艰辛无比。然而，更使他们雪上加霜的是贪官污吏横征暴敛，任意敲诈老百姓。

老百姓为了生存下去，纷纷组织起来，在迎神逐鬼的名义下从事反清活动。不久，这里爆发了捻军起义，起义军与后来的太平军联手，以安徽为根据地，出击清军，攻城略地，势头强劲。

当时，马新贻守卫合肥，在捻军破城战中，他被革职。此后，戴罪立功，在一次与捻军的作战中，因指挥不当，误中捻军埋伏，被捻军小头目张汶祥擒获。

张汶祥这个人颇有心智，他见捻军号令不一，又无纲领，是一些乌合之众，估计今后难成气候，不如归顺朝廷，封妻荫子，成就功名。他正在寻找机会，机会就不期而至了。他于是和生死拜把弟兄曹二虎、石锦标商量说："今天俘虏这人，是朝廷里的大官，我们何不放了他，再与他结成兄弟，招安朝廷，机不可失啊！"

曹二虎、石锦标一向都唯张汶祥马首是瞻，当即表示同意。

果然，马新贻见张汶祥等赦他不死，当然同意一切条件。

四人在一个土地庙里摆好香案，焚香杀鸡，歃血为盟。

马新贻被放回之后，向上司汇报自己使用巧计从贼窝中招降贼寇的事迹，上司当即答应招安张汶祥等部众。于是，张汶祥、曹二虎、石锦标率众八百人归顺朝廷。

马新贻因祸得福，从此官运亨通。同治四年（1865），他升为安徽布政使，张汶祥诸兄弟自然跟随赴任，分别委以差使。当时曹二虎也带了妻子一同前往，曹妻天姿国色，娇娆可爱。马新贻见后，一方面惊叹此女天生尤物，一朵鲜花插在了牛粪上，另一方面则开始打曹妻的主意。由于曹二虎找不到合适的寓所，马新贻就慷慨地邀其携家眷迁来府上居住。曹二虎毫不怀疑马新贻不良居心，反而对马新贻感激不尽。

曹妻居住在布政使署时，时常与马新贻碰面，两人眉来眼去，一个贪她国色天香，一个慕他相貌堂堂，官高财富，很快勾搭成奸，只瞒着曹二虎一人。而马新贻又时常支使曹二虎出差外地，曹二虎也毫不怀疑其中有诈。

这消息不胫而走，传入张汶祥耳中。张汶祥想，占妻夺爱，丧尽天良。所以当曹二虎外出归来后，张汶祥就以耳闻目见告知曹二虎，曹二虎查清张汶祥的话不是无中生有，便告诉张汶祥要杀奸妇出一出这口恶气。张汶祥道："不行。捉奸杀双，如只杀妻，弟须偿债。不如将弟妹赠予马新贻，以全交情。大丈夫何患无妻乎？"

曹二虎心领神会，当下点头答应。

一日，曹二虎趁向马新贻汇报公事时，把赠妻话头说了；不料，马新贻闻言勃然大怒："这是什么话！我何曾与弟妹有染？你可小心，再不许胡说八道！"

曹二虎唯唯而退。他将结果告知张汶祥。张汶祥思索良久，道："你可真得小心了！姓马的此言非同小可！他这种人什么事都干得出来，说不定会于弟不利，杀你灭口！"

曹二虎摇头道："占了我便宜，我不追究他便是了，他还会杀我？没有这么严重吧？"张汶祥又劝他携家眷远遁，而曹二虎不听。

没几天，马新贻命曹二虎赴寿春镇领取军火。曹二虎没有任何怀疑，决定听命前往。张汶祥、石锦标劝曹二虎不要去，曹二虎哪里听得进去。张、石二人放心不下，就暗随途中保护，以防不测。三人到寿州，一路平安。

然而，马新贻早已暗中布置好，曹二虎手持公文，至镇辕谒见徐总兵，呈上文书时，徐总兵全副武装，手持令箭，大喝一声："给我拿下通匪贼曹二虎！"曹二虎赶紧喊冤枉。

徐总兵嘿嘿冷笑，说："马大人委你公干，但已有人告发你私通捻匪，并以军火接济。现有公文到此，令按军法从事！"

曹二虎当即被拉出去斩首。

原来，马新贻命曹二虎领取军火，乃是一个毒计。

张、石二人闻讯大惊，只好为曹二虎收尸、埋葬。

张汶祥道："马新贻毒手蛇蝎！他杀二虎，是一个信号。你我二人性命，也在其掌握之中。常言道，'兔死狐悲，物伤其类。'我们兄弟一场，一定要为二虎报仇！"

张汶祥见石锦标沉默不语，知道他不愿参与其事，便冷笑一声，拔腿而去，从此与石锦标分道扬镳。

与石锦标别后，张汶祥返回省城，找借口离开马新贻，马新贻也不怀疑，只当是兔死狐悲，物伤其类，怕殃及个人而已。

张汶祥秘密在一个铁匠铺打制了两把精钢匕首。该匕首为名匠打制，斩铁如泥，杀人不沾血，张汶祥用它宰杀猪羊，果然锋利。他又练习刺穿牛皮，用了两年的时间，他已练就了刺杀马新贻、确保万无一失的功夫。

万事俱备，只待时机。同治八年（1869）八月二十六日，张汶祥得知马新贻已提拔为两江总督，便怀揣两把匕首尾随而至江宁（南京）。

他大模大样地走进督署"踩点"，看见院内大墙上贴一榜，上有"每月二十五日，总督于校场阅兵"的告示。

9月25日，张汶祥来到校场。待阅兵散场，见马新贻四周均是警卫。而此时已是深秋，马新贻穿厚皮袦数层，如果刺不死，反而惹祸上身，前功尽弃。胆大心细的张汶祥当即决定等来年夏天再行刺。同治九年七月二十五日，张汶祥一早就来到校场，但这天下雨，张汶祥又是无功而返。

第二天，天气晴朗，骄阳高照，阅兵式按期举行。四周人山人海，场内兵勇操练，兴奋异常，军容雄壮。马新贻踌躇满志，穿着一品顶戴，一副盛气凌人的样子。

张汶祥挤在人群中，从容不迫，沉着地捕捉着机会。正午时分，操练结束，马新贻志得意满地朝校场西南缓行。

张汶祥知道他要动身回督署，急忙来到角门外等候。他用大檐帽遮脸，待马新贻一出门，便佯作告状者喊冤：“马大人！小人冤枉！马大人给俺做主！”

张汶祥佯作跪状，身子早已经到了马新贻的身边；猛然间从靴筒中抽出精钢匕首，“嗤”的一声，猛力刺入马新贻右肋下，入胸四寸有余；随即又将匕首转了个个儿，拔了出来。一股鲜血喷涌而出！

马新贻痛得大叫，认出了刺杀他的人。

这时侍卫扑了过来，将张汶祥抓获。

张汶祥并不想逃走，亦不拒捕，大声说：“刺马乃我张汶祥一人所为！并无他人。我随你们去，任凭惩处！”

因为匕首煨了剧毒，无法医治，第二天，马新贻就死了。

马新贻被刺案震惊了朝廷。朝廷极为重视，派出大员会审，先是江宁将军魁玉，接着是漕帅张之万，然后是慈禧面前的大红人直隶总督曾国藩，最后又加派刑部尚书郑敦谨。

同治十年（1871）二月，张汶祥被判处凌迟。由马新贻之弟浙江候补知县马四亲自监斩。他命刽子手用铁钩把张汶祥浑身上下钩碎，折磨大半天后，才下令杀死。

这个案子株连到张汶祥年仅12岁的儿子张长福，他被施以宫刑，远戍东北为奴；石锦标也被革职。曹二虎的妻子在这件事后，羞愧难当，悬梁自尽。而马新贻的弟弟因为滥施刑罚，被官场同僚当作讽刺的对象，都不愿意和他为伍，最终，郁郁地离开了人世。

自此以后，张汶祥为了朋友两肋插刀的故事，在淮河流域流传开来，成为人们争相传诵的对象。这件事对清政府来说，也产生了巨大的影响，它反映了晚清官场上草菅人命、官逼民反的社会现实，广大老百姓对朝廷的信任危机更加加深。

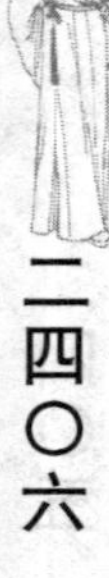

近代中国第一批官派留学生赴美

1872年8月11日，中国教育史上一个重要的日子。这一天，中国第一批公派留学生共30人，由陈兰彬、容闳带领，从上海乘船，前往遥远的大洋彼岸——美国。从此，这些在船上蹦蹦跳跳的孩子，将踏上异国他乡开始长达15年的求学历程。

也许他们没有想到，他们稚嫩的肩上正承载着寻求富国强兵之路的沉重使命。他们也不会想到，在他们的背后，曾国藩、李鸿章、左宗棠等曾经叱咤一方的封疆大吏正满怀着期待，默默地注视着他们。几十年来，曾经傲视四方的大清王朝不断地受人欺负，那些有识之士终于认识到"师夷长技以制夷"是一条强国途径。

此时此刻，容闳看着这些稚气未脱的孩子终于和他一起登上了西方之路，不禁长长地舒了一口气。这个被称为"近代中国留美第一人"的容闳，是广东香山县人，少年时家境贫寒上不起学，就到德国传教士在澳门开办的教会学堂读书。1847年，这个学校的校长、美国传教士布朗病了，不得不提前归国，临行前，他想带几名学生赴美留学，他选中了容闳，在他眼中，容闳聪明、勤奋、有志向，他喜欢这个中国男孩，于是，容闳便随布朗来到了美国。

在美国，容闳先入中学，后在耶鲁大学半工半读学习英语文学，靠奖学金和打零工完成了学业。美国的繁荣和强大，祖国的衰落和无力，在年轻的容闳心里产生了强烈震撼："我要劝说清政府派遣留学生来美国接受教育，让更多的中国青年学习西方的科学技术，再灌输回中国。""这是中国强大的必经之路。"容闳暗暗下定决心。

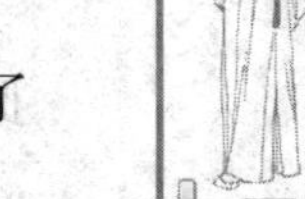

1854年11月，26岁的容闳以优异的成绩获得耶鲁大学博士学位。他谢绝了美国友人的挽留，经过3个多月的海上颠簸，回到了阔别7年的祖国。

回国以后，容闳先在广州学习中文，后到香港谋生。后来，他又来到上海，先在海关做事，后当翻译，转而经商，开茶叶公司。而这一切都是为了他的“留学教育计划”，他到处奔走游说，虽屡遭碰壁，却初衷不改。19 世纪五六十年代的中国还很封闭，官员们更是顽固保守，“什么留学教育，就是迷惑青年。”“学习西方的东西，就是要以夷变夏，学那些奇技有什么用!”容闳不停地被质问。他不灰心，向他们耐心地解释。快 10 年过去了，他的计划还没有一点眉目。

1863 年，容闳经人介绍，投入两江总督曾国藩的幕府。曾国藩是中国最早的一批办洋务的大臣，他建立了近代中国最早的兵工企业，兵工厂中使用大量的外国机器，可是却找不到懂洋文的技术人员，留学归来的容闳就有了用武之地。曾国藩办兵工厂需要从美国购买机器设备，就派容闳带着 68000 两银子去美国，容闳在友人的帮助下，买回了当时国外最先进的机器设备，这让曾国藩对他产生了进一步的好感。1870 年，曾国藩到天津处理“天津教案”，容闳给他当翻译，容闳就利用这个机会，大胆提出了他的“留学教育计划”。“看来，这个年轻人是有远见的。”曾国藩一听，很感兴趣，当即表示：“好计划，待我和李中堂商议后，上奏朝廷。”随后，他和李鸿章、丁汝昌一起提交了奏折，提出：“由政府选派颖秀青年，送之出洋留学。”朝廷很快就批准了，并在上海成立了“总理幼童出洋肄业局”，由容闳和陈兰彬等人负责此事。英美等国驻华公使在得知这一消息后，纷纷表示愿意接受中国留学生。

多年的计划就要付诸实施了，容闳很兴奋，开始为选派留学生奔走。按照计划，首期留美学生年龄在 10 到 16 岁，名额为 120 名。从 1872 年起每年派 30 名，至 1875 年派完，预计留学时间 15 年，经费一律由清廷支付。但是，招生进行得很不顺利，报名的人很少。因为长期的闭关锁国，老百姓对国外的情形了解得非常少。“去美国留学？不去，听说美国人会把孩子的皮剥下来，安在狗身上呢。”

第一批留学生、日后中国铁路建筑史上大名鼎鼎的詹天佑的父亲詹作屏为此还出具了一个保证书，上写着：“兹有子天佑，情愿送赴宪局带往花旗国肄业学习技艺，回来之日听从差遣，不得在国外逗留生理。倘有疾病，生死各安天命。”

是啊，让10来岁的孩子，远赴重洋，到陌生的国度，而且，一去就是15年，哪个父母能舍得呢。

容闳使出浑身解数，在上海也没招齐。无奈之下，容闳只好返回老家动员乡亲们报名，同时在附近县市活动，结果还是没招满。后来他到香港招了几名，才勉强凑够数。他们几乎都是穷人家的孩子。

1872年8月11日，容闳带领这30名幼童终于起程了。

第一批中国留学生到美国曾经引起不小的骚动。这些孩子上岸时，一身中式打扮：瓜皮帽，蓝缎褂，崭新的黑布鞋，排着整齐的队伍踏上了美国的土地。最让美国人奇怪的是，每人脑后都拖着一条乌黑油亮的小辫子，所以，这些孩子不管到哪，都能引起美国人的好奇，总是观者如云。

这些孩子受到美国友人的热情接待。因为年龄小，容闳按照美方的建议，将孩子们分别安排在一个"新家"里，接受监管和照料，等他们过了语言关，再送进中小学读书。在新家里，西洋的生活方式让这些孩子摸不着头脑。因为这些孩子太小，又很乖，那些女主人一见孩子，就抱他们，亲吻他们的脸颊，"宝贝儿，宝贝儿"的叫个不停。这时候，这些小孩子就会满脸通红，不知所措。每当他们上街，就会有一群美国小孩跟在后面围观，有的还指着他们的小辫子高喊："中国女孩子！"这让中国的小留学生们非常难堪，有的急得直哭。

孩子们毕竟小，很快就适应了美国的学习和生活环境。两三年后，多数孩子进入了更高一级的学校学习。在美国的小学、中学，小留学生们受到了全新的教育，他们很快融入了美国社会。时人李圭在《环游地球新录》中记述了他在1876年美国费城万国博览会上见到这些中国小留学生的情景："孩子们都在会院游览，在千千万万的人中，说话玩要自如。只是还穿着外罩短褂，和国内差不多。看见我们，非常亲近。他们已经有外国绅士风度了。幼小的孩子由女教师带着，老师指着看到的东西，孩子们对答如流。亲爱之情，几同母子。"

孩子们都十分勤奋，学习刻苦。因为用功过度，加之身体单薄，又远离家乡，思念父母，常常病倒。三个孩子积劳成疾，客死美国。到1880年，多数小留学生已经中学毕业，许多人进入中专或其他职业学校学习，还有60多人正在

读大学，詹天佑和欧阳庚已从耶鲁大学毕业了。

几年以后，幼小的孩子长成了翩翩少年。西方的教育，美国式的生活，小孩子们迅速地“美国化”了。他们不愿意穿长衫马褂了，尤其是那根拖在脑后的长辫子，既麻烦，又让人笑话。玩的时候不方便，孩子们就甩掉长衫，不少孩子索性把辫子剪掉，只在见清廷督导长官时再弄一根假辫子装上。随行的清朝官员常常感叹：“这些孩子已经忘本了！”还有些孩子渐渐地信奉了基督教，当他们双手合十，口念“耶稣”时，犹让这些官员们不能容忍。有一个学生读哈佛大学，因为信了基督教，就被勒令退学了。

西方自然科学知识武装了这些留学生的头脑，他们也同样接受了资产阶级启蒙思想。数年之后，什么“四书”“五经”，什么儒学孔教，什么封建礼节在他们眼里，都已经淡化了，他们向美国青年一样，崇尚个人权力、自由、民主等观念。资产阶级民主政治思想在他们心里渐渐生根了。

处在青春期的孩子，也萌生了最初的感情，有的孩子和美国的女孩子暗暗约会。充满青春活力的幼童们还与美国孩子一起参加各类体育活动，詹天佑等人还组织了棒球队，在不少比赛中取得过好成绩。在受过美国文化熏陶的容闳眼里，孩子们的这些变化都是很自然的。但是，在随行的清朝守旧官僚看来，这些举动是大逆不道的。

留学生们在国外的表现不停地反馈回国内，满脑袋封建纲常礼教的官员们容忍不了了。朝廷一片反对之声：“国家在如此困难的情形下，出钱出人，让他们去学本领，谁知竟学些“蛮夷淫技”，就连当时的驻英、法公使，曾国藩的儿子曾际泽都说：“这些幼童恐怕难以成才啊。”

在美国的容闳仍然一腔热血，以极大的热情投入到对留学生的教育中。在将近10年的时间里，他付出了自己的全部精力。他看到了孩子们的进步，希望他们学有专长后回国。他期待着祖国能在这一代有知识、懂科学的青年努力下，强盛起来。可惜，1881年，清廷下令撤回全体留学生。从8月21日起，除少数人抗拒不归外，首批留美留学生分3批启程回国。

容闳毕生奋斗的“留学教育计划”中途夭折了。尽管如此，那些回来的留学生仍然成为日后中国军界、商界、政界、学界的栋梁之材。如詹天佑被迫回国以后，又再度自费赴美，学完了耶鲁大学的全部课程，回国后，为中国的铁路事业做出了贡献，被誉为“中国铁路之父”。还有中国第一批矿业工程师邝荣光，民国政府第一任国务总理、复旦大学创办人唐绍仪，清华大学第一任校长唐国安，等等。

小刀会反清反帝

咸丰年间，清政府对外割地赔款，而且又允许外国人到中国内地传教经商。这些外国人依靠本国的势力在中国境内胡作非为，任意杀害百姓，激起了民愤。而软弱的清政府，对此听之任之，甚或放纵。如有民众起来反抗外国侵略者，可耻的清政府竟和洋人勾结起来，残酷镇压人民群众。朝廷软弱腐败，手下的大臣也自然会表现出种种卖国行为，他们对外国人低三下四，对国内百姓则搜刮抢掠。这些卖国贼和外国侵略者的恶劣行径，激起了全国各地人民的反抗，当时影响比较大的有太平天国起义；上海刘丽川的小刀会起义；广东、广西的天地会起义；山东张乐行领导的捻军起义，等等。这些起义不仅沉重地打击了清王朝的腐朽统治，而且沉重打击了帝国主义侵略者。

在乾隆年间，就有农民不满清政府的统治，便组织起了天地会，进行反清斗争。当时林爽文带领天地会起义，作战十分英勇，连连打败清军的进攻，但是由于孤军作战，敌众我寡，最后被乾隆帝镇压下去了。但是天地会的组织继续存在，只不过变成了秘密组织。小刀会就是其中的一支，小刀会的成员主要是上海人，其首领是刘丽川。

咸丰年间，清政府国库空虚，再加上贪官污吏横行暴敛，百姓生活十分困苦。上海青浦县，经常发生灾害，所以乾隆帝时，就下令免收这里的租税。尽管这样，百姓也是经常挨饿，因为一遇到灾害，这里便颗粒无收，官府从不赈济这里的灾民。咸丰帝继位的第二年，这里又遇到了灾荒，百姓盼望着政府给予救济，但是盼来的竟是知县徐龙光的追收令。

青浦县知县为了给朝中的大臣“进贡”，便搜刮百姓。他下令，从咸丰帝继位始，开始征收租税，免征的也要追收上来。这条命令一下，青浦县顿时炸开了锅。百姓正饿着肚子呢，一听说又要追收上一年的，都大骂贪官徐龙光。

青浦县的小刀会首领是周立春，他也是百姓中的一员，一听到这条消息，肺都要气炸了。他想通过和平手段来解决此事，便带领数百名群众找徐龙光去评理。知县徐龙光知道周立春是青浦县小刀会的头领，所以平日怕他三分，对周立春也有几分敬意。可是这一次，他却一改往日态度，将百姓挡在衙门外，让周立春一人进了县府。周立春胆大，也没有想别的，大踏步走了进去，刚一进去，两边的衙役便将周立春逮住，关进了大牢。徐龙光还阴险地笑道：“周立春，本官也是万般无奈，只好先委屈你几日了!”周立春破口大骂，但为时已晚。

徐龙光手下的一个小官走到百姓面前，说道：“大家先回去，知县正在和周首领交谈，相信会让大家满意的!”百姓被这小子骗了，都纷纷回去了。

周立春有一个女儿叫周秀英，从小随父亲习武，手中两把刀练得炉火纯青，尤其擅长打飞刀。她听百姓说父亲和知县正在交涉此事，可是左等也不回来，右等也不回来，便让小刀会的人到县衙去打听消息。小刀会的人都神通广大，徐龙光以为自己干得很周密，但早已被小刀会的人打听到了真实情况。

周秀英一听父亲被贪官徐龙光押了起来，立时来了脾气，马上召集青浦县小刀会的成员冲向了县衙，两个把门的刚想拦挡，周秀英随手甩出两把飞刀，真是百发百中，正打在两人的哽嗓咽喉之处，二人倒地而亡。小刀会的成员立刻冲了进去，占领了县衙，而此时徐龙光还在盘算如何继续欺骗百姓，忽听得院中有嘈杂之声，刚要出来察看，却被小刀会的人生擒活捉。另一部分小刀会的人救出了首领周立春。周立春恨透了知县，一看事到如今，不反已经没有出路了，便对小刀会的人说道：“我们不想起义，但是被逼无奈，我们小刀会一定要杀尽那些贪官污吏，让百姓过上好日子。”小刀会成员积极响应，将县衙里那些平日欺压百姓的官吏全部杀掉，又将县衙里的钱粮发给受苦受难的百姓。

小刀会占领了青浦县县衙，早有人报告了苏州知府钟殿选。钟殿选一听有人造反，占领了县衙，立即派兵前去镇压，结果正好遇上小刀会的人，双方在塘湾展开了一场血战。官兵根本没有把小刀会的人放在眼里，可一交手，才知道错了，这些人都英勇善战，官兵被打得落花流水，节节后退，周立春一鼓作气，又占领了嘉定县城。

周立春的小刀会声势越来越大，但他怕孤军无援，立即派人与上海小刀会总首领刘丽川取得联系，希望得到支援。刘丽川得知消息后，立即下令通知所有的小刀会成员准备起义响应。

1853 年 8 月，刘丽川带领上海小刀会举行起义。所有的小刀会都来参加，有的路程太远，就在当地举兵起义。

刘丽川带领小刀会进攻道台衙门，小刀会成员手持大刀，所向无敌，迅速占领了道台衙门。与此同时，潘起亮带领另一路人马迅速占领了县衙，但此时道台和知县还不知道呢，原来他们此时正在孔庙祭孔，而孔庙之中早有小刀会的人进去。

刘丽川、潘起亮又带领小刀会的人来围攻孔庙。上海道台吴健彰忙派官兵去阻挡，官兵还没有出庙，陈阿林便从后面大开杀戒了。官兵腹背受敌，道台被活捉，县令被杀死。小刀会乘胜而下，又夺取了宝山、南江、川沙等地。而这时周立春的小刀会也追杀过来，小刀会合二为一，力量十分强大。

清政府得知小刀会在上海起义，便立即派大军前来镇压。为了消灭小刀会，清政府还勾结法国舰队。小刀会根本不惧怕他们，与清兵和洋人展开了血战。

法国大炮不断地轰墙，城墙被炸毁。法国鬼子想从这一段进城，结果被周秀英、起亮和小刀会的勇士们阻杀。洋人虽然有枪，但由于是肉搏战，根本没有用场。小刀会的人十分英勇，他们恨透了洋鬼子和清军，大刀上下挥舞，杀死了无数的清军和洋人。洋鬼子一看小刀会的人太厉害，慌忙撤了出去。

清军和洋鬼子久久围城，刘丽川率领小刀会的人想突围出去，但终因寡不敌众，都壮烈牺牲。洋鬼子和清军也损伤惨重。

上海小刀会的成员虽然壮烈牺牲，但他们的精神鼓舞了其他农民义军与清王朝和洋鬼子继续战斗。

上海又重新成立了小刀会，而这时山东的捻军受到了鼓舞，他们立即起兵，攻城夺县，杀富济贫。张乐行从小刀会的失败中总结了经验教训，立即派人与太平军取得联系。其实小刀会也想与太平军取得联系，但是书信被清军所截，才落得孤军无援。上海新成立的小刀会知道自己力量弱小，便也和张乐行一样，与太平军取得了联系，后来他们都加入了太平军，继续与清王朝和帝国主义侵华势力做斗争。

左宗棠收复边疆

左宗棠（1812—1885），汉族，字季高，一字朴存，号湘上农人。湖南湘阴人。晚清重臣，军事家、政治家、湘军著名将领，洋务派代表人物之一。与曾国藩、李鸿章、张之洞并称“晚清中兴四大名臣”。左宗棠曾就读于长沙城南书院，二十岁乡试中举，虽此后在会试中屡试不第，但留意农事，遍读群书，钻研舆地、兵法。后由幕友而起，参与平定太平天国运动，兴办洋务运动，镇压捻军，平定陕甘同治回乱，收复新疆，推动新疆建省。中法战争时，自请赴福建督师，光绪十一年（1885年）在福州病逝，享年七十三岁。追赠太傅，谥号“文襄”，并入祀昭忠祠、贤良祠。

左宗棠从小聪明好学，家境虽然贫穷，但他非常努力，15岁赴童子试，16岁赴府试，考了个第二名。正当左宗棠年少得志之时，父母双亡，由于家里贫穷，除了给左宗棠留下一笔债之外，一无所有。但左宗棠没有灰心丧气，他知道天将降大任于斯人也，必先劳其筋骨，饿其体肤，空乏其身，行拂乱其所为也。为了生活，他只好先放弃了仕途之路。

左宗棠年少有为，而且为人忠厚，所以许多人都愿意与他交往。后来，有人给左宗棠提了一门亲事，他便娶了周浩瑞，到周家去生活。

周家虽不说富甲一方，但也很富有。他的妻子周浩瑞不仅温柔贤惠，而且

左宗棠

能诗善赋，她非常支持左宗棠前去应试。左宗棠虽在岳父家生活，由于妻子照顾得很周到，而且岳父为人也忠厚，所以他没有寄人篱下的感觉。但生活的安宁没有让左宗棠失却理想，他一心想考取功名，在妻子的鼓励下，他又开始认真准备。1832 年，左宗棠考中了举人，后来几次应试都没有考中进士。

左宗棠虽没有考中进士，但他才华横溢，而且书法也是一绝。至今酒泉井亭还有他的两副对联：

甘或如醴，淡或如水；

有则学佛，无则学仙。

中圣人之清有如此水，

取醉翁之意以名吾亭。

左宗棠出现人生的转折是由于遇到湖南巡抚骆秉章。骆秉章非常爱惜人才，他早就听说左宗棠很有才华，于是便派人去请左宗棠。左宗棠那时在家中除了读书，无所事事，他也想干一番事业，便接受了骆秉章的邀请。

骆秉章非常欣赏左宗棠，亲自迎接出来，并设宴款待。巡抚问左宗棠："如何可以有功德?"左宗棠道："巡抚大人，您身为朝中命官，在一方独守，可以招兵买马，如今世态动乱不安，您可以借此扬名，但是小人认为为国效忠就是有功德。"

骆秉章非常信任左宗棠。从此以后，府中的军政事务，都由左宗棠一人掌管。左宗棠也是尽职尽责，他为人忠厚，而且奖罚分明，深受骆秉章的欣赏，也得到了手下人的支持和拥护。

骆秉章看见左宗棠书房中的对联后，对他更是敬佩不已。左宗棠在书房中

挂了一副自勉联：

身无半亩地，心忧天下，

读破万卷书，神交古人。

从这副自勉联中，我们可以看出左宗棠那种忧国忧民的志向。由于左宗棠为人宽厚，湖南许多文人学士纷纷投到他的门下。左宗棠礼贤下士，对这些人十分尊敬。他在湖南招兵买马，严格训练军队。他规定了五条军纪，要求士兵必须做到，否则严惩不贷。左宗棠训练的军队有很强的战斗力，巡抚骆秉章非常高兴。

左宗棠在湖南一带出了名，而曾国藩这时也奉旨在此训练湘军。曾国藩也非常爱惜人才，而且知人善任。他得知左宗棠训练军队非常有方法，便亲自去请左宗棠。

左宗棠盛情难却，便来到曾国藩手下。曾国藩力荐左宗棠为四品京堂候补。

左宗棠刚一上任，便得知石达开率领一支太平军到达四川。左宗棠对曾国藩说道："石达开如今率领反贼已经作战许多地方，可以说人困马乏，而且已丧失了一些斗志，我们可以出兵大败他。现在石达开已到了四川，那里的守将是骆秉章，那里有我训练的人马，我们可以合兵一处，将打一家，一定能够乘机灭掉石达开。"曾国藩点头答应，于是左宗棠带领5000湘军与骆秉章合兵一处，结果大败石达开。石达开想以自己的命换取弟兄们的性命，但上了骆秉章的当。左宗棠杀了石达开，也杀害了石达开手下的太平军。

左宗棠一战成名，清政府任命他为浙江巡抚。左宗棠又带领湘军和以前在湖南训练的军队与曾国藩、李鸿章、洋人一起灭掉了太平军。

英法联军和清政府签订了一系列条约，但是英国并没有满足，又把目标瞄准了新疆。俄国也对新疆一带垂涎三尺。英、俄两国经常为此明争暗斗，同时也都想先占领新疆一带。

1864年，新疆的各民族纷纷起义，但不团结，互相争斗，封建主掌握了大权，形成了割据势力，都想侵吞对方。喀什噶尔的封建主认为自己力量单薄，便派人去向中亚浩罕汗国乞求军事援助。浩罕汗国立即派阿古柏率兵进入新疆。

阿古柏率领大军先吞并了汉城，又吞并其他封建主，最后又吞并了喀什噶尔。喀什噶尔引狼入室，结果自己也被消灭。阿古柏自立为汗，建立起“哲德沙尔”，控制了新疆大部分地区。

左宗棠得知这一消息后，立即向朝廷上奏，请求出兵，武力征讨阿古柏，收复失地。清政府同意左宗棠前去征讨。

此时的左宗棠已经60多岁了，但他老当益壮，带领大军直奔新疆。左宗棠知道白彦虎是阿古柏的帮凶，盘踞在乌鲁木齐一带。左宗棠想：我先消灭掉白彦虎，然后步步为营，对阿古柏形成一种包围之势，最后将他消灭掉！

左宗棠带领大军，直入乌鲁木齐。到了乌鲁木齐，左宗棠在晚间突袭白彦虎。白彦虎还在梦中，城门就被攻破了。阿古柏一看自己的得力助手逃亡，忙带军前去支援，企图消灭清军。两军刚一交战，阿古柏就被打得连连后退，左宗棠收复了许多失地。左宗棠乘胜追击，他又派张曜从后面包抄阿古柏。阿古柏前后受击，被打得落花流水，一看大势已去，服毒自杀。

左宗棠又带领大军直奔伊犁。伊犁已被俄国占领。1871年7月，俄国看到新疆混战，而阿古柏又在征讨其他封建主，所以乘机占领了新疆伊犁一带。左宗棠的大军一路势如破竹，眼看就可以拿下伊犁了，慈禧却害怕了，她怕惹怒了俄国人，所以下令左宗棠停止进攻。

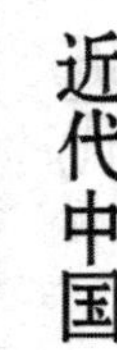

1881年，中俄签订了《伊犁条约》，俄国人看到了左宗棠的厉害，所以只好答应将伊犁归还中国。但是俄国人不捞到好处是不会甘心的，他要求清政府把霍尔果斯河以西的领土割让给俄国，慈禧为了保住自己的权位，都答应了。

左宗棠带领军队收复了边疆，得到了慈禧的赏识。但是老将得知李鸿章签订了《中法条约》后，十分生气，卧床不起，1885年去世。

慈禧立太子

慈禧勾结恭亲王奕䜣掌握了朝中大权，又在朝中安排了许多心腹和亲信。

虽然慈安太后也垂帘听政，但慈禧依靠着恭亲王等人，为所欲为，根本不把慈安放在眼里。朝中一切大事都由她处理，慈禧感到心满意足。她想起了自己刚一进宫时，由于是叶赫族人，被皇帝冷落，但她并没有灰心，她是在等待机会，想有朝一日，能独揽大权。如今这一天终于盼到了，她可以独揽大权了，她可以一呼百应了，自然心里有一种成就感。

但是慈禧太后也有一种不安之感，她害怕同治帝长大，如果皇上可以独自处理朝政了，自己的一切都会付之东流。她想到过废掉同治帝，但她又害怕大臣们不服，虽然朝中已有一多半大臣是自己的心腹，但是若要废掉皇上，定会招致大臣乃至天下人不服，所以她只好忍了下来。但慈禧没有放弃一切机会，她把朝中重臣都换成自己的心腹，那些对自己有不满心理的大臣都被撤职，或流放。对同治帝管教也非常严格。她想趁同治帝还没有长大，还没有力量和她抗衡时，把他训练成唯命是从的人。慈禧对同治轻则一顿批评，重则就是体罚。同治帝从小在这种环境下长大，几乎没见过慈禧太后的笑脸，所以很是害怕慈禧太后。即使没有错误，见到慈禧太后也是紧张异常，更不用说是犯了错误了。

但是慈禧太后想错了，她再严厉管教同治帝，他一旦长大，也会有自己的想法。渐渐地同治帝长大了，16岁这一年，按照清朝祖训，该册立皇后了。慈禧不想给他册立皇后，但又怕别人不服气，只好勉强给他选立皇后。慈禧和恭亲王决定立翰林院侍讲崇绮之女为皇后。崇绮之女长得端庄美丽，有才有德，但是慈禧立她为皇后，并不是因为这个原因，而是因为她父亲崇绮是自己的心腹大臣。她想，把自己心腹的女儿立为皇后，会对自己有很多好处。

16岁的同治帝开始独立处理朝政了，但是慈禧岂能袖手旁观，经常横加指责，有时竟然当面指责同治帝。同治帝堂堂的一国之君，当着满朝文武的面，被慈禧一顿训斥，心里自然很不满，对慈禧也渐渐由惧怕转变成反感。慈禧也发觉了，但她不忍心丢掉自己的大权，便找来皇后，向皇后说同治帝什么事都独断专行，什么事处理得都不十分圆满，但是皇后却不同意慈禧的看法。她认为：皇帝已长大成人了，有自己的主见，可以按照自己的想法来处理朝政，而别人则不应该干涉朝政了。

慈禧听后十分生气，心想：你个小丫头，要不是我，你能有今日吗？如今你翅膀硬了，竟敢顶撞我，我会让你后悔的！慈禧找到崇绮，让他劝导皇后要听太后的话，但是皇后仍然不领慈禧的情，仍是按原来的做法去做，事事按礼而行，而且品德无邪，慈禧也抓不住把柄。

皇后对同治帝关爱有加，而且为同治帝排忧解难。她帮助同治帝处理朝政，由于她聪明果断，所以朝中政事处理得恰到好处。但是慈禧看在眼里，气在心上，心想：我辛辛苦苦换来的权力就这样白白送给你们不成。她便勾结奕䜣等朝中重臣，对同治帝的命令根本不理睬。这些人手握大权，处处和同治帝唱反调，同治帝想杀掉他们，又有慈禧太后包庇。同治帝一气之下，不理朝政了。慈禧又重新掌握了朝中大权。

同治帝长大了，却仍然体会不到皇帝的尊严。皇后虽然总开导他，但他度量小，渐渐地，忧闷成疾，同治帝的病一天比一天重，皇后的心情也越来越沉重，而慈禧表面上装作很关心的样子，在暗中却派太监宫女监视着同治帝和皇后的一举一动。

同治帝和皇后有话也不敢讲，时时刻刻有人监视他们。同治帝的病越来越重了，他知道自己活不多久了，但他不放心自己的江山社稷，虽然自己有其名却无其实。有一天御医看完病后，同治帝趁人不注意将一张小字条递给了他。老御医一看，上面写着：到他乡躲几日。老御医想：一定是皇帝有事，但又没法明说。老御医按同治帝的话去做了，找了一个僻静之处，躲了起来。

这一天，宫中只有皇后和一个太监在，同治帝知道这个太监是慈禧安排在自己身边监视自己的，便故意装成病得无法忍受的样子，太监没办法，只好去找那个老御医，可他根本找不到。而这时，同治帝对皇后说："我恐怕活不了几天了，你看，谁能够担当大任，你告诉我，我就立他为嗣。"

皇后说道："要想使国家强大，需要有一位明君，小孩子是办不成大事的，不如立贝勒载澍入承大统，他年轻有为，一定会治理好国家的。"同治帝点头答应，又问道："皇后，如今朝中有一半人是太后的心腹，我们这道密旨让谁保存比较稳妥呢？"

皇后想了一会儿，说道："皇上，您想一想，您周围的大臣或亲信，谁值得信赖呢？此事非同小可，一定要办好！"

同治帝说道："我的老师李鸿藻与太后没有什么关系，我看可以值得信赖！"于是同治帝立即密诏李鸿藻，同治帝口述诏命，李鸿藻抄写完毕，皇后看后，加印玉玺，并再三叮嘱，此事关系到清朝的江山社稷，一定要妥善保存，不能有半点闪失。

但是同治帝和皇后看错人了，李鸿藻自从拿到这道密旨后，便想：当今朝廷，慈禧太后独揽大权，而且手下又有许多心腹和亲信，如果皇帝驾崩之后，我按上边的遗旨去做，一定会惹怒太后，如果载澍做不了皇帝，慈禧太后肯定不会放过我的，即使他当了皇帝，也未必能够掌握大权，到时候，如果还是太后掌权，我的小命可就难保了。我是皇帝的老师，太后一直不信任我，如果我将这道密旨送给慈禧太后，一定会得到她的信任，我也可以借此升官发财。这个丧失人格的李鸿藻竟然背信弃义，将这道密旨交给了慈禧。慈禧看后，大怒，立即将圣旨烧掉。而且下令，给皇上断药、断膳，把皇后也软禁起来。

同治帝知道一定是自己的密旨败露，想见一见皇后，都见不到。本来就有重病，再加上断药、断膳，又气又恨，含着眼泪离开了人世。

同治帝一死，慈禧立即派人把守后宫，封锁信息，召集文武百官，慈禧说道："皇上贵体欠安，为防不测，必须立嗣，诸爱卿，皇室中谁可担当此任？"

话音刚落，朝中大臣都有一种不祥之感，但只有一些忠臣感到伤心难过。这时，恭亲王奕䜣便说道："太后，依臣看，醇亲王之子载湉聪明伶俐，可担此任，可以他为嗣。"这其实是事先早已预谋好的。奕䜣刚一说完，忠诚的大臣文祥说道："载湉年纪太小，恐怕难担此任！"慈禧听后，一脸不高兴，而其他的心腹大臣则纷纷表示要求立载湉为嗣。慈禧下令：立载湉为嗣。随后慈禧太后说道："皇帝已经驾崩了！"

1875 年 4 月，载湉继位，改元光绪，由于光绪帝年纪太小，慈禧太后再次垂帘听政，又独揽了大权。

平壤三战

1894年，朝鲜全罗道发生东学党领导的农民起义，声势浩大，威胁到了朝鲜国王的统治。朝鲜国王忙派人去镇压，但是东学党的农民义军非常英勇，把朝鲜官军打得节节败退。朝鲜国王非常焦急，有一位大臣说道："国王，中国与我是友邦，我们让他们出兵援助，他们一定会答应的，到时候我们里应外合，不就可以剿灭反贼了吗？"朝鲜国王没有别的办法，只好派使臣来清政府请求出兵援助。

清政府得知消息后，有许多大臣都认为：朝鲜与中国是友邦，如今他们有危险，我们应立即出兵援助。东学党领导的农民起义如果声势太大，还会影响我国的农民，如果他们再造反，后果不堪设想。于是清政府下定决心，准备派兵支援朝鲜。太原总兵聂士成和直隶提督叶志超带领4000清军乘坐济远和威远两艘军舰前去支援。

日本得知中国派兵进驻朝鲜，心里很不是滋味。日本经过明治维新后，走上了资本主义道路，经济迅速发展，从而想进一步扩大市场。它那时还不是十分强大，所以把目标瞄准了邻邦朝鲜和中国。日本想直接侵占中国，但怕遭受失败，所以一直没有动兵，便想以朝鲜为跳板，从而进犯中国。后来日本人看到法国战胜了越军，后来被清政府打败了，但是中国却以胜议和。这极大地诱发了日本侵略的野心，它认为中国的确很好对付。

日本注视着朝鲜的一举一动，它看到朝鲜爆发了农民起义，便准备好了军队，但是没有理由。后来它发现中国出兵援助，也想出兵，但仍是没有理由。可是日本又不甘心白白错过这次大好的机会，便以"保护使馆"为借口，悍然派出大队人马，直奔朝鲜。

日本为了达到强占朝鲜的目的，便想把中国的军队赶出朝鲜。

日本攻占了仁川、汉城等地，还劫持了朝鲜国王，威胁他，让他立即下令驱逐牙山的清军。朝鲜国王看出了日本人的目的，但是没有办法，只好下令。驻守在牙山的清军得到命令后，知道如果不撤军，朝鲜国王就有生命危险，便答应日本立即撤军。

1894 年 7 月 25 日，驻扎在牙山的清军乘军舰返航。日本认为这是给清政府一个“下马威”的良机，便派出军舰偷袭中国舰队。双方在丰岛海面展开了一场激战。日本虽然船坚炮利，但是由于清政府官兵奋起反抗，伤亡惨重。

日本偷袭中国舰队没有得逞，又带领 1 万多军队围攻城欢。这里是由中国军将领聂士成镇守的，他带领清军与日本人展开了激战。但是胆小如鼠、贪生怕死的主帅叶志超却弃城而逃，留下聂士成孤军奋战。聂士成死守城欢，久久不见援兵，只好退守平壤。

日本占领了牙山、城欢后，气焰更加嚣张，扬言要将中国官兵赶出朝鲜。清政府本不想与日本为敌，虽然已经知道日本人在丰岛偷袭中国舰队，但是“宽宏大度”的清政府不想与他们斤斤计较。然而日本人得寸进尺，扬言要驱逐清军出朝鲜。这种厚颜无耻的行为激怒了中国人民，清政府为了挽回自己的尊严，不得不对日本宣战。

中国对日本宣战，可乐坏了日本人，因为他们看到用不了多长时间便可以占领朝鲜，他们下一个目标就是侵占中国，正苦于无借口。一听说清政府宣战，日本也立即宣战，中日战争开始了。由于这一年是甲午年，所以历史上称这次战争为中日甲午战争。

日本一看中国官兵退守平壤，立即向平壤发动了总攻，主帅叶志超对总兵左宝贵说：“日本大炮十分厉害，我在牙山、城欢与他们交过手，虽然苦苦相战，但还不是他们的对手，为了朝鲜，我们何必与日本人为敌，不如弃城而走。日本的目的就是想占领朝鲜，即使它与我国宣战了，也不会再举兵侵犯我国的，我看我们可以撤兵了。”

左宝贵一听，心里十分生气，但是叶志超是主帅，所以只好劝道：“大帅，我们作为臣子的，奉命而来，没有旨意，即使战死在疆场上，也绝不能后退一步。日本人目的很明显，他们想侵占我们的领土，为了国家的尊严，我们即使战死，也无怨无悔，我们总不能让别人耻笑我们，总不能让别人骂我们是败类吧！”

叶志超一听左宝贵的话，知道他“顽固不化”，便说道：“我可不愿意把命丢在朝鲜，既然总兵大人不想走，那你就带领你的人马在这里为朝鲜人卖命吧！”

左宝贵对叶志超这种无耻的行为非常气愤，大声说道：“您身为朝廷命官，身为大军统帅，您要一撤军，必然会使军心大乱，我们还怎么战斗呢？无论如何，您绝对不能走！”

叶志超也生气了，说道：“我是主帅，我有权力，想撤就撤！”

左宝贵道：“大帅，我宁愿与日本人战完之后，把首级奉献给你，也绝不允许您后退！”左宝贵派人监视着叶志超，怕他弃城而逃。

日本侵略者从四面围攻平壤，左宝贵把守城北玄武门。日本用大炮猛轰城楼，左宝贵亲自登上城墙，指挥战斗，清兵士气高涨，用毛瑟连发枪、格林连射炮与日军展开了激战。日军久攻不下，而且损伤惨重，气得日本军司令直骂手下的将军，并重新调集重兵，继续攻打玄武门。左宝贵临危不畏，从容自若，指挥着清军与日军交战。正在左宝贵指挥之时，一颗子弹打中了左宝贵的腹部，鲜血直流，左宝贵强忍疼痛，只是简单包扎一下，鲜血还在淌，但他继续指挥战斗，官兵被左宝贵的精神深深感动，都抱着与日军同归于尽的想法，把生死置之度外。

日军总司令奇怪，为什么如此猛的火力也攻不下玄武门呢，他仔细看了一下城墙，发现有一个人正在指挥战斗。他让所有的火力都瞄准这个人，这个人不是别人，正是清军总兵左宝贵。左宝贵突然身中数弹，直到最后倒地，口里还喊出了一句：“杀呀！”

左宝贵壮烈牺牲，清军虽然奋起反抗，但还是被日军攻下了玄武门。

玄武门失守后，叶志超立即召集人马，他说道：“玄武门已失守，我们不能在城中等死，现在我们只有突围出城，才是活路一条！”叶志超带领清军，不顾众将领的劝阻，突围出城。日军很轻易地占领了平壤。但日本人并没有停战，

而是派人追杀清军，半路之上又埋伏了日军，清军腹背受敌，损失惨重。叶志超带领着残兵败将，带着耻辱，逃回了中国国境。

平壤之战，长了日本人的气焰，他们开始调兵遣将，准备进攻中国。

黄海大战

日本强占了平壤，叶志超逃回了国内，日本人想进一步侵占中国。日本人得知中国舰队于 9 月 17 日返航，便派出军舰，准备在海上消灭中国舰队。

北洋海军提督丁汝昌率领北洋舰队完成护送援兵的任务后，从鸭绿江口的大东沟准备返航旅顺。

黄海大战

日本舰队早已得知这一消息，他们为了迷惑中国北洋舰队，便降下本国国旗，悬挂上美国国旗，由远及近向中国北洋舰队驶来。丁汝昌开始没有在意，后来发现这些船不是普通的商船，而是战船，丁汝昌立刻到甲板上观察，认真一看，原来是日本舰队。丁汝昌心想：好狡猾的日本鬼子，想蒙骗我们，今天我就让你知道一下中国人的厉害。丁汝昌大声说道："这支舰队是日本人的，他们侵占了朝鲜，而且又大败我清军，我们宁可战死，也绝不能后退，让日本鬼子知道一下我们中国人是不好欺辱的！"全体战士立即高呼："绝不后退！消灭鬼子！"丁汝昌下令：做好迎战准备！

当时中国北洋舰队的战舰无论是从吨位上、航速上，还是从射程上、射速上都不如日舰先进，但是爱国官兵为了杀一杀日本人的气焰，为了阻止日本人侵犯我国，他们宁可战死，也要和敌人拼一场。

日本舰队越来越接近中国舰队，他们排成一行纵队，快舰居前，准备偷袭北洋舰队。但是他们的诡计被丁汝昌识破，北洋舰队早已做好了准备。丁汝昌令北洋舰队排成鱼阵，“定远”号和“镇远”号作为前锋迎击敌舰，专门对付日本的快舰。丁汝昌、刘步蟾指挥“定远”号首先向日本舰队开炮。大海上的炮声惊天动地，激起几米高的水柱，硝烟掩海。双方展开了激战，由于这次海战在黄海海面，所以又叫黄海大战。

铁甲坚、火力强的“定远”号，由丁汝昌、刘步蟾指挥。刘步蟾恨透了日本帝国主义侵略者，他指挥着“定远”舰，冲杀在前，而这时日本舰队正集中火力向“定远”号猛轰，丁汝昌、刘步蟾从容自若，指挥着战舰与日本舰队激战。丁汝昌正在专心致志地指挥战斗，突然一颗炮弹飞来，将丁汝昌炸成重伤，丁汝昌坐在甲板上督战，而刘步蟾则继续指挥战斗，但是敌人的炮弹把“定远”号的舰桥炸断，北洋舰队失去了旗舰。邓世昌是“致远”号的管带，他当机立断，下令：“升起大旗！”“致远”号成了旗舰，日本舰队又集中火力向“致远”号攻击，缓解了“定远”号的危机，也稳定了军心。

此时，刘步蟾指挥着“定远”号乘机攻入日本舰队中，将其拦腰截断，日本舰队顿时大乱，刘步蟾命清军猛轰日舰，日本的几艘战舰都受到重创。

邓世昌命令“济远”和“经远”两舰向“致远”靠拢，集中火力攻击日本旗舰“松岛”。但是贪生怕死的方伯谦却拒绝支援“致远”号，而是下令退出战斗，“济远”号匆忙逃走，撞上了中国舰船“扬威”号，而日舰乘机击沉“扬威”号。

日本舰队依靠舰坚舰多，又重新组织了进攻，装备精良的“吉野”号日舰成了先锋舰，直接开向了“定远”舰。邓世昌一看，“定远”舰四面被包围，立即下令，前去支援，将炮口对准“吉野”号，一炮打中，“吉野”号甲板上起了火，其他的日舰一看先锋舰着了火，都纷纷后退。邓世昌又指挥“致远”号向“吉野”号开炮，“吉野”受到了重创，可就在这时，日本的舰队也击中了“致远”号，但邓世昌没有退缩，仍然向前冲杀，但是打了几炮，都没有响，一看炮弹的药全是沙子。而这时船上已没有弹药了。邓世昌高声说道：“我们从军卫国，应该誓死捍卫祖国，但是我们的炮弹用光了，我们绝不能后退，我下令向‘吉野’号撞去！”众官兵齐声高呼：“绝不后退，撞沉‘吉野’。”

邓世昌命令开足马力，“致远”号像巨龙一样，风驰电掣一般向“吉野”号撞去。日舰“吉野”虽发现“致远”号向自己撞来，也不开炮，知道清军想和他们同归于尽，都吓坏了。日舰乱了一会儿，又镇定下来，赶紧掉转船头，同时把大炮移到船尾，向“致远”号开炮。“致远”号离“吉野”越来越近了，邓世昌亲自站在船头指挥，但是由于“致远”号在战斗中冲锋陷阵，多处受到重创，所以行驶起来，船身有些倾斜。眼看就要撞上“吉野”号了，却不幸被一颗鱼雷击中，被日舰击沉，200 多名官兵全部壮烈牺牲。

“致远”号被击沉，并没有吓倒中国北洋舰队的官兵，反而激发了他们的斗志，都在高呼“为邓世昌报仇雪恨”。“经远”号舰长林永升临危不惧，指挥炮手猛烈轰击敌舰，却被日舰击中甲板，甲板起火，但是林永升丝毫不退缩，一方面组织官兵救火，另一方面组织炮手继续与敌人对攻。正当林永升指挥之时，却突然被炮弹击中，他浑身是血，用尽全力说道：“国家危急，我们绝不能后退，宁可战死，也要和敌人一拼到底！”说完话，便永远地闭上了双眼。船上的爱国官兵很受感动，开足马力，靠近敌舰，用大炮轰得敌舰有几艘都着了火。但是敌舰太多，“经远”号 270 多名官兵也壮烈牺牲。

北洋舰队经过激战，只剩下 4 艘战舰，“定远”“镇远”“靖远”“来远”依然与日舰交战。刘步蟾确实有大帅风度，丁汝昌受重伤无法指挥战斗，他亲自指挥着“定远”号，又指挥着其他 3 艘战舰，集中火力向敌舰猛烈攻击。刘步蟾亲自指挥炮手攻击“松岛”号，一颗炮弹击中了“松岛”号，顿时舰船上起了大火，有几十人被炸死，“松岛”号是日本的旗舰，但被“定远”号炸得丧失了战斗力。“松岛”号慌忙逃跑，其他 8 艘日舰也跟着逃窜了。

4 个多小时的黄海大战落下了帷幕，但黄海上空还有滚滚的黑烟，整个黄海之上都充满了浓浓的火药味。炸碎的船板还在黄海上漂着，爱国官兵的鲜血将黄海染红了一片。北海舰队除了两艘战舰逃跑外，其余战舰的官兵都英勇杀敌。北洋舰队的英勇抗敌，致使日军舰队有 5 艘受重创，丧失了战斗力，然而北洋舰队也被日军击沉了 4 艘。但是北洋舰队两艘吨位大、铁甲坚的主力战舰“镇远”“定远”仍然完好。

黄海大战，爱国官兵用鲜血向世人昭示了中国人民的爱国主义情怀和面对强敌临危不惧的勇敢精神。

卖国贼断送北洋水师

黄海大战结束之后，提督丁汝昌向李鸿章汇报了情况，李鸿章说道："我不是再三叮嘱你，不要与外国人交战吗？"丁汝昌道："李大人，日寇寻衅，我们也是实属无奈，才与他们交的手！"李鸿章叹了一口气说道："既然如此，我也不责怪你了，好在主力战舰还存在，但是今后，不许与敌舰正面交战，更不能主动出击，不许越过炮台线出击！"丁汝昌心想：这不是让我们躲在威海等着挨打吗？但是李鸿章有令在先，丁汝昌也没有别的办法，只好带着重伤离开了李鸿章，到威海与官兵们一起修复被击伤的战舰。经过修整后，"定远""镇远""靖远""来远""平远""济远""广丙"7艘战舰恢复如初。

黄海之战，也惊动了朝廷，李鸿章只好面奏慈禧和光绪帝。

李鸿章说道："陛下，臣无能，黄海一役，北洋舰队有四艘战舰被击沉，其余也受重创，丧失了战斗力，我已命令北洋舰队暂驻威海卫进行休整。"

光绪帝一听，大怒道："一个小小的日本，竟然把我雄师北洋舰队弄成这个样子，你到底是怎么训练的，如果这样下去，我们还怎么和日本抗衡啊？"

李鸿章立刻说道："陛下，日本人船坚炮利，我们万万不可与他们正面交战。那样，日本人会乘机长驱直入我国领土的，我们不如安抚他们，大事化小，小事化了，才可以确保江山社稷留传万代啊！"

光绪道："难道，你想让我大清王朝向一个小小的日本妥协不成？我命你迅速修复北洋舰队的战舰，积极准备迎敌！"

李鸿章看了看慈禧太后，慈禧说道："李大人，我派你去议和！"光绪帝一听，也没有办法，只好派李鸿章议和。

对临阵脱逃的方伯谦，光绪帝下令斩首！

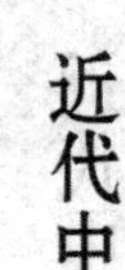

其实李鸿章是故意夸大北洋舰队的损失，他知道曾国藩的湘军很厉害，而且朝廷也无人敢惹他，就是因为他手中有兵、有权，他也把北洋舰队看作自己的私人财产了，为了保存实力，可以与其他人的兵力相抗衡，他不想让北洋舰队投入战斗。

1894年11月，日军攻打旅顺，丁汝昌向李鸿章请示出战，李鸿章却斥责道："日舰兵力、火力强大，黄海一战，我们已经领教了它的厉害，难道你还想让北海舰队再受重创吗！"

丁汝昌道："李大人，一旦日本占领了旅顺，它一定会进一步侵犯我国的，如果我们不给予它有力的还击，一定会助长它的嚣张气焰。"

李鸿章说道："我自有安排，没有我的命令，绝不允许出动北洋舰队，违令者斩！"

丁汝昌没有办法，和北洋舰队全体官兵眼睁睁地看着日军占领了旅顺，但是北洋舰队的官兵有其心无其力，李鸿章不下命令，谁也没法离开威海一步。

李鸿章得知日军占领了旅顺，立即带人前去议和，但是蛮横的日军根本不理睬李鸿章，而且扬言要消灭北洋舰队。

李鸿章扫兴而归，但是他听说日本人说要灭掉北洋舰队，非常担心，因为这是他的私有财产，他视北洋舰队为自己的命根。他回到北洋舰队，对丁汝昌说道："没有我的命令，绝对不许迎战，即使日本舰队已入侵，也不许仓促作战！"

日本舰队与北洋舰队在黄海经过一场激战，也震惊了，他们本以为中国舰队不堪一击，但是万万没想到北洋舰队如此强大，特别是清政府爱国官兵，将生死置之度外，也深深地震动了他们。虽然日本舰队击沉了北洋舰队四艘战舰，但日本人也很清楚，北洋舰队主力没有受到重创，战斗力仍很强。日本帝国主义侵略者侵占了旅顺，便认清了清朝政府的腐败无能，它也明白了为什么中法之战，中国没败而败，法国没胜而胜。日本帝国主义侵略者更坚定了侵略中国的野心，它知道即使不能取胜，也可以捞取很多好处，要是取胜了，会得到更多的好处。但是日本也知道中国人民和爱国官兵是不好对付的，为了扫除日本侵华的道路，日本决定先消灭掉北洋舰队。

1895 年，日本舰队向北洋海军基地威海卫（今山东威海市）进犯，从正面封锁了威海卫港口。

丁汝昌向李鸿章请战，对李鸿章说道："李大人，日军侵犯威海卫，这里地势险要，我们可以凭借刘公岛、黄岛、日岛这三岛与日军抗衡，日本舰队号称 25 艘，但实际能够参战的也不过 10 艘，我们可以凭借威海卫的天然防线，打退日本舰队。请李大人下命令，我军一定会舍身报国！"

李鸿章说道："日本舰队非常强大，不是我北洋舰队所能敌的，绝对不允许轻易出战，不得离开威海卫一步，如有人违令出战，虽胜亦诛。"

丁汝昌只好垂头丧气地回到了威海，他仰天长叹，想报效祖国，却又受到李鸿章的阻拦，广大爱国官兵也纷纷请求出战，但是李鸿章有命令，也没有办法，只能眼看着日本舰队进犯威海。

日本舰队做好了与北洋舰队激战的准备，他们本以为会和北洋舰队遭遇一场苦战，但是出乎意料，日本舰队很轻易地就进入威海，掩护陆军从成山角轻松地登陆。日本陆军很快占领了威海卫炮台。这样北洋舰队就腹背受敌了，但是李鸿章还是不允许主动出战，他想这样可以避开一场激战，保存自己的北洋舰队。

但是李鸿章想错了，他的"避战自保"政策，不但没有躲过这场激战，反而给了日本舰队一个可乘之机。

1895 年 2 月 3 日，日军舰队对北海舰队发起了猛攻，北洋舰队被迫宣战。广大爱国官兵奋起还击，阻止了日本舰队长驱直入的计划。由于北洋舰队的顽强抵抗，日本舰队不得不放慢入侵的步伐。2 月 5 日晨，日舰偷袭"定远"舰，刘步蟾从容指挥，"定远"号击沉了日军的两艘鱼艇。但是"定远"号也受到了重创，丧失了战斗力。日本舰队一看击中了北洋舰队的主力舰，便又发起了疯狂的进攻，又击沉了"来远"号和"威远"号。面对极其危险的处境，丁汝昌没有退缩，他命令鱼雷艇管带王平去袭击日本舰队。王平奉命带领 7 艘鱼艇去袭击日本舰队，可还没有接近日本舰队，就被日本的大炮吓坏了，掉转船头就想逃跑。在这时，被日本舰队击沉，其余几艘也乱了，被日本舰队一一击中。日本舰队乘胜又向北洋舰队发起了猛攻。而正在这时，威海炮台的日本陆军也向北洋舰队开了火。北洋舰队前后受敌，但是爱国官兵宁可战死，也没有后退。在激战中，“靖远”号也被击中。

丁汝昌率领北洋舰队冒死突围，但没有成功，丁汝昌绝望至极，他仰天长叹道：“为什么当初不设防啊？难道是天公绝我丁汝昌吗？”丁汝昌在悲愤中自杀。

管带刘步蟾得知水师提督丁汝昌自杀，非常难过，跪倒在丁汝昌面前，泪流满面。他此时此刻心如刀绞，他也主张早日设防，与日本舰队交战，但是李鸿章的“避战自保”却使北洋舰队落得如此下场。刘步蟾说道：“我们已无力抵抗敌寇了，但是我们不能把军舰留给他们。”说完，命令官兵将战舰炸掉。刘步蟾也开枪自杀，壮烈殉国。日本舰队乘机占领了威海港。

1888年建成的北洋舰队，在卖国贼李鸿章手里断送了。

清政府战败，日本帝国主义侵略者咄咄逼人，清政府只好委派卖国贼李鸿章与日本签订了《马关条约》。日本不仅得到了领土、赔款，还进一步打开了中国的市场。

《马关条约》的签订，使中国半殖民地半封建社会化程度大大加深。

公车上书

1895年，中日甲午战争，李鸿章“避战自保”，为了私人目的而丧失了北洋舰队作战的良机，断送了北洋水师，而且使日本侵入了威海港口。

腐败的朝廷派自私自利的卖国贼李鸿章和日本议和，签订了丧权辱国的《马关条约》，条约中规定：

1. 中国承认朝鲜的“独立自主”，实际上是承认日本对朝鲜的控制。

2. 中国割让辽东半岛、台湾及所有附属岛屿和澎湖列岛给日本。

3. 中国赔偿日本军费白银 2 亿两。

4. 增开沙市、重庆、苏州、杭州为商埠。

5. 允许日本人在中国通商口岸自由开办工厂。

这些条约使中国半殖民地半封建社会化程度大大加深。日本控制了朝鲜，就打开了中国的门户，可以随时入侵中国；割给了大片领土，使中国领土被分割；开放了通商口岸，进一步开放了中国市场；在内地办厂，从中国牟取暴利；赔偿大量军费，使中国背上了沉重的负债包袱，清政府只好借款，而其他帝国主义国家强迫清政府向他们借款，这些贷款国不仅利率高，而且附加了许多苛刻的政治条件。

面对这种危局，一些有志之士，都在为国担忧。

1895 年，聚集在北京参加考试的各省举人听到李鸿章与日本人签订了丧权辱国的《马关条约》后，议论纷纷。这些举人大多数都有一颗爱国之心，都忧国忧民，他们得知日本侵略者又从清政府捞取了太多的好处，都非常气愤，痛恨清政府为什么如此腐败、软弱、无能。

一些有志之士，便站了出来。康有为组织广东的举人联名上书；梁启超组织湖南的举人联名上书，声明要求清政府拒绝同意这些条款，与日本侵略者生死一搏。康、梁的举动引起了各省举人的纷纷响应，其他各省的举人也都联名上书，但是腐朽的清政府根本不把这些人的建议当成一回事，对其不理不睬。

康有为是维新运动的领袖，他从小聪明好学，对新知识接受比较快，而且很有远见，他看到英、法等帝国主义国家依靠先进的武器在中国胡作非为，是因为这些国家经济发展迅速，而中国落后。为了使落后的清政府认识到自己的境况，他创办了万木草堂，宣传资产阶级改良主义思想，主张中国走改良道路，使中国富强起来。在此期间，梁启超也投到他的门下。康有为组织举人联名上书没有得到答复，但他没有灰心，决定联合 18 个省的举人共同上书。康有为连夜起草万言书，他的学生梁启超为他抄写。

康有为在万言书中论述了当前的民族危机，陈述了国内尖锐的矛盾，指出如果批准《马关条约》的条款，一定会激化国内矛盾，而且很可能出现国将不国的局面。康有为分析了签约的严重后果，紧接着他又提出了“拒约、迁都、变法”的主张，以实现“富国、富民”的目标。

康有为的万言书引起了各省举人的关注，这些忧国忧民的举人纷纷签名，短短的时间里有1300多人签名。历史上把这件事称为“公车上书”。

“公车”一词是我国汉代举孝廉时，乘公车赴京，到了清朝，“公车”作为应试举人的代词。

但是清政府仍拒绝接受，他们看到全国有1300多举人联名上书，影响很大，怕惹出是非来，便以《马关条约》已签字不能更改为由，企图搪塞这些举人。

康有为带领举人公车上书，虽然没有得到答复，但是却宣传了资本主义改良思想，并使其得到广泛传播，为以后的维新运动打下了基础，同时也反映了民族资产阶级要求抵抗侵略、进行资本主义改革、实现富国强兵的美好愿望。

圣主终神武，其如国贼何？

元戎甘割地，上将竟投戈！

漏瓮焦难沃，谚台债愈多。

向来无一策，富贵只求和！

百日维新

中日甲午战争以后，中国面临着更深重的民族危机。年轻的光绪皇帝“从中日战争的苦痛经验中得到了教训，注意到日本的进步，引起了取法于日本的决心”。光绪皇帝的变法思想得到他的老师翁同龢的大力支持，正是这位老师，在多年的精心努力下，培养了光绪皇帝治国安邦的雄伟抱负，翁同龢还积极为光绪皇帝举荐康有为、梁启超等一批先进的知识分子。

1897年11月，德国强占胶州湾，引起全国人民极大震动和愤慨。康有为心怀“胶东之耻”愤而写下《上清帝第五书》。他以沉痛的心情写道：“割让台湾以后，形势日迫一日。”“恐怕从你以后，皇上和诸大臣想旦夕苟安、歌舞湖山都不可能了，甚至想当个老百姓都是妄想了。”为此，他向皇上提出了三条策略：“第一策是采俄法日以定国是，希望皇上以彼得大帝的雄心为心法，以日本明治之政为政法。……第二策是集中群才谋求变法。……第三策是听任边疆大臣各自变法。”他说：“对这三策，在上层实行，可以强国；在中间阶层实行，能勉强维持；在下层实行，国家不至于灭亡。”

光绪皇帝看了这个奏折，很受感动，他赞赏康有为的胆识，准备召见他，向他进一步探讨变法良策。

转眼就到了1898年，清朝北京充满了变革的气氛，关心政治的人们议论纷纷，讨论即将进行的变法。大家都知道，皇上热烈地支持变法。人们都热切地期望，通过变法，自己的国家能强大起来，不再遭受欺凌。

可是，以慈禧太后为首的后党，包括奕䜣、刚毅、荣禄、徐桐等贵族官僚反对变法。当光绪帝要接见康有为时，奕䜣极力阻挡，他说：“按照制度，四品以下的官员，不能觐见皇上。如果皇帝有话要问，可以命大臣传话。”

1898年1月24日，康有为被叫到总理衙门，由李鸿章、翁同龢、荣禄、刑部尚书廖寿恒、户部左侍郎张荫桓等五人代皇上召见康有为，让他申述变法理由。荣禄口口声声地说：“祖宗成法历百年而不变，怎么能想变就变呢？”

康有为反驳道：“什么事都是可以变的，祖宗的立法如果也一样，必须改掉其中过时的、腐朽的东西，国家才能强大，才能不受欺负！”

康有为表示，他愿意将《日本政变考》《俄罗斯彼得变政记》呈给皇上。接见西法，这也是维新派的一个手段。

第二天，翁同龢把这次申述经过转呈给光绪帝，光绪帝对康有为的主张有了进一步的认识。1月29日，康有为遵旨递上《应诏统筹全局折》，就是著名的《上清帝第六书》。康有为以犀利之笔再次指出变法之必要：“观大地诸国，皆以变法而强，守旧而亡。……夫国之有是，犹船之有舵，方之有针，所以决一国之趋向，而定天下之从违者也。……今朝廷非不稍变法矣，然皇上行之，而大臣挠之，才士言之。而旧僚攻之，不以为用夷变夏，则以为变乱祖制，谣谤并起，水火相攻。”他建议：“取鉴于日本之维新，……一曰大誓群臣以定国是；

二曰立对策以征贤才；三曰开制度局而定宪法。”维新变法的主要纲领初步形成了。

1898年的春天，时局更加动荡了。各省参加会试的举人齐集北京，在康有为、梁启超的推动下，4月，维新人士和爱国官僚组成了“保国会”，他们为维新运动造声势，和守旧派做斗争。

光绪帝已经坐不住了，他让庆亲王奕劻转告慈禧：“我不能做亡国之君，如果不给我实权，我宁可逊位。”西方列强咄咄逼人，社会上要求变法救亡的呼声不断高涨，慈禧太后是知道的，她想稍微变一变法，也不是不可以的，她要显示她上应天意，下顺民情。所以，她转告光绪皇帝：“皇帝要做的事，太后决不阻挡。”

太后这面有了松动，光绪皇帝就可以行动了。在位24年，这还是他头一次要做一件必须做的事。他根据杨深秀的奏折，召集全部军纪大臣开御前会议。4月23日，光绪帝下了一道“明定国是诏”，皇帝决定变法了。

4月28日，光绪帝召见康有为。在外书房，康有为首先见到了荣禄，康有为向荣禄谈了变法的细节和步骤。随后，荣禄先去见了皇上。光绪问：“你以为康有为如何呀？”荣禄直接回答：“康是辩言乱政！”荣禄退出后，光绪帝立即召见康有为。皇帝先简单地询问了康有为的年龄籍贯和出身，然后，就迫不及待地让他陈述政见。

康有为说：“现在，外敌侵入我国内地，瓜分的大祸就要临头了。中国已经到了生死存亡的关头了。”

光绪帝说：“这都是因为我们太落后、太守旧了。”

康有为说：“所以，皇上就该下决心推行变法。”

光绪帝说：“是到了非变法不可的时候了。”

康有为说：“近年已有变法，只是局部变，结果收效不大。依臣之见，应先修改制度，先开制度局。”

康有为又说，他已经根据各国变法的经验，提出一些具体建议。请皇上参考。

光绪帝说："你写的条陈章则都很详备。"

康有为问："那为什么不颁行呢？"

光绪帝长叹一声，说："我受到的牵制太多，哪能想干什么就干什么呢！"

康有为说："那就有多少权力做多少事吧。"

这一天，两人谈了很多，都有一吐为快、相见恨晚的感觉。康有为把他的政见一股脑儿地和盘托出。他说："现在的大患是民智不开，这是八股考试作文的结果。学做八股的人，不了解世界形势，只知道靠八股得功名，做大官，在朝廷里谋取要职，却没有人能担当起革新的重任。"

康有为

光绪帝感慨地说："洋人做有用的学问，中国人却做无用的文章。"

康有为说："既然八股文有那么多害处，为什么不废除呢？"

光绪帝说："当然要废除。那么，办新政需要财政支持。怎么筹款呢？"

康有为说："中国矿藏丰富，可以开发。只要开发一批矿山，就不怕没钱。"

两人还谈到了用人、办教育、翻译外国图书、向外派遣留学生、考察专使等等问题。光绪帝认定康有为是一代有识之士，他一定会辅佐自己实现变法自强的宏愿。

随后，光绪帝面谕军机大臣："康有为着在总理衙门章京上行走"。特许康有为专折奏事，不必由总理大臣代递。又召见了变法的另一个代表人物梁启超，任命他负责办理大学堂和主持译书局。

可是，这么一项浩大的变法事业是需要更多人才的，7月20日，光绪帝又下了一道诏书："内阁候补侍读杨锐，刑部候补主事刘光第，内阁候补中书林旭，江苏候补知府谭嗣同均着赏加四品卿衔，在军机章京上行走，参与新政事宜。"他还亲自给这四个人写信，让他们把新政条例写清，辅佐自己。这样，所

有新政的奏折都得经过他们审阅，皇上下的新政谕旨，都由他们拟订。这可不得了，实际上，“四章京”是在行使着宰相的权力。

参与变法的人士都集中在了光绪的周围，他真的要干一番事业了。

1898年6月11日，光绪帝颁布一道“明定国是诏”，阐明变法方针。从这一天开始，到9月21日，共103天，光绪帝颁布了几十道新政诏书，历史上叫作“百日维新”，因为这一年是旧历戊戌年，所以又叫“戊戌变法”。

变法的日子里，光绪帝连续发布了一系列诏书，以前所未有的勇气进行着改革。他知道老太后对他的变法是持观望态度的，他想，只要变法能使国家有了实质性的转变，那他就可以向太后包括国人做一个合理的交代，他相信，到时候，太后是能理解他的做法的。

这些天，也是光绪皇帝一生最幸福的日子。他沉浸在自己的宏伟构想之中，废寝忘食地工作着，他与康有为、梁启超等人配合得非常默契，他们经常在一起草拟诏书至深夜。他被改革的宏图大业激励着，他渴望颁布更多的改革事项，他发现自己身体里潜伏着使不完的力量，他恨不得几天之内就能把心中的想法落实下来。

光绪皇帝的谕旨像雪片一样飞向全国，他首先对朝廷官员的权力和利益进行了大幅度调整。他下诏，凡是政府官员有政治上的意见，都可以直接上奏，就是老百姓有上书言事者，也可以到都察院去呈递自己的意见书。

接着，光绪帝下令精简机构。在中央机关撤掉了詹事府、通政司、光禄寺、鸿胪寺、太仆寺、大理寺等六个无用的衙门和大批官员，对外省的各部官员也做了相应的精简。然而光绪皇帝没有想到这一举动却为变法埋下了隐患。一个叫怀塔布的官员被裁掉了，他的老婆竟把这个礼部六郎官被罢免的事，直接捅到正在颐和园静养的慈禧太后那里。这个女人在老佛爷面前跪着，一把鼻涕一把泪地说：“老佛爷这可了不得了，您得给我们做主啊！您一手提拔的对您忠心耿耿的老臣，如今都让皇上赶走了，皇上身边都换上了一些目无王法的奸佞小人，这不明着反老佛爷您吗？您得赶快想个办法制止当今的皇上啊。”

多少人的阻挠都不能使皇上停止发布诏书，他继续着他的富国强兵梦。绿营兵已经没有任何战斗力了，他就下诏裁减。八旗兵使用的武器还是几百年前就用的大刀长矛，早就不能适应战争了，他就下令一律改用洋枪，用新法练兵。现在，他是多么需要一支可以和外来侵略者相抗衡的军队，甲午战争的失败，让他越发认识到了军队的重要性。

他还下诏，在北京设立农工商总局、铁路矿务总局，各省设立商务局，推动工商、路矿事业发展。因为他已经认识到一个国家要富强，就一定要发展商业，他鼓励商业发展，只要能带来商业繁荣，他都支持。

与此同时，大刀阔斧的文化教育改革方案也颁布了。他下诏废除八股取士制度，取消各地旧式书院，改设中、小学堂，7 月 3 日，正式创设京师大学堂，这就是后来的北京大学。他还允许设立译书局，翻译外国新书，允许办报馆、学会，让他的臣民表达自己的政治主张。为了了解外国的历史和现状，光绪皇帝接受康有为的建议，以日本明治天皇为例，要求朝廷上所有大臣都要熟悉外国的历史和现状，并下诏指派专人到世界上搜集重要国家的历史资料，并翻译成中文，便于效仿学习。

光绪皇帝在社会风俗方面也有意进行变革。他曾让人拟诏，让他的臣民把头上已经留了几百年的辫子剪掉。这个想法实在是太大胆了，真要下了这么一道诏书，不仅会引起举国震动，朝中大臣不会支持，就是老佛爷那里也通不过去，也就只好作罢了。

短短的 100 天里，光绪帝以一个亲政皇帝的极大热情，在一帮知识分子的支持下，进行了一场轰轰烈烈的改革，从这些改革措施上看，新政对资本主义经济的发展和文化的传播，起了积极的推动作用。尽管是昙花一现，但它的出现及其产生的余波震动了整个中国乃至世界，在很短的时间内，以超出想象的速度传遍全国乃至世界各地。

戊戌六君子

1898 年从春到秋，中国，更确切地说北京，是维新派，也是年轻的光绪皇

帝的舞台。他们在维新、求强的大旗下尽情地施展着他们的远大抱负。维新运动，也让屈辱中的普通百姓看到了一丝希望的曙光。与此同时，维新运动也惹恼了那些曾经权倾一时的旧大臣，他们极力阻挠变法。

戊戌六君子

各派力量都在较量中，只有一个人在静静地观望着。这个人就是慈禧太后。这个当时中国最有权势的女人，无时无刻不在关注着局势的动态。在她看来，无论维新派还是守旧派，都不过是她手中的一粒棋子，尽管她放权给了这个只有 28 岁的皇帝载湉，但是大清朝的每一个角落乃至于每一个细微动作都在她的掌控之中。因为在所有关键的位置上都已经安插了她的亲信和宠臣。慈禧太后决不允许光绪排斥她的亲信和宠臣，更不容许他在朝廷内结成自己的党羽。一旦光绪皇帝越此雷池一步，她将随时撤下他头上的皇冠，再次把权力收回自己手中，她是完全有这个力量的。

可是，偏偏皇上还抱有一丝幻想，或者说这个皇帝还是太嫩了一点。结果惹得太后再次出马，重整乾坤了。

事情的起因是这样的。礼部有个官员叫王照，他曾给光绪皇帝提出建议，让光绪皇帝和老佛爷同时到国外去考察考察，王照觉得如果老佛爷和光绪皇帝到了国外，一定会增加不少见闻，肯定比那些臣子说得更深刻也更有体会。因为外面长期谣传，光绪皇上和老佛爷不和，如果此时作为大清国的最高统治者，他们同时出访他国，足以表明太后和皇上的关系是和睦的，谣言也就不攻自破了。这个意见书，礼部尚书就是不准往上转奏。王照振振有词地反击：“现在皇上有命令，你必须替我往上转奏”。礼部的尚书也有理由：“你建议皇上和太后出国，这是让他们置身于危险之境，可见你是心怀叵测，大逆不道。”礼部的部长们全都一口拒绝。这个固执己见的王照竟与这 6 个部长发生激烈争吵，事情

一直捅到了光绪皇帝那里。光绪皇帝一时心情急躁，觉得自己的政令无法推行下去，变法则名存实亡，所以他要杀鸡给猴看，于是下诏一下子把6个部长全部免了职。

这个消息当天夜里，就由荣禄密报给了慈禧老佛爷。慈禧一听就火了。“大胆，他也太不像话了，连我的人他也敢动！”

荣禄一看，老佛爷动怒了，赶紧凑上前去，请老佛爷息怒。等这个女人平静下来，荣禄才不紧不慢地说：“老佛爷，我看这样下去，也不是个事啊，您得拿个主意了。”

慈禧看了一眼荣禄，相信他已经有办法了，毕竟，年轻的时候，他们是情人，有过花前月下，海誓山盟，如今，她相信他是忠于自己的，便问道：“你看怎么办好呢？”

荣禄往四周瞄了一眼，随即压低声音，说：“依老臣之见，在必要时候，政变也是不可避免的。”他接着说：“九月初五，我请皇上到天津去阅兵。趁此机会，我就强迫他把权力交还给您。”

“这事就教给你去办了。”

于是，荣禄大肆渲染光绪皇帝将陪同慈禧老佛爷一同去天津阅兵，检阅军队，并且还向光绪帝发去了阅兵奏折。光绪帝接到奏折，真犯难了，不去，慈禧肯定不高兴，去，他怀疑里面会有阴谋。此时众多的顽固守旧派官员开始联名上书，要求光绪皇帝下诏“请太后再次临朝训政”，光绪皇帝已经预感到巨大的危险了。

光绪皇帝连忙把康有为等人找来商量办法。康有为说：“荣禄请皇上去阅兵，里面一定有阴谋，可是我们手里没有一兵一卒，怎么办呢？”这时，情急之下，他想起了一个人，就是在天津小站主持训练新兵的那个袁世凯。袁世凯在甲午战争后，曾与康有为有过交往，后来被派往天津小站练兵，康有为等人曾为袁世凯设酒宴送行。现在，袁世凯是北洋陆军的重要将领，掌握着一支新式军队。袁世凯成了维新派的最后一张王牌！

光绪皇帝秘密召见袁世凯，光绪帝先是对他说了一大堆赞扬的话，还封了

他一个侍郎的官衔，精明的袁世凯很快就察觉到了光绪皇帝的用意，当即表示："臣永远忠于皇上，如果皇上有什么事让臣办，臣万死不辞！"

光绪帝召见袁世凯，还给他封了官，这再一次引起了慈禧的疑心。荣禄为了提防袁世凯，立刻调集自己的亲信部队进驻北京和天津。光绪皇帝完全失去了自由，他只好派人给康有为送去一封密信。康有为打开信一看，眼泪都要掉下来了。信上说，我的皇位可能保不住了，更不能保护你们了，你们赶快逃离北京吧。

康有为流着眼泪说："现在，要救皇上，就只有杀死荣禄了。能杀荣禄的，也就是袁世凯，趁他还在北京，赶快去找他。"

谭嗣同说："北京现在很危险，有为兄马上离开吧，这事就交给我好了。"

9 月 18 日夜，谭嗣同单独约见袁世凯，两人密谈了整整一夜。

谭嗣同首先问袁世凯："皇上现在如果有危险，你打算怎么办？"

"皇上对我恩重如山，他有了难，我袁世凯就是掉脑袋也得去救。"袁世凯拍着胸脯，信誓旦旦。

谭嗣同于是把皇上的密信拿出来，袁世凯一看，"腾"地一下站了起来，急切地问："让我做什么？"

谭嗣同提出了一个惊心动魄的"围园"之计：杀掉慈禧老佛爷的心腹直隶总督荣禄，带兵从天津直扑北京，将颐和园团团围住，逼迫慈禧交出权力。

谭嗣同说完，问："你敢不敢？"此时的袁世凯听到这些话已是胆战心惊，但还是故作镇静地说："当然敢，杀死荣禄还不像杀死一条狗那么容易吗！""我明天就回天津布置兵力，做好准备。"

第二天一早，袁世凯就赶回了天津。不过，他并没有去布置军队，而是只带了一个侍从，骑快马急奔去拜见他的顶头上司——现任直隶总督荣禄。袁世凯告密了。

荣禄一听着急了，当天他就火速进京，向慈禧汇报。慈禧急忙带领荣禄、袁世凯等人从颐和园赶往紫禁城，下令把皇帝囚禁到瀛台，夺了光绪的御玺，宣布国家大事仍由她做主。然后，她命人立刻捉拿维新人士，一个也不留。

9月20日早晨，康有为化装离开北京，乘船去上海，清军包围会馆时，抓到了他的弟弟康广仁，康有为则辗转去了日本，过着长期流亡的生活。

政变发生的当天，谭嗣同还在浏阳会馆计划着袁世凯解救光绪帝的事。突然有人来报："太后已经把皇上软禁了，正在抓你们呢，你们快跑吧。"

谭嗣同听到这个消息，知道变法失败了。他沉痛地说："没想到事情变得这么快，我不是怕死鬼，他们要杀就来杀我好了。我死不足惜。"有人劝他出国避难，他说："各国变法的成功，从来都是流血换来的。我们的国家不强大，就是因为中国还没有为变法而流血的，那就从我谭嗣同开始吧！"谭嗣同等了3天，最后被抓走。他在监狱的墙上，留下了一首慷慨豪放的绝命诗：

望门投止思张俭，忍死须臾待杜根。

我自横刀向天笑，去留肝胆两昆仑。

荣禄命人捉拿梁启超的家人，梁家举家逃亡澳门，躲过了一场灭门之灾。梁启超在日本公使的掩护下只身亡命东瀛，开始了长达十多年的流亡生涯。

维新派中坚力量林旭、杨深秀、刘光第、杨锐四人相继被抓获。

1898年9月28日，谭嗣同、林旭、杨深秀、刘光第、杨锐、康广仁在北京菜市口被杀害，他们就是历史上有名的"戊戌六君子"。谭嗣同在刑场上为世人留下了气壮山河的遗言："有心杀贼，无力回天；死得其所，快哉快哉！"

戊戌变法被扼杀了，随后，实行的和未及实行的新政措施全部废除，乌云再次笼罩着这个古老的国家，表面上，历史又退回到原来的位置，而变法者的鲜血却在警醒着人们，在民族危亡面前，人人都有责任。

义和团起义

哪里有压迫，哪里就有反抗，中国人民从来都不怕帝国主义侵略者。

甲午战争之后，清政府签订了丧权辱国的《马关条约》，激起了全国人民的愤慨。但是帝国主义得寸进尺，又掀起了瓜分中国的狂潮。

德国以“干涉还辽”有功为由，强行租借胶州湾，租期为99年，这样山东就成了德国的势力范围。俄国也不甘落后，它以同样的理由租借旅顺和大连，租期为25年，东北地区成了沙俄的势力范围。法国一看德俄得逞，立即向清政府提出租借广州湾，租期99年，又强行获得了其他权利，两广和云南地区成了法国的势力范围。英国始终认为“它是打开中国门户的功臣”，所以处处想争先，它强行租借了九龙半岛和山东威海卫，租期分别为99年和25年。日本从《马关条约》中捞足了好处，但它还不满足，又使福建成为它的势力范围。

清末，有人画了一幅《时局图》，图中用各种动物代表不同的国家，已将中国领土分割完毕，美国人则提出“门户开放”，要求利益均等。

中国已被瓜分完毕，但是《时局图》的作者实在是很有远见的人，他在图的下边还画了几笔人民的反抗，也正是这几笔，才使中华民族有了转机。

义和团起义就是这几笔之中的一笔。一个泱泱大国被列强一块块分割，主权遭到践踏，软弱无能的清政府非但没有半点儿反抗精神，反而对国内人民加紧剥削和镇压。面对卖国贼李鸿章断送北洋舰队的厚颜无耻之行径，人民愤怒了。官府奴洋媚外，但中国是有骨气的，从三元里抗英开始，中国人民就没有停止反抗帝国主义侵略者。只不过有时是显性的，有时是隐性的。

白莲教是许多朝代的人所利用进行反抗朝廷的武器。但是以前都是用来反抗封建统治者的沉重压迫，随着民族矛盾的加深，这些善良的、有志气的中国人民将矛头指向了帝国主义侵略者。

白莲教虽然无数次被镇压，但它的生命力很顽强，一批人倒下了，另一批人转入秘密行动，积蓄力量。甲午战争，山东是主要战场，日本侵略者不仅烧杀抢掠，而且又占领了中国领土。中国人民对此非常气愤，便悄悄地组织起民间结社。这些秘密结社有“拳会”“红拳会”“义和拳会”等许多叫法，但都是白莲教的支派。

甲午战争之后，德国把山东变成了它的势力范围，英国也厚着脸皮把威海卫租走。这些侵略者还派来许多传教士，这些人以传教为名，其实是胡作非为，欺压受苦受难的百姓。但是软弱的清政府要么偏袒他们，要么与它们勾结在一起，共同对付百姓。

百姓忍无可忍，没有办法，只有举兵起义。

受帝国主义蹂躏压迫最为惨重的山东首先爆发了义和拳起义。1898 年 10 月，赵三多领导的冠县义和拳举兵起义，揭开了义和团运动的序幕。

赵三多是河北威县梅花拳的首领，他不仅武艺高强，而且很有策略，能够很好地组织群众。在威县，他领导的梅花拳很有影响力，后来接到冠县阎书勤、高元祥的盛情邀请，得知传教士与村民长期争用玉皇庙基，而且在旧庙基上重建教堂。赵三多本来就对外国传教士很反感，一听说他们在冠县胡作非为，欺压百姓，便答应了阎、高等人的邀请，成为冠县义和拳的首领，把梅花拳的组织交给了自己的副手，让他继续领导梅花拳。

赵三多确实很有头脑，那时义和拳没有统一的组织，各地之间，各村之间都没有联系。赵三多对阎书勤、高元祥等人说道："光靠我们自己的人马，力量太小，我们一定要联合其他村庄的义和拳一起起义，等到声势浩大起来，我们再联合各县、甚至各省的义和拳共同抗击帝国主义者！"

阎书勤、高元祥等人非常赞同，便以赵三多的名义发出帖子，去附近各村联络义和拳，由于赵三多在这一带很有影响力，所以很快附近各村都派来义和拳参加。短短几天，就有八九百人。

赵三多想：为了团结更多的义和拳的志士，我们必须提出一个口号，表明我们的立场。清政府虽然昏庸、软弱、无能，但目前帝国主义已经掀起了瓜分我国的狂潮，民族出现了危机，长此以往，很有可能被这些帝国主义国家灭掉，到时候，我们百姓可就更惨了。我们不如打着"助清灭洋"的旗帜，这样既可以表明我们的爱国立场，清政府也有可能因此不镇压我们，而且可以团结其他各地义和拳组织。只要把这些洋人赶跑了，我们内部的事到时候再见机行事。

赵三多把自己的想法和阎书勤、高元祥等人说了，阎书勤很赞成，但是高元祥有些反对，说道："清政府不仅软弱、卖国、无能，而且与这些洋人相勾结，共同欺压我们老百姓，即使我们打出这个旗帜，清政府还会镇压我们的。"

赵三多说道："但是目前，我们必须先赶走洋人，否则国家就有灭亡的危险。另外我们现在的力量还很弱小，如果既反政府又反洋人，我们树敌太多，很难有所发展。"

阎书勤等人也都说道："现在对付洋人是主要的，我们必须集中兵力先赶跑洋人，不让它在我们中国这块领土上有落脚之地！"

高元祥也只好同意了大家的意见，但他说道："这个口号我们可以使，但对清政府我们也不得不防，直隶、河南、山西和我省的八卦教、红阳教等秘密结社和我们义和拳都是白莲教的一个支派，清政府对他们都进行过残酷的镇压，我们也应该小心谨慎！"

赵三多说道："此话很有道理，我们必须提防清政府。我还有一个建议，把'义和拳'改成'义和团'，这样就可以团结其他组织了。"这个建议得到了大家的一致认可。

赵三多率领义和团的人，打出了"助清灭洋"的旗帜，攻进了红桃园教堂，赶跑了洋人，有的洋人不知趣，和义和团的人交了手。义和团的人不是以前的农民义军，虽然也都是农民和手工业者组成的，但他们平时都学习武艺，而且加入义和团的这些人不仅年轻健壮，而且一个个都武艺高强。洋人哪里是对手啊，纷纷落荒而逃。

义和团的起义，引起了清政府的注意，他们本来就秘密监视着义和拳的一举一动，得知冠县义和团已挑起了大旗，而且还打伤打死了洋人，清政府吓坏了，忙派人前去向洋人赔礼道歉，又派兵前去镇压。

山东巡抚张汝梅得到命令立即派兵去镇压，清军与义和团展开了激战。义和团的人虽然少，但是个个有胆有勇，清军被打得落花流水，但是义和团的人从来不追杀清军，他们认为这样可以得到清政府的理解。但他们想错了，清政府可不管你"助清"还是"灭洋"，只要是农民起义，它就害怕，怕威胁它的统治，而对洋人它则百依百顺。它认为洋人只是要它的地，它的钱，而不会危及它的统治。真是荒唐愚昧透顶。

清军又几次去镇压义和团起义，义和团在赵三多的带领下，都成功地打退了清军。赵三多和义和团的其他首领认为，只有打到别处去，才能壮大声势，才能躲避清军的镇压。但是为了防止外国传教士对百姓反扑，决定由阎书勤带领一部分义和团的人继续留下来，和洋人周旋。

赵三多带领另一部分人马，沿运河北上。赵三多很有威望，而且当地的百姓也都恨透了洋人，赵三多的义和团不断有人加入，人数猛增，势力扩展到直隶省。“鸟无头不飞，人无头不走”。赵三多起义带动山东和其他省的义和拳也纷纷起兵，声势浩大，矛头直指洋人，一场轰轰烈烈的农民反帝爱国运动进入了高潮。

朱红灯看到赵三多的义和团已经起义了，他也不甘示弱，也举兵响应，援助李长水打退了平原县令蒋楷，而且又打败了前来镇压的清军。赵三多的义和团影响很大，但是朱红灯的义和团起义更是声势浩大，引起了整个山东的轰动。

义和团声势浩大，清政府几次派兵前来镇压，不仅无功而返，而且还损兵折将。山东巡抚毓贤上奏慈禧太后，想“招抚”义和拳，慈禧太后同意了，但是洋人不同意，强迫清政府撤换巡抚。投机者，又是出卖维新首领的袁世凯出山了。他对义军进行了残酷的镇压，杀害了义和团起义的首领朱红灯和心诚和尚。

山东义和团起义受到了严重的挫折，但是义和团的志士们没有灰心，他们不甘心刚进入高潮的义和团起义就这样被袁世凯镇压下去。他们一部分人留在山东，另一部分分散到直隶和京津一带，去参加那里的义和拳运动。赵三多的义和团在直隶一带又有了落脚之地，一场全国性的义和团运动进入了新的高潮。

义和团大败西摩尔

赵三多带领义和团来到了直隶，这里的义和团运动也正在兴起，赵三多等人加入了直隶的义和团运动。朱红灯领导的义和团义军被袁世凯血腥镇压之后，幸存一部人也来到了直隶，加入了直隶的义和团运动。

直隶是清朝统治的中心，帝国主义在此侵略最严重，它们不仅勾结清政府残酷迫害百姓，而且以传教为名肆意欺压当地百姓。这引起了直隶人民的极大愤慨。

山东义和团起义不久，直隶义和团运动便开始了。由于外国传教士蛮横无理，动不动就杀害百姓，所以义和团运动刚一兴起，农民、手工业者便纷纷加入。

直隶省霸县的义和团运动声势最为浩大。这里有很好的群众基础，许多年轻人都精通武艺，加入当地的民间秘密结社。当洋人胡作非为时，这些人在没有组织的情况下，自发地掀起了义和团运动。这些义和团的志士占涿州，打丰台，焚高家庄教堂，引起了清政府和洋人的一度恐慌。清政府以为在天子脚下，竟敢如此“冒天下之大不韪”，这还了得，忙派兵去镇压。

官逼民反，清军前来镇压，为了使义和团减小损失，静海县的曹福田、张德成各自带领一部分义和团志士举兵起义，他们打着“兴清灭洋”的旗帜。

张德成文武双全，在静海县很有威望，他一宣布起义，就有1000多人参加。张德成带领义和团将士四处打击那些作恶多端的洋人，深得百姓的拥护爱戴。洋人也非常惧怕张德成。有一次几个洋人带领洋军在杨柳青铺胡作非为，洋人不知道这里有张德成的义和团。张德成带领义和团及时赶到，还没有交手，洋人一看是张德成来了，撒腿就跑，义和团志士乘机追杀，大败洋军。张德成名声又扩大了，许多义和拳的人都纷纷加入，队伍扩展到2万多人。

曹福田领导的另一支义和团义军声势也不断壮大，他们为民除害，受到了百姓的欢迎，义和团也发展到1万多人。

霸县、静海县的义和团运动轰轰烈烈，涞水县的义和团在其鼓舞下，也开始了举兵起义。

当时涞水县高洛村有一个教堂，这里聚集着洋人，这些人根本就不是什么真正的传教士，而是披着羊皮的狼，他们对当地的百姓十分蛮横，而且依靠清政府和洋人的势力，烧杀抢掠，调戏妇女，无恶不作。当地的百姓纷纷反抗，但是清政府不但不将这些洋人捉拿，反而逮捕无辜的百姓。当地的义和团志士气愤至极，当然不会眼睁睁地看着清军、洋人这样残酷地残害百姓了。一天夜里，这些所谓的传教士正在教堂里议论着自己一天的“功绩”。愤怒的义和团志士将教堂团团包围，有的人早已准备好了干柴、煤油等易燃物，等到教堂的门被堵死后，便点火焚烧教堂。洋人在里边听到有嘈杂声，刚想出去，门却被堵住，而在这时，外边浓烟滚滚，火苗冲天。洋人在里边吓坏了，一个个惊慌失措。过了一会儿，在一个洋人的带领下，将教堂的门撞开。洋人一看又是义和团干的，都拿出洋枪向义和团开枪。义和团志士一看洋人开了枪，更加气愤，立刻冲了上去，挥舞大刀，将洋人杀得四处奔逃。

洋人一看教堂被烧毁，又有几个人被杀死，这还了得，本来他们就是鸡蛋里挑骨头，这一次又岂能善罢甘休，立即向清政府提出要求。清政府一听，也吓了一跳，心想：这批反贼，总是惹是生非。于是答应向洋人赔偿，又立即出兵镇压高洛村的义和团。

高洛村义和团火烧教堂后，他们知道清政府一定会帮助洋人来镇压他们，所以他们一方面自发地组织起来，一方面去和曹福田、张德成的义和团取得联系。曹、张二人得知情况后，立即派人前来支援。高洛村的义和团和援兵里外夹击清军，清军惨败。

其他各地的义和团也都打着“助清灭洋”“兴清灭洋”“合清灭洋”“扶清灭洋”等旗帜，纷纷起义，专门对付洋人。义和团不把矛头对准清政府，除非清军来镇压。

帝国主义也希望清政府变法，但它们并不是希望中国强大，而是为了能够更好地控制清政府，从中国得到更多的利益。但是以慈禧太后为首的顽固派坚决反对维新变法，因此慈禧太后与洋人的关系也紧张。慈禧太后得不到洋人的支持，恼羞成怒，心想：你们洋人有什么了不起的，我就不相信，我堂堂的大清王朝会任你们如此嚣张。慈禧想灭一灭洋人的威风。特别是洋人很支持光绪帝，使慈禧太后认识到，如果不灭一下洋人的锐气，自己的权位就难保。但是慈禧太后也知道清军腐败无能，和洋人没法抗衡。这时她想起了原山东巡抚毓贤的奏章：“义和团反贼声势浩大，不是我清军所能剿灭的，现在唯一的方法是‘招抚’他们，他们都打着‘助清灭洋’的旗号，我们可以借此力量灭一灭洋人的威风，如果这些反贼能够打败洋人，我大清王朝又可重显威力；如果打不败洋人，二者也必然会两败俱伤，一可灭洋人的威风，二可乘机歼灭反贼。这些反贼打着'助清'的旗号，我们可以把他们收买过来。"慈禧太后觉得毓贤的话很有道理，便下令"招抚"义和团。

义和团得到了慈禧的支持，士气大涨，他们可以专心对付洋人，而不用提防清军了，而且还被慈禧请进了北京城。这是历史上从没有过的事情，义和团将士大受鼓舞，都发誓，誓与国家共存亡，不让洋人再如此嚣张。

为了更有力地打击洋人，曹福田、张德成率领一部分义和团的将士进入天津。北京、天津乃至全国各地的义和团士气空前高涨，他们有了清政府的支持，腰杆都硬了。洋人可惨了，教堂被烧毁，一些罪大恶极的洋人被杀死。

洋人震惊了，他们纷纷给清政府施压，但慈禧不理他们那一套，依然支持义和团运动。她得知义和团痛击洋人，洋人抱头鼠窜的消息后，非常高兴，心想：我让你们也知道一下我的厉害，看你们以后还敢和我作对！

洋人得不到清政府的支持，反而遭到慈禧太后的严厉拒绝，只好通过各国公使，向本国政府求救。他们故意夸大事实，称义和团在慈禧的袒护下，见到洋人就杀，见到教堂就烧。在北京、天津根本没有洋人的安身之处，洋人都不敢上街，有时候躲在公馆里还会遭到义和团的攻击。

这些公使有些言过其实，义和团杀的是那些干尽坏事的教徒，烧的教堂，也是无恶不作的教徒的聚集处。外国政府得知情况后，立即准备用武力解决，他们根本没有把清政府放在眼里，尤其是通过鸦片战争、中法战争、中日战争，他们以为清政府软弱无能，任人宰割，而对于义和团运动，他们认为不过是一群手无寸铁的当地刁民所为。他们虽然深知中国人民的厉害，但他们对自己的洋枪洋炮更自信。帝国主义国家之间虽然有矛盾，但在侵略中国、镇压义和团、施压清政府上很快就达成了一致意见，纷纷出兵，由英国海军司令西摩尔率领英、法、俄、日、德、美、意、奥八国联军共 2 万多人，乘坐专列由天津进入北京。

西摩尔率领八国联军，气势汹汹来到天津，乘火车前往北京。义和团得知西摩尔率领八国联军要侵犯北京，早已憋足了劲，拆毁京津线铁路，搬走枕木，使西摩尔带领的军队无法乘车赶到北京。西摩尔只好命人抢修铁路，遭到了义和团的攻击，他们使用洋枪洋炮，但义和团和铁路沿线的百姓十分英勇，打得西摩尔联军毫无士气，死伤30多人。

西摩尔乘坐的火车无法通过，被困在了廊坊，他带领联军后撤到杨村。义和团英勇杀敌，将八国联军团团包围。西摩尔万万没有想到会遇到这种情况，一面派人去请援兵，一方面带领八国联军突围。

西摩尔用了几天的时间，才狼狈逃到天津西站，他的援兵2万多人被曹福田的义和团打得四处逃亡。

义和团志士们英勇杀敌，他们打着“扶清灭洋”的旗帜，狠狠地打击了西摩尔的八国联军，取得了廊坊大捷，中国人民深受鼓舞。

八国联军进北京

西摩尔在廊坊受到义和团的阻截，遭到惨败，狼狈逃窜。其他各帝国主义国家纷纷派兵助纣为虐，但是同样遭到义和团和爱国官兵的奋勇抵抗。

俄国海军副司令海尔布德郎为了援救西摩尔，悍然出兵攻打大沽炮台，爱国将领罗荣光带领广大官兵，坚决果断地还击，与俄军交战几个小时，终因寡不敌众，大沽炮台失守。俄军也损失惨重，5艘战舰被击沉，死伤几百人。

大沽是天津的一道天然屏障，俄军占领了大沽炮台后，不甘心白白损伤无数个侵华的“功臣”，他们从大沽炮台登陆，大规模进攻天津。

慈禧太后自从把光绪帝软禁起来，就想废掉光绪帝，但是帝国主义侵略者支持软弱无能的光绪帝，所以慈禧太后对此也嫉恨帝国主义。她怕帝国主义帮助光绪帝夺取朝中大权，自己的权位丧失，所以面对八国联军的侵犯，于1900年6月16日，下令宣战。

天津的义和团和八国联军展开了激战，虽然义和团的武器落后，但是他们英勇无比，而且又得到了百姓的支持，所以打得八国联军晕头转向。

八国联军想修复铁路，以便进犯北京，但他们刚修好的铁路就被义和团和附近村庄的百姓拆毁，阻止八国联军侵略北京。在老龙头火车站，八国联军想乘火车北上，遭到了曹福田带领的义和团的有力反击。曹福田的义和团英勇无比，他们凭着手中的大刀和长矛，把侵略军打得节节后退。义和团为了防止侵略军从此逃走，占领了火车站，严防死守老龙头。侵略者想从义和团手中夺回火车站，但是没敢近距离与义和团交战，他们深知义和团英勇无比，只能利用他们手中的洋枪、洋炮远距离作战。义和团受到了威胁。而正在这时，张德成的义和团扫除了敌人布下的地雷阵，前来支援。清军将领马玉崑也带领军队前来支援，洋鬼子三面受敌，狼狈逃窜。

可是这时，祸国殃民的慈禧太后却改变了对洋人的态度。她招抚义和团，也只是为了能确保她的权位。帝国主义受到义和团如此勇猛的打击，对慈禧的态度也有所改变，由原来的反对废帝变支持。慈禧以为自己的目的达到了，便立即对帝国主义侵略者表示友好，竟然派宋庆带领清军追杀义和团。

义和团志士正在全力以赴对付洋鬼子，根本没有防备清军。直到清军已经离义和团很近了，也没有防备，仍以为清军是前来支援的呢。但是万万没有想到，清军却向自己的同胞举起刀枪，义和团只好和清军交战。而这时却给了洋鬼子一个可乘之机，他们等到清军和义和团交战多时，突然起兵攻打义和团。义和团腹背受敌，死伤惨重，万般无奈只好后撤。

清军收到无耻的慈禧的旨意，只要打退了义和团，就可以撤军。卖国贼宋庆一看目的已达到，为了表示友好，对侵略者竟然没有抵抗。厚颜无耻的侵略者自然不会客气，他们像野兽一样冲进天津城，奸淫烧杀，无恶不作。这些侵略者在受到义和团的顽强阻击后，极度沮丧，一看清军帮自己占领了天津城，一下来了精神，连日抢掠财物，纵火烧城。天津断送在无耻的慈禧和没有良知的清军手中。但他们还不知道这只是侵略者兽性大发的开始。

由于天津的清军全部撤退，义和团又被清军追杀，1900 年 8 月 4 日，八国联军 2 万多人毫无阻碍地从天津出发进攻北京。

慈禧本以为把天津城让给侵略者，就可以息事宁人了，但是她没有想到侵略者还会攻打自己的老窝，没有办法，只能解释宋庆与天津义和团是一场误会，以后绝不会出现此事，希望义和团爱国将士继续抗击洋鬼子。

义和团的志士没有和慈禧斤斤计较，他们懂得大敌当前，应该全力以赴对付这些可恶的洋鬼子。

八国联军进犯北京，义和团将士奋勇杀敌，马玉崑深受感动，也和义和军一起并肩作战，在北仓阻击八国联军。联军损伤惨重，但是攻下了北仓，又进攻杨村。无能的朝廷养了一帮软弱的、贪生怕死的清军。宋庆刚与洋军交战，便逃跑。马玉崑一看宋庆逃跑，他怕落后被洋人打死，也去追赶宋庆了。两个软弱无能的将领打击敌人时畏首畏尾，逃亡时却谁也不想落后。

八国联军没有费一兵一卒占领了杨村，又进犯河北。万本华、夏辛酉带领清军阻击八国联军，而马玉崑继续逃跑，张春发也受其“感动”而大逃亡。李秉衡孤军难撑，只好连连后退，退到张家湾。八国联军随后就进犯到张家湾，李秉衡带领全体官兵与八国联军展开了一场恶战。李秉衡最后壮烈牺牲。联军接着侵占了通州。眼看已攻到了皇宫，义和团将士在关键时刻显神威，痛击八国联军。

俄军首先进攻北京东华门，义和团和甘军在此死死把守，俄军发动了无数次进攻，都没有成功，俄军完全没有料到清军会如此顽强，因为在他们印象中，清军不堪一击。经过仔细观察，发现原来守城的是义和团和甘军。俄军又发动了猛烈的进攻，但是义和团和甘军依然毫不退缩，大义凛然地和俄军抗争。俄军损失了几员大将，气急败坏，集中火力，炮轰东华门。义和团和甘军都战死在城楼上，俄军这才进了北京城。

其他各国侵略者也纷纷攻破城门，但是都受到了损失，因为每一个城门都有义和团将士坚强的身躯。正是有了这一批爱国志士，才给了八国联军有力地反击，虽败犹荣。

八国联军攻破了城门，慈禧为了保全性命，慌忙挟光绪帝，带着溥仪等微服出德胜门逃跑，紫禁城失陷。

一个偌大的清王朝，皇宫竟被帝国主义侵略者占领，可耻！可悲！可怜！

八国联军占领了紫禁城，为了显示一下侵略者的“风采”，八国联军在大清门前举行了阅兵式。

阅兵的同时，开始了侵略者的习惯性动作，烧杀抢掠。这些丧失人性的侵略者为了给死去的洋人“报仇”，对义和团的将士进行残酷捕杀，义和团只好化装离开北京城。为了防止义和团的志士逃跑，他们见人就杀，见物就抢，整个京城到处充满了灾难和恐惧。杀人，是侵略者的兽性表现之一；还有一个兽性表现就是奸淫妇女。整个北京城几乎看不到一个妇女，都躲在家中，但这些野兽们有的竟冲到百姓家中肆虐。北京城几百年的文明又一次遭到了残酷的蹂躏。

联军总司令瓦德西在北京设立了“北京管理委员会”，对北京实行军事殖民统治。

历史已经过去，但我们不要忘记，八国联军曾经侵占过北京！

慈禧西逃签辱约

慈禧是有名的卖国贼。她利用义和团杀一杀帝国主义列强的威风也是为了能够保住自己地位、废掉光绪帝，她看到帝国主义列强与自己关系有所缓和，便派清军镇压义和团。这才导致天津失陷，紧接着，八国联军攻进北京城。

但是慈禧太后“临危不乱”，在八国联军刚一攻城时，她就“从容不迫”地把光绪帝从瀛台中提出来，又带着只有二、三岁的溥仪，还有一些护卫，做好了逃亡的准备。此时慈禧没有忘记一个人还没有处死，她就是珍妃。

珍妃的祖父、父亲都是朝中的重臣，1888 年，珍妃与妹妹同时被册封为光绪帝的珍嫔、瑾嫔，后又同时晋封为妃。

珍妃长得十分美丽，而且端庄贤惠，有才有德。珍妃不仅聪明伶俐，而且好读书，擅长书、画、棋。光绪帝很宠爱珍妃，当时光绪帝觉得自己手中无权，不像一个真正的皇帝，心中非常烦恼。珍妃非常体贴，而且经常为他排忧解难。

慈禧太后自然不满意，她怕有朝一日，珍妃像自己一样，夺得大权，所以她千方百计地想陷害珍妃。但是珍妃品德很好，而且都按礼节办事，所以慈禧找不到任何借口。

珍妃虽为一封建女子，但她深明大义，她得知国土沦丧，非常心痛，又受其兄长影响，便对光绪帝说："陛下，洋人侵我国土，是可忍，孰不可忍，我大清王朝岂能让他们胡作非为，我们应该狠狠地还击他们！"光绪帝被深深地感动，心想：一个女人都有忧国忧民之心，而我一国之君，竟如此软弱。于是光绪帝下定决心想还击洋人，但是慈禧强行阻拦，而且将珍妃贬为贵人。后来光绪帝被软禁，慈禧自然不会忘了珍妃，她命人将珍妃打入冷宫。慈禧太后想西逃，但她在慌乱之中仍"惦记"着珍妃，命人将珍妃从冷宫中提出来，珍妃终于见到了光绪帝，二人四目含泪，珍妃坚决不主张光绪帝逃走。慈禧太后还没等她说完，就命太监将珍妃推向井中，但珍妃喝令太监不得走近，自己纵身跳入井中。年仅25岁的珍妃死后，光绪帝痛哭流泪，自己心爱的女人，死在自己面前，而自己却没有能力相救。

慈禧这才西逃。一路之上，担惊受怕，"历尽艰辛"，自从入宫以后，慈禧还没受过这等苦。她在路上想：攻占天津时，我就派人和他们议和，为什么他们还要攻打北京呢？这一定是那帮反贼惹怒了他们，都怪我一时糊涂下旨招抚反贼，否则也不至于有今日。于是慈禧太后下令"剿匪"，又派奕劻和李鸿章回京与帝国主义侵略者继续议和。

慈禧太后的"剿匪"令一下，清军可有精神了，看到洋人就逃的清军，得知要剿灭义和团，都想借此机会"好好表现"自己，见到义和团的志士就杀。义和团本来对清军没有防备，这一下损失很大，本来就受到洋人的追杀，又遇上了帮虎吃人的清军，轰轰烈烈的义和团运动就这样被剿灭了。

义和团运动是一场反帝爱国的运动，他与戊戌变法成为拯救民族危亡的"文武之道"。戊戌变法主张变法求得国家富强，从经济上与侵略者抗衡，此乃文道；义和团运动从武力上痛击帝国主义侵略者，以求得国家摆脱民族危亡，可谓武道。这一文一武都失败了，从自身原因上讲是因为他们不代表先进的生产力、先进的阶级；从客观上讲是因为清政府的腐败无能，还有那些贪生怕死、出卖国家的贼人助纣为虐。

义和团打着“扶清灭洋”的旗帜，从这一点上我们可以看到义和团对清政府仍抱着一丝侥幸心理，所以打出了“扶清”，没有提出反封的口号，“灭洋”是爱国行为，是进步的，是值得称颂的。但是义和团由于受历史的局限，没有彻底看清帝国主义侵略者和清政府相互勾结，因此在清政府招抚之后，把精力完全投入到了“灭洋”上。义国团虽然沉重打击了帝国主义侵略者的嚣张气焰，但也轻易地受到清军的迫害。历史早已证明，统治者无非是想利用这些起义达到自己的目的。我国古代著名作家施耐庵在《水浒传》中早已指出了农民军受到招安后，先被统治者利用，最后被残害的结果。

再说慈禧太后一行逃到了西安。在那里，她仍没有忘记奢侈的生活，命令各省应解京之钱粮均转输西安。

八国联军侵占了北京，但他们的目的是想从中国得到好处，而不是推翻清政府。它们也很清楚，如果推翻了清政府，必然会引起全国人民的强烈不满，不如让清政府替他们统治，所以它们拟订了《议和大纲》，共 12 条。李鸿章将《议和大纲》呈送给慈禧。慈禧一看没有惩罚自己，非常高兴，一一答应帝国主义侵略者开出的条件，表示“量中华之物力，结与国之欢心”。

慈禧又命令李鸿章按《议和大纲》的条款，将那些支持义和团运动的官员载漪、载澜发配新疆，永远监禁；毓贤即行正法；英年、赵舒翘赐死；刚毅斩。

帝国主义侵略者这才罢休。1901 年 9 月 7 日，奕劻、李鸿章代表清政府和英、俄、日、法、德、美、意、奥、比、西、荷 11 国公使签订了《辛丑条约》。这个条约是自鸦片战争以来丧权辱国最为严重的不平等条约。条约规定：

1. 赔偿军费 45000 万两，39 年还清，本息合计 98000 万两。

2. 东交民巷为使馆界，由各国驻兵守卫，中国人不准入内。

3. 拆毁从北京到大沽口沿途的所有炮台，各国有权在北京至山海关的 12 个城镇驻兵。

4. 对那些反对外国人的清政府官员，革职查办，永不得再用。

5. 严惩拳匪，永远禁止中国人成立或加入任何反帝组织。

6. 修改通商口岸行船行例，可以自由进入各通商口岸。

7. 改总理衙门为外务部，专门负责办理外事。

《辛丑条约》的签订标志着中国彻底沦为半殖民地半封建社会国家。

《南京条约》的签订标志着中国开始进入半殖民地半封建社会国家，《马关条约》的签订则加深了半殖民地半封建社会化的程度，而《辛丑条约》则标志着这一半殖民地化程度的完成。这些丧权辱国的条约给国家带来的是屈辱，给人民带来的是无穷的灾难。

《辛丑条约》签订后不久，祸国殃民的慈禧从西安又回到了北京。从此清政府成为洋人统治中国的工具，中国半殖民地社会形成了。

晚清重臣李鸿章

1901 年 11 月 7 日，大清王朝直隶总督兼北洋大臣李鸿章在屈辱和病痛中辞世了。就在他咽气之前的 1 个小时，俄国公使还站在他的床头，逼迫他在俄占中国东北的条约上签字。此时，与洋人打了一辈子交道的李鸿章已不能说话了，他只有眼泪。眼泪流尽了，他的眼睛闭上了。

李鸿章

生当“三千年未有之变局”的李鸿章，身前身后都遭到了人们的诟病，有的给他戴上了“东方俾斯麦”“地主阶级改革派”“中国近代化之父”的桂冠，有的则斥之为“汉奸”“乱世奸雄”“卖国贼”。

无论是褒，还是贬，人们都不得不

承认：李鸿章是晚清的重臣，是19世纪后半期名满中外的人物。他在晚清中国政治舞台上活动了半个多世纪，其中有一半的时间，“坐镇北洋，遥执朝政”，对清政府的内政外交产生了重大的影响。

道光三年，即1823年，李鸿章出生在安徽合肥东乡（今肥东县）。6岁时，进入自己家的私塾棣华书屋学习。他少年聪慧，先后拜堂伯李仿仙和合肥名士徐子苓为师，攻读经史，打下了扎实的学问功底。道光二十四年（1844），他参加顺天府乡试，一举考中。

就在这次赴京途中，20岁的李鸿章写下了脍炙人口的《入都》诗10首。“遍交海内知名士，去访京师有道人”，这句表达自己宏大志向的诗成为人们口口传颂的佳作。入京后，他在时任刑部郎中的父亲引领下，遍访了吕贤基、王茂荫、赵畇等安徽籍京官，得到他们的器重和赏识；同时，由于科场顺利，使他获得广泛的交游，眼界也开阔了。当时与他同榜的人中，不少人日后成为朝廷赖以支撑的重臣，李鸿章与他们一直保持着密切而特殊的关系，这为他日后仕途的显达早早地铺平了道路。然而，最令李鸿章庆幸的是，他在初次会试落榜后的“乙丙之际”（1845—1846），就以“年家子”的身份投帖拜在湖南大儒曾国藩门下，学习经世之学，奠定了一生事业和思想的基础。

道光二十七年（1847），李鸿章中进士，后改翰林院庶吉士。3年学习期满后，留在翰林院担任编修。编修虽说是一个七品小官，但是清代汉人入阁拜相，差不多都从这里起家，关键在于各自的学问和道德修养的高下。

事情往往是难以预料的。没过多久，太平天国运动在南方如火如荼般地展开了，李鸿章走翰林升官的道路被迫中止，对他来说这不知道到底是坏事还是好事。反正他和他的老师曾国藩一样回到家乡办起了团练。不久，李鸿章因军功卓著被授予道员的头衔，并赏顶戴花翎，成了四品官，这也成为李鸿章后来做官的本钱。但是，由于官场上的倾轧与猜忌，李鸿章没能青云直上，只得寻找其他出头的捷径。

这时，曾国藩统率的湘军在同太平军的作战中取得了不小的胜利，李鸿章感到自己的机会来了。他携家带眷，辗转反复，最终到达曾国藩的湘军大营，成为他的一名幕僚。

曾国藩对李鸿章的入营协助高兴不已。可是，他也知道李鸿章自恃才高气盛，锋芒毕露，真要独当一面，还需再经一番磨砺。于是，他平时尽量让李鸿章参与核心机密的讨论，把他与胡林翼、李续宜等方面大员同等看待；当时，湘军幕府中有不少能言善辩之士，如李元度、左宗棠等，曾国藩经常有意无意地让他们与李鸿章争口舌之长，以挫其锐气。至于曾氏本人，更是身体力行，以自己的表率来影响李鸿章。李鸿章爱睡懒觉，曾国藩就每天清晨一定要等幕僚到齐后才肯用餐，逼着李鸿章只好每日早起；李鸿章滔滔善辩、哗众取宠，曾国藩就多次正言相诫：待人唯一个“诚”字。李鸿章心灰意冷时，曾国藩就对他大谈“挺经”。如此苦心孤诣，潜移默化，李鸿章的思想、性格乃至生活习惯都深受曾国藩的影响。

然而，师徒两人的性格差异太大了，相处久了，难免就会出现小小的摩擦，有时甚至闹得很不愉快。为此，李鸿章曾经一度拂袖而去，在家中整整闲居了1年。

咸丰十一年（1861），太平军在江浙一带进展顺利，江南除镇江一城还掌握在清军手中外，就只剩下上海一座孤城（当时上海隶属于江苏）了。江苏的官僚和士绅惶惶不可终日，他们把希望寄托在曾国藩身上。但此时，曾国藩掌握的湘军只能用来巩固新收复的失地，没有余力兼顾上海。于是写信给湖南招募新兵的弟弟曾国荃，让他带领1万人前往上海负责防守。但是，曾国荃因为有其他的打算，没有同意。曾国藩于是推荐了李鸿章。

历史给了李鸿章崛起的机会。李鸿章奉命编练淮军。离开了曾国藩的李鸿章如鱼得水，游刃有余，逐渐开始显露头角。同治元年（1862）3月，就在李鸿章带领新招募的淮军到达上海不久，清政府将江苏巡抚调任他职，而以李鸿章署理江苏巡抚。这样，李鸿章就成为江苏省的最高行政长官，可以方便地利用上海的财力和物力，扩充自己的淮军和改善武器装备。李鸿章从曾国藩手下的一个幕僚，一跃成为具有独立的军事指挥权的大员，慢慢走上了显贵的仕宦之路。

同治三年（1864），天京陷落，太平天国起义最终失败。时任江苏巡抚的李鸿章被清政府封为一等肃毅伯，赏双眼顶戴花翎。同治四年，李鸿章署理两江总督。第二年，继曾国藩为钦差大臣。因剿灭捻军有功，同治六年被授为湖广总督。同治七年，加太子太保衔，并升授协办大学士。李鸿章入京觐见，慈禧又赐给他紫禁城骑马的特权，可算得上荣耀异常。3 年后，李鸿章继曾国藩任直隶总督兼北洋通商大臣，集外交、军事、经济大权于一身，成为清政府不可或缺的人物。

随着地位、权力的上升，李鸿章一手创建的淮军，陆续被清政府派防直隶、山东、江苏、广西、广东、台湾各地，成为充当国防军角色的常备军；而以他为领袖，由淮军将领、幕僚以及一批志同道合的官僚组成的淮系集团，成为当时实力最强的一个洋务派集团，并在他的带领下，开始了中国早期的洋务——自强——近代化运动。

在李鸿章的主持和参与下，洋务派创办了中国近代第一条铁路、第一座钢铁厂、第一座机器制造厂、第一所近代化军校、第一支近代化海军舰队……

正是在和西方的接触中，李鸿章意识到了学习西方的重要性。西方人对李鸿章的了解，则是通过中英《烟台条约》的谈判。那时候，英国人的军舰开入烟台，日本军队开始向朝鲜武装挑衅，大清国面临着战争威胁。英国公使威妥玛要挟宣战，李鸿章巧妙地利用国际法挽回决裂之局。他建议清政府派郭嵩焘赴英国道歉，郭氏遂成为中国第一位驻外公使，而且，这次谈判，李鸿章也为清政府争回了一些利益。然而，从烟台回到直隶总督府的李鸿章还是因为赔款和开放通商口岸背上了卖国的骂名，并且从此以后，这骂名就没有离开过他。

光绪九年（1883），中法战争在越南境内初起，清政府命令李鸿章统筹边防战事。李鸿章认为各省海防兵不强，军费也不多，水师还没有练成，所以“未可与欧洲轻言战事”。最后和法国代表巴德诺签订了《中法会订越南条约》，法国取得了对越南的保护权。这场战争也以“法国不胜而胜，中国不败而败”而告一段落。一时间，举国哗然，人人痛恨李鸿章这个卖国贼，人们说，清政府如果任用主战派的张之洞，后果肯定不是这样的！尽管当时的清朝根本无力与

法国开战。

如果说中法战争使李鸿章遇到了前所未有的阻力，那么，1894年爆发的中日甲午战争，则是他一生遇到的最大挫折。这次战争中，他费尽心血亲手创办的北洋舰队毁于一旦，他的苦闷心情是常人难以理解的。

北洋舰队覆灭后，李鸿章受命赴日本议和。尽管清政府授予李鸿章割地赔款的全权，但他仍然期望“争得一分有一分之益”，与日方代表反复辩论。在第三次谈判后，李鸿章在日本马关被一名刺客击中，子弹卡在他左眼下的骨头缝里，没有医生敢在这个危险的位置下手术刀，李鸿章给清政府的电报只有六个字：“伤处疼，弹难出。”

脸部的伤痛折磨着年迈的李鸿章，他痛苦万分，比这更令人心痛的是日本人竟然提出割让辽东、台湾、澎湖，赔款军费2亿两的“要价”，大清王朝哪能承担得起呢？

伤痛和心痛折磨着李鸿章。如果采取强硬的态度和立场，只能导致中日战争继续扩大。以大清国实际的军力而言，战争的结果只能是中国的东北被全面占领；而如果答应日本人的条件，大清国主权和财产的损失也是巨大的。面对残局的李鸿章，万般无奈之下，与日本人签订了《马关条约》。

当他带着《马关条约》草约回国时，发现自己已经成为全国的“公敌”：朝廷斥责他办事不力，官员说他丧权辱国，民间又暗示他拿了日本人的银子，更有人公开声明不惜一切杀掉他以雪“心头奇耻大辱”。在“国人皆曰可杀”的汹汹舆论下，他被免官回家。

李鸿章本人也视《马关条约》为奇耻大辱，离开马关的时候，他说他将“终生不再踏入日本领土一步”，后来他曾出使某国途经日本，必须在日本更换船只，到达日本港口后，日本特使曾多次上船相请，但他坚决不下船，最后冒着掉入大海的危险，在两船中间搭条木板，走上另一条船。

光绪二十六年（1900）六月十二日，为收拾八国联军侵华的残局，清政府再度授李鸿章为直隶总督兼北洋大臣，并连续催促他赶快北上。七月十七日，77岁的李鸿章在广州登船准备北上的时候，南海知县裴景福问他有什么办法可

以让国家少受些损失，李鸿章感叹道："我也不能预料会发生什么样的事情，只有尽最大的努力与他们协商，延缓年份，对此，我还不知道能不能做得到？我还能活几年啊，只不过是做一天和尚撞一天钟罢了，假如钟不鸣了，那和尚也就死了！"

李鸿章乘轮船到达上海后，以身体不适为由迁延观望，部下及亲属也都劝他以马关为前车之鉴，不要继续北上。直至七月三十日，北方局面实在无法收拾，慈禧在逃亡途中电催李鸿章北上。1 个月后，李鸿章抵京，向八国联军求和。

光绪二十七年（1901）七月二十五日，李鸿章、奕劻代表清政府签署了《辛丑条约》，赔款 4 亿 5000 万两。因为《辛丑条约》，李鸿章留下了千古罪人的名声。可是，在那个时候，清政府唯一可以依赖，可以出来收拾残局的，也就李鸿章一个人了。

签约后两个月，被李鸿章倚为强援的俄国政府再度发难，提出"道胜银行协定"，试图攫取更大权益，并威逼李鸿章签字。"老来失计亲豺虎"的李鸿章气恼交加，呕血不起，9 月 27 日，李鸿章"双目犹炯炯不瞑"，带着无尽的遗憾，走完了他 78 岁的人生历程。

洋务殿军张之洞

张之洞（1837—1909），字孝达，号香涛，又是总督，称"帅"，故时人皆呼之为"张香帅"。晚清名臣、清代洋务派代表人物，出生于贵州兴义府，祖籍直隶南皮。咸丰二年（1852 年）十六岁中顺天府解元，同治二年（1863 年）二十七岁中进士第三名探花，授翰林院编修，历任教习、侍读、侍讲、内阁学士、山西巡抚、两广总督、湖广总督、两江总督（多次署理，从未实授）、军机大臣等职，官至体仁阁大学士。张之洞早年是清流派首领，后成为洋务派的主要代表人物。

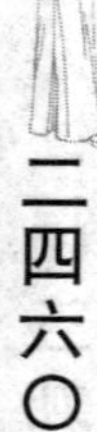

作为汉族封疆大吏的张之洞，他的城府也是很深的，可以说，他是一个复杂的多重性的政治人物。因此，无论是当时还是后人，对他的评价总是充满着矛盾。

当戊戌变法风起云涌之时，他曾向朝廷上书推举维新派骨干梁启超、黄遵宪等人，说他们“思想开通，可担大任”。可是，当他得知，对变法这件事，光绪帝、翁同龢支持，恭王、李鸿章反对，慈禧态度暧昧时，这位湖广总督不免心中矛盾重重。后来，新旧两派斗争白热化，严峻的形势摆在眼前：假若倒向旧派一边，维新派一旦上台掌权，不但不可能再获大用，说不定连湖广总督的位子也保不住了；假若倒向维新派，万一变法失败，守旧派得势，则自己有可能变为倡乱的头领，闯祸的魁首。置身事外也办不到了。何况自己多年办洋务，提倡西学，近期又与康、梁相交往，这是洗不清的，怎么办呢？

一连数天，张之洞搁下一切公事，躲在汉阳晴川阁上，炮制了一篇 4 万多字的大文，这就是后来发布全国的著名小册子《劝学篇》。张之洞的用心是：既拥护新，又不反对旧，既愿大清强盛，又要守祖宗基业，于中西之学新旧之政不持成见偏见，一秉大公，无论新派旧派都能接受。在《劝学篇》里，张之洞提出了一个主张：这就是“中学为体，西学为用”。张之洞万万没有料到，正是这个主张，既遭到了无数人的诟病，也得到了不少人的推崇，特别是在五四运动之后。

《劝学篇》果然使得新旧两派都满意，自己也得到了保全。戊戌事变中的康有为、梁启超，曾是他的座上客，杨锐、杨深秀是他的弟子，谭嗣同受过他的奖掖。事变之后，这些人有的流亡他乡，有的牺牲生命，而他没遇大难，真是皇天保佑！在接下来的日子里，张之洞把心思都用在了办荆楚洋务实业上。这也是他对近代中国贡献最大、影响最大的事业了。

1881 年，张之洞担任山西巡抚，开始向洋务派转化了。1884 年，张之洞补授两广总督。正值中法战争期间，为了筹款购械，受到不少刁难。一次，他对幕僚说：“去年各省设防以来，所购军火不下数百万，但是良莠不齐，又花了重金。一些洋人甚至借口宣战，大加勒索、截留或者停运，处处为难。这样仰人

鼻息终非长策呀。现在水陆各军，用的枪炮都是从外国买来的，不但耗费重金，我们缺口太大，很难满足。而且，订购需要时间，运送遥远，办理起来多费周折。假如遇到紧急状况，洋人禁售，码头封锁，就无处购买了。审时度势，我们必须设厂，自己铸造枪炮，这才是自强持久之计啊。”

张之洞

张之洞办洋务，首先把目光放在与国防、军事有关的事业上。他说：“自从中法开战以来，我详细考察了几个战例，我们失败了，并不是将帅指挥不利，也不是兵士不够多，而是枪弹不足。如今痛定思痛，应该卧薪尝胆了。现在不赶紧努力，更待何时！”

1885年，张之洞编练广胜军，一共5营，将士2500人。这是他精心挑选出来的，身体强壮，遵守军纪，吃苦耐劳。他们的装备一律是德式枪炮，由德国教官采用新式训练方法。随后，他又创办水陆师学堂。水师学堂由英国人执教，开设管轮、驾驶两堂。陆师学堂聘德国人任教，有马步、枪炮、营造3堂。学堂设有操场、演厅、机器厂、铸铁厂。他还特意从广东水师调来一艘兵轮，让学生训练使用。办学堂，用张之洞的话说就是：“为了储备将领之材。”

张之洞是有远见之明的。

第二年，张之洞派人到上海购买了一套制造枪弹的机器，在广东番禺设立了枪弹厂。这个厂规模不大，因为经费限制，只能作为一个尝试。但经多年改进，可以制造毛瑟等6种子弹，每天可生产子弹2万颗，甲午战争期间，张之洞从这里拨30万发子弹去抗击日寇。

1889年，张之洞开始在广东筹建枪炮局。这时，他的实力已经大大增强了，他从德国订购了新式连珠十响炮和克虏伯过山炮的全套机器设备。看着这些先进设备，张之洞长长地舒了一口气，现在，他刻意远离政治，就想着做他的实业，造枪炮、造子弹，让外国人不敢再欺侮我们。这个厂不负所望，一天就能产 50 支枪，一年能产 50 门炮。这是后来湖北枪炮局的前身。

张之洞在两广兴办的实业还有织布局和铁厂。

1889 年，张之洞调任湖广总督。两广总督的职务由李鸿章的弟弟李翰章接替。李翰章对新式企业不感兴趣，张之洞就把织布局、铁厂、枪炮厂的机器都运到了湖北。昔日备受冷落的武汉三镇，随着张之洞的到任，从 19 世纪 90 年代起，开始出现了大办近代工业的繁荣景象。直到今天，荆楚大地的人们提起这位抱冰老人仍充满崇敬之情。

从 1889 年调任湖广总督，到 1907 年进京入参军机，除 1894 年和 1902 年两度短暂署理两江外，张之洞一直在两湖总督任上，长达 20 年之久。这在封疆大吏频繁调动的清代是少见的，也可见清王室对他的信任。

张之洞在湖北，倾其全部心力，完成了他作为洋务派殿军不朽的事业。

张之洞在武汉期间，主要兴办了湖北枪炮厂，汉阳铁厂和布、纱、丝、麻纺织官局等三大近代工业。另外，还在武汉地区兴办了近 10 个近代工业，作为三大工业的卫星群。张之洞又以非凡的魄力，大力推广城市建设、交通建设、文化教育建设，这些被称为“湖北新政”的推广，使武汉出现了前所未有的生机勃勃的局面。

这时的张之洞把所有的精力都用在了政务和建厂办学上。他的生活极没有规律，经常工作到深夜，有时彻夜不眠，有时又起来得很晚，起床以后也不漱洗便开始办公，批阅文件，接待来访者，多少有点邋遢的形象曾让不少人尴尬不已。偶尔有一点空闲，他就在办公桌前迷糊一会儿，就是数九寒冬也是如此，顶多在藤椅旁边放一个火炉，以此御寒；如果与人所谈之事没有结束，就把客人留下来一边吃饭一边接着谈论。

张之洞有个习惯，就是每餐必须有酒，黄酒白酒都备有足量。吃饱喝足，事已谈妥，人已微醉，被人扶进卧室倒头便睡。他身边的人及其幕僚，都知道他的的生活习惯，有事大都在深夜来访，他的大秘书李文石每天到总督衙门办公大都是晚上十点后，与张之洞商议公务，两人常常谈到东方日白。两司官员按规定上午 10 点拜会张之洞，但经常碰到他彻夜长谈后，身体疲倦，只能长时

间在官厅中等候，有时竟长达数小时之久。道员、知府等以下官员，甚至等候好几天也见不到他一面。有时来客话还没说完，张之洞竟然又打起了瞌睡，直至鼾声四起。客人不敢惊动他，只好悄然而退。甚至朝廷大官来访也是如此。有一次，晚清权贵、钦差大臣锡良巡视湖南路过武昌，张之洞在八旗会馆宴请锡良一行。酒过三巡，众人都喝到高兴处，不料，张之洞在旁边又是鼾声大作，半天也没有醒来。锡良等人很扫兴，便率人离去，宴会不欢而散。

就是这样，张之洞以超乎常人的思维，做着前无古人的事业。

1906 年，张之洞七十大寿。看着自己在湖北做出的巨大成就，白发斑斑的老人百感交集，他赋诗二首，表达自己的心情。其一曰：

不辞霜鬓与灰心，庙略坚强挽陆沉。
雄峻直猿通日月，困穷筚路启山林。
醯鸡久笑江神劣，精卫安知海水深。
方悟离乡庄舄老，劳歌已作楚人吟。

张之洞自命“楚人”，在湖北这个舞台上，尽情地发挥着他所有的才智和力量。正是这些有目共睹的巨大成就，张之洞也受到了慈禧太后的赏识。1907 年，张之洞奉调回京，任军机大臣，充体仁阁大学士，兼管学部。次年，清政府决定将全国铁路收归国有，委任张之洞为督办粤汉铁路大臣，旋兼督办鄂境川汉铁路大臣。慈禧太后死后，张之洞以顾命重臣晋太子太保。

这时的张之洞居住在白米斜街的一所大宅院中，地处什刹海，风光旖旎。张之洞又身居高位，往来应酬十分频繁；张之洞还命自己的厨子在什刹海的边上开了一家会贤堂饭庄，达官显贵竞相来到这里，聚会饮酒作诗，白米斜街成为文人雅士向往的地方。张之洞在这里度过了人生的最后岁月。而清王朝已处在风雨飘摇的末世尽头了。

1909 年，也就是宣统元年八月二十一日，病中的张之洞在报纸上看到一条消息：

“近日，同盟会在东京集会，该会协理黄兴在会上笑道：他要给他的老师张之洞铸造一枚百吨黄金的大勋章，以奖励其为革命所做出的重大贡献。第一，他用官费资送3000名湖广留日生，其中的半数成为革命党骨干；第二，他建造的汉阳枪炮厂为革命党准备了充足的武器，革命党将接过他的‘汉阳造’，驱逐鞑虏，恢复中华。”

张之洞看到这里，立刻口吐鲜血，最终在哀叹声中逝去，享年七十二岁。

兴中会的成立

兴中会是中国国民党最早的前身，是孙中山与赞同其主张的进步华侨于1894年11月24日在美国檀香山创建的中国近代第一个民主革命团体创立的中国最早的民主革命团体。宗旨是驱除鞑虏，恢复中国，创立合众政府。

孙中山（1866—1925），名文，字载之，号日新，又号逸仙，幼名帝象，化名中山樵。他是中国近代民族民主主义革命的开拓者，中国民主革命伟大先行者，中华民国和中国国民党的缔造者，三民主义的倡导者，创立《五权宪法》。

孙中山

孙中山幼时聪慧异常，深得周围人喜欢。很小就立下了远大的抱负，童年时，他经常听人讲太平天国的故事，非常崇拜洪秀全，感慨说：“洪秀全灭了满清就好了。”从心底立下志向，要像洪秀全一样做一番轰轰烈烈的事业。

孙中山12岁时，随母亲漂洋过海，前往夏威夷，投奔哥哥孙眉，进了一所由英国基督教监理会创办的学校。3年后，以第一名的优异成绩毕业，夏威夷国王亲手把奖品交给他。哥哥孙眉欣喜非常，得意至极。作为奖励，他还把自己

的一部分财产转到了孙中山名下。经过几年的生活，孙中山接触了西方文明，开阔了眼界。1883 年，孙中山相继进入香港中医学院、广州南华医学堂、香港西医书院学习，于 1892 年毕业于香港西医书院。在此期间，孙中山接受的主要是西方资本主义的教育，他学到了不少自然科学知识和资产阶级的社会政治学说，民主、自由的思想已扎根在他心里。资产阶级民主革命的思想开始初步形成，清政府的腐败无能，使他痛心疾首，产生了改良祖国、振兴中华的愿望。1884 年的中法战争中，清朝溃败，孙中山受到很大震动，产生了推翻清朝、创建民国的革命思想，把洪秀全作为自己的楷模，称洪秀全为第一反清英雄。在香港和陈少白、尤列、杨鹤龄交往甚密，经常在一起共商反清大计，被当时人们称为“四大寇”。

1894 年，29 岁的孙中山写了一篇《上李鸿章书》，长达 8000 多字。文中孙中山主张“人尽其才，地尽其利，物尽其用，货畅其流”，要求清政府在文化教育、农业生产、工商业上进行改革，以图富国强兵。但李鸿章置之不理，孙中山要求见李鸿章，在府门等候一天，李鸿章也闭门不见。不久，中日甲午战争爆发。清军无能接连败退，北洋水师全军覆没，日军占领大片国土，中国面临被列强瓜分的危险，已到了亡国灭种的紧急关头。而清朝统治者慈禧太后却忙于她的 60 大寿庆典，耗费甚巨，一些爱国大臣劝谏，慈禧恶狠狠地对他们说：“谁要是让我一时不高兴，我就让他一辈子不高兴。”置国家、民族安危于不顾。战场上烽火连天，朝廷中却歌舞升平，清军节节溃退，慈禧太后慌忙向敌屈服求和，割地赔款，签订丧权辱国的《中日马关条约》。孙中山这时清醒地认识到，依靠清政府的改良是不可能摆脱耻辱、富国强兵的，要挽救中国，必须以暴力的手段，推翻这个腐败的清王朝。从此，孙中山坚定地走上了资产阶级武装革命的道路。

上书李鸿章失败后，孙中山出国到檀香山，进行筹款，准备组织反清活动，孙中山认识到革命要想成功，必须有一个先进的、强有力的政党来领导，于是他积极筹划建立兴中会。在他的积极活动和哥哥孙眉的帮助下，1894 年 11 月，兴中会在檀香山火奴鲁鲁成立。11 月 24 日，兴中会在侨商何宽的寓所，召开了第一次会议，最初宣布它的宗旨为“振兴中华，挽救危局”。孙中山亲自起草章程，在这篇章程里，孙中山满怀爱国激情，大声疾呼：“方今列强环列，虎视鹰瞵，久垂涎于中华五金之富，物产之饶。蚕食鲸吞，已效尤于接踵，瓜分豆剖，实堪虑于目前。有心人不禁大声疾呼，亟拯斯民于水火，切扶大厦之将倾。”在入会的秘密誓词中明确提出“驱除鞑虏，恢复中华，创立合众政府”的革命目标，这是中国历史上第一个资产阶级性质的革命纲领。兴中会是最早的资产阶级反清革命团体。它的成立标志着中国资产阶级革命活动的开始，自此，中国人民看到了自由、民主的曙光。

兴中会最初入会的会员有20余人，后又有人陆续入会，扩充为90多人，除火奴鲁鲁外，还在草河蠕、为衣两地设立分会，分别以孙眉、邓荫南为主席。但是，由于檀香山兴中会是中国资产阶级革命民主派建立的最早的组织，无论它的章程，还是它的组织成员，都明显带有早期的、不成熟的特征。因此，檀香山兴中会并没有真正形成中国资产阶级革命民主派的核心，并不具有很强的战斗力。

檀香山兴中会成立后，孙中山回到香港，开始策划武装起义。孙中山认识到檀香山兴中会的弱点，因此，他赶到香港后的第一件事就是要建立一个能采取实际革命行动的指挥部。1895年1月，孙中山找到陈少白，在香港中环路丹顿街13号设立机关。从澳门找来郑士良，又和辅仁文社的杨衢云、谢缵泰、周昭岳取得联系，于2月21日，在香港成立兴中会总会。黄咏商被推举为会长。香港兴中会总会的会员由两部分人组成：一部分是具有爱国思想，有初步资产阶级政治观念的知识分子；另一部分是具有中国传统民族思想的人。因此，战斗力要比檀香山兴中会为强。

香港兴中会成立后，立即着手在广州筹备武装起义。孙中山前往广州建立分会，进行军事准备；杨衢云驻港负责筹款、募兵及运送枪支弹药。

孙中山率郑士良、陆皓东、陈少白、邓荫南抵广州后，立即成立兴中会广州分会，机关设在双门底王家祠云岗别墅。孙中山还发起一个公开团体农学会作为掩护，经过半年的筹划，起义准备逐渐成熟。

孙中山等经过反复研究决定，将集中在香港的会党和香山、顺德、北江各路的民团会党于10月26日齐集广州，突然举事。那天正好是农历九月初九重阳节扫墓的日子，来往广州之人较多，不易引起敌人注意。10月10日，兴中会为在起义后组成临时政府选举总统，谢缵泰提名杨衢云，陈少白、郑士良则推举孙中山，争执不下，孙中山以大局为重，说服自己的支持者，将总统职位让于杨衢云，避免了兴中会的分裂。起义的口号定为“除暴安良”，暗号是红带缠臂，陆皓东制作了青天白日旗作为起义军的旗帜。

起义的时刻到来了，各路队伍准备就绪，化装成扫墓人混进了广州城。两广总督谭钟麟，年迈昏庸，对起义准备毫无察觉，城内防备松懈，形势对起义非常有利。

但是，由于杨衢云并不具有领导才能，而且又怀有私心，处事不公，内部矛盾重重，以致军械人员不能按期到达广州，起义计划被彻底打乱。当天发动起义已不可能，孙中山和陈少白商议后，决定暂不举事，一面将经费分给会党首领，要他们回去待命，一面致电杨衢云：“货不要来，以后待命。”但由于此举牵动人数太多，清政府已有所觉察，又有叛徒告密，起义计划泄露。谭钟麟大为吃惊，连忙派人到兴中会驻地云岗别墅抓捕革命党。云岗别墅中有兴中会的名册，被敌人得到后果不堪设想。在这万分危急的时刻，陆皓东自告奋勇去云岗别墅烧毁名册。陆皓东刚将名册烧毁，清兵已将别墅团团包围，陆皓东奋力抵抗，因寡不敌众不幸被捕。

杨衢云在香港得到孙中山的电报后，不顾他人反对，仍派朱贵金、丘四等率200人前往广州，而清兵早有准备，朱贵金、丘四等人一上岸立即被捕。

陆皓东、丘四、朱贵金3人于11月7日被清政府杀害。陆皓东利用敌人让他写供词的机会，痛斥清政府，号召人民起来诛灭汉奸、推翻清朝。他以大无畏的革命英雄气概写道：“此事虽不成，此心甚慰，但我可杀，而继我起者不可尽杀。”要求“请速行刑”。孙中山在追忆中华民国建立史时，称赞陆皓东“为共和革命而牺牲的第一人”。

清兵大肆搜捕革命党人，并通缉孙中山。孙中山化装离开广州，经澳门辗转到达香港，广州起义就此失败。起义虽然失败，但革命党人大无畏的英雄气概震惊了清政府，鼓舞了国人，使更多的人投入到革命的队伍中来。孙中山流亡海外，继续从事革命活动。

清朝的假维新和“预备立宪”

戊戌变法后，光绪帝被囚禁在瀛台，慈禧太后剥夺了他的一切权力，同时废除一切新法措施，大肆抓捕维新派人士，杀害了积极参与变法的“戊戌六君子”。但是，经过维新人士的宣传和戊戌变法的洗礼，维新思想已深入人心，人们迫切要求社会变革，改变现状。各地反抗清政府、反抗帝国主义的斗争风起云涌，义和团运动是其中影响最大，范围最广的一次。为镇压中国人民的反抗，帝国主义组成八国联军，占领北京，慈禧太后仓皇逃往西安。经过这次事件，慈禧太后看到人们要求变革的呼声很高，历史潮流不可阻挡，就开始唱起了变法的调子。1901 年 1 月 29 日，发布“变法上谕”表示，皇太后和皇帝同心一致地要实行变法，要求各地督抚大员参酌中西政要，就中国社会的各项改革提出建议，条陈朝廷，以备采纳。但上谕又特别指出：“世有万古不易之常经，无一成不变之治法，穷变通久，见于大易，损益可知，著于论语。盖不易者，三纲五常，卓然如日星之照也，而可变者，令甲令乙，不妨如琴瑟之改弦。”意思是说，封建专制万古不变，而不触及这种制度的旧法可以变通，其目的还是为欺骗人民，作为拉拢上层民族资产阶级的一种手段。因此，这次变法与 1898 年康梁维新变法有根本区别。

以慈禧太后为首的朝廷之所以要高喊变法，除了国内的压力外，更重要的是为了讨好帝国主义列强，取得列强的信任。买办官僚盛宣怀说：“今两宫一心，已饬议新政，将来中外必能益加修睦，悉泯前嫌。”清政府推行新政还为了应付国内的危机，欺骗人民。《辛丑条约》签订后，下层广大群众生活日渐窘迫，加之官府和帝国主义的欺压，各地反抗斗争不断，国内危机空前严重。上层社会的一些阶级、阶层，包括士绅、地主、商人、新兴的资产阶级，对清朝政府的不信任感也空前加剧。为了维护自己的统治，慈禧太后赶忙支起“变法”的幌子。4月21日，清政府设督太政务处，作为推行“新政”的机关。派奕劻、李鸿章、荣禄、昆冈、王文韶、鹿传霖为督太政务大臣，刘坤一、张之洞遥为参与，综理“新政”各项事宜。响应朝廷的号召，各省大臣纷纷就变法事宜条陈上奏。刘坤一、张之洞联合上了三个奏折，被称为“江楚会奏变法三折”。他们提出“育材兴学”，开设“文武学堂”，废除八股和科举，奖励留学等主张，又提出“整顿中法”和“采用西法”的各种措施。他们还特别申明，他们的太法和康有为的主张“判然不同”，“大率皆三十年来已经奉旨陆续举太者”。慈禧太后大加赞赏，“按照所陈，随时设法，择要举办”。9月，下诏批准二人奏议，令各省督抚亦应一律统筹，切实举行。李鸿章、刘坤一先后死去，袁世凯、张之洞成为各省督抚中的主要人物。1905年，他们联名上奏，主张停止科举，推广学校，奏折中说：“近数年来，各国盼我维新，劝我变法，每疑我拘牵旧习，讥我首鼠两端，群怀不信之心，未改轻侮之意。”“科举夙为外人诟病，学堂最为新政大端。一旦毅然决然，舍其旧而新是谋，则风声所树，观听一倾，群且刮目相看，推诚相与。”由此可见，他们主张废科举，是为了使他们的封建统治披上“维新”的外衣而求得帝国主义的信任。

慈禧太后回京后所行“新政”，无非是一些无关痛痒的表面文章，对其封建专制，不但未有丝毫触动，而且还加强了。他们的目的对外是为了“量中华之物力，结与国之欢心”，对内镇压人民的反抗。陈天华一针见血地指出：“及到庚子年闹出了弥天大祸，才晓得一味守旧万万不可，稍稍行了些皮毛新政。其实何曾行过？不过借此掩饰国民的耳目，讨讨洋人的欢喜罢了；不但没有放了一线光明，那黑暗反倒加了几倍。”

清朝的“新政”既没有产生加强清王朝统治的效果，也未能缓和人民的反抗斗争。清政府又开始策划“预备立宪”，借以挽救局势。

1905年，一些派驻外国的公使和朝廷中的官员，还有地方上有实权的督抚大员，其中包括袁世凯，向朝廷上书，提出了“变更政体”的要求。由朝廷颁行宪法，实行君主立宪。他们企图用这个办法来消除统治危机，维护清朝摇摇欲坠的统治，当时慈禧的一段话，明确地说明了这个目的，慈禧说："立宪一事，可使我满洲朝基础，永久确固，而在外革命党，亦可因此消灭。候调查结局后，若果无妨害，则必决意实行。"出于这个目的，慈禧派载泽等五大臣出洋考察。第二年6月，五大臣考察完毕回国向朝廷提出立即"宣布立宪"，但把实行立宪时期推迟到15年或20年后的主张，当即被慈禧接受。

1909年9月，清廷颁布"预备仿行宪政"的谕旨，谕旨说："时处今日，唯有及时详晰甄核，仿行宪政。大权统于朝廷，庶政公诸舆论，以立国家万年有道之基。"但谕旨又说："目前规制未备，民智未开"，"俟数年后规模初具，查看情形，参用各国成法，妥议立宪实行期限，再行宣布天下。"暴露了清廷欺骗人民的本质。

由于清政府的"预备立宪"颇具有迷惑性，因此，得到了民族资产阶级上层的支持。立宪派是他们的政治代表。1907年2月，康有为将海外的保皇会改为"国民宪政会"，并准备回国参与宪政；梁启超在东京成立"政闻社"，第二年迁至上海，为实现立宪奔走呼号；国内，江浙立宪派首领张謇、汤寿潜、郑孝胥等人于1906年12月在上海成立"预备立宪公会"；汤化龙在湖北成立"宪政筹备会"，谭延闿在湖南成立"宪政公会"；丘逢甲在广东成立"自治会"。类似团体也在各地纷纷涌现。

1908年，张謇以预备立宪公会的名义，邀请各省立宪派代表齐集北京，向朝廷请愿，要求速开国会。清政府驱散请愿代表，颁布《钦定宪法大纲》，宣布预备立宪以9年为期，期满召开国会。《钦定宪法大纲》共24条，其中第14条规定君主享有至高无上的权力，而"臣民"除当兵、纳税义务外，并没有真正的权利。充分暴露了清政府以立宪之名，行专制之实的本质。

1908年11月，光绪和慈禧先后死去，3岁的溥仪继位，改元宣统，其父摄政王载沣监国。载沣一面继续搞假立宪，一面加紧了对汉族军阀地主的压制和打击。1909年，将袁世凯直隶总督兼北洋大臣的职务免除，令其回河南老家"养病"。又借口遵循《钦定宪法大纲》有关规定，就任全国海陆军大元帅，任

命他的弟弟载洵为海军大臣，载涛为军咨大臣（相当于总参谋长），把军权集中在皇族的手中。满洲皇族与汉族军阀官僚间的矛盾进一步扩大。

1909年10月，各省成立谘议局，立宪派许多代表被选为议员。同月，清政府成立中央资政院。12月，16省谘议局代表在上海成立“国会请愿同志会”，于1910年三次集会请愿，要求清政府尽快实行君主立宪，成立国会。清政府以“聚众要挟”等罪名，令各地官员“严行禁止”，加以镇压。

1911年5月，清政府成立“责任内阁”。内阁共13人，满族9人，汉族4人，9名满人中皇族占7人，是一个名副其实的“皇族内阁”。清政府的军政大权都掌握在皇族手中。至此，预备立宪的骗局彻底暴露。立宪派彻底失望，上层统治者进一步分化，清王朝四面楚歌，更加孤立，其统治处于风雨飘摇之中，革命成功的时机到来了。

唤起民志的革命先驱

在革命者积极筹划、举行武装起义的同时，资产阶级革命的宣传家们也用手中的笔和一腔爱国热血为革命奔走呼号，著书立说，唤起国人，他们中最著名的是章炳麟、邹容、陈天华。

章炳麟（1869—1936），原名绛，号太炎，浙江余杭人。因反清意识浓厚，慕顾绛（顾炎武）的为人行事而改名为绛，号太炎。世人常称之为“太炎先生”。早年又号“膏兰室主人”“刘子骏私淑弟子”等。中国浙江余杭人，清末民初思想家，史学家，朴学大师，国学大师，民族主义革命者。著名学者，研究范围涉及小学、历史、哲学、政治等等，著述甚丰。

早年曾参加维新变法活动，后思想开始转变，走上革命的道路，坚决地同封建势力和保皇派做斗争。1903年，在革命派与保皇派的论战中，章炳麟发表《驳康有为论革命书》，批驳康有为的保皇言论，针对康有为散布的中国人民“民智未开，旧俗俱在”，“只可立宪不可革命”的谬论，断然指出：“今日之民智，不必恃他以开之，而但恃革命以开之”；“公理之未明，即以革命明之；旧俗之俱在，即以革命去之”。“民主之兴，实由时势迫之，而亦由竞争以生此智慧者也！”严厉批驳康的保皇论调，指出清政府是人民的仇敌，帝国主义的帮凶，只有推翻清政府，才能实现国家的独立和生存。这篇文章对批判改良派只可立宪不可革命的谬论，启发人们的民主革命意识，起了很大的作用，产生了深远的影响。

邹容，字蔚丹，四川巴县人。幼年受康梁维新思潮的影响，关心国事，希望国富民强，曾留学日本，回国后在上海发起中国学生同盟会，积极从事革命活动。为宣传革命，倡导自由，写了《革命军》一书，书中以资产阶级的自由平等为理论基础，用通俗浅显的文字，酣畅犀利的笔调，论述了封建专制制度的罪恶，强调了进行革命的必要性，第一次提出了建立资产阶级共和国的思想。明确提出革命是“天演之公例”“世界之公理”。要使中国独立、民主、自由和富强，“不可不革命”。呼吁广大人民起来打倒清朝专制政府，“扫除数千年种种之专制政体，脱去数千年种种之奴隶性质”，要人们打破封建主义的枷锁，“先去奴隶之根性”，争取平等自由，革命才有成功的希望。《革命军》中还提出了建国纲领25条，作为奋斗目标。要建立资产阶级的民主共和制度，制订适合中国国情的宪法和法律。书中最后号召人们“抛头颅、暴肝脑，驰骋于枪林弹雨之中，扫荡干涉主权外来之恶魔”。高呼“中华共和国万岁！中华共和国四万万同胞的自由万岁！”《革命军》一经出版，就在思想界引起了强烈的震动，被誉为近代中国“人权宣言”，广大革命群众竞相争购，发行量达100万册以上。

章炳麟和邹容以《苏报》为根据地，“放言革命，不遗余力”，备受进步青年欢迎，不少青年因他们宣传而走上革命的道路。因此，清政府对他们极为仇视，必欲去之而后快。1903年6月21日，清政府发出上谕，指责《苏报》“形同叛逆”，严令地方官吏“务将此等败类严密查拿，随时惩办”。江苏巡抚恩寿令袁树勋照会各国驻沪领事，指名逮捕蔡元培、章炳麟、章士钊等人。两江总督魏光焘下令查封《苏报》，将邹容和章炳麟列作要犯缉拿。

《苏报》方面事先得到消息，蔡元培、吴稚晖等从容出走，主编陈范劝章炳麟、邹容二人同走，但他们坚决不走，表示要留下来同清政府正面斗争。6月30日上午，军警包围爱国学社，章炳麟主动就捕："余人俱不在，要拿章炳麟就是我。"7月1日，在日租界内的邹容也主动自投捕房："我就是清朝要捉的，写《革命军》的邹容。"这就是震动中外的《苏报》案。

7月15日，《苏报》案开庭审讯，章炳麟、邹容在法庭上慷慨陈词，宣传革命。12月24日，法庭判处章、邹二人永远监禁。国内外舆论哗然，一致强烈反对。1904年5月24日，经重审判决：章炳麟监禁3年，邹容2年，期满逐出租界，《苏报》永远停刊。《苏报》案终于结束。

在狱中，章、邹二人始终坚贞不屈，顽强斗争。章炳麟声明代表四万万人民同清王朝斗争到底，并绝食7天。为抗议监狱的虐待与凌辱，甚至一再与狱卒搏斗。邹容斗志不减，入狱后即写下绝命词，表明斗争到底的决心。由于体弱，加上敌人的残酷迫害，不幸于1905年4月3日病死狱中，年仅20岁。章炳麟出狱后，前往东京主持《民报》，继续进行革命斗争。

陈天华（1875—1905）原名显宿，字星台，号思黄，又号过庭，湖南新化人，资产阶级民主革命宣传家。陈天华幼时家境困难，无钱上学，只好替别人放牛，做报童，做小买卖维持生计，但他聪颖好学，视书如命，读了不少有爱国意义的书籍。

1896年，陈天华赴新化资江学院就读，戊戌变法期间，考入新化求实学堂。1903年，赴日本留学，参加了留日学生的拒俄运动。

1903年4月，为抗议沙俄强占我东三省，陈天华咬破手指写出数十封血书，号召同胞们振作起来，共赴国难，抗议沙俄的侵略活动，并组织拒俄义勇队。6月，义勇队解散，重组国民教育会，继续活动。这期间，陈天华写了《猛回头》《警世钟》两部著作。

陈天华在这两部书中以通俗的文笔、流畅的文风，淋漓尽致地揭露了帝国主义的本质，指出了他们瓜分中国的野心，中国面临严重的危机。指出：帝国主义赤裸裸地瓜分狂潮固然令人痛恨，而列强利用清政府"代他管领"以求"暗行瓜分"的行径更为阴狠可怕。

陈天华满怀对帝国主义的仇恨和对祖国山河的热爱，提出要藐视敌人、敢于斗争的思想。他在书中写道："十八省，四万万人，都舍得死，各国纵有精兵百万，也不足畏了"，"只要我人心不死，这中国万无可亡之理！"

他呼吁全国人民克服苟且等待和畏缩害怕的心理，立即行动起来，以实际行动反抗帝国主义的侵略和封建专制的压迫。

陈天华在两部书中，提出了反清的资产阶级民主革命思想，指出："要抵抗侵略，就必须推翻清政府。大清政府已变成洋人的朝廷。清朝权贵已成了帝国主义的奴才，成为他们的守土官长。"他说："我们要拒洋人，只有讲革命独立，不能讲勤王。""只要大家前仆后继，百折不回，就一定能够建立个极完全的国家，自立于世界。"

《猛回头》《警世钟》一经发表，就震撼全国，重印达10余次之多，清政府虽明令严禁，却无法阻止它的流传。

1904年2月，陈天华回长沙，与黄兴、宋教仁等在长沙成立华兴会，谋划反清起义。陈天华亲自去江西说服巡防营统领响应起义，联络会党，发展壮大革命力量。9月，在浏阳会见马福益，代表黄兴授予他少将军衔，赠以枪支和马匹。双方议定于慈禧太后生日那天举行暴动。但不幸秘密泄露，起义失败，陈天华逃往日本。

陈天华到日本后，继续从事革命活动，创办了《二十世纪之支那》杂志，宣传革命思想。1905年8月，同盟会在东京成立。陈天华作为发起人之一，担任书记部的工作，被推举为《会章》和《宣言》的起草员，后又担任《民报》的编辑工作。清政府对海外的革命活动极端仇视，多次要求日本政府驱逐留日学生中的革命党人。当年11月，日本政府颁布《取缔清韩留日学生规则》，激起留日学生8000人群起反对。陈天华坚决主张归国策划，反对忍辱留日的软弱态度。12月8日，他满腔悲愤，忧时感事，在爱国责任心的驱使下，为唤醒依然不觉悟的同胞，在日本大森湾投海殉国，年方31岁。

陈天华在绝命书中勉励留学生牢记"坚忍奉公，力学爱国"八个字，要"去绝非行，共讲爱国，卧薪尝胆，刻苦求学"，"养成实力，丕兴国家，则中国

或可以不亡”。要求他们不负众望，坚持斗争。

陈天华为革命不畏死的英雄气概深深感动了人们，苍天垂泪，大地无语，万人同悼英魂。他的精神深深地激励着人们继续奋斗，去完成英雄们未竟的事业。

资产阶级革命团体的成立

兴中会成立后，革命的思潮迅速发展。许多革命团体在各地纷纷涌现，其中影响较大的有湖南的华兴会、江浙的光复会、湖北的科学补习所等。

华兴会的创建者黄兴是当时最有威望的革命领导者之一。黄兴，字克强，湖南善化人。幼时聪颖好学，读书勤奋，19 岁中秀才。维新运动时开始探索救国救民的途径，1898 年，就读于武昌两湖书院，1902 年，留学日本。在日本留学期间，逐渐转变为一个坚定的革命者，积极参加留日学生的爱国活动和革命宣传，曾创办《游学译编》，1903 年参加“拒俄”运动。5 月，回湖南策动武装起义。

回到湖南后，黄兴在长沙的明德、经正等学校担任教员，秘密从事民主革命的宣传、组织工作，积极发展革命力量。11 月 11 日，黄兴邀秦毓鎏、章士钊等十多人，商议筹组革命团体，1904 年 2 月 15 日，华兴会在长沙正式成立，与会者百余人，推举黄兴为会长。

华兴会成立后，黄兴立即着手筹划武装起义，并确定由湖南首先发难，然后各省响应以达“直捣幽燕、驱除鞑虏”目标的革命方略。黄兴亲自说服湖南哥老会会长马福益、运动会党举事起义。他们商定于 1904 年 11 月 16 日在长沙起义，并在岳阳、常德、浏阳等五路同日举事，还派人去上海、武昌等地联络起义响应。黄兴任起义主帅，刘揆一、马福益为正副指挥。黄兴还将祖上遗田卖掉，充作军费。

黄兴策划起义，清政府已有所察觉，起义因秘密泄露而失败。但革命力量得以保存，为后来革命的发动，起了促进作用。

光复会于1904年11月在上海由陶成章组织成立。陶成章，字焕卿，浙江绍兴人，是一个坚定的武装革命者，一向有志于在北京发动“中央革命”。义和团运动时，陶成章携枪秘密入京，打算趁混乱之机刺杀西太后，但始终不得机会。因此感到革命非从陆军着手不可，策动军队起义，革命方可成功。屡谋进入军事学校，未能如愿。1902年，陶成章留学日本，因散布革命言论，被开除学籍。1903年参加“拒俄”运动。1904年返国，运动会党策划起义。

陶成章回到浙江，与魏兰分别由水陆两路遍访各州县，宣传革命思想，散发革命书刊，联络会党，壮大革命力量，为光复会的成立打下了群众基础。

1904年10月，陶成章到上海，和国民教育会暗杀团成员龚宝铨密商，要组织一个革命团体。商定推举蔡元培为首领，以号召群众，决定扩大暗杀团组织。于是，光复会在上海成立。光复会的宗旨是“光复汉族，还我河山”；誓词：“光复汉族，还我河山，以身许国，功成身退”，“誓扫妖氛，重新建国，图共和之幸福，报往日之深仇”。他们把光复、复国和建国、共和联系在一起，高度统一了革命思想。他们建立严密的组织，以暗杀和暴动为革命的主要手段，成员大都是浙江人。机关设于爱国女校，光复会由资产阶级、小资产阶级知识分子、会党、商人、工匠和少数地主士绅组成，会长为蔡元培。

光复会成立后，积极进行宣传，扩充革命力量。徐锡麟、秋瑾、章炳麟等先后入会，他们的加入对光复会的发展起了很大的推动作用。由于在上海反动势力控制很严，光复会向会党基础雄厚的浙江发展。陶成章与龚宝铨、徐锡麟回到绍兴，创立大通师范学堂，培训革命力量，作为光复会的革命机关。光复会在浙江迅速扩张实力。陶成章还组织会党势力成立龙华会，作为光复会的外围。陶成章亲自为龙华会起草章程，提出：“要把田地改作大家公有财产，也不准富豪们霸占”，使子孙后代“不生出贫富的阶级”，大家安稳“有饭吃”。龙华会的章程反映了贫苦农民的愿望及小资产阶级知识分子的幻想，颇得人心，不久，龙华会壮大到3万余人，声势颇盛。光复会成立后，开始积极筹划武装起义。他们计划以浙江、福建的革命力量作为响应，与华兴会长沙起义共进，互为支援。但因长沙事败，他们的计划也因而流产。但光复会此时力量已颇为壮大，把群众斗争纳入资产阶级革命轨道，为以后革命成功建立了必要的基础。

1904年7月，科学补习所在武汉成立，吕大森被推为所长，科学补习所之所以在武汉成立，有其思想基础和群众基础。武汉地处中国腹地，扼扬子江，交通便利，有“九省通衢”之称。当时湖北地区经济文化较为发达，总督张之洞推行新政，兴办新式学堂，民风大开，才俊辈出。近代许多杰出人物都出自湖北。其时湖北新军中吸收了大量具有新思想的青年知识分子，革命风潮日盛一日。

1902年，吴禄贞从日本归国，张之洞任其为学务处会办、营务处帮办。吴禄贞经常与革命志士吕大森、朱和中、李书城、时功璧、时功玖等人密切来往，举行集会、畅谈革命、鼓吹排满，介绍有志青年入伍当兵，逐渐形成一个团体。1904年，吴禄贞调入北京，时功璧、朱和中等人出国留学。其时，革命形势继续向前发展，在湖南已成立了华兴会，吴禄贞、李书城、万声扬、朱子陶皆是其成员。这年春，两湖志士刘静庵、曹亚伯、胡瑛、张难先、吕大森等人齐集武昌，商谈革命方略。一致认为：“革命非运动军队不可，运动军队非亲身加入行伍不可。”因为当时新军中的士兵都从民间招募，出身贫寒，容易接受反清革命的思想，新军中的部分士兵有一定文化，易接受西方资本主义的思想。新军中下级军官中，有不少革命志士秘密地进行革命活动。于是，胡瑛经黄兴介绍，加入湖北新军，与同营张难先在军中宣传革命思想，散发革命书报。这时，吕大森、宋教仁相继到武汉，武汉地区聚集了不少革命志士，成立革命组织的时机成熟。

1904年5月，张难先、胡瑛与同营的朱元成、雷天壮、陈从新、毛复旦、李胜美，学界的吕大森、曹亚伯、欧阳端骅、康建唐等12人在武昌斗级营召开筹备会，推吕大森起草章程，胡瑛、张难先、康建唐、朱元成四人审查，决定定名为“科学补习所”，表面上以“集合各省同志，取长补短，以期知识发达无不完全”为宗旨，实则以心记“革命排满”为宗旨。7月3日，科学补习所正式成立，吕大森任所长，胡瑛为总理，时功璧任宣传干事，宋教仁为书记干事，康建唐任庶务干事。还确定各处代表负责联络：刘度成为武高等学堂代表，陈应甲为武普通学堂代表，刘静庵为前锋营代表，朱子龙、李胜美为工程营代表，宋教仁、欧阳端骅、刘复基为文普通学堂代表，朱子陶、易本羲驻所办事。

科学补习所以补习课程为掩护，介绍知识分子、会党分子从军入伍。壮大革命力量，进行革命的宣传鼓动工作。7月，黄兴过鄂，在补习所举行的欢迎会上，黄兴告以长沙华兴会起义方案，双方约定共同起义：湖南发难，湖北响应。随后，补习所成员分工负责，准备周密，还确定了行刺计划：王汉行刺张之洞；易本羲行刺张彪；同时，李胜美带工程营直取火药库，大家各自协同行动。10日，华兴会长沙起义泄密，起义失败。28日，张之洞兵临科学补习所，所幸黄兴事先电告，枪械、人员均转移。张之洞一无所获，只好将欧阳端骅和宋教仁开除了事。科学补习所形同解散，但是它的成员都先后加入日知会、文学社、共进会等革命团体，继续革命，由于他们的努力工作，湖北的革命力量一天天壮大起来，为后来武昌起义的胜利打下了坚实的基础。

同盟会成立后的革命斗争

随着革命的深入发展，资产阶级的革命小团体在各地纷纷建立，但各团体分散活动严重削弱了革命党人的战斗力，因此为实现共同的目标，各革命团体有必要聚集起来，组成一个大型的、全国性的、统一的政党。孙中山于1900年10月的惠州起义失败后，流亡海外，以日本为中心，奔波于檀香山、香港、越南、暹罗和欧美各地，进行革命宣传和组织工作。在革命实践中，孙中山认识到：首先，在武力反清的同时，必须从政治上、思想上“打击保皇毒焰”，划清革命与保皇的界限。其次，组织方面，众革命团体之间“分道扬镳，终不如集中力量，事较易济”，革命需要“招集同志，合成大军”。此后，孙中山一方面尖锐批判保皇、立宪的反动思想，另一方面广泛结纳革命志士中的革命知识分子，将联络的重点由会党转向新兴的知识阶层，增强了革命力量和革命团体的联系。

孙中山肩负着组建新的革命联合团体的历史重任，于1905年7月结束欧美之行，回到日本。7月，经宫崎寅藏介绍，孙中山和黄兴会面了。孙中山提议将革命团体联合起来，共同致力于革命，黄兴表示赞同，孙、黄确定了组成全国性革命政党的决策。7月30日，孙中山邀集留学生和旅日华侨中的革命分子70余人，包括国内各革命团体的代表，在东京召开组织全国性革命团体的筹备会议。孙中山被推为主席。经过讨论，最后将新团体定名为中国同盟会。孙中山提出的“驱除鞑虏，恢复中华，创建民国，平均地权”的革命宗旨获得会议通过。孙中山还起草入会誓约：“当天发誓，驱除鞑虏，恢复中华，创立民国，平均地权，矢信矢忠，有始有卒，如或逾此，任众处罚。”8月13日，中国留学生和华侨举行欢迎孙中山大会，与会者达1800余人，孙中山在会上做了演讲。他以饱满的热情、雄伟的气魄向与会者展示了中国的光明前途，号召以革命的方法，建立共和国，改变国家积贫积弱的状态，居于世界先进国家之林。此次大会是一次动员大会，揭开了建立同盟会的序幕。1905年8月20日，在东京日本人阪本金弥子爵的住宅，同盟会正式举行成立会议，到会者有百余人，除甘肃外，其余17省都有人参加，讨论通过《中国同盟会总章》。章程规定同盟会总部设在东京，领导机构设总理，根据“三权分立”原则，下设执行、评议、司法3部。执行部负责处理日常工作和组织革命的实际活动，权力最重，由总理直接主管，下设庶务、内务、外务、书记、调查、会计6科。以庶务最为重要，当总理不在的时候，由它代为行使权力。评议部又称议事部，设评议长、评议员。司法部设判事长、判事和检事长。

大会选举孙中山为同盟会总理，黄兴为庶务，汪兆铭为评议长，邓家彦为判事长，宋教仁为检事长。同时选举了其他任职人员，决定以《二十世纪之支那》作为同盟会机关报，会议结束时，群情振奋，“大呼万岁而散”。

同盟会成立后不到一年，会员即发展到1万多人，中国同盟会是中国第一个全国性资产阶级政党，中国革命开始有了统一的领导核心，资产阶级民主革命进入新的阶段。

同盟会成立以后不久，《二十世纪之支那》被日本政府查封，同盟会决定另办一个《民报》，宣传革命主张。1905 年 11 月 26 日，《民报》正式出版发行，孙中山在发刊词中把“驱除鞑虏，恢复中华，创立民国，平均地权”的革命宗旨概括为“民族主义，民权主义，民生主义”，孙中山后来把它简称为“三民主义”。《民报》一经创刊就受到广大读者热烈欢迎，声势巨大。

革命思想的广泛传播，使以康有为、梁启超为代表的保皇派极度害怕，他们出于自身的利益，反对中国社会进行激烈的革命行动，主张用温和的手段，采取改良的办法推动社会进步，他们的观点已经成为民主革命向前发展的巨大阻碍，因此，双方激烈的论战势不可免。革命派以《民报》、保皇派以《新民丛报》为阵地，展开论战，孙中山也亲自参入其中，化名“南洋小学生”，挥笔上阵，指挥论战，论战围绕要不要暴力推翻清政府，建立资产阶级民主共和国；要不要平均地权，改变封建土地制度等问题展开。

改良派积极维护清王朝的专制统治，反对暴力革命，宣称：汉人在法律地位、政治生活方面已和满人完全平等，民族革命根本没有必要；革命的方针应是改良政治、君主立宪，不能进行暴动；诬蔑国民恶劣，“程度未及格”，不能实行民主共和，只能实行所谓“开明专制”；认为革命必然造成“内乱”，还会引起外国的干涉。革命派则针锋相对，指出：清政府是甘心卖国的政府，已成为洋人的工具，是统治民族的牢狱，民主的障碍；只有用革命的手段推翻这个卖国政府，才能挽救国家民族的危亡，解救被压迫的人民。他们严正指出，中国绝不是“国民恶劣”，而是清朝“政府恶劣”，中国人民完全有能力在推翻君主专制制度后，“建一个共和国以表白于世界”。说革命“如风之起，如水之涌，不可遏抑”。革命派强调通过暴力革命由君主专制变民主共和，是“进化之公理”，只有“兴民权，致民主”，中国才有出路。他们认为，革命以建立民主政治为目的，不是争权夺位，不会引起内乱，革命不以排外为目的，也不会引起干涉。还指出：改良派对革命和中国人民百般诬蔑，是要使中国人民永远处于清朝统治者的奴役之下。

改良派认为中国没有贫富悬殊的社会现象，地主土地所有制不可侵犯，有

利于“勤勉植富”；攻击革命派土地国有是煽动“下等社会”的人起来骚动，危害“国本”，将“妨害”社会生产力的发展和“阻碍”社会文明的进步。革命派对他们进行了严厉驳斥，指出国家的土地为少数地主所垄断，地主不劳而获，徒手坐食，是不合理的；中国之所以贫弱，就在于地权之不公平，“弊害更不可胜言”，强调只有平均地权，实行土地国有，才能矫正贫富不均的社会现象，发展社会生产。革命派认为中国历代革命多出于贫苦人民，今后中国革命“亦必不出于豪右而出于佃民”，指出革命必须发挥社会下层的广大贫苦农民的作用。通过这次论战，民主革命思潮得以更加广泛的传播，改良派的许多人纷纷倒戈，站到革命派的旗帜下面，成为革命派的成员。《新民丛报》于1907年不得不停刊，遭到彻底失败。论战辩明了革命道理，传播了革命主张，促进了革命形势的发展。革命的高潮时刻到来了。

徐锡麟和秋瑾

徐锡麟（1873—1907），字伯荪，号光汉子，浙江山阴（今绍兴）人。生于地主绅商家庭，幼读私塾，喜欢算术、天文，先后取得廪生、副举人等功名。因他常宣传革命思想，仇视清廷，其父恐受连累，分了一部分财产给他，表示脱离父子关系。徐锡麟幼时聪慧异常，勤学好问，1901年被聘为绍兴府学堂算学教师，后提升为副监督。1903年赴日，期间结识革命党人陶成章、龚宝铨等人，受其影响，倾向革命，逐渐成为一个坚定的革命党人。1904年加入光复会，1905年创办大通学堂，为革命积蓄力量，1906年捐资为道员。1907年被任命为巡警学堂堂长，后又任陆军小学监督。他利用职务之便，积极开展革命工作，传播革命思想，积极筹划武装起义。与秋瑾相约于7月6日同时举义，后改在7月19日。

起义前，革命党叶仰高被捕叛变，安徽巡抚恩铭得知机密，准备搜捕革命党，徐锡麟见形势危急，与陈伯平、马宗汉计议，商定于7月8日巡警学堂毕业典礼时，发动起义，刺杀恩铭，占领安庆。但毕业典礼提前至7月6日举行，起义被迫提前。

7月6日一早，徐锡麟与陈伯平、马宗汉召集巡警学堂学生，发表演说，训诫他们要“不忘救国”。上午8时，恩铭及文武官员到达礼堂。徐锡麟上前，佯呈学生名册，向恩铭举手行礼，大声说道：“回大帅，今日革命党有事。”恩铭正在惊愕，陈伯平上前投一颗炸弹，但未爆炸。徐锡麟由靴内拔出双枪，向恩铭连射7枪，可惜未中要害，陈伯平跟上一枪，子弹从恩铭臀部穿击心际，众护卫把恩铭抬回抚署，不久气绝而亡。满族官员顾松正想跳入一条防水沟，被马宗汉抓住处死。徐锡麟对学生大呼：“巡抚已为顾松所杀，我们快去占领军械所，从我革命。”徐锡麟、陈伯平、马宗汉率学生向城西军械所进发。其时，清军已关闭城门，起义军内外联系中断，陈伯平命人拉来一门大炮，将炮弹装进炮膛，对徐锡麟说：“现在形势危急，用炮弹把抚台衙门炸掉，摧毁敌人机关，然后轰击北门城楼，打开城墙缺口。”徐锡麟见抚台衙门一带，民房稠密，制止他说：“这样做就会玉石俱焚，与革命宗旨不符。我们既能成功，老百姓必然痛苦不堪。”坚决不让开炮。不久，清军赶到，包围了军械所。起义军顽强抵抗，清兵伤亡100多人，不敢上前。清军悬赏重金捉拿徐锡麟，双方激战5个小时，陈伯平牺牲，徐锡麟、马宗汉等被捕。

抓到徐锡麟后，藩司冯煦和臬司立即开堂审讯。冯煦问徐锡麟：“恩抚待你不错，你为什么要杀他？”徐锡麟义正辞严：“恩铭待我好是私情，我杀恩铭是为公。”冯煦问他同党都有谁。徐锡麟回答：“革命党人多得很，唯安庆是我一人。”敌人逼他写供词，徐锡麟提笔疾书，写下数条，纸上尽是“杀尽贪官”“推翻清廷”“恢复中华”等内容。

徐锡麟被捕后，两江总督端方“恐有余党劫犯”，致电冯煦要立即处死徐锡麟。判决徐锡麟就地处死，剜心祭恩铭。徐锡麟听了哈哈大笑，说：“我为重建中国，早置生死于度外，区区心肝，何屑顾得。要杀，要剐，请便。”冯煦厉声说：“徐锡麟，你只要交出光复会名单，可免你一死。”徐锡麟立于台阶之上，朗声大笑，“可笑大人有眼无珠。告诉你，革命党人遍及中华，我四万万同胞必能振兴中华，图共和之幸福。”敌人残忍地杀害了徐锡麟，时年35岁。

安庆起义给清廷以沉重的打击，虽然失败了，但深深地激励着革命者继续奋斗。从此，革命风潮风起云涌，遍及全国。

安庆起义的同时，秋瑾计划于浙江起义响应。安庆起义失败后计划泄露，1907年7月15日凌晨，秋瑾从容就义于绍兴轩亭口，年仅32岁。

秋瑾（1875—1907），女，中国女权和女学思想的倡导者，近代民主革命志士。第一批为推翻满清政权和数千年封建统治而牺牲的革命先驱，为辛亥革命做出了巨大贡献；提倡女权女学，为妇女解放运动的发展起到了巨大的推动作用。秋瑾自幼爱读书，工诗文，好骑马击剑。长大后目睹清廷腐败，国权沦丧，民族危急存亡，决心献身救国事业。1904年4月，秋瑾冲破家庭的束缚，自筹资金赴日本留学。在日期间，积极从事留日学生的革命活动，与陈撷芬重建“共爱会”，与刘道一等组织“十人会”。同年秋，在东京创办《白话报》，鼓吹推翻清政府，提倡男女平等。不久参加冯自由组织的“洪门天地会”。年底回国，在绍兴加入光复会。1905年7月复回日本，在东京加入同盟会，被推为评议部评议员和同盟会浙江主盟人。1906年初，为反对日本《取缔清国留日学生规则》而愤然回国，在上海与易本羲创办中国公学。又与陈伯平以“锐进社”为名，联络会党，筹划起义。同年冬，创办《中国女报》，号召妇女团结起来，为争取自身解放而斗争。1907年，秋瑾到大通学堂任督办，整顿纪律，严格规章制度，在学校设体育专修科，从上海买来250支枪、20万发子弹，为起义做准备。期间，秋瑾奔波于杭州、上海两地进行革命组织活动。又去金华、处州联合会党，不到半年，发展光复会会员600多人。4月，秋瑾在杭州白云庵召集会议，决定把浙江会党几千人按“光复汉族，大振国权”八个字，编为八个军，总称“光复军”。并亲自拟定军制、军旗、军服等，推徐锡麟为首领，自任协领，约定于7月19日在浙、皖同时起义。还制定了周密的起义计划：先由金华起兵，处州接应，诱杭州清军出动，绍兴光复军渡钱塘江，袭取杭州；若不成，则返回绍兴，从金华经江西去安徽和徐锡麟会合；若浙、皖起义成功，则合兵攻取南京。但不幸的是，由于叛徒泄密，徐锡麟于7月6日在安庆提前起义，因寡不敌众而失败，徐锡麟遇害，浙江起义的计划也因而泄露。众人劝秋瑾暂离绍兴避难，秋瑾毅然说 “我怕死就不会来革命，革命要流血才会成功。如满奴能将我绑赴断头台，革命成功至少可以提早五年。”

7 月 13 日，清兵围攻大通学堂，秋瑾持枪亲自指挥学生战斗，后因寡不敌众，学堂被攻占，秋瑾被俘。面对敌人严刑拷问，秋瑾始终坚持入会誓言“矢信矢忠，有始有卒”，对组织机密、同志下落，只字不说，怒斥敌人“革命党的事，不必多问!”绍兴知府贵福亲自提审，伪装亲近，“贤侄女，只要你说出同党，洗心革面，重新做人，我可以打包票，保你无事，且高官厚禄，前途无量，何必做革命党，受这份罪呢?”秋瑾冷笑说：“要我招什么？你大通校董，与校友合过影，谁是革命党还不最清楚！你曾赠我‘竞争世界，雄冠全球’的联语。要问革命党是谁，你便是!”贵福恐惧万分，一语皆无，慌忙退堂。敌人严刑逼供，秋瑾挥笔写下“秋风秋雨愁煞人”的句子，痛斥清政府黑暗统治，抒发满腔义愤，忧国忧民的心情。

1907 年 7 月 15 日，秋瑾于绍兴轩亭口英勇就义，时年 31 岁。大通学堂的一洗衣妇冒着生命危险，将她遗体裹敛后葬于卧龙山。1908 年 1 月，秋瑾好友徐自华、吴芝瑛按她的遗愿将灵柩改葬于西泠桥畔，并砌碑以示怀念。孙中山后来手题“巾帼英雄”匾额于墓地，以示对烈士的崇高敬意。

徐锡麟、秋瑾虽然牺牲了，但他们为国为民不畏死的英雄气概深深地感动了国人，更多的人踏着烈士的足迹走上了革命的道路。

四大谴责小说

鲁迅认为的晚清四大谴责小说是中国清末四部谴责小说的合称 。即李宝嘉（李伯元）的《官场现形记》、刘鹗的《老残游记》、吴沃尧（吴趼人）的《二十年目睹之怪现状》、曾朴的《孽海花》。它们代表了小说的最高成就。

《官场现形记》的作者李宝嘉（1867—1906），又名宝凯，字伯元，别号南亭亭长，笔名游戏主人、讴歌变俗人等，江苏武进（今江苏常州）人。1896 年到上海，1900 年开始，成为专业小说家和报刊编辑，先后办过《游戏报》《世界繁华报》《绣像小说》。经历了戊戌变法、庚子事变等重大事件，他不满于清朝的腐败，帝国主义的侵略，“以痛哭流涕之笔，写嬉笑怒骂之文”。

他的作品有《官场现形记》《文明小史》《中国现在记》《活地狱》《海天鸿雪记》以及《庚子国变弹词》等。他的小说创作的目的正如他在《活地狱》的“楔子”中所说：“世界昏昏成黑暗，未知何日放光明；书生一掬伤时泪，誓洒大千救众生。”于是，揭露时弊，洗刷污浊，改进政治，推动社会进步，就成为他创作的宗旨。

《官场现形记》是他的代表作，共五编六十回，是清末谴责小说代表作之一，开创了近代小说批判现实的风气。以谴责晚清官场黑暗为主题，描写当时官僚阶层贪赃枉法、敲诈勒索、投降卖国等等罪恶，塑造了清末官僚群丑图。作品在结构上仿《儒林外史》，由许多独立故事连缀而成。用夸张手法揭露人物，颇为生动。此书开创了专写官场、揭露其弊恶的小说新格局，是清末小说中写得较好的一种，揭开了清末谴责小说的创作高潮。

《老残游记》的作者刘鹗（1857—1909），字铁云，别署鸿都百炼生，江苏丹徒人。早年科场失利，曾行医经商，参与过洋务运动，崇拜“西学”，对数学、医学、水利等都有所研究。著作数十种，《老残游记》是其代表作。以“老残”为名，暗喻清朝“棋局已残”，为寻找一条“补残”之路而“悲痛哭泣”之作。

本书是一部思想比较复杂的长篇小说，是他晚年所写的带有自传性质的未竟作品。初集二十回，二集残存九回，外编为残稿。全书属于游记体，通过一个摇串铃的江湖医生老残，把在山东行医时的见闻做了记录，暴露当时官场丑闻。作者对名为“清官”，实则酷吏的虐民行为进行了有力地攻击，揭发了他们以“万家流血”来染红帽顶的罪恶，直斥清官误国，清官害民，指出有时清官的昏庸并不比贪官好多少。但对帝国主义国家的侵略本质缺乏认识，反对资产阶级民主革命和义和团运动，则是明显的缺陷。在艺术上，语言生动，观察生活细致，描写逼真，尤其是善于描写自然景色和人物心理，摆脱了陈词套语，通过自己切身的感受，逼真地勾勒出景物的本来面貌，表现出很高的艺术成就。该书最早在《绣像小说》上连载，未完，翌年在天津《日日新闻》重新发表，后出版单行本。

《二十年目睹之怪现状》的作者吴沃尧（1866—1910），又名宝震，字小允，号茧人，后改趼人，广东南海人，祖居佛山镇，故自称我佛山人。他的曾祖曾官至巡抚，到他父辈家道中落。1897 年起，五六年间，他先后主笔《字林沪报》副刊及《采风报》《奇新报》《寓言报》。其著作约有三十余种。其中较重要的，长篇有《二十年目睹之怪现状》《痛史》《恨海》《新石头记》《九命奇冤》《糊涂世界》《劫余灰》《上海游骖录》等十八种；短篇、剧本、笔记、诗文十几种。

该书共 108 回，用自号“九死一生”者的口吻，描写从 1884 年中法战争前后开始的 20 年左右的见闻。在他着重描写的官场种种“怪现状”中，尖锐地揭发了大小官僚的各种罪行和丑行，揭露了半殖民地社会“洋场”的黑幕，辛辣地讽刺了洋场才子、斗方名士一类人的卑鄙无耻的市侩丑态。作者愤世嫉俗，有“救世”之志，但又主张恢复旧道德来改造旧道德，给他的小说带来局限。又加上看不到前途，在小说中往往表露出无可奈何、悲观厌世的思想。

《孽海花》的作者曾朴（1872—1935），字孟朴，号铭珊，笔名东亚病夫，江苏常熟人。曾入同文馆学法文，对西方文化，特别是法国文化比较了解，翻译过雨果等人的作品。参加过戊戌变法，一度从政，1927 年以后主要在上海从事书刊出版活动。《孽海花》是一部成就很高、影响很大的小说，小说署名“爱自由者发起，东亚病夫编述”，表明作者是有自由主义倾向的作家。

全书三十回，前四回由金天翮，号爱自由者撰写。四回以下由曾朴写作。全书以名妓傅彩云和状元金雯青故事为线索，广泛地暴露了清末封建统治集团和一些文人专横腐化、祸国殃民的罪恶和丑行，反映了社会现实的某些侧面。书中人物，皆有现实人物为原型，如傅彩云为赛金花、金雯青为洪钧、威毅伯为李鸿章、唐犹辉为康有为、梁超如为梁启超，等等。有的还直接用原名。小说叙述金雯青中状元后回家乡苏州丁母忧，与名妓傅彩云相遇，不久纳为小妾，又携她出使俄、德、荷、奥四国，为大使夫人；四年后归国，金雯青病死，傅彩云离开金家，改名赛金花，重操旧业，成为京、津、沪三地名妓。作者在他们身上投入了大量笔墨，留下了很多故事。如写赛金花是一个水性杨花的女人，她既聪明伶俐，又果敢刚毅，书中写她与八国联军司令瓦德西的艳情最有传奇色彩。

小说的成功之处还不仅于此，它通过对金雯青、傅彩云的婚姻生活故事的描写，将30年间重要历史事件的侧影及其相关的趣闻逸事，加以剪裁提炼，“把奇妙和真实”结合在一起，塑造“个人与社会历史命运更紧密结合的人物”，表现历史的本质和趋向，《孽海花》已经达到了这样一种境界，堪称具有近代意义的历史小说。《孽海花》在艺术方面，亦多有不足之处。其结构虽云工巧，独创性亦显而易见，但是，把30年间历史重大事件连结于金、傅婚姻生活故事这条主线，终难免有牵强之处。然而，所有这些终究是白玉中之微瑕而已。

“苏报案”

《苏报》案是清末著名的反清政治事件。其揭露各地学堂黑暗情况，支持进步师生，受到了清政府的压制和排斥，其主笔章炳麟、邹容等被抓判刑《苏报》崛起于清王朝的统治风雨飘摇之时，章炳麟、章士钊、邹容等以《苏报》为阵地，开启民智，倡导革命，终为封建专制所不容。章炳麟付出3年牢狱代价，陈范家破人亡，邹容献出了年轻的生命，《苏报》则如星星般陨落。

100年前，《苏报》是上海赫赫有名的日报。而《苏报》和清政府的那一场旷日持久的官司，不仅使章炳麟、邹容这些人名垂青史，也使《苏报》在毁灭中得到了永生。

1896年6月，《苏报》诞生在上海英租界，原本是一家以日本政府为背景的小报，内容陈腐，格调低下。1898年冬天，因“营业不利”，《苏报》被转售给陈范。

《苏报》在陈范的执掌下，发表过《商君传》《铁血宰相俾斯麦传》《泰西教育沿革小史》《论法律与道德之关系》等，旁征博引，借古喻今，倡寻改革。戊戌变法刚刚过去，维新派遭血洗，民气消沉，即使在上海租界，清王朝鞭长不及，舆论也普遍保守。陈范坚持维新、改革的立场，迅速赢得民心。《苏报》很快成为上海举足轻重的五大中文日报之一。

1902年，蔡元培等先后在上海创立中国教育会、爱国学社，《苏报》与它们同气连枝，一起构成了清末中国新型的社会力量，章炳麟、蔡元培、吴稚晖、黄宗仰、张继等都为《苏报》撰稿。这年冬天，南洋公学发生退学风潮，《苏报》开辟"学界风潮"专栏，不断报道各地学潮的消息，支持学生的反抗斗争。爱国学社成立后，《苏报》与之约定，由学社提供论说，《苏报》为之提供资金帮助。《苏报》迅速向革命方向转变。

1902年5月27日，陈范正式聘请爱国学社学生章士钊任《苏报》馆主笔，《苏报》向辉煌的顶峰攀升。当天章士钊在《苏报》发表言辞激烈的论说——《论中国当道者皆革命党》他以初生牛犊的猛劲，对《苏报》的形式和内容都进行大胆革新。

6月9日，章士钊以"爱读革命军者"的笔名发表《读〈革命军〉》文，以热情洋溢的语言赞扬邹容的《革命军》，把它誉为"今日国民教育之第一教科书"。同一天，在"新书介绍"栏刊出《革命军》出版的广告，上面赫然写着："笔极犀利，语极沉痛，稍有种族思想者读之，当无不拔剑起舞，发冲眉竖"。6月10日，《苏报》发表章炳麟署名的《〈革命军〉序》，称之为"雷霆之声""义师先声"，向全国人民极力推荐，在思想界立刻引起强烈反响。随后，《革命军》正式出版，署名"革命军中马前卒邹容"。在这本只有2万余字的小册子里，年轻的邹容以通俗浅近的文字，犀利酣畅的笔调，论述中国专制制度的罪恶，宣传资产阶级共和国的思想。他号召人们为祖国抛头颅，洒热血，与清朝统治者"相驰骋于枪林弹雨中，然后再扫荡干涉尔主权外来之恶魔"，他高呼："中华共和国万岁！中华共和国四万万同胞的自由万岁！"

6月20日，"新书介绍"栏推荐章炳麟的《驳康有为论革命书》。公开倡导："公理之未明，即以革命名之；旧俗之俱在，即以革命去之。革命非天雄大黄之猛剂，而实补泻兼备之良药矣。"22日，发表《杀人主义》一文，其中有这样激进的文字："杀尽胡儿才罢手""借君颈血，购我文明，不斩楼兰死不休，壮哉杀人！"

从1903年5月到6月，短短1个月间，《苏报》以雷霆之势在上海迅速刮起一阵狂风，在舆论界放射出夺目的异彩，刹那的光华让《申报》等老牌大报黯然失色，其发行量迅速飙升，仅发行点就增加到几十处。《中国日报》《鹭江报》等大小报刊纷纷转载，人们竞相传阅。《苏报》的事业走向了顶峰。中国自有报纸以来，还没有一家报馆曾赢得如此显赫的声誉。

《苏报》的声势使清政府大为震怒，必欲除之而后快。可是，《苏报》在租界出版，还挂着外商的招牌，清廷不敢轻易下手。6月21日，清政府向沿江沿海各省督抚发布上谕，指责《苏报》的叛逆行为，命令地方官吏严密查办，指名要逮捕蔡元培、章士钊、章炳麟等人，把邹容和章炳麟列为要犯。

6月26日，江苏候补道、南京陆师学堂总办俞明震奉命从南京到达上海，协助上海道袁树勋处理查禁爱国学社、《苏报》等事宜，封建罗网已经张开，一场灾难即将来临。革命者在危险面前无所畏惧。

6月29日，《苏报》在头版显著位置刊登章炳麟《康有为与觉罗君之关系》，这是从《驳康有为论革命书》节选的一部分。作者以饱满的激情、极富感染力的文采赞美革命。文中直呼光绪之名："载湉小丑，未辨菽麦。"此文一出，举世哗然，"上海市上，人人争购"，专制者雷霆震怒，再也坐不住了。

就在这一天，《苏报》走到了它辉煌的顶点，厄运也在这一天同时降临。6月29日，在清王朝的要求下，租界工部局终于发出对钱允生、程吉甫、陈叔畴、章炳麟、邹容、龙积之、陈范等7人的拘票。当天，巡捕、警探到苏报馆抓人，陈范逃走。6月30日，巡捕包围爱国学社，章炳麟主动就捕，他说："别人都不在，我就是章炳麟。"他自己不屑逃走，还在巡捕房写信让邹容、龙积之投案。随后，钱允生和不在名单上的陈范之子陈仲彝在《女学报》馆被捕。龙积之当夜自首。邹容本在租界藏匿，接到章炳麟的劝降信，7月1日，徒步到租界四马路巡捕房投案，他说："我就是清朝要捉的，写《革命军》的邹容。"至此，除陈范外，名列拘票的其余六人全部被捕，这就是名动中外的"苏报案"。

当时光流转到20世纪，专制已经不得人心。对于清政府罗织大狱，《苏报》早有所闻，捕房和上海办案当局也想网开一面。也因此，蔡元培得以先期潜赴青岛，吴稚晖从容出走，陈范在身遇巡捕时仍能走脱。章士钊甚至在案发后，继续主持《苏报》编务，并发表了章炳麟在监狱中写的《狱中答新闻报》那样措辞激烈的文章。直到7月7日报馆被封。章炳麟和邹容也是可以走避的，但他们坚决不走，要同清政府进行面对面的斗争。

从章炳麟、邹容被捕之日起，清王朝就为引渡他们而与租界展开了一场马拉松式的艰难交涉，台前幕后，数不清的算计。张之洞、端方、魏光涛、袁树勋等清朝大员积极出面，力图将章炳麟、邹容引渡南京，上海、南京、武汉、北京之间，要员、坐探之间文电交驰，仅收入故宫档案的往来电文就有近190封。清廷为此绞尽了脑汁，用尽了手段，就是要置他们于死地。

而在租界当局看来，发表文章、举行集会、批评政府都在言论自由的范围内，是公民的权利。即使有证据证明章炳麟他们是"犯罪"，也属于"国事犯"，按国际惯例也应该保护，英文《字林西报》评论说："外人在租界一日即有一日应得之权利，中国人在租界一日即有一日应受外人保护之权利，而华官固不得过问也。"他们严词拒绝了清廷的重金诱惑，并挫败了武力劫持的企图。

7月15日，上海租界会审"苏报案"。案件的原告是清政府，被告是《苏报》。这是一个特殊的法庭，在租界，外国享有治外法权，朝廷的权力难以企及。章炳麟以冷嘲热讽的笔调写道："噫嘻！彼自称为中国政府，以中国政府控告罪人，不在他国法院，而在己所管辖最小之新衙门，真千古笑柄矣。"中国无所不能的专制权力与一无所有、唯有一腔热血的两个平民展开了一场唇枪舌剑。清政府通过外国律师指控《苏报》诋毁政府，大逆不道，图谋不轨。

章炳麟这一年36岁，他长发披肩，身穿不中不西、颇似袈裟的衣服在法庭上怒斥清政府的腐败，宣传革命。邹容年仅18岁，他已经剪掉了象征着耻辱的长辫子，穿着西装。他咬定《革命军》是自己所写，决不妥协。以指控罪名之大，他们是没想过活着出来的。庭审完毕，他们乘马车归捕房，人们争相出迎，出现了“风吹枷锁满城香，街市争看员外郎”的场面。

7月24日，会审公廨判处章炳麟、邹容永远监禁，其余开释。消息传出，中外舆论一片哗然。《江苏》杂志发表短评《祝苏报馆之封禁》，指出思想、言论、出版，“此三大自由为神圣不可侵犯之物”。香港《中国日报》和《上海泰晤士报》等纷纷发表评论表示，如外交团决定引渡，“应予以反抗”。英国蓝斯唐侯爵在上议院谈到“苏报案”时表示：他们被租界拘捕是“受上海道之促迫，不得已而出此”，同时表示坚决不能移交给清廷。美国国务院下令不得将章、邹等交给清廷处置。

7月27日，“苏报案”发生已经28天，清廷外务部与各国公使关于引渡的交涉毫无进展。就在这个节骨眼上，7月31日，记者沈荩因为披露中俄密约的消息，在北京被活活杖毙。《大公报》率先报道，举世震惊，8月4日，远在上海狱中的章炳麟也写诗悼念。反对引渡派占了上风。9月10日，清廷最后放弃了引渡“苏报案”犯的努力。

1904年2月，公使团方面表示，如果再不结案，就要将在押的犯人释放。由于公使团的坚持，5月21日，会审公廨“额外公堂”终于做出判决：章炳麟监禁3年；邹容监禁2年，罚做苦工，“期满驱逐出境，不准逗留租界”；《苏报》永远停刊。历时10个多月的《苏报》案尘埃落定。

在狱中，章炳麟、邹容被罚做苦工，经常遭到拳打脚踢，章炳麟曾绝食7天抗议。虽然环境极其严酷，他们还是以诗唱和，他们的《绝命诗》联句已载入中国文学史。

1905年2月，邹容病倒，就在会审公廨同意保释出狱的前一天，在服用了工部局医院的一包药之后，吐血不止，4月3日凌晨去世，这一天，离他两年的刑期期满不到3个月，这一年，他只有20岁。

章炳麟入狱之后，仍和外界保持着联系，他的诗文不断见诸报刊。1906年6月29日，他熬过3年的刑期，被同盟会代表当作英雄迎出，当天就登上赴日本的轮船，到东京主持《民报》。

1903年6月30日，陈范侥幸走脱，在忧愤交加中东渡日本。从此，流离失所、家破人亡、妻离子散，“坐对风烟殊旦暮，似闻歌哭满江湖”是陈范的诗句，也是他命运的缩影。1913年5月16日，年仅54岁的陈范在贫病交加中死去。

新闻史家胡道静在《上海日报》中说：“苏报案在历史上的意义是很大的。其正面的影响，就是革命派不过牺牲了一个报馆，毕竟予清政府以极锋利的舆论攻击，使它全盛时代辛辣手段焚书坑儒的威严全消失了。其侧面的影响，是清廷虽以雷霆万钧之力，欲提办章、邹诸人，卒以事出租界，外人为维护其既得之行政权的缘故，卒未使它达到野心的目的；以后的上海言论界、出版界多数集中于公共租界，这件事情有莫大的关系。”

总之，《苏报》的革命宣传和“苏报案”，当时在国内外产生了重大影响，促进了民主革命形势的发展。

陈天华驳倒康梁

1905年7月清政府为了挽救危局，不得不接受了资产阶级改良派“立宪”的口号，挂起“预备立宪”的招牌，特派镇国公载泽，户部侍郎戴鸿慈，兵部侍郎徐世昌，湖南巡抚端方，商部右丞绍英等五大臣分赴东西洋各国考察宪政。

读了《警世钟》的吴樾，与陈天华结为密友，由原来倾向康、梁君主立宪的立场转而为“与贼满政府势不两立”，遂于9月24日上午怀揣炸弹挤向北京前门火车站，不幸炸弹被挤落爆炸身亡。东京的留日学生纷纷为吴樾举行追悼会，梁启超竟然在《论请愿国会当与请愿政府并行》一文中说人们希望“立宪”：“如渴望饮，如饥望食，如寒望衣，如畅望荫，如风雨望蔽，如蹩望杖，如瞽望相，如临河望筏，如涉险望梯，如久病望医，如大旱望云霓霖雨。”面对如此肉麻的吹捧，陈天华在《怪哉！上海各学堂各报馆之慰问出洋五大臣》一文中写道：

"盖鬼，可畏者也，鬼而变易面目，使人不知其为鬼而亲近之，则可畏愈甚。五大臣之出洋也，将变易其面目，掩其前日之鬼脸，以蛊惑士女，因以食人者也。"

这些入木三分的犀利言辞，既剥开了清政府的鬼皮，也暴露了保皇派的嘴脸。

此后，陈天华在同盟会机关报《民报》发表了大量宣传革命的文章，与保皇派的喉舌《新民丛报》展开了激烈论战，导致国内外二十多种报刊都加入了这场百年罕见的大辩论。

康有为说："革命之举，必假借于暴民乱人之力。天下岂有与暴民乱民共事而能完者乎？终亦必亡，不过举身家国而同毙耳。"梁启超说："必曰破坏旧道德为革命家应行之义务，则刀加吾颈，枪指吾胸，吾敢曰：倡此论者，实亡中国之罪人也。"

陈天华以横扫千军的雄健笔力写道："革命者唯问当世宜不宜，不必复问历史，自我作始可也。若无创者，则历史又何从有乎？"革命者，救人世之圣药也。终古无革命，则终古成长夜矣。我因爱和平，而愈爱革命，何也？革命和平两相对待；无革命，则亦无和平，腐败而已，苦痛而已。"这些论述，以高屋建瓴之势痛斥了康、梁的陈腐观点。

梁启超还以小说笔调写了《新中国未来记》，大肆宣扬君主立宪制，反对民主共和制，诬蔑革命者是"脱掉了笼头的马，自然狂恣起来"。陈天华针锋相对，撰写了《狮子吼》，这部小说以醒后雄狮比喻中华民族，坚信中国必有光明前途，其中以精彩的语言写道：

扫三百年狼穴，扬九万里狮旗，知费几许男儿血购来，到今日才称快快。

翻二十世纪舞台，光五千秋种界，全从一部黄帝魂演出，愿同胞各自思思。

这鼓舞人心的革命气概有力地打击了保皇党的嚣张气焰。

小说中的革命党人审血诚在答复审判官时酣畅淋漓地说道："现在国家到了这样，你们这一班奴才，只晓得卖国求荣，全不想替国民出半点力，所以我们打定主意，把你们这一班狗奴才杀尽斩尽，为国民流血，这就叫作流血党啊！"

表达了陈天华与清政府不共戴天的血海深仇。

总之，陈天华在实践中和理论上均是一员勇猛无比的冲杀康、梁的骁将。

陈其美之死真相

1916年5月18日，受袁世凯指使的张宗昌派出程国瑞，假借签约援助讨袁经费，于日本人上田纯三郎寓所中将陈其美当场枪杀。

陈其美被暗杀一案，其政治背景和内幕虽然至今仍不十分明了，但其大体情况还是清楚的。但问题是：陈其美在极其险恶的形势下尚能自卫自存，而在护国运动大有进展的情况下，何以丧于敌手？

众所周知，陈其美在中华革命党活动期间，由于支持孙中山的主张，所以同黄兴和欧事研究会成员之间积怨甚深。1915年初，中华革命党为摆脱势单力薄的处境，陈其美曾两度致书黄兴，谋求重新合作，但由于陈其美仍对黄兴的主张持批评态度，强调对孙中山要“必如众星之拱北辰”，党员要“遵守誓约，服从命令”，因而难以为黄兴接受。即使在筹安会成立，袁世凯公然帝制自为，黄兴与欧事研究会以及进步党人兴起护国讨袁的情况下，由于孙中山对他们持疑虑态度，坚持“非真民党，不能任维持共和，振兴民国”的方针，中华革命党仍然在孤军奋战。

当时，陈其美是中华革命党的总务部长，作为孙中山的第一副手，是发动起义的实际主持人。1916年2月，陈又被孙中山任命为江、浙、皖、赣四省总司令，身负重任。孙中山和陈其美企图仿效辛亥故事，谋取上海，以充实中华革命党的实力，取得反袁护国运动的领导权。鉴于梁启超正在筹划组织军务院，孙中山担心：“若彼等政府成立，吾党外交更失地位”，因而全力支持陈其美在上海部署起义。按：辛亥革命时，同盟会领导人没有参加武昌起义，革命的中心一度在武昌，而同盟会领导人则没有在武昌取得领导地位。然而，由于陈其美在上海组织起义成功，并掌握了沪军都督的要职，更进而支持联军进取南京，

于是，革命的中心转到上海，同盟会领导人才得以组织南京临时政府。有鉴于辛亥革命的经验，为了扭转反袁各派之间的力量对比，中华革命党必须争取上海起义成功，才能与梁启超、蔡锷等的护国军派争衡。

然而，护国运动时的形势与辛亥革命时有所不同。辛亥革命时，清军在上海没有驻扎重兵，而护国运动时，北洋军在上海屯兵两个师，兵权由冯国璋牢牢地掌握着。而更重要的是，辛亥革命时，革命党人与其他派系建立了广泛的联系，上海资产阶级对陈其美的革命活动给予了有力的支持。当时，上海信成、四明两银行的领袖沈缦云、周舜卿、虞洽卿等，支持陈其美发动起义，“光复前后9月13、14日所发之军饷，大半由该两行所输出”。陈其美在沪军都督任内，向商界所借款项约达366万两。而资产阶级的准军事武装——商团也参加了起义，并支持同盟会系的陈其美出任沪军都督。遗憾的是到了护国运动时，由于对战争给经济的破坏作用十分担忧，所以，他们不赞成中华革命党的激进主张，陈其美因而很难再得到上海资产阶级的支持。

当时，沪上商界对不赞成帝制的冯国璋寄予希望，而冯与沪商也建立了密切的联系。1916年3月18日上海总商会在议事厅开幕时，冯国璋派代表前往祝贺，并表示：“请转告商界各业，将军坐镇江苏，自应担负完全责任，万勿误会。”浙江军界于4月12日起义后，上海总商会要求驻沪北洋军队不要派兵赴浙。淞沪护军使杨善德、副使卢永祥等遂宣布：“以保护地方人民生命财产为唯一宗旨”，严守中立。因此，上海商界对驻沪北洋军队“口碑颇美”。上海及周围地区的资产阶级对冯国璋的表现亦感到满意。这样，资产阶级再也不会像辛亥革命时那样支援陈其美和中华革命党人，这就导致了陈其美在上海地区的孤立无援，屡遭失败。

当时，孙中山曾屡屡敦促陈其美等上海革命党人发动起义。但陈其美联系的海陆军“相顾莫肯先发，尝与约，彻夜候之，卒失期。一日同安舰受金将发矣，至时，舰长遁，员兵哗乱，宋振发愤蹈水死，公（指陈——引者）悲慨，愈不自胜”。（《陈英士先生墓志铭》）由于屡遭失败，孙中山向日本人所借经费用尽，孙本人于5月3日回到上海，并于9日发表宣言，改变了中华革命党独掌政权的方针，表示将与各派联合讨袁。这样，陈其美陷入了进退维谷的困境。陈其美在上海失去了资产阶级的支持，也就失去了力量。但是，陈其美还希望尽最后的努力，图谋再起。为此，不能不筹措款项，然而在饷源枯竭的情况下，他只有铤而走险了。正是在这种面临绝境的背景下，张宗昌指挥下的暴徒，以鸿丰公司的名义与陈其美接洽，以替陈筹措款项为钓饵，诱陈上钩。陈饥不择食，虽然知道鸿丰公司为侦探机关，仍姑与之接洽，希图万一，结果，许国霖等暴徒得以进入陈的住处，乘陈不备，将陈击毙。所以，陈其美之死，从更广泛深刻的政治背景而言，一方面反映了袁世凯的残暴和陈其美及中华革命党的弱点，另一方面也是上海资产阶级抛弃中华革命党、抛弃陈其美，与北洋派妥协的恶果。

张静江义助革命

1905年夏，孙中山在赴法的轮船上，正在为革命活动经费短缺而着急万分的时候。

突然一个体弱、腿跛的中国人来到孙中山面前，此人有礼貌地对孙鞠了一躬，以地道的上海口音问道："君不是实行革命的孙文吗？"孙中山细看此人并无恶意，便点头称是。此人立即向孙侃侃而谈起来："久闻大名了，我深信非革命不能救中国。这几年，我在法国经商赚了一些钱，很希望能对君的事业有所帮助。"

孙中山听了十分惊奇与高兴，就问其姓名。对方答道："在下姓张，小号静江。"张静江当时正在巴黎中国驻法使馆任商务参赞。他当即给孙中山留下了地址，并约定了互通电报的暗号。他说："你给我的电报以ABCD为数码，A为法郎1万元，B为2万元，C为3万元，D为4万元，E为5万元。我一接到电报，立即给你将款子汇去。"

孙中山听了这个邂逅相遇的人的话，半信半疑。他不知道这位跛足人是否真的如此富有，又不晓得他是否真心赞助革命。

原来张静江是浙江吴兴人，家庭富有，得巨额遗产。1904 年随孙宝崎出使法国，经营古董生意，获利甚丰。他受时代民主潮流影响，愿慷慨捐助孙中山领导的革命。

孙、张别后，音讯不通，转眼到了 1907 年冬。孙中山领导的西南四次起义连遭失败，经济拮据，一筹莫展。在无可奈何中，孙中山偶尔忆及与张静江的巧遇，就想往巴黎发电一试。黄兴等人认为这是异想天开，而且考虑到张是清廷官员，恐滋后患，所以疑虑重重。但孙中山还是按址去电，拍了个 C 字，想不到过数日，张静江就如数汇来了 3 万法郎。革命党人兴奋得奔走相告，传为“天佑”。

1908 年 3 月，为策划钦州起义，孙中山又给张拍去“A”字，张即汇来 1 万法郎。一个月后，孙中山等为筹备云南河口起义，又给张拍去 E 字，数日后就收到 5 万法郎。

孙中山等革命领导人在困难中得到张静江的慷慨资助，十分感动。孙当时尊称为“革命圣人”。辛亥革命后，南京临时政府成立，许多人都想得到财政部长这个肥缺，孙中山却多次恳请张静江担任。张坚辞，并恳切地答道：“革命政府财政如果发生困难，我依旧帮助不误。”

后来，张静江加入国民党政府，曾任国民党中央执委、浙江省政府主席等要职。在蒋介石的心目中张静江的地位之高。因为就蒋介石所言，能够与“国父”相提并论者，唯有张静江一人。

宋教仁被刺真相

1913 年 1 月 1 日，迎来了中华民国的第一个生日。

似乎做惯了大清顺民的人们还没有习惯“国庆”这个新颖的“洋名词”。凛凛寒风中的北京城依然是往日的冷落和清闲，并没有节目的盈盈喜气，只有一二处建筑物上偶尔可见的飘摇的五色旗似乎不时地提醒着人们：清王朝已成了历史，而如今已是民国了。

宋教仁

总统府礼堂里，面对国务总理赵秉钧和陆军总长段祺瑞率领的千余名在京政府官员和军人代表，袁世凯在匆匆地读着国庆祝词：

“二年元旦，距二年政府统一，盖已八月间。一以秩序未定，一以法规未定，故所办不过恢复秩序而已，殊无一毫之新事业可言……”

中华民国的第一个国庆在大总统的不足200字的祝词中便草草地结束了。没有一个人，也没有一个字提及曾为这个共和国的成立立下过汗马功劳的国民党人。

而此时的国民党代理理事长宋教仁正冒着凛凛的寒风，马不停蹄地在大江南北奔走着。

按照《临时约法》的规定，在临时参议院成立的10个月内，临时大总统应根据临时参议院制定的国会选举法，举行国会选举。国会成立后，再进行正式总统的选举，并重新制订宪法来代替《临时约法》。因此，从年前12月底开始，新国会议员的选举已在各地紧锣密鼓地开始了。宋教仁也离京南下，为争取国民党在这次选举中的胜利而紧张地奔波着。

此后的2个月里，他的足迹遍布了湖北、湖南、安徽、浙江、江苏各地。他到处联络同志，发表演说，为扩大国民党的影响，实现自己责任内阁制的政治主张而进行着不懈的努力。

后来的结果证明了宋教仁的心血没有白费。1913年初，大选的结果揭晓了。组合后的国民党在中国历史上的第一次全国范围的选举中获得了空前的胜利：国民党在参众两院中共占议席392席，其中众议院得席269席，参议院得席123

席，而民主、共和、统一三党在两院中的席位总和仅为230席，不及总席位的1/3，国民党以压倒的优势使共和党人黯然失色。而新胜之后的国民党人也正在为国会选举的得势而踌躇满志，他们正准备利用国会的优势，组织真正的“政党内阁”。

人们普遍地认为宋教仁出任内阁总理已经是势在必行，为期不远了。人们甚至已经开始对这位未来的国务总理的事业寄予了无限的希望。

没人意识到死神正在悄悄地向宋教仁逼近，而站在死神身后的正是民国内阁总理赵秉钧。

国会选举一揭晓，赵秉钧就已隐隐地预感到这把飞来的阁揆交椅已经是渐渐地坐不稳了。他本人也是国民党员，就任内阁总理不久国民党就宣布他以及他的全体阁员加入了国民党。但是连他自己都很清楚，这并不意味着他已和国民党成了一股道上的马车。国民党的意图在于就此可以扩大国民党在内阁中的势力，“化男为女”，实现政党内阁；而赵秉钧却以为既然国民党拥此庞大之势力，自己的加入，正好以此为后援，组织有力政府，坐稳阁揆交椅，免蹈陆征祥的覆辙。

这是一个地地道道的政客，而在政客的身上却只会有权力的欲望和效忠的本能。他以一介书吏投入袁世凯幕中，靠着阿谀逢迎，察言观色的功夫一级一级地一直爬到了民国的阁揆，屁股还未捂热，如今却半路上杀出个程咬金，要横夺这把金字交椅，他就不能不妒火中烧了。

当宋教仁正跋涉于大江南北之间，为共和民主而奔走呼号的时候，赵秉钧的腾腾杀气已暗藏在满面春风之中了。

1913年3月20日夜，上海火车站。

3月的上海已经是仲春季节，但入夜时分依然是凉风飕飕，寒气逼人。10时左右，喧嚣的车站隐隐地笼罩在淡淡的月色之中，朦朦胧胧，只有匆匆的人流在来往穿梭，一刻不停。

一辆由上海开往北京的特快列车暗鸣待发，乘车北上的行客们纷纷从检票口鱼贯涌入，续续而至。

这辆车上所载要人极多。1月10日，袁大总统颁布正式召集国会的命令，限在2月之内，所有当选议员，齐集北京。如今已是3月下旬，所以南方各地新选参众二院议员，云集上海，由此上车，前往北京。

宋教仁也将随此车前去北京出席即将召开的国会。

晚10时许，在一群好友的簇拥下，宋教仁一行渐渐地走向检票口，与他并行的是国民党上海支部组织委员廖仲恺，后面是黄兴、陈策、拓鲁生等人，前后相距不过半步。靠近检票口时，宋教仁抬头看了看墙壁上悬挂的报时大钟，正好指向10点45分，于是回头和大家握手告别。

没人注意，一支黑洞洞的枪口正对准宋教仁！

宋教仁转过身来，正要上车，忽然只听得“呼”的一声，众人正在惊愕四顾，忽听宋先生惊呼，“我中枪了”。他仍然向前急行了两步，然后终于瘫倒在栏杆边的铁椅上。就在众人莫名其妙的时候，“呼、呼”又是二枪，一弹从廖仲恺两腿之间穿过，一弹擦着黄兴头皮击到了身后的墙壁上。

大家这才反应过来，原来是遇上了刺客。于是众人齐呼：“抓刺客，抓刺客。”只见一人身着黑色军服，侧身奔跑，众人急忙起身追赶。这时车站内警棚里，空无一人，站外岗警更不知站内有此奇变。众人三赶二赶，刺客已越过栏杆，挤过拥挤的人群，消失在朦胧的月色之中了。

宋教仁被送进了距车站最近的沪宁铁路医院并立即进行了手术抢救。手术台上，宋教仁拉着于右任的手一字一顿艰难地说：“我此次北上，目的是调和南北意见，以便集中全国力量一致对外，谁知……”言未迄遂昏迷过去。

宋教仁的伤势十分严重。子弹从腰间斜向下掠入肾脏，大肠被穿了2个窟窿，取出的弹头被化验有毒。

夜间12点30分，手术完毕，宋教仁也从昏迷中渐渐醒来，望着身边的黄兴等人，他忍着伤口的剧痛，艰难地说：“我还有很多事情要做，但我已不能活下去了，请你们快拿纸笔来代我写遗电。”黄兴噙着泪，一字一句地记着宋教仁给袁世凯的遗电：

“……望总统开诚心，布公道，竭力保障民权，俾国会确立不拔之宪法，则

仁虽死犹生。”停顿了片刻，宋教仁又拉着于右任的手放到自己的胸前：“我只有三件事拜托诸位，一、所有在南京、北京及东京寄存的书籍请帮我捐入南京图书馆；二、我本家寒，老母尚在，我亡以后，请克强与公及诸人为我照料；三、诸公皆当勉力进行，勿以我为念，而放弃责任心。我为调和南北事，费尽心力，造谣者及一班人民，不知原委，每多误解，我受痛苦，也是应当，死亦无悔，余无他语。”

次日上午，医院应国民党同志及黄兴等请求，再度为宋教仁进行手术，但无奈已是回天乏力了。

22日4时47分，宋教仁停止了呼吸。这位年青的政治活动家，为中国的民主宪政流尽了最后一滴血，这一年，他才31岁。

像漆黑夜幕里一颗凌空掠过的流星，他曾发出过耀眼的光芒。但是，却是太短暂了。正在广州公干的袁世凯的财神爷梁士诒闻报宋教仁被刺身亡，喟然长叹：“天下从此多事矣！”

当秘书处送来宋教仁遇刺身亡的消息时，袁世凯十分惊愕：“怎么会有这样的事，这可怎么好，国民党失去他，少了一个大主脑，以后就越来越不好说话了呀！”

袁世凯立即致电江苏都督程德全、民政部长应德闳，以及交涉使陈贻范、沪宁铁路总办钟文耀等人，进行了严厉的斥责，并命令立悬重赏，限期破案，同时饬国务院对宋从优议恤：

“前农林总长宋教仁，奔走国是，缔造共和，厥功甚伟。适统一政府成立，赞襄国务，尤能通知大体，擘画劳苦。方期大展宏猷，何竟遽闻惨变，凡我国民，同深惨恻。应即交国务院从优议恤，用彰崇报……方今国基未固，亟赖群策群力，相与扶持，况暗杀之风，尤乖人道，似此逞凶枪击，蔑法横行，匪惟国法所不容，亦为国民所共弃。应责成江苏都督，民政长迅缉凶犯，穷究主名，务得确情，按法严办，以维国纪而慰忠魂。”

谁刺杀了宋教仁，已经成了一桩举国瞩目的公案。几乎就在宋教仁被刺的开始，国民党人已认定此事必为袁世凯作为，旨在以总统宪法代替责任内阁，

而他的通电只是装腔作势地故作姿态；而北洋方面则盛传宋教仁之被刺是由于国民党的内讧，自相残杀。于是北京政府和上海国民党人几乎是同时提出赏格，敦促江苏都督程德全从速破案，“穷究主名”。

宋教仁被刺的当天，由上海闸北警局、上海租界巡捕房以及江苏都督府组成联合侦查组开始了紧张的侦查和缉捕工作。

一个偶然的告发竟使这桩骇人听闻的谋杀案的侦破取得了意想不到的进展。

3 月 23 日，宋教仁葬礼的当晚，一位叫王阿发的字画古董买卖商人，前往四马路中央捕房报案，自称认识杀害宋教仁的凶手：

“十天前我在文元坊应桂馨家里兜卖古董，因为应是我的老主顾，平素很熟。应这天拿了一张照片叫我在某时某地把这个人暗杀掉，并许我事成之后给 1000 块钱的报酬，我因为只懂做买卖，从未杀过人，因此不肯承担这件事，当时我并不知道照片上的人是谁，今天我在报纸上看见宋先生的照片，正是应桂馨叫我去暗杀的人，我相信如果找到应，便可找到凶手。”

上海捕房根据王阿发的线索，当夜于湖北路迎春坊 228 号，妓女李桂玉（又名胡翡云）家中将正在吸食鸦片的应桂馨缉拿归案。第二天，侦探继续搜查了西门文元坊挂有“江苏巡查长公署”和“中华民国共进会机关部”招牌的应桂馨住宅。搜出了公文，函电数箱，五响手枪一支，并于应宅内将刺宋凶手武士英当场拿获。

正凶武士英，山西人，失业军人，原云南 74 标四营管带，自称宋案为其一人所为，并无他人指使，刺杀宋教仁是为四万万同胞除害，其余则一概不知。

另一凶犯应桂馨，亦名应夔丞，浙江宁波人，原为江西帮会中人，曾以江苏巡警局缉捕被逐。革命时曾协助陈其美进攻上海制造局，并在革命后被委为都督府谍报科长、南京总统府侦探。曾因办理共进会被江苏都督府通缉，后由陈其美保举，取消通缉，重被委任。捕前系江苏驻沪巡查总长，中国共进会长，公干是调处各地土匪与军队的闹事，并接受北洋政府与江苏都督府的双重辖领。

应桂馨的被捕使案件牵涉到了北洋政府。应宅中搜出了国务总理赵秉钧致应的亲笔信和他与国务院直接联系的密码本。而大量的函电则表明应桂馨的行

动系直接受内务部秘书洪述祖的主使。因此身兼内务部长的洪述祖就不能不被认为是策划这出刺案的最大嫌疑犯了。问题还不仅如此，因为赵秉钧是大总统的心腹和亲信，倘赵秉钧被控属实，就连大总统本人也难辞其咎了。

事情向着袁世凯预想的最坏方向发展着。虽然宋教仁是他水火不容的政敌，而且的确给他添过不少麻烦，但宋教仁的消失却并未给他带来丝毫的轻松。自接到宋教仁被刺消息的第一天起，他就意识到自己将首当其冲地被国民党认定为凶手，而此时此刻的任何变故以及由此而引起的他与国民党人联盟的破裂，将不但使本已摇摇欲坠的中央政府走向分裂和垮台，而且在即将举行的总统选举中，他的稳操胜券的正式总统的席位也会因此化为泡影。从这个意义上说，宋教仁的存在比消失对他更为有利。同时他也知道，只要北洋方面有任何人被卷入漩涡，自己就无论如何也说不清了，这些对南方普遍怀有敌意的军人们，他实在吃不准，谁会在节骨眼上突然来给你“帮个忙”。

几天后，他召见了刚从上海回来的洪述祖。他怀疑如宋案确为北洋方面所为，则洪述祖必知底细。一月前，洪述祖离京南下时就发过牢骚，要就国民党中“剪除二三人”，为此还遭过他的斥责。

“荫之，你从南方回来，想必知道宋案的头绪，你看到底可能是谁杀了宋教仁？”

“还不是我们的人替总统出力？”洪述祖不无得意地说。

“什么？你说是谁？”

“这个……”洪述祖发现了总统脸色不对，“我也说不来，只是猜猜。”他顿时支吾起来，匆匆地告退了。

出了总统府，洪述祖觉得苗头不对，立即赴内务府告假，到天津养病去了。

袁世凯不知道正是洪述祖和赵秉钧亲自策划了这一谋杀，两人甚至向应桂馨做下了事成之后呈报大总统酬以勋位的许诺。

3 月 26 日，程德全致电袁世凯，报告宋案初审情况，称凶犯为内务部秘书洪述祖所使，袁世凯立即下令缉拿洪述祖。而此时的洪述祖已由天津潜身南下，躲进了青岛德租界。

4 月 25 日，江苏都督程德全、民政部长应德闳向总统府呈交了有关宋案的审查报告，并通电全国予以宣布。至此，宋案真相大白：凶手为武士英，指使者是江苏巡查长应桂馨，指使应桂馨的是内务部秘书洪述祖，指使洪述祖的是国务总理兼内务总长赵秉钧，推而及之，指使赵秉钧的就自然应该是总统袁世凯了。

全国舆论一片哗然。而上海方面则已在 4 月中旬开始指名道姓地发出讨伐袁世凯的檄文了。

“一个人要是越想辩个清楚，就越是不会清楚。”望着秘书处送来的上海方面的《民汉报》，袁世凯叹了一口气。上面都是关于宋教仁追悼会的报道和对他的抨击文章。

梁士诒与他组织的公民党

梁士诒（1869—1933），字翼夫，号燕孙，汉族，广东三水人，祖籍为今佛山市三水白坭镇岗头村。光绪进士，授翰林院编修。说起梁士诒组织的公民党，就其组织来说，实在是相当滑稽的。民国初年袁世凯在北京当权做临时总统的时候，有两个广东籍的重要“京官”，一个是内阁总理唐绍仪，另一个就是总统府秘书长梁士诒。梁是广东三水人，号燕孙。由于广东人惯笑三水人为“了哥”（粤语，即八哥鸟），讲广东话的人都以此为梁的代号，在谈话中一说“了哥”，即知道指的是梁士诒。又因为他十分富有，广东人也有叫他做“财神”。至于不是两广的人，一般都依他的号称为“燕老”或“燕公”了。

梁士诒是个老官僚，清末他任五路提调时，他的上官唐绍仪曾出一个难题来考验他，不准他用翻译，却要他开一列专用火车到天津去。当时的铁路，名义上是由中国人管，而实权却被操在洋员手里，要开出一列火车按规定必须有洋员签字才行。梁士诒不会讲外国话，不准他用翻译，就使他不能和洋人交涉，对他来说，当然是有困难的。他为了不给唐绍仪难倒，为了取宠于上官，他就

以提调名义下令调车，命令直接下达给机车长，限于某时备车通知有关部门开出。掌实权的洋人知道了，只好亲自来找他，说这样做不合手续。他却说："我不管什么手续不手续，我是铁路的主管，有重要公务须用专车，非依时开车不可。"下面负责开车业务的中国人，为了争口气，都极力支持他，不要洋人签字，就强行把列车开出去了。这样，到民国之后，唐绍仪就认定他有本领，因而将他力荐给袁世凯，很快把他重用起来了。

大概由于他很有手腕，他搞公民党，也是很有办法的。梁士诒搞的公民党，是完全为袁世凯迫使国会选袁为正式大总统这一事件服务的，但他却做得不露痕迹，做到连幕内人也不知道袁氏怎样指使他组织公民党的。

梁士诒是很讲究交际应酬的，故他在北京也和其他老官僚一样，承袭清末官僚的习气，在年初常请"春茗"（这个"春茗"，实际上却是"春酒""春宴"，是与"茗"不符合的大宴会，是有节约美名，而行浪费之实的）。可是，他对公民党之所谓成员，不管是重要的或是次要的，都没有公开请过一次"茗"。

梁士诒虽不用这种手段拉拢同党，但他却另有办法让人得到"实惠"，使你非听他摆弄不可。

以公民党前身或重要组成部分的"潜社"来说，就有这样的"实惠"。当时"潜社"中人，曾在一段时间里由中坚分子司徒颖手中领过每月 200 元的津贴。梁士诒虽然钱多，如果没有"收买"的作用，他是不会每人每月送你 200 元的。

"潜社"是当时国会里面的一个非正式的半公开的小团体。这个小团体，也小得可怜，成员总共只有 10 人。中坚分子是司徒颖（国会众议员），还有陈垣（新中国成立后曾任北京师范大学校长）、马小进、黄霄九、谭瑞林、黄锡铨等这些人，除都同是国会议员外，还有两个共同之处，一是都是广东人，一是都对当时的国民党有所不满，都是国会中最大党派（国民党）的消极分子。由于这种不满、消极的情绪，大家就不约而同地接近起来，终于结成这个"潜社"。

说起来也很滑稽，虽然叫作"潜社"，却没有社址，也没有社章、社长等等。他们是实际的成员，但也没有社员的名称。如果说必有个活动的地点吧，那就是国会的某休息室。倘若说在国会外也有个地方，那就是八大胡同之一的大外廊营江虾（江孔殷）的住处。

这几个“潜社”的广东国会议员，当时是很有条件在北京吃喝玩乐的。那时的国会议员，无论是众议员或参议员，每月有400元薪水。广东籍的议员，还有唐绍仪为以“在北京用钱多”为词向广东省政府要求每人每月200元的津贴，加上“潜社”的每人每月200元，一个月就有800元之多。

公民党也和“潜社”一样，没有党章党魁，亦是所谓党员，既没有地址，也没有正式开过会。在某次大家碰头时，由司徒颖说：“燕老（即指梁士诒）要组党，这个党叫作公民党。”大家接着说：“好，好。”如果说一个党必有成立仪式，这就是公民党的“成立大典”。

公民党的寿命也不长，总共不过几个月的时间。它在袁世凯迫选总统的前夕（1913年秋冬之间）有“公民党”的提法时生，到同年冬间，国会因追缴议员证书不能开会而等于实际被解散时，就“短命而死”了。后来梁士诒随袁世凯搞帝制，失败后作为“帝制罪魁”被通缉逃去香港，最后他得大赦归来，做安福国会议长，一直没有再提公民党这三个字。大概在他看来，公民党只是他为袁世凯在国会中设置的暂时利用的工具，利用过了，就当作没有这回事。

在国会被袁世凯迫选总统时，公民党也确实给袁氏暂时利用了一下。他就在国会外指使收买来的大量喽啰自称为公民代表，来国会请愿选举大总统；在国会内就通过梁士诒指使司徒颖等利用公民党暗中半公开活动，终于选出袁世凯为正式大总统。

中国近代铁路的开创者詹天佑

1909年10月2日，中国人自己修建的京张铁路要在这一天举行通车仪式。

噼噼啪啪的鞭炮声响过后，通车仪式正式开始了。清朝邮传部尚书徐世昌首先讲了话，接着是英国工程师金达代表外国工程技术人员前来祝贺，他说：

“我们过去自认为是世界第一流的工程师，觉得中国没有人才，自己绝对修不成工程艰巨的京张铁路。现在中国人不但修成了，而且提前完工。我和其他外国工程师仔细考查了京张铁路的全部工程，都挑不出一点毛病。像詹天佑这样的中国工程师，的确比我们高明得多，我们不能不表示佩服。”

场上立刻传来一阵热烈的欢呼，大家请京张铁路的总设计师詹天佑上台讲话。詹天佑是不善于当众讲话的，他诚恳而谦虚地说：“京张铁路通车，这是1万多员工的力量，不是我一个人的功劳，光荣应该属于大家!”

这一天，是中国铁路划时代的一天，也是詹天佑一生中最幸福的一天。为了这一天，他付出了多少汗水和泪水，连他自己都记不清了。

1861年，詹天佑出生在广东南海区的一个茶叶商人家庭。他从小对“四书”、“五经”不感兴趣，却酷爱搜集机器零件，口袋里经常装着齿轮、发条一类的东西；看见外国人拿的新奇东西，总想看个究竟；遇到能和机器接触的人，总要问这问那，想一下子把所有的问题都弄清楚。

詹天佑12岁的时候，考取了幼童出洋预备班，到美国去学习。在美国那些日子，年幼的詹天佑一心扑在学习上，无论刮风下雨，还是烈日炎炎，总能在图书馆和自习室里看到他的身影，他迫切希望能用自己的知识使祖国富强起来。

1881年，詹天佑从耶鲁大学毕业，获学士学位。就在这一年，美国掀起了排华浪潮，清政府只好撤回在美国的中国留学生。詹天佑回国后，本想把学到的本领贡献给祖国，自己修筑几条铁路。谁知清政府不信任中国的技术人才，却花高价聘请英国和德国的工程师来修铁路，詹天佑学无所用，只好放弃所学的铁路工程，先后到福建水师学堂学习和驾驶轮船。在中法战争的马尾之战中，詹天佑奋不顾身，英勇杀敌，还救护自己的战友，受到表扬。不久，詹天佑调到广东博学馆和水陆师学堂任教。在此期间，他还帮助两广总督张之洞绘制了沿海险要图。

1887年，詹天佑开始走进中国铁路建设的舞台。这一年，在唐胥铁路到天津的延展路段的谈判中，代表各自国家利益的英国工程师金达和德国工程师鲍尔发生了争执。金达看中了在公司里当了8年库房保管员的留学生邝孙谋，要他出来同鲍尔对抗。邝孙谋因自己不很熟悉铁路技术，推荐了老同学詹天佑。

詹天佑喜出望外，欣然应允，当即辞掉教习职务，毅然北上。这是他献身祖国铁路事业的开始。1888 年初的一天，詹天佑到中国铁路公司当上了工程师，参加修筑由外国人主持的唐山到天津的铁路工程。

1890 年，沙俄加紧对中国东北的掠夺，清朝的皇帝贵族们深感老祖宗的灵地受到威胁。为保卫东北，清政府批准了李鸿章修建关内外铁路的计划，准备把唐胥铁路向北延展到山海关，再由山海关经锦州扩展到奉天（今沈阳），再延伸到吉林。

1892 年，关内外铁路工程进展到滦河时，需要架设一座铁桥。总工程师金达起初把滦河铁桥工程包给了英国人。滦河河床泥沙很厚，水流湍急，号称具有世界一流施工技术的英国人，在滦河面前束手无策。金达又把工程包给了出价低廉的日本人，日本人也无能为力。金达不得不求助于德国人。德国工程师在没有做认真勘察的情况下，凭主观臆想，采用空气打桩法，结果也失败了。

随着交工日期的迫近，金达心急火燎，万般无奈中想起了詹天佑。金达从没把这个中国工程师放在眼里，但事已至此，英、日、德的工程师都无计可施，只能让詹天佑来试一试了。

詹天佑

詹天佑分析了外国工程师打桩失败的各种原因，又仔细研究了滦河河床的地质土壤情况。经过缜密的测量和调查，他决定改变桥址，采用压气沉箱法打桩。

他请来了当地精通水性的人潜入水底，采用中国传统的方法，同时配合必要的机器进行打桩。在施工中，他紧密依靠工人，虚心听取他们的意见。他自己也身穿工作服，昼夜苦干，终于胜利地奠定了桥基，完成了滦河大桥的全部工程。

开始，外国工程师都以怀疑的目光，注视着工程的进展。待到滦河铁桥全面竣工时，他们折服了。詹天佑渊博的学识、高超的才干、独特的创造以及脚

踏实地的工作作风，在建桥工程中得到了完美的体现，为中国人争了一口气。

“看来，不能小看中国工程师啊。”一向傲慢的金达由衷地表示。

李鸿章亲自视察了滦河铁桥，他以为是金达的功劳，对他褒奖有加，詹天佑的成绩被埋没了。

随着中国人民反帝斗争的不断高涨，主张中国人自修铁路的呼声也越来越高。在一部分官员的推动下，清政府于 1905 年任命詹天佑为总办兼总工程师，负责修建京张铁路。

京张铁路从北京到张家口，虽然全长不过 200 公里，但要穿越长城内外的崇山峻岭，特别是要经过南口到岔道城的“关沟段”，穿越八达岭。这里悬崖峭壁，山高沟深，是全线最艰巨的工程。英、俄等国的工程师认为，詹天佑不借助外国的力量，就不敢动工，动了工也将中途失败，他们公开讥讽说：“建筑这条铁路的中国工程师，恐怕还没出生呢!”“中国人想不靠外国自己修铁路，那是白日做梦，自不量力”。詹天佑没有被这些困难和流言所吓倒，他坚定地说：“这么大一个中国，修铁路却必须得用洋人，这是中国的耻辱。中国人现在已经醒过来了，中国人要用自己的工程师、自己的钱修铁路。”詹天佑要用事实回答那些狂妄的洋人。

詹天佑筹组了工程局，带着助手，开始了勘测和选线。他不仅阅读了大量历史资料，还亲自访问沿线居民，询问山势水情。他还常常自己背着仪器，翻山越岭，实地勘测。有时为了选择好的线路，他在悬崖峭壁上测量定点，北风猛烈地吹来，一不小心就有被刮下深谷的危险。助手们劝詹天佑下来，以免发生危险。但他却满不在乎，坚持勘测完毕。天黑下山回到住地后，他还要在油灯下绘图和反复计算。

詹天佑的助手们见他实在太辛苦，就说：“总工程师，快休息一下吧！算得差不多就行了，我们看大概不会错。”他扭过头来，严肃地说：“这话可不对了！这是科学技术，最重要的就是精确，不能有半点含糊和轻率。‘大概’、‘差不多’之词，不该出自工程技术人员之口。”

在詹天佑的带动下，全体人员认真努力地工作，完成了三条线路的测量任务。根据当时修路经费的限度，经过反复比较，最后选定从丰台开始，经过西直门、清河、沙河、南口、居庸关、八达岭到张家口的路线，单是关沟段，就比英国工程师金达测定的路线减少了两千多米。

1905年9月4日，紧张的施工开始了。在最艰巨的关沟段，需要凿洞架桥。为了保证工程质量，詹天佑把总工程师办公室搬到工地，和工人们同甘共苦，一起攻克难关。他宣布："不打通隧道，就不回北京。"

当时没有开山机、通风机等设备，全靠两只手挖掘，困难非常大。詹天佑因地制宜，有的地方用从两头向中间凿进的办法，有的地方在中间开一个大竖井，再向两头掘进。为了保证施工质量，他不辞劳苦，亲自把关，连炮眼的方位、大小、深浅和装多少炸药，都由他亲自掌握。没有抽水机，他就带头钻进洞内挑水。在詹天佑和工人们的努力下，终于胜利完成了居庸关、八达岭、石佛主、五桂头四个隧道的工程。

隧道工程完成后，又出现了八达岭一带山高坡陡、列车容易发生危险的问题。詹天佑为了行车安全，创造性地运用了"折返线"的办法，就是从青龙桥起，沿着山腰，设计出一段"人"字形的线路，降低坡度，使列车能够安全穿过八达岭。

寒来暑往，4个年头过去了。1909年9月，京张铁路竣工通车。京张铁路实现了詹天佑"花钱少、质量好、完工快"的设想，显示了中国人的志气和才干。

京开铁路通车后，詹天佑希望将铁路由张家口向西北延展到绥远。这样，不仅能便利西北地区的交通，还可以开采大同地区的煤铁矿。但此时，清政府已经国库空虚，拨不出筑路经费，只得发行京绥铁路债券，来筹集所需的资金。

詹天佑和他的子女，带头用自己平时省吃俭用攒下来的积蓄，购买债券。发行债券虽然筹集到了一部分资金，可是与修铁路所需的巨额资金相比，实在是微不足道。詹天佑的爱国热情虽然可贵，但他已无回天之力，张绥铁路的修筑计划就这样搁浅了。

1909年，商办川省公司集资修建宜昌到万县的铁路，聘请詹天佑为川汉铁路总工程师。这年年底，詹天佑赶到宜昌，主持这一段铁路的修筑工作。1910

年，商办粤汉铁路有限公司召开股东大会，选举总协理，詹天佑得票最多，清政府邮传部批准詹天佑兼任粤汉路总工程师。在此期间，詹天佑在4条铁路上担任了6个不同的职务。他在北京、宜昌、广州三地来往穿梭，辛勤地工作。

詹天佑为中国铁路事业的发展费尽了心血。他往来奔波于大江南北，想在自己的有生之年，为祖国多修几条铁路。但遗憾的是，在清政府的腐败统治下，詹天佑只能空怀一腔报国热情。京张铁路之后，他再没完成什么重大的铁路建设工程。然而，就这一条京张铁路已足以使詹天佑名垂青史了。

黄花岗起义

1911年4月27日下午5时30分，黄兴率130余名敢死队员直扑两广总督署，发动了中国同盟会的第十次武装起义广州起义。敢死队突入总督署，总督张鸣岐逃走，起义军焚毁总督署后，在东辕门外与水师提督李准派来弹压起义的北洋军短兵相接。起义军浴血奋战，终因寡不敌众而不幸失败。起义失败后，黄兴负伤撤回香港，喻培伦、方声洞，林觉民等革命志士牺牲，牺牲的中国同盟会会员有名可考者八十六人，其中七十二人的遗体由潘达微寻获安葬于广州红花岗。潘达微将红花岗改名为黄花岗，这次起义因此被称为黄花岗起义。

黄花岗起义

1910年底，孙中山与同盟会其他负责人黄兴、赵声、胡汉民、邓泽如以及几位华侨领袖在马来亚槟榔屿召开会议。会议决定集中全党财力人力，全力以赴，在广州发动一次大规模的武装起义。首先是筹集巨款来购买武器，再从各地召集500同志组成起义敢死队。

1911年初，黄兴、赵声在香港建立基地，筹备起义。许多留学日本的革命党人和南洋华侨纷纷来到香港，准备参加反清起义。

黄兴和赵声是这次起义的主要领导人。在一次起义碰头会上，黄兴向大家说明了这次到香港的目的："我们要发动大规模起义，占领广州，然后北上，经过湖南、湖北和江西直捣北京，一举推翻满清统治。"与会人员一致同意，确定起义的领导机关是统筹部，黄兴为部长，赵声为副部长。

起义在紧锣密鼓的准备中，广州成为起义的核心。

革命党人在日本和安南购买了大批武器，先运到香港，再转运广州。广州城内设立了几十个机关，储备枪支弹药、隐藏革命党人。几个月的紧张筹划之后，准备工作大体就绪。4月8日，黄兴在香港召集会议，预定在13日举行起义。

可是，就在这一天却发生了一件意外的事。一部分革命党人为了减少起义的阻力，没有和黄兴等领导人取得联系，就决定暗杀水师提督李准。从马来亚回国来参加起义的温生才自告奋勇地去干这件事。这天，李准、孚奇等到东郊观看冯如的飞行表演，温生才就躲在东门外的茶馆里。他看见一顶八人抬的绿呢大轿从茶馆门前经过，眼睛都瞪圆了，他冲过去，抓住轿子，就是三枪，轿中人应声倒下，鲜血顺着轿子流了出来。他没有想到轿中坐的却是孚奇。

事发后，温生才逃避不及被巡警抓住后杀害了，孚奇受伤而死。这一事件引起清政府的高度戒备，广州城内立即戒严，到处搜捕革命党人，并派出很多密探，侦察革命党人的活动。黄兴得到这个消息，只好决定把起义日期改在4月26日，黄兴也把自己的起义总指挥部设在两广总督附近，可是起义计划又被泄露。黄兴只好把起义时间又改在27日下午5点30分。

按照先前的约定，起义时会有800名敢死队作为战斗的主力，冲锋在前。清政府在城内到处戒严，800名敢死队员在约定时间只到了100多名。许多人主张再将起义推迟，但黄兴感到这样会夜长梦多，不利于革命形势的发展，没有同意这个意见。

4 月 27 日下午 4 点，黄兴在指挥部集合了 60 多名敢死队员，不善言谈的他向大家作了慷慨激昂的演讲："满清政府丧权辱国，腐败透顶，我们要为推翻满清、建立民国而献身!"他让大家左臂缠上白布，持好枪械，准备进行最后的决战。

5 时 30 分，他率领这支队伍直奔两广总署。黄兴手持双枪始终冲锋在队伍的最前面。敢死队队员们，个个冲锋陷阵。

革命党人、素有"炸弹大王"之称的喻培伦率领一路敢死队，炸破总署后墙，攻入衙门，再攻督练公所。他胸前挂着满满的一筐炸弹，一边往前冲，一边投炸弹，所过之处，清军即倒下一片。最后，他弹尽力竭，被敌人俘虏。另一个革命党人林觉民事前给自己的妻子写下那篇感人至深、传诵千古的绝命书：

"吾遇汝以来，常愿天下有情人都成眷属，然遍地腥云，满街狼犬，称心快意，几家能彀？司马青衫，吾不能学太上之忘情也。语云："仁者'老吾老以及人之老，幼吾幼以及人之幼'。吾充吾爱汝之心，助天下人爱其所爱，所以敢先汝而死，不顾汝也。汝体吾此心，于啼泣之余，亦以天下人为念，当亦乐牺牲吾身与吾之福利，为天下人谋永福也。"

随后，毅然投入到起义当中。起义中，林觉民奋勇当先，先和数名志士攻入衙门，后又冲出与清巡防营激战，不幸受伤被捕。

两广总督张鸣岐听到枪声后，立即翻墙逃走。黄兴判断张鸣岐肯定会反扑而来，就放火烧了衙门，率队伍冲出。但是，在大街上，他们遇到了清政府的大队人马。闽籍革命党人林时爽误以为清军中有革命党，便挺身向前，对他们晓以大义，话未说完就中弹牺牲。黄兴也被打伤了，他忍着伤痛，指挥队伍撤退。在撤退途中又遇到一队巡防营，起义军无法判断这支队伍是否为策反起义的新军，轻易不敢开枪，结果又让对方先行下手。起义军经过枪战只剩下 10 多人，黄兴仍怀疑这是一场误会，就埋伏进一家书店。当他听到外边士兵的谈话，才断定这支部队不是自己人，顿时怒火中烧，从店内举枪射击，一下击毙了 10

多个清军士兵。随后，在书店司理敦秀文的帮助下，逃过了清兵的追杀。

张鸣岐逃出总署后，转入水师行台，立即同水师提督李准一道部署兵力，包围革命党人。在强敌的阻击下，革命党人躲进一家粮店，垒起米袋当工事，一直战斗到第二天早晨，打死很多清军。清军无计可施，张鸣岐只好命令放火烧街。火烧到粮店的时侯，革命党人已经弹尽力竭，就从后墙跳火突围。突围中有的中弹阵亡，有的被打伤烧死，也有的不幸被俘。

赵声、胡汉民率领的队伍在28日清晨到达广州，这时起义已经失败。赵声见到黄兴，两人抱头痛哭。当晚，赵声突然发病，回到香港不久便去世了。

林觉民被俘，张鸣岐、李准亲自审讯。林觉民侃侃而谈，痛斥腐朽的清政府，宣传革命大义。在囚禁的几天里，他绝食绝饮，视死如归，就义时只有25岁。

其他被捕革命党人，或者在公堂上谈笑自如、鼓吹革命，令问官惊叹；或者干脆一言不发，只求速死。

在这次起义中，死难的革命党人达100多人，事后由积善堂收敛烈士遗体72具，合葬在广州城郊的黄花岗，这就是“黄花岗七十二烈士”，1932年，查得此次死难烈士陈文友等姓名共86人。由于习惯，人们仍称黄花岗七十二烈士。

黄花岗起义的失败，使同盟会失去了许多优秀的革命党人，领导力量大为削弱。但这次起义意义重大，加快了全国革命高潮的到来。

冯如献身飞行事业

1912年8月25日上午，为了向国人展示中国人制造的飞机，中国飞行家冯如为同胞在广州市东郊燕塘墟大操场（就是现在广州军体院的院内）进行飞行表演。

冯如从容坚定地走上飞机，熟练地操纵飞机，转眼间，飞机凌空而上，在高约36米的空中飞旋。地面传来一片掌声。突然，冯如驾驶的飞机猛地向上急

升，盘旋了瞬间之后，飞机失速，撞向了地面。飞机毁坏了，冯如身受重伤。人们把冯如立即送到医院，但冯如伤势太重，医生已回天无力，29 岁的冯如牺牲了。

在弥留之际，冯如犹勉励助手：“勿因吾毙而阻其进取心，须知此为必有之阶级。”

冯如事业未竟，便撒手人寰，这对中国的飞行事业是一个重大损失。

冯如，原名冯九如，乳名冯珠九，字鼎三，号树垣。1884 年 1 月 12 日出生于广东省恩平县。冯如没读过几年书，因为家境贫穷便辍学了。童年时期，他最大的乐趣就是做风筝，他也喜欢听飞天故事，他向往着，有一天，他能向风筝一样，在天上飞。

1895 年，中国在甲午战争中失败后，被迫签订了丧权辱国的《马关条约》，割地赔款，国库空虚，民生凋敝。冯如的家更加穷困了。这一年，13 岁的冯如告别父母，随亲戚漂洋过海，到美国三藩市谋生。

冯如到三藩市后，经乡亲介绍，在教会做童工。晚上，他就学英语，学科学知识。年幼的冯如逐渐认识到：“美国强盛靠的就是机器先进，我要学习制造机器，回国后，为祖国强盛出力。”

1900 年，八国联军攻陷北京，大肆烧杀，震惊世界。身在异乡的冯如非常悲愤。为了救国，他来到纽约，专门学习机器制造。他先后在船厂、电厂和机器制造厂当学徒和工人，历时近 7 年，他遭受着种族歧视，期间数次失业，但他都挺过来了。他节衣缩食，购买书籍，半工半读，并经常转换工厂和工种，终于学会了多种机器制造技能，也增进了机器制造知识的广度和深度。

在纽约期间，发生了两件对冯如影响深远的事。1903 年 12 月 17 日，莱特兄弟进行了人类历史上的首次有动力、可操纵持续飞行试验。试验中，飞机成功地飞行了约 260 米。冯如冒着刺骨的寒风，在飞行现场的 5000 米外，观看了这场试验。

1905 年，日俄战争在中国的土地上爆发，东三省同胞惨遭蹂躏。冯如从报纸上看到报道，既痛恨列强的野蛮行径，更痛感清政府的无能。他发誓：“是

（指制造机器）岂足以救国者，吾闻军用利器莫飞机若。誓必身为之倡，成一绝艺，以归飨祖国。苟无成，毋宁死。”他又说：“日俄战争大不利于中国，当此竞争时代，飞机为军事上万不可缺之物，与其制一战舰，费数百万之金钱，何不将此款以造数百只之飞机，价廉工省。倘得千数百只飞机分守中国港口，内地可保无虞，微特足以固吾固，且足以摄强邻矣！”“中国之强，必空中全用飞机，如水路全用轮船。”

从这些话里，我们不难判断，冯如不仅是第一个提出航空救国主张并为之奋斗终生的中国人，而且也是我国近代最早的军事航空思想家。

1906年，冯如在纽约学习机器制造之后，重返三藩市，开始招徒制造机器，同时也开始收集有关设计、制造和驾驶飞机的资料。10年的发愤学习和工作实践，冯如已经成为一名精通机械和电器技术的专家。他先后研制了抽水机、打桩机、发电机、有线电话和无线电报机等先进机电设备，在当地颇负盛名。《三藩市呼声报》称他为：“很有名气的机械师和发明家”。《三藩市考察者报》更赞誉冯如为“奥克兰市天才的发明家”。当时曾有华侨富商集团邀请他主持一项发展祖国电力工业的计划，但他认为，兴办飞机制造工业更为迫切，更为重要，他婉言谢绝了。

1908年5月，冯如集资在奥克兰市东九街359号创办了以制造飞机为目标的“广东制造机器厂”，当时仅有黄杞、张南和谭耀能3人参股。在人少力薄的情况下，他们坚持在近7.5平方米的厂房里研制飞机。1909年9月，即世界第一架飞机问世不到6年的时间内，冯如完成了中国人自己设计、自己制造的第一架飞机，从而跻身于早期世界航空之林。冯如把这架飞机称为“冯如1号”。1909年9月21日傍晚，“冯如1号”正式试飞。他驾机迎着强风起飞，升至4.5米高，环绕一个小山丘飞行，飞行了约800米，显示了他的飞机具有良好的性能，从而为我国动力载人飞行史谱写了光辉的第一页。当时中西报刊竞相报道。美国《三藩市考察者报》在头版显著位置刊登了冯如的大照片，赞誉冯如为“东方的莱特”，并惊呼“在航空领域，中国人把白人抛在后面了！”

但是，由于装配上的失误（螺钉拧得过紧），冯如这次试飞并没有取得完全成功。当飞机飞行了约20分钟之后，螺旋桨机轴突然断裂，飞机失速坠落，尾部机轮与崎岖不平的地面碰撞，冯如被抛出机外，幸未受伤。事后，他的助手都为他的飞行安全担心，但冯如却坦然地说："若想绝对安全，那只好仰首看鸟儿飞了。要想飞上天，只能通过飞行实践，飞行哪能不担风险呢?"他发誓："飞机不成，誓不回国。"

科学总是要经历多次的失败才最后赢得成功，冯如的飞机实验也经过了这个痛苦过程。在接连6次失败后，1911年1月，冯如成功研制了一架新型飞机，称为"冯如2号"，并于1月18日试飞成功。

1911年1月18日早上，冯如驾驶着"冯如2号"飞机，在奥克兰琼斯街终端，靠三藩市海湾的艾劳赫斯特广场公开试飞。飞机在地面滑行了约30.5米，即凌空而上，升至约12米高，环绕广场飞行了约1600米后，向三藩市海湾飞去，然后返回，飞越奥克兰郊区的田野，徐徐降落在起飞的广场上。飞行历时4分钟。这是一次完全成功的飞行，冯如的助手们一齐拥上去向他祝贺。中西报纸再一次争先恐后地报道。美国《三藩市星期日呼声报》竟用整版通栏大标题刊出"他为中国龙插上了翅膀"，并以巨龙、冯如飞机和冯如像作为套题照片，详细介绍了冯如其人其事。

1911年1—2月期间，冯如驾驶飞机在海湾多次环绕飞行，其最高时速为104千米，飞行高度达200余米，性能达到了当时世界的先进水平。前往观看飞行的中西人士不可胜数。欧、美各报交口称道："君之名誉时已飞腾于世界矣。"

冯如的飞行成就已誉全球，他为中国龙添了飞翼，为中华民族、为祖国赢得了荣誉。当时美国曾有人以重金聘请他教授航空技术，冯如婉言谢绝了，他已经决定回国，实现"成一绝艺，归飨祖国"的宏愿。

1911年2月22日，冯如率助手朱竹泉、司徒璧如和朱兆槐携带飞机和设备乘轮船回国。3月22日抵达香港，两广总督派"宝壁"号军舰前往迎接冯如一行回广州，并在燕塘划定飞机制造厂的厂址和飞行场地。

然而，此时的清廷已处于风雨飘摇之中，广州局势动荡，冯如无法施展抱负，同时也失去对清廷的信赖。

1911年10月10日，震撼世界的武昌起义爆发。11月9日，广州光复，广东革命政府成立，冯如毅然率助手参加革命。他被任命为广东革命政府飞机长，成为中国第一个飞机长。

冯如看到了新的国民政府的新气象，他决心为祖国干一番事业。他立即在广州燕塘建立广东飞行器公司，这是中国国内的第一个飞机制造厂。当时清政府还在北京，冯如认为清王朝的存在，终为后患，便组织北伐飞机侦察队，准备北伐，并加紧制造飞机，以供北上参战，推翻清王朝。经过3个月的努力，于1912年3月，制成一架与“冯如2号”相似的飞机，这也是中国国内制成的第一架飞机，揭开了中国航空工业史的第一页。

1912年3月，清朝廷垮台了。冯如呈请陆军司定期为民众表演飞行，他热切地期盼着开通民智，普及航空知识，发展祖国航空事业。

谁知，这一次的飞行表演，冯如以身殉国，他的航空救国的梦想破碎了。

冯如牺牲后，广州各界纷纷举行追悼会。中外报纸纷纷报道冯如失事的消息，评论盛赞中国飞行家冯如为人类航空事业做出的贡献。

国民政府决定将冯如的遗体，“葬黄花岗七十二烈士墓左，从其志也”。冯如墓碑正面篆刻“中国始创飞行大家冯君如之墓”，背面刻中华民国临时大总统“从优照少将阵亡给恤”的命令，两旁刻冯如墓志铭。冯如被尊为“中国始创飞行大家”。

1980年，广州市人民政府在黄花岗重修冯如墓陵，将其遗骸迁回安葬，并在墓前立碑，作永远的纪念，碑文正面同样镌字为：“中国始创飞行大家冯如君之墓”。

爱国数学家李善兰

传统中国很多发明创造领先于欧洲各国。但由于种种原因，自然科学在中国没能从孕育走向成熟。

在中西碰撞中，清代很多有识之士认识到必须发展科学技术，尤其是鸦片战争之后，国门洞开，统治阶级中逐渐出现了一批“睁眼看世界的人”。主张“师夷之长技以制夷”的“洋务派”曾国藩、李鸿章等十分重视介绍和学习西方科学。同治元年（1862），清政府设立同文馆，在上海、广州、福州、天津等地也设立了专门学堂，教授外语和西方科学知识。上海江南制造总局也翻译了一批科技书籍。19 世纪后半期，中国涌现出一批科学家，他们为发展中国近代科学做出了重要贡献，李善兰便是其中的佼佼者。

李善兰（1811—1882），原名李心兰，字竟芳，号秋纫，别号壬叔，浙江海宁人，是中国近代著名的数学、天文学、力学和植物学家，创立了二次平方根的幂级数展开式，研究各种三角函数，反三角函数和对数函数的幂级数展开式。自幼就读于私塾，受到了良好的家庭教育。他天资聪颖，又勤奋好学；9 岁时，他发现父亲的书架上有一本中国古代数学名著《九章算术》，读了这本书后，感到十分新奇有趣，从此迷上了数学。14 岁时，他靠自学读懂了古希腊数学家欧几里得的《几何原本》前 6 卷。

李善兰

李善兰生性落拓不羁。年轻时，他曾去杭州参加过一次乡试，因八股文做得不好，落第而归。但他毫不介意，自云“于辞章训诂之学，虽皆涉猎，然好之总不及算学，故于算学用心极深”。他对研读数学非常痴迷。李善兰曾与蒋仁荣、崔德华等好友组织“鸳湖吟社”，常游东山别墅，分韵唱和。那时他还利用相似勾股形对应边成比例的原理测算过东山的高度，甚至还在新婚之夜到阁楼窗外观测星宿。

李善兰是一位爱国数学家。鸦片战争爆发后，道光二十二年（1842）四月，英军攻陷江浙海防重镇乍浦。乍浦离李善兰的家乡硖石只有几十里的路程。他

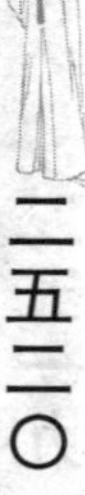

耳闻目睹侵略者烧杀淫掠的血腥罪行，满怀悲愤，奋笔疾作《乍浦行》一诗：

壬寅四月夷船来，海塘不守城门开。

官兵畏死作鼠窜，百姓号哭声如雷。

夷人好杀攻用火，飞炮轰击千家灰。

饱掠十日扬帆去，满城尸骨如山堆。

这首诗表达了他对侵略者的刻骨仇恨，对老百姓的深切同情；也反映出他对清政府临敌不战的强烈不满和他对敌主战的鲜明态度。

外国列强入侵中国的现实激发了李善兰科学救国的思想。他说："呜呼！今欧罗巴各国日益强盛，为中国边患。推原其故，制器精也，推原制器之精，算学明也。""异日（中国）人人习算，制器日精，以威海外各国，令震慑，奉朝贡。"他认为要使中国强盛，就必须振兴科学技术。

他对年轻人的培养也不遗余力。有一次，一个当时默默无闻的年轻人专程从无锡赶到上海拜访李善兰，他就是后来成为著名数学家的华蘅芳。当时，李善兰正忙于翻译《代微积拾级》，但他热情地接待了华蘅芳。当华蘅芳表示希望要一份李善兰翻译好的书稿时，他慷慨地答应了，亲自加以指点，并为华蘅芳安排住宿。

鸦片战争爆发后，李善兰主要在家乡从事历法和数学研究，并同江浙一带有名的数学家张文虎、顾观光、汪曰桢等数学家相过从，互相切磋琢磨，讨论数学问题。汪曰桢把一本自己手抄的朱世杰的《四元玉鉴》送给李善兰阅读，他"深思七昼夜，尽通其法，乃解明之"，并且写出阐述高次方程组消元解法的著作《四元解》2卷。他还频频与远在外地的数学家罗士琳、徐有壬等通信，切磋学术，从而拓宽了自己的思路。

咸丰二年（1852），李善兰到上海结识了伟烈亚力，开始共同翻译《几何原本》的后9卷。伟烈亚力在该书的译序中说："（李）君固精于数学，于几何之术心领神悟，能言其故。于是相与翻译，余口之，君笔之，删芜正伪，反复详审，使其无有疵病，则君之力居多。"可见在翻译《几何原本》的过程中，李善兰花费了大量的心血。接着李善兰与伟烈亚力又合作翻译了《代数学》13卷和

《代微积拾级》18 卷。

咸丰十一年（1861），曾国藩在安庆开办安庆内军械所，李善兰与化学家徐寿、数学家华蘅芳等先后被聘。同治六年（1867），北京的京师同文馆添设算学、化学、天文、物理等课程，经广东巡抚郭嵩焘上疏举荐，李善兰任算学总教习。从此他完全转向数学教育和研究工作，直至光绪八年（1882）去世。其间所教授的学生"先后约百余人，口讲指画，十余年如一日。诸生以学有成效，或官外省，或使重洋"。这些人在传播近代科学特别是数学知识方面都起过重要作用。

李善兰是我国近代数学的奠基人，不仅开创了著名的"李善兰恒等式"，著有我国第一部精密科学意义上的弹导学著作《火器真诀》，而且在级数、对数、数论和微积分等数学领域都有独到的创造。他同时还翻译西方科学著作，十分贴切地创译了一大批科学名词，我们今天使用的很多数学名词，如代数、系数、指数、多项式、方程式、函数、微分、积分、级数、切线、法线、渐近线、抛物线、双曲线等，都是李善兰创造并首先使用的，他为介绍和传播西方近代科学知识、推动我国近代科学的发展做出了巨大贡献。

电报进入中国

欧洲的科学家在 18 世纪逐渐发现电的各种特质。同时开始有人研究使用电来传递讯息的可能。早在 1753 年，一名英国人便提出使用静电来拍发电报。中国古代早就有"千里眼，顺风耳"的传说，然而这种理想在道光十七年（1837）真的实现了。

从此，"电报"这个人类历史上第一个电子媒介，开始在世界各国迅速发展起来。不久，它也冲击到了大洋彼岸的"天朝上国"——处于晚清时期的古老中国。西方的传教士、钦差等带着"指针电报机"来到中国，但当时"风气未开，无人研求及此"；咸丰九年（1859），法国钦差许诺寄送电报机，寄到之时却被恭亲王“以为无用相却”。

当时的大清王朝对这个西洋的“奇技淫巧”毫无兴趣，更不准许铺设电报线路。当时的三口通商大臣崇厚就认为电报这玩意“于中国毫无益处，而贻害于无穷”。想想看，那会儿连修铁路都惹得怨声载道，遑论电报。最离谱儿的谣言甚至说那一根一根杆子戳在地上，专门吸地气和死人魂魄，然后顺着线给传到英吉利、法兰西之类的地方去，供洋人吸食。

电报真正进入中国人的视野是在第二次鸦片战争之后。那时，西方列强侵华频仍，外交、军事、谈判、通商等各种新的军政事务纷至沓来，且都万分紧急，古老驿传成了严重制约决策时效性的大问题。特别是在同治十三年（1874），日本发动了侵台战争，战前，清廷由于通信工具落后，消息闭塞，仅从洋人那里风闻日本将攻打台湾。钦差大臣沈葆桢通过书信与李鸿章商讨调兵事宜，用了一个月才初步确定作战计划，等准备妥当，已经过了整整三个月，这样的传递速度，肯定贻误军机，注定了不利的战争局面。这使得以沈葆桢、李鸿章等为代表的洋务派，开始思考如何“师夷长技以制夷”的方式。

同治四年（1865），英国公司利富洋行终于成了吃螃蟹的第一人。利富公司驻上海的代表雷诺没有经过任何程序，便出资1万白银，进口了一批电报材料，找来两个德国技师，外加雇来的二十几个中国民夫，筹备开工。开工之前他既不向官府申请，也不请示英国领事，而是独自花了一个多月时间，沿着川沙厅（今上海浦东）小岬到黄浦江口金塘灯塔间偷偷摸摸建起了一条专用电报线路，长达21公里，光是电线杆就立了227根。那时候洋人嚣张，寻常百姓见了都绕着走；而官府的人呢？他们见这些工人有恃无恐地当道挖坑栽杆扯线，以为必有后台，也不敢上前询问。结果民不究，官不查，上海乃至全中国第一条电报线就这样诞生了。

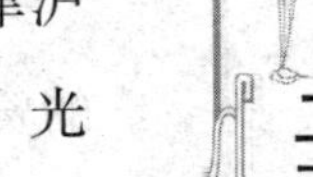

在洋务派的推动下，光绪三年（1877），由台湾南部旗后港至鸡笼港（今高雄至基隆）的第一条自建电报线竣工；同年十一月，天津至上海的电线（津沪电报线）开始通报。而后，电报通信迅即在数省铺开，并成立了电报学堂。光绪十年（1884），在李鸿章的再次奏请下，电线终于由通州接到了京城，从此北京也通了电报。在随后的几次战争中，电报就发挥了其快速传递的优势。

中法战争后，上至朝廷，下至各方臣将，无不感叹电报的先进和快速。很快，电报、电线便纵横全国，不仅运用于战事，还逐步推广、普及，走入民用。至宣统三年（1911）底，共建成电报线路万余里，电报局房503所，基本建立起全国范围的电报网。

电报进入中国以后，为了传输汉字，清朝人发明了汉字电报编码。晚清思想家、实业家郑观应，总结前人经验，撰写了一部专著，叫《电报新编》，使汉字编码更完善、更系统，真正完成了汉字符号转变为电子信号的重大突破。

电报这种新传播媒介的引进和发展，使得晚清时期的社会发生了很多深远的变化。首先是在机要密件的传递路径上，原来是通过邸报和京报的方式来传递信息和意旨，现在可以瞬间直达京城。然后是在这些信息本身，原来从奏事资格、行文格式、遣词用字乃至纸张尺寸、字幅大小、每纸行数、每行字数，都有规可倚，所谓“体统尊而法制一”；而改为电报后，由于时间的紧迫，这些格式和规则免去了大部分。从电报问世以来，就形成了独特的“电报体”，以往那些文稿中常见的“仰见筹划”“洞微烛远”“感佩莫名”之类的陈词滥调备受冲击，代之而起的是“语质而事核，词约而理明”的简约文体。除此之外，电报作为一种新鲜事物，不仅影响了人们的行为方式，更影响了人们的思维习惯，它毫无疑问也是近代中国社会变迁的缩影。现在，随着电话、传真等的普及应用，电报已很少被人使用了。

武昌起义

武昌起义是1911年10月10日（农历辛亥年八月十九）在中国武昌发生的一场旨在推翻清朝统治的兵变，也是辛亥革命的开端。1905年，第一个全国性的资产阶级革命政党“中国同盟会”在日本东京成立。这个统一的政党积极联络海外爱国华侨和国内其他会党，以武装起义为方式，积极地开展了旨在推翻

武昌起义

腐朽反动的清政府的活动。同盟会会员多数都是接受新式教育的精英，他们在许多新式学校、会社都安插了自己的成员，并发展更多的人入会。甚至在清政府的新军军官训练学校——云南陆军讲武堂，全部47名教职员中，同盟会会员就达17人之多，这就直接为后来的革命培养了大批的骨干力量。同盟会还联络在湖北的科学补习所、日知会、共进会等革命社团，深入新军宣传革命。到武昌起义前夕，湖北新军中已有三分之一的士兵参加了革命组织，成为起义的主力军。

1911年4月，四川、湖北、湖南、广东人民为反对清政府将川汉、粤汉铁路收归“国有”，并将筑路权出卖给英、法、德、美四国银行团，掀起了保路运动。四川的保路运动最终发展成为武装起义。保路斗争也成了武昌起义的导火线。

保路斗争进入高潮的时候，湖北革命党人组织的文学社和共进会在武昌举行联席会议，决定联合起来成立起义总指挥部，由文学社社长蒋翊武担任总指挥，共进会负责人孙武为参谋长。他们和黄兴等人取得联系，准备在这一年的10月6日（中秋节）举行湖北新军的武装起义，后由于形势发生变化，起义推迟。

10月9日上午，孙武等人在汉口俄租界革命总机关试制炸弹，不料失事受

伤。事情泄露，制备的旗帜、符号、文告、印信等均被搜去，汉口机关被破坏。下午，蒋翊武闻讯，约定当夜十二时各营以炮营炮声为号起义。可是武昌机关被破获，彭楚藩、刘复基、杨宏胜等三位革命党领导人被捕遇害，蒋翊武被迫出走。晚上因送信人未能到达炮营，号炮未响，各营没有起义。

10月10日上午，湖广总督瑞澂下令按名册在全城搜捕革命党人。形势紧迫，革命党人熊秉坤等秘密商定当晚起义。晚上七时，熊秉坤、金兆龙等在工程第八营后队首先发动起义，并迅速占领楚望台军械局。各营随即响应，推举吴兆麟为临时总指挥，分三路进攻总督府。瑞澂吓得魂不附体，叫人在衙门后墙挖了个洞，爬出去逃到事先停在长江上的楚豫号军舰上去了。

清军统制张彪凭借有利地形和先进武器，带领清兵在望山门拼死顽抗，机枪吐着火舌，封住革命军前进的道路。熊秉坤挑选了三四十人组成敢死队，沿着墙根爬行前进，接近了机枪阵地后，突然跳起掀倒机枪，一齐上去摧垮了敌人的防线。后面的革命军也跟着冲了上去。敢死队员乘敌人混乱之际，冲进了总督衙门，引火烧毁大堂。张彪见总督衙门成了一片火海，也不敢蛮战，率领残兵败将过江退到汉口去了。

经过整整一夜的激战，革命军占领了总督衙门和武昌全城。数百名革命士兵在战斗中献出了年轻的生命，用鲜血换来了胜利。10月11日上午，武昌城头飘起了革命军的大旗，革命党人胜利了。革命党人推举新军协统黎元洪出任新成立的军政府总督，谘议局议长汤化龙为民政长，发表宣言，号召各省起义。这次起义是在武昌举行的，所以称为武昌起义。

12月29日十七省代表在南京举行会议，选举孙中山为中华民国临时大总统，并于1912年元旦在南京成立中华民国临时政府，成立了临时参议院，通过了《中华民国临时约法》。1912年2月12日，清帝被迫宣布退位，从顺治帝建都北京开始的清朝268年的封建专制统治宣告结束。

武昌起义吹响了共和国诞生的号角，创建了湖北军政府，成为共和政权的雏形，并引发各省响应。不到两个月就诞生了中华民国，建立了以孙中山为首的南京临时政府，取得辛亥革命的重大胜利。

袁世凯出山

武昌起义结束了二百多年清王朝封建统治和二千多年封建帝制，起义爆发后，革命形势一片大好。中外反动势力惊魂失魄，千方百计想消弥日益高涨的革命浪潮。

袁世凯

当时，各国列强正忙于准备重新瓜分世界的帝国主义战争，它们面对日益高涨的中国革命形势，经过秘密磋商，决定采取“中立”的政策，在这一幌子下，从封建统治集团中物色和扶植新的得力角色，以维护半殖民地半封建社会的统治秩序。袁世凯是它们的理想人选。他在 1909 年初被载沣排逐回豫以后，表面上是韬光养晦，内心里仍然野心勃勃，力图东山再起。他的住宅设有专门的电报房，经常与中外各方保持密切联系。袁在朝廷布满羽翼耳目，与直隶、两广、东三省、安徽、山东、江西等省督抚经常有函电往还；并通过党徒部属，继续控制着清王朝的军事大权。小小的彰德洹上村，俨如一个朝廷。袁之所以能居于如此举足轻重的地位，因为他有着几个重要的资本：第一，因为实力最为强大的军队北洋六镇是他一手训练出来的。各镇军官都是他提拔起来的旧部，一向是“只知有袁宫保，不知有大清朝”，尽管袁被罢黜家居，其潜势力却丝毫未减。第二，袁世凯多年担任北洋大臣、直隶总督，调京后又出任外务部尚书，长期掌管对外交涉事务，同帝国主义列强建立了异常密切的关系。而袁的精明干练和对列强的态度，又深得帝国主义列强的器重，被他们看作是中国“强有力”的人物。他被罢黜后，列强仍一直对他寄予极大的希望。武昌起义爆发后，东交民巷使馆区内便发出一片“非袁不能收拾”的呼声。第三，袁同中国资产阶级，特别是立宪派人士之间也有千丝万缕的联系。他在直隶总督任内，曾以积极推行“新政”相标榜；积极提倡兴办新式学堂，派遣留学生；支持过请愿立宪运动。因此在一些人中博得“开明”的声誉，特别是得到立宪派人士的好感。

汹涌澎湃的革命浪潮促成中外反动势力抬举袁世凯出山。四川保路风潮方兴之际，列强的报刊就催促清廷起用袁世凯。武昌起义前夕，清廷内阁总理大臣徐世昌和那桐也奏请辞职，以敦请袁出掌权柄。武昌起义后，中外反动势力更是相互呼应，迫不及待地要求清政府起用袁。10 月 11 日，四国银行团中的美国代表司戴德声称“如清朝得到袁的相助，叛乱一定会平息”。同一天，清皇族内阁举行内阁会议，决定要求载沣起用袁世凯“统兵平乱”。后来，美国公使嘉乐恒在外国驻华使团会议上倡议敦劝清廷起用袁，得到各国公使赞同。嘉乐恒亲自入宫，向载沣表示外国使节的共同要求。奕劻、那桐、徐世昌也再次联合催促载沣起用袁，声称北洋军队由袁一手编练，只听从袁的指挥。在中外反动势力的交相鼓噪下，载沣被迫于 10 月 14 日同意下诏起用袁世凯为湖广总督，“督办剿抚事宜”。

袁世凯却推称“足疾未愈”，不肯赴任。继而又通过徐世昌提出“出山”的六个条件：1. 明年即开国会；2. 组织责任内阁；3. 宽容参与此次事变诸人；4. 解除党禁；5. 必须授予指挥水陆各军及关于军队编制的全权；6. 必须予以十分充足的军费。这些条件暴露出袁的双重政治野心：要清廷交出全部军政大权；拉拢资产阶级立宪派，分化和平息革命。载沣因其要价太高，不肯答应。但由于湖北革命党人乘胜进击，荫昌指挥的清军无所作为，湖南、陕西、江西等省又相继宣告独立，只好再次退让。10 月 27 日，清廷将荫昌调回，授袁为钦差大臣，给予湖北军务全权。

这时，北京资政院中的立宪派加紧活动。奏请取消皇族内阁，速开国会，赦免国事犯。10 月 29 日，山西宣布独立。驻扎河北滦州的清兵在吴禄贞策动下，致电清廷，要求本年内开国会、制订宪法、组织责任内阁、削除皇族特权。

次日，载沣以宣统帝名义下诏“罪己”，同意资政院奏请改组内阁、开放党禁、拟定宪法。

11月1日，奕劻为首的皇族内阁辞职，清廷任命袁世凯为内阁总理大臣，要他立即来京组织“责任内阁”。3日，清廷颁布《宪法信条》19条，削弱“君上大权”，承认皇帝的权力以宪法规定为限，皇族不得担任内阁总理大臣。清王朝在革命风暴的打击下被迫把军政大权转移给袁世凯，企图以此来挽救自己的危亡。

10月底，袁世凯离开彰德，南下信阳，接任钦差大臣，下令猛攻汉口。11月1日，清军占领汉口。7日，袁世凯派人在石家庄刺死吴禄贞，瓦解了革命党人密谋策动的北洋新军起义。13日，袁世凯抵京就任内阁总理。16日，他组织的责任内阁宣告成立，其中一些关键性的位置大多是由他的亲信充任，如陆军大臣王士珍、民政大臣赵秉钧、邮传大臣杨士琦等；值得注意的是，还有张謇任农工商大臣、梁启超任司法部副大臣，表明袁世凯网罗立宪派等各方势力共同对付革命的阴险用心。

袁世凯上台组阁，立即得到列强的欢迎和支持。大权在握的袁世凯在列强支持下，决定对南方革命党人“剿”“抚”并举，以武力进攻为手段，达到政治诱降的目的。袁世凯成为革命的最险恶的敌人，革命形势日趋严峻。

武汉保卫战

1911年武昌起义胜利后，革命党人为保卫武汉三镇与清军进行了一次重大战役，分为汉口保卫战和汉阳保卫战两个阶段，历时40余天。汉口古称夏口，因而这次发生在汉阳、汉口的大规模战役，一般称之为“阳夏战争”。

10月18日晨，革命军开始向盘踞在刘家庙车站一带的清军进攻。当时，张彪的残部马队和河南军一部共约2000人驻守在刘家庙。革命军1000多人借助炮火掩护，兵分3路沿铁路线逼近车站。下午，轮番进行冲锋，工人、农民也手持

铁棍、锄头助战，革命军乘势猛攻，共歼敌400多人，缴获了大量武器。次日，革命军约2700人在炮、骑、辎等兵种的配合下，乘胜再攻刘家庙车站。上午在跑马场与敌军发生遭遇战，逼迫敌军退守车站。下午，方兴、马荣率敢死队奋勇突击，革命军大队人马随后推进，迅速占领了刘家庙车站，残敌仓皇逃往滠口。初战告捷，坚定了武汉军民的信心，同时也大大鼓舞了纷起响应的全国各地人民的斗志。

此后不久，清军大部陆续南下，前锋抵达滠口，敌我双方展开了激烈的汉口争夺战。10月26日，清海陆军开始大举反扑，敌舰潜过武昌青山革命军的炮兵阵地，突然向革命军阵地猛烈炮击，使革命军牺牲达500余人。敌军步兵也在炮舰掩护下，攻进刘家庙。革命军奋力反击，与敌军展开肉搏战，又夺回刘家庙。10月27日，双方又在刘家庙附近展开了激烈的战斗。清军凭借人多势众、装备优良，抢占马场阵地和大智门车站，革命军被迫退至站外和市内歆生路设防。经过几天的反复攻战，革命军伤亡2000余人，且前线无得力的指挥将领，形势极为不利。

正在此时，黄兴由上海到达汉口，立即在满春茶园组织了司令部。为扭转不利局面，29日，黄兴挥大军向敌方大智门阵地发起攻击。经过激战，曾一度击溃敌军，但敌人大批援军赶到，革命军反攻未获成功。10月30日，冯国璋也率北洋军到汉口，命令所部纵火焚烧房舍，隐身楼房的革命军战士失去依托，被迫退入市区内，与敌人展开巷战。清军在遭到革命军顽强阻击的情况下，竟采取焚烧街道的残酷办法向前推进。大火一连烧了三昼夜，从歆生路花楼街一直烧到满春茶园，又从满春茶园烧至硚口，十余里街道皆成一片焦土。烈火中，革命军被迫节节后退。到11月1日夜，汉口终于沦入敌手。黄兴渡江返回武昌，此后即进入汉阳战役阶段。

汉阳保卫战的时间将近1个月。前半个月，忙于部署兵力的双方隔水对峙，战事呈暂时沉寂状态，主要战斗在11月16日至27日的10多天内进行。

汉口失陷以后，保卫汉阳成为紧急的任务。为了统一指挥各省赴援民军，同盟会、文学社的部分人员建议黄兴为湖北、湖南大都督或南方民军总司令，共进会、立宪派和旧军官中的部分人员则主张只用战时总司令头衔，并由黎元洪委任，归黎"统率"。黄兴等革命党人以大局为重，只得妥协。11月3日，在武昌阅马场搭"拜将台"，黎元洪以最高权威身份授予黄兴战时总司令的印信、委任状和令箭。这样，黄兴更受到黎元洪等人的牵制，号令难以下行，指挥不能如意。在这样的情况下，黄兴仍然承担了领导汉阳保卫战的重任。

11月16日夜，黄兴督军三路反攻汉口。右翼王隆中部湘军进展迅速，将敌人打退至韩家墩，但左翼推进迟缓，进攻失利，居中的指挥将领甘兴典临阵慌乱，首先率部退却。右翼部队孤军奋战，最后只好退至汉阳。反攻汉口的计划失败，革命军完全处于被动防御地位。

21日，敌人由蔡甸渡河，革命军堵截未成，退守三眼桥。此时汉阳门户已失，完全处于敌人进攻之下。此后数日，清军接连猛攻三眼桥，均被革命军击退，到24日才占领美娘山和仙女山。黄兴急将主力集结在十里铺一线，坐镇指挥，组织了两次反攻，均告失利。26日，清军夺得磨子山、扁担山两处阵地之后，炮轰十里铺。黄兴调集各军阻击，但指挥不灵，援鄂的湘军将领甘兴典擅自率部撤回湖南，王隆中部苦战疲敝，也退至武昌。黄兴在下达作战命令无人接受的情况下，只得决定撤离汉阳。27日上午，敌占龟山。下午，汉阳陷落。当晚，黄兴从武昌乘船离鄂。

持续40余天的武汉保卫战，虽然由于敌我力量过于悬殊、指挥不统一、部分旧军官不能用命、士兵新募、军事部署失误等原因，遭受了重大挫折，但是，这场保卫战是辛亥革命期间规模最大的一次战役，吸引了清军大部兵力，使清廷顾此失彼，对各省起义是极大的支援，促进了革命在全国范围内的发展。

沙俄策动外蒙独立

1911年7月10日"丹书克"节，以库伦活佛为首的外蒙古僧俗封建主以会盟为名，在库伦郊外召开四盟王公秘密会议，决议外蒙古"独立"，并派遣以独

立首倡者土谢图汗部亲王杭达多尔济、达喇嘛车林齐密特为首的代表团秘密出访俄京圣彼得堡请求俄国政府“庇护”，“接纳喀尔喀于俄国的保护之下”，得到沙皇俄国军事支援。

8月28日，俄国大使会晤清外务部大臣，声称俄国对外蒙不能漠视，将筹对付办法，干涉中国的内政。清政府被迫决定暂缓在蒙古实行新政。

武昌起义爆发，中国局势急剧变幻，沙俄开始趁火打劫。

10月19日，俄外使向清廷提交备忘录，俄陆军部命令伊尔库次克军区将步枪1万5000支、马刀1万5000把、子弹750万发，送交外蒙亲俄分裂集团，又派步兵一营和哥萨克骑兵以保护领事为名，开往库伦。

11月30日，在沙俄驻库伦领事策划下，杭达多尔济等以库伦活佛哲布尊丹巴的名义，向清朝驻库伦办事大臣三多提出最后通牒，宣布：将“蒙古全土自行保护”，定为“大蒙古独立帝国”，公推“哲布尊丹巴为大皇帝，不日登基”。限三多次日出境。

12月1日，一队俄国兵领一批蒙古叛军包围三多的库伦办事大臣衙门，三多卫队被缴械，三多被迫取道回京。

同日库伦宣布独立，推举活佛为大都督。科布多已罢市，并有蒙古杭达亲王在该处附近金矿一带，招集土人近万余，希图大举。在京蒙古王公，特为此事在蒙古实业公司大开会议，极端反对拒绝。

12月2日，库伦电报局致清邮传部电：“库伦活佛定于3日独立，掌印大臣等带印进口。全厂间人数逾两万，市面大慌。电局界官商之间，蒙人尚未过问一旦到处抢劫，脚力太昂，欲归已苦无路，只得暂时支持。”

12月16日，“大蒙古国”正式成立，奉哲布尊丹巴呼克图为“皇帝”，年号“共戴”。设内务、财政、兵、刑、外务5部，其幕后实由俄国操纵。登基礼完全仿照俄国仪节。库伦政府并雇用俄籍军官45人，教练蒙兵，武器弹药全由俄国购入。

清政府派新任阿尔泰办事大臣毕桂芳为查办库伦事件大臣，前往库伦查办，因沙俄的阻挠，查办活动化为泡影，外蒙独立一时遂成悬案。

南京临时政府成立后，孙中山宣布五族共和宗旨，并致电蒙古王公派代表来南京参议政要。因南北阻隔，音信不通，袁世凯继任临时大总统后，对外蒙独立问题，无心也无力解决。希望通过谈判内部和平解决，没有成功，欲武力征蒙又担心沙俄的干涉。而沙俄竟背着中国政府同外蒙王公签订《俄蒙协约》，意图“独立蒙古，驱逐中国”。遭到中国各族各界人士的极力反对。然而蒙古独立的一连串事件，为后来外蒙脱离中国埋下了隐患。

1913 年 11 月 5 日，北洋政府与沙俄政府联合发表《中俄声明》，中国承认外蒙古自治权和沙俄在外蒙特权，俄国承认中国在外蒙古的宗主权。1915 年 6 月 7 日，《中俄蒙协约》签订外蒙取消独立。1918 年，北洋政府军队开进库伦，恢复对外蒙行使主权，但外蒙分裂分子始终没停止过独立活动，乘着中国局势的混乱，1921 年，外蒙古宣布独立。1924 年，成立蒙古人民共和国，当时的北洋政府并未承认。1945 年 8 月 14 日，国民政府与苏联签订《中苏友好同盟条约》，同意外蒙古根据公投结果独立。次年，对独立予以承认。1952 年，台湾当局在联合国以苏联违反了《中苏友好同盟条约》并同中国共产党合作为由引发“控苏案”，从此不再承认蒙古人民共和国。1961 年 10 月 27 日，联合国大会通过第 1630 号决议案，当时占据中国席位的台湾当局弃权，蒙古人民共和国加入联合国。

南北议和

袁世凯在出任内阁总理大臣后，南北双方正式议和。清北京英国公使朱尔典电令汉口英国领事葛福出面，协商双方停战。12 月 7 日，清廷任命袁世凯为议和全权大臣。袁世凯奉旨后，派出了唐绍仪为全权代表，而革命军方面亦派伍廷芳为全权代表。

12 月 17 日午后 2 时，在上海南京路市政厅举行第一次会议。首先由伍廷芳提议，自 19 日起停战，所有鄂、晋、陕、鲁、皖、苏、奉等省一律实行，待清

内阁回电同意，然后和谈才能正式进行。唐绍仪继伍起而发言，他表示立即把伍的建议电达袁内阁，同时请伍亦立即电告武昌黎都督转告各省查照。同时谈到一段故事，就是汪精卫在北京时曾电黄兴谈到促袁参加革命，黄复汪电告以倘袁果能参加革命，即可举袁为第一任中华民国大总统。黄这封复电，汪曾交给杨度，杨度乃转交袁。袁表示："大统领我不能做，应由黄兴做。"因此可以证明袁内心倾向共和，不过身为清臣不能出口耳。于是唐做结论，认为当前和议所讨论的，不是反对共和宗旨，而是先求如何达到和平。这第一次的会谈就此结束。

和谈开始后，南方代表（革命军方面）提出一个和谈的先决问题，就是北方代表（清廷方面）必须首先承认民主共和制的国体问题，这是革命的目的，如果不在这个基础上谈，则无和谈的必要。唐绍仪把南方的"和谈先决条件"打电报到北京，向袁内阁请示，并提出唐自己的看法。唐的看法是革命军方面对这个先决条件没有讨价还价的余地，因此如果拒绝便无法谈下去，不如绕圈子谈，就是把这个"国体"问题交给一个"临时国会"去做表决，如此和谈还可以谈得下去。袁世凯接到唐的电报，乃向隆裕太后请示，最后终于接受了唐的意见。有人说唐的意见根本就是袁的授意，因为袁的手法就是要假手于革命军来结束清朝的统治，同时为自己"取而代之"留下余地。

南方代表伍廷芳不满意唐的答复，唐再三解释说："这不过是形式问题和程序问题，这样做法是蜕变，对达到革命目的，并无冲突。"南方代表认为绕了一个弯路也勉强可以同意，因此乃进一步和北方代表讨论如何召集"国民会议"以解决"国体问题"。双方协议由革命军所占领的 14 省和清政府统治的 8 省，每省各派代表 3 人，参加国民会议。国民会议的地点南方代表提议在上海，北方代表则表示必须向袁总理请示后才能决定。

孙中山从海外归来，打乱了袁世凯的如意算盘。1911 年 12 月 29 日，各省代表会议选举孙中山为临时大总统，成立南京临时政府。

1912 年 1 月 1 日，孙中山先生在南京就任临时大总统。唐请示的电报和孙大总统就职的电报同时到达袁的手上。袁听说临时政府已经成立，很生气地说：

“既然已经选了总统，那么我坐在什么位子上呢？算了吧！不必谈和了。”他在一种不愉快的心情下，给唐绍仪一个指令，认为唐未经他许可就同意国民会议的代表权分配办法，应观为无效。同时，这个办法南方占14省对北方的8省，不待开会，北方已经处于绝对的劣势了，因此他发电上海，声明不同意，同时谴责唐的越权行为。唐绍仪在此情形下，只好引咎辞职。袁接受唐的辞职，同时电请伍廷芳北上直接谈判。伍廷芳则请袁南下，双方和谈变成了电报往还，不得要领。

袁世凯在这时候使出了好几种手法，他既向革命军威胁，又向清政府要挟提出四点建议。

其实这一默契早已形成，不过袁还不太相信。在革命军这方面由于妥协分子太多，大家认为基于民族主义观念，只要清室让国就已经完成革命目的了，袁手上有北洋军，不该逼他走曾国藩的路，所以只要袁参加革命，无妨推袁为大总统。

南北和谈转入幕后，杨度和汪精卫变成了主要人物。汪已被袁收买，又曾在北京和杨度组织了“国事共济会”，南方妥协分子又占多数，因此，促孙大总统让位于袁，由袁负责推翻清朝政府的交换条件便更加成熟了。

南京临时政府成立后，帝国主义、国内南方立宪派、旧官僚和革命内部妥协势力加紧拥袁排孙活动，要求孙中山承认南北秘密和谈中达成的“先推覆清政府者为大总统”的协议。南京临时政府内外交困，孙中山不得不致电袁世凯“虚位以待”。1912年1月中旬，革命党人汪精卫、王宠惠以民党代表资格与唐绍仪、杨士琦密议：袁世凯逼使清帝在优待条件下退位，并同意建立共和政体，然后孙中山把临时大总统职位让给袁世凯。2月初，双方代表又议定了清帝退位的优待条件和清皇族待遇条件。

2月12日，清帝溥仪下诏退位，袁世凯先1日致电南京宣布：“共和为最良国体。”13日，孙中山向临时参议院辞职，推荐袁世凯继任临时大总统。

孙中山的早年生活

1866年11月12日，孙中山诞生在广东香山县翠亨村的一个贫困家庭。父亲孙达成务农为生，兼作更夫。母亲杨氏，生下孙中山兄弟姊妹6人。二弟三妹不幸早夭，活下来的除孙中山外，还有兄孙眉，姐姐孙妙茜及小妹秋绮。

孙中山幼名帝象，稍长取名文，字德明，号日新。1886年改号逸仙（日新的粤语谐音），1897年在日本进行革命活动时，因经过一名为“中山”的小旅馆，便化名中山樵，孙中山的名字即由此而来。辛亥革命以后，人们都习惯地称呼他为中山先生。由于家里交不起学费，孙中山到10岁才有机会进本村私塾读书，受到了一些基本的传统教育。

广东地处南国，当地人素有出洋谋生的风气。孙中山的大哥年轻时去了檀香山，几经艰辛，成为当地的一个华侨资本家。1878年5月初，母亲带着他到檀香山就养于大哥孙眉。这件事在孙中山此后的一生中具有极为深远的影响。他第一次离乡到海外，大大开阔了眼界。他后来在忆述当时的情景时曾说：到此时“始见轮舟之奇，沧海之阔，自是有慕西学之心，穷天地之想”。

孙中山开始时在他大哥开设的商店里当店员。营业之余，仍不忘读书，且在短短几个月的时间里学会了当地语言。大哥见他聪明好学，具有强烈的求知欲，就在次年春送他到火奴鲁鲁的一所男子中学读书，孙中山从此开始接受了系统的西方资本主义文化教育。学习的教材包括有西方政治学说和自然科学的基础知识，也有《圣经》等科目。孙中山在校勤奋学习，努力攻读中外书籍，很快成为优等生。课余时间里，他除自修中文外，特别爱读华盛顿、林肯等资产阶级革命先驱的传记，对欧洲及美国的民族民主革命领袖极为推崇，并产生了要以之为师的“大丈夫”志向。

当时，夏威夷人民正在进行反抗美国殖民主义者的斗争，人们在“夏威夷是夏威夷人民的夏威夷”的斗争口号的鼓动下，为反对美国的吞并而奋勇斗争。

正处在思想形成期的孙中山，由此联想到中国所遭受的帝国主义的侵略，逐渐萌发了反对殖民主义，要求民族独立的思想。

在夏威夷读了4年书后，孙中山成了基督教的信徒。大哥孙眉担心家里出个数典忘祖的“假洋鬼子”而遭乡人耻笑，就把孙中山送回家乡。但是，已经领略到了“海洋文化”的孙中山，再也不能接受农村故里的封闭生活。

17岁时，孙中山又到英国殖民地香港求学。他先入拔萃学院读书，同年底又与陆皓东等一起加入了基督教，并于次年转到香港殖民当局办的中等学校——中央书院学习。

孙中山受洗入基督教的事传到他大哥耳朵里的时候，孙眉既气愤又痛心，认为这是年轻人“精力过剩”的胡闹，觉得只有采取中国人传统的“早婚”的办法，给他设置一个“老婆孩子热炕头”的环境才能拴住他那“野惯了”的心。为此孙眉汇款数百元回家，嘱告家中父母为孙中山择妻成婚。1885年5月，19岁的孙中山奉父母之命，与同县商人卢耀显的女儿卢慕贞结婚。婚后，孙中山在家安稳了几个月，但是他的心仍在香港，妻子也支持他去完成学业。同年8月，孙中山再赴香港中央书院复学，并在1886年夏修完了中学课程。由此到1892年，孙中山在香港一所中国人创办的西医书院学医5年；同时在一位导师的帮助下，初步研读了中国的部分古典经籍。

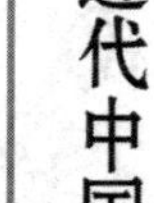

27岁时，孙中山已接受了良好的中国教育和丰富庞杂的西方教育，还掌握了一门现代化的职业技能。他已有资格西装革履地去过一种文明而又体面的优裕生活。然而，在香港期间，孙中山对政治的兴趣却在不断地发展，革命意识也在日益增强。他既从家乡的乡俗文化中继承了太平天国的革命传统，又从他的师友那里感染上了改良主义的热情。他的日益增长的政治兴趣虽然一直在改良与革命之间游移，但对清王朝腐朽统治的不满却是一致的。

在这方面，孙中山后来常回忆说当时有两件事对他刺激很大：其一，他看到香港本是一块不毛之地，但在英国殖民当局的管理下，由于实行了欧美的社会制度，几十年时间里，经济、文明发生了那么大的变化。同样是中国土地、中国人的香山县，离香港不过百把里地，在清政府的统治下却是一片凄凉落后的景象，民不聊生，政治腐败。一到晚上，一边是电光通明，一边是死一般的沉寂与黑暗，就更让人触目惊心。其二，是邻村一家商人的遭遇。那人在外国几经奋斗赚了些钱，思乡心切，准备带回家乡改变一下家人和村邻的生活，在当地办些事业。然而，踏上国土后，却在离家不到几里地的地方被人抢劫了。人被打得奄奄待毙，钱财洗劫一空，且根本无人过问。

孙中山痛苦地发问：为什么同是中国的土地，同是炎黄子孙，在不同制度下却相差那么大；为什么在国外赚了钱，回到自己的国家却得不到应有的保护，却要伤心地死在家门口。他从内心深处形成了一个信念：无论如何，必须推翻清王朝的统治。

尽管孙中山以后又走过一小段改良主义的路，但是，他的革命思想，也正在这同时开始产生了。在香港，孙中山常与好友陈少白、杨鹤龄、尤列等在一起情绪激昂地议论革命，并由此被讥称为“四大寇”。其中尤列是三合会的信徒，他与孙中山另一密友郑士良一起，共同造成了孙中山对会党的政治潜力的浓厚兴趣。郑士良与广东当地的绿林及遍布华南的三合会广有联系，是孙中山早期革命活动中组织会党的主要助手。

在孙中山政治热情空前高涨的时候，中国正是洋务官僚们大显身手，致力于“求强”“求富”的时代。孙中山作为一位接受了西方教育的人，和一个现代医学的潜在的先行者，他所具备的条件，使之觉得改良主义也是一种可能的选择。“不到黄河心不死”的心理，使他也要尝试一下改良主义的方式。

改良主义者何启对孙中山有着极为重要的直接影响。他既是孙中山的一位半西方化的中国传统教育的导师，又是当时维新派阵营中的一位活跃分子。他与早期改良派郑观应、陈炽等一起发出过要求实行“君民不隔”的资产阶级立宪政体、代议制度的微弱呼声，又与后来的康梁维新派一起，为变法维新大声呐喊。

那时孙中山就学的香港皇仁书院，一年级只有12位学生，作为书院名誉秘书兼任课教师的何启，有足够的机会去影响他的每一位学生，孙中山尤不例外。何启对中国传统制度的强烈谴责，关于改良中国的详细设想，对注重实际的孙中山来讲，其吸引力肯定要比会党关于“复明”的空谈更大。因此，孙中山时刻准备捕捉通过改良实现国家现代化的机会。即当他早期在改良与革命之间陷入矛盾和苦恼时，改良的倾向在开始时还稍占上风，他也想走“求知当道，游说公卿”的道路。而且在当时洋务派占主导地位的氛围中，改良维新确实是一种更为激进的社会思潮，并不像后来人们所看到的那么保守。

一个偶然的事件，使孙中山决定在改良主义的政治实践方面采取行动。这件事的主角是当时权倾朝野的李鸿章。由于西医看好了这位中堂夫人的疑难病症，李鸿章表示对西医极为推崇，要来参加该校的结业典礼，并允诺捐款。虽然李鸿章后来并未成行，但却使孙中山对他产生了极大的好感，以为他抱有与自己同一性质的亲西方倾向，可作新的改良事业的主持人。加上潜意识里的种族意识，使孙中山更确信李鸿章有可能离开清王朝传统的政治轨道。

1894 年夏，具有冒险精神和顽强个性的孙中山约同陆皓东从广州经上海去天津，求见清政府直隶总督兼北洋大臣李鸿章，上书献策。孙中山在《上李鸿章书》中最主要的观点，是认为西方富强之本不尽在“船坚炮利”，而在于“人能尽其才，地能尽其利，物能尽其用，货能畅其流”；提出中国只要依此变法，则不难与欧洲并驾齐驱。在请愿书的最后一段，孙中山明白表示希望得到李鸿章的提携，恭顺地请中堂大人支持他去法国考察蚕桑新法，以便开发中国的贫穷地区。

为天津之行，孙中山放弃行医，并让其好友陈少白关闭了他俩合办的不甚景气的药房。然而，现实却严峻得使人不能忍受。李鸿章根本就没有接见他的表示，甚至连一句答复的话都没有。他那充满热情与向往的谋国之策，更是“泥牛入海无消息”了。

挫折与失败，结束了孙中山在改良与革命之间的游移状态，从此走上了以武装推翻清王朝为目标的革命道路。

当 1894 年上书李鸿章失败后，孙中山便转向下层，转向华侨和会党，到他们中间去组织反清革命。他革命活动的第一站选择了夏威夷。那里是他青年时代学习和生活过的地方。孙中山希望在那里在他已有的人际关系中，尤其想从他哥哥的影响和财富中得到好处。

1894年10月，孙中山怀着革命的远大抱负，从上海乘轮船来到了檀香山。但是，现实的情况远不像他原来所期望的那么美好。因为当地的多数华侨虽都抱有关心祖国的游子之心，对政治却漠不关心，大多安于现状和害怕留在家乡的亲属受牵累甚至招致“破家灭族”之祸，而对孙中山避之唯恐不及，有的甚至冷嘲热讽，嗤之以鼻。

但是，孙中山是一位一旦打定主意就不畏艰难的人。经过几个月百折不回的宣传活动，孙中山最后还是吸收了20多位会员加入革命组织兴中会。会员成分主要是经营小商店和小农场的华侨，另有少数的工人、医生和会党等。其核心成员则由孙眉及商人邓荫南、夏威夷政府译员李昌、卑涉银行经理何宽等人组成。到1895年10月举行广州起义时，夏威夷分会的会员已有100多人。在孙中山整个的革命活动中，这里一直是他的一个重要据点。夏威夷兴中会是中国近代史上第一个资产阶级革命小团体，中国资产阶级民主革命从此进入了新的时期。

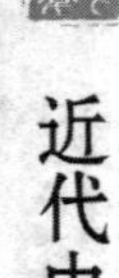

次年1月，孙中山由檀香山回到香港，创建了香港兴中会总机关，对外用“乾亨行”名义作掩护。由于兴中会早期领导人杨衢云在香港拥有比较优越的社会关系，不仅能募集资金和征集军火，而且还领导着一个在研究社会和文学的名义下讨论革命问题的“爱国”小团体——香港辅仁文社，所以初期的香港兴中会一直以杨衢云为会长，孙中山则在实际上发挥着领袖的作用。到1900年1月，香港兴中会才正式改推孙中山为会长。

参加兴中会的人要按兴中会盟书进行宣誓，表示遵循兴中会的宗旨和纪律。盟书的全文大约如下：

×××当天发誓，同心协力，驱除鞑虏，恢复中华，建立“中华民国”，平均地权。矢忠矢信，有始有卒，如或渝盟，任众处罚。主盟人×××，介绍人×××，加盟人×××。

兴中会成立后，孙中山就开始了组织暴力革命的工作。孙中山作为中国民主革命的一位先行者和杰出领袖，从此赫然出现在中国以至世界的政治舞台上。

孙中山就任临时大总统

武昌起义爆发时，孙中山正在美国进行筹款。在武昌起义次日晚上，他来到科罗拉多州的丹佛市，因一路疲惫不堪，他一觉睡到第二天上午11时。起床后他决定先去餐厅用餐，然后再处理事情。孙中山路经走廊报摊，顺手购买一份报纸，进入餐厅坐下一看，发现一段电讯写道："武昌已被革命军占领。"

看到这从天而降的喜讯，孙中山非常兴奋，他想马上回国，亲自指挥推翻清王朝反动统治的战斗，但他又转念一想，建立资产阶级共和国，将会遇到外交、财政方面的困难。此刻，自己效力革命不应在战场上，而应该在外交方面。于是，孙中山风尘仆仆，由美国去英、法等国，开展他的外交活动。在伦敦，孙中山以革命政府的名义，向英国金融资本家提出了一个55万英镑的贷款计划，根本无人理睬。到巴黎后，他又要求法国银行家贷款给中国革命政府，也遭到了拒绝，只好在11月24日，由法国马赛乘"丹佛"号轮船归国。

12月25日，孙中山回到上海，受到以黄兴为首的革命党人和许多市民的热烈欢迎。当时到处都传言孙中山从国外带回一笔巨款，所以，很多中外记者都问："外间传说孙先生这次带着几百万美元回国，真有此事吗？"孙中山严肃地答道："革命不在金钱，而全在热心。我这次回国，没带金钱，所带回来的，只有革命精神而已。"

孙中山接受记者访问，呼吁国人共持"真精神，真力量"，团结奋斗，克服困难。他指出："武昌举师以来，即由美旅欧，奔走于外交、财政二事。今归上海，得睹国内近状，从前种种困难虽幸破除，而来日大难尤甚于昔。今日非我同人持一真精神、真力量以与此困难战，则过去之辛劳将归于无效。"

26日，上海同盟会干部黄兴、汪精卫、陈其美、宋教仁、张人杰、马君武、居正等，公宴孙中山，会商组织临时政府方案，决议选举孙中山为临时大总统。关于政府组织，宋教仁主张采用责任内阁制，推荐黄兴为内阁总理。孙中山起

初不同意，所持理由："内阁制乃平时不使元首当政治之冲，故以总理对国会负责，断非此非常时代所宜。吾人不能对于唯一置信推举之人，而复设防制之法度。余亦不肯询诸人之意见，自居于神圣赘疣，以误革命之大计。"

29 日上午 9 时，各省代表会在南京选举临时大总统，到会者 17 省代表，共计 45 人。依照临时政府组织大纲规定，得票在投票总数 2/3 以上者才可当选。开票结果，孙中山得 16 票（黄兴得 1 票），当选为中华民国首任临时大总统。代表会并推举临时议长、广东代表王宠惠，副议长浙江代表汤尔和赴沪，迎接孙中山来南京。另决定中华民国元年元月 1 日举行临时大总统就职典礼。

次日，黎元洪电贺孙中山当选临时大总统，电称孙中山"虑周全球，挽末世之颓风，复唐虞之盛治，使海内重睹汉官威仪，不独四万万同胞之福，即东西各国亦莫不景仰高风。为中华民国庆，专此电贺。中华民国万岁，中华民国大总统万岁。"

安徽都督孙毓筠、福建都督孙道仁、江西都督马毓宝、广西都督陆荣廷、四川都督尹昌衡、蜀军都督张培爵、芜湖军政分府吴振黄、南洋庇能全体华侨、美洲同盟总会、旧金山国民会、葛仑同盟会、旧金山少年中国报、旅港商会商务公所、旅港番禺工商所、旅港银业行、福建商业研究所、江苏临时省议会、杭州北伐军司令正长徐怀礼及各地军事将领林述庆、柏文蔚、徐宝山、李竟成等均电贺孙中山当选临时大总统。

29 日，孙中山致电袁世凯，勉其"以旋乾转坤自任，即知亿兆属望，而目前之地位，尚不能不引嫌自避；故文虽暂时承令，而虚位以待之心，终可大白于将来。望早定大计，以慰四万万人之渴望。"

1912 年 1 月 1 日，孙中山在隆重的仪式后，宣读誓词：

"倾覆满洲专制政府，巩固中华民国，图谋民生幸福，此国民之公意，文实遵之，以忠于国，为众服务。至专制政府既倒，国内无变乱，民国卓立于世界，为列邦公认，斯时，文当解临时大总统之职。谨以此誓于国民。"

孙中山正式就任中华民国临时大总统。

孙中山在南京宣誓就职，宣告了中华民国临时政府正式成立。当天，孙即发布《临时大总统就职宣言》和《告全国同胞书》，在1月2日发布《改历改元通电》规定："中华民国改用阳历，以黄帝纪元。"1月3日，孙中山以总统名义，向各省代表联合会提出主持中央各部的9名国务员名单。任命黄兴〈陆军〉、黄钟英〈海军〉、王宠惠〈外交〉、伍廷芳〈司法〉、陈锦涛〈财政〉、程德全〈内务〉、蔡元培〈教育〉、张謇〈实业〉、汤寿潜〈交通〉为各部总长，选举黎元洪为副总统。此后，各省代表会通过组织临时参议院，由各省都督府各派参议员3人与会。

1月28日，临时参议院召开正式成立大会，选举林森、王正廷为正副议长。临时政府和临时参议院制定和颁布实施了一系列有利于中国社会发展的政策法令和改革措施，包括扫除封建弊蠹，保护人权，振兴实业，改革教育等内容。3月11日，又颁布具有资产阶级共和国宪法性质的《临时约法》。由此，资产阶级共和国的政权体制基本确立。

中华民国临时政府的成立，是中国历史上一件开天辟地的大事，它标志着在中国延续两千多年的封建君主专制制度的终结和资产阶级共和制度的诞生，是中国从传统社会向近代社会转变过程中的一个重要里程碑。

彭家珍刺杀良弼

孙中山选为大总统之后，十分清楚自己的处境，虽名为总统，实际上各省还是处于各自为政的状态，军事、财政远不足以达到摧毁北方势力的程度，这也是孙中山不得已而为之的最主要的原因。他在就任总统第二天，即通电袁世凯"文虽暂时承令，而虚位以待之心，终可大白于将来"。孙中山先生连续又复一电，方去了袁世凯心中最大的一块心病。

袁世凯开始向清王朝动手。他一方面请假不上朝，一方面逼清廷宣布退位，否则便要辞职。良弼这时便挺身出来，主张隆裕太后批准袁内阁辞职，另组皇族的战斗内阁，派铁良南下统率清军，以不受袁的北洋系牵制。

良弼，系爱新觉罗氏，满洲镶黄旗人。早年东渡日本学习军事，回国后积极参与清末军制、练新军、立军学，任京城禁卫军统领及军谘府军谘使，是满清贵族中不可多得的年轻干才，为清廷所倚重。1911 年 10 月，武昌起义爆发后，主张一手武装镇压革命，一手搞君主立宪以消弭革命。同时极力反对起用袁世凯。1912 年 1 月，良弼与傅伟、铁良等满清皇族组成宗社党以拥戴清室，反对共和，对抗革命，罢免袁世凯。以良弼为首的宗社党势力在京城一带形成一股不小的声势，以至于南北和谈阻碍重重。

袁世凯这时的实力比良弼当然大多了，他要对付良弼实在是轻而易举的事，但是他不愿蒙谋杀满人亲贵的罪名，于是乃采取借刀杀人、移花接木的妙计。这时恰巧汪精卫由上海回到北京，他便对汪暗示：清廷退位已无问题，目前的阻力是来自良弼，只要除了良弼，一切便水到渠成。汪得到这个消息，便去天津，在天津遇见了旧友黄树中。黄自谋刺摄政王失败，坐监获释后，就改名黄复生。汪劝黄去杀良弼，给了黄一张奉天讲武堂总办崇恭的名片，要黄持崇恭名片去见良弼。黄复生自己不愿去，但答应物色一个“荆轲”。汪走后恰巧彭家珍访黄，黄把汪来访的意思告诉了彭，彭很激动，自愿担任“荆轲”；于是黄把崇恭的名片给了彭家珍。

彭家珍，字席儒，四川金堂人。1903 年入成都陆军武备学堂。1906 年被派赴日本考察军事，并购买军火，深受革命的影响。回国后充任四川新军第 61 标 1 营左队队官。1910 年，随锡良入东三省，深为东三省总督锡良及赵尔巽器重。1911 年 9 月，任天津兵站司令部副官。武昌起义后，彭利用职务之便扣留清廷购自欧洲，用以镇压革命的大批军火，并献给天津兵站军饷给南方的革命党。1911 年底发起成立京津同盟会，任军事部部长，在京津一带运动革命。

1911 年 12 月 6 日，清室内廷召集各王秘密筹议南北战事。彭以机会难得，遗作绝命书并嘱咐其随从伍焕章将衣物运送天津，交给民意报馆。1912 年 1 月 26 日，彭家珍身着标统制服，腰佩军刀，乘车到金台旅馆，声称因军事自潘阳来京，并拿出与良弼有师生之谊的崇恭的名片，进入军谘府及良弼旧宅，未遇。彭即转赴红罗厂良弼的新寓所。守门人告诉他良弼赴摄政王府未归。下午 3 时，良弼乘车施施然然而来，根本没有感到死神的临近。彭家珍即前趋投递名片，乘其不备，掏出腰藏炸弹，向良弼面门掷去，轰然一声，炸弹爆炸，阶石尽裂，良弼被炸断左股，晕厥卧地，弹片触石反射，彭家珍头部重伤，当场毙命。炸晕的良弼久始苏醒，对着随人长嘘道："我辈军人，死何足惜，吾见政府不可为，故组织宗社党以图挽救，今我死，清室亦亡，刺我者真知我也！"叹息良久，血涌而逝。

良弼的死使清室皇族胆战心惊，其他反对退位的宗社党人士，纷纷逃出北京，前往天津、青岛、大连等地租界，托庇于列强，亲贵中自此以后鲜有坚持反对共和的人，造成当时南北和谈急转直下的局势。

清帝退位

1912年1月3日，在袁世凯的授意下，驻俄公使陆征祥联合驻外各国公使，电请清帝退位。随后袁世凯又联合内阁成员上奏清廷，谓清廷命运垂危，南方革命党力大无穷，如不实行共和，清廷朝夕难保。恰在1月16日，革命党人杨禹昌等人痛恨袁世凯操纵和谈，扼杀革命，预先持枪携弹藏于东华门大街便宜坊酒楼上，待袁入朝走到东华门时击杀之。但这次袭击没能打死袁世凯，却意外地帮了袁的忙：其一，证明了袁的革命党潜伏京师的谎言；其二，使清廷感到袁世凯仍是忠于清室的，否则革命党不会暗杀他；其三，袁本来不想自己出头露面前去逼宫，这正好有了托词，于是借口养病，派心腹赵秉钧、胡惟德进宫逼皇帝退位。

1月17日、18日，清廷召开两次御前会议，皇亲贵族坚决反对退位，会议毫无结果。袁世凯得此消息，一面上奏折进行威吓和引诱，谓革命军势大，徐州已失，长此下去，皇室指日可灭，一面大造"革命党人潜伏京师"，不久要发生暴动的谣言，威吓清廷。恰在这时，革命党人彭家珍潜往北京，于1月26日良弼退朝回家时，出其不意投出一颗炸弹，将良弼炸断一条腿，自己当场牺牲，良弼在第二天死亡。这一下使那些皇族亲贵心胆俱裂，对袁的话深信不疑，许多王公大臣纷纷离开北京逃生天津、青岛、大连等地，一时跑不掉的也乞求袁世凯给予保护。

1月29日、30日，清廷召开御前会议，决定“逊位”以取得优待条件。袁世凯得到消息后，病即“大愈”，于2月3日打电报催伍廷芳将优待清室条例速定下来。5日，南京参议院通过了优待条例和张謇起草的《清帝退位诏书》。这个清室优待条例，允许在实现共和之后保存一个封建的小朝廷。条例分三大项，即皇帝优待条件、皇族优待条件和满蒙回藏各族待遇条件。内容包括：允许皇帝和各国君主一样受尊崇；皇帝岁俸四百万两；皇帝仍住皇宫和颐和园；其宗庙陵寝永远奉祀；宫内用人照旧；禁卫军照旧；皇族之冠爵仍旧；皇族财产一体保护等。2月12日，隆裕太后带着6岁的小皇帝溥仪在养心殿举行了最后一次朝仪礼，清廷公布退位诏书，并宣布退位。

清自清太祖努尔哈赤建国，至宣统退位，共计297年；自顺治入主中国，至宣统退位，则为268年。宣统退位是1912年2月12日，同时颁布了皇帝退位诏书，从此，清王朝彻底覆灭了。

北京兵变

1912年2月29日，北洋军阀曹锟的第三镇一部在北京发生哗变，随即波及保定、天津等地，乱兵“放火行劫，通宵达旦”，京津一带一片混乱。此即中国近代史上有名的“北京兵变”，

袁世凯逼迫清帝退位后，终于将大总统的位子从孙中山的手中“接”了过来，对于革命党人来说，他们掌握国家政权，连总统椅子都还没有坐热。

不过孙中山先生了解袁世凯是一个只知实力政治而不尊重法治的人，所以他有所保留，提出了三个附带条件：（1）临时政府设在南京；（2）新总统到南京就职时，大总统及国务员再行解职；（3）新总统必须遵守《中华民国临时约

法》。促使袁到南京来继任总统而脱离北京的封建势力，同时把临时参议院所制定的《临时约法》作为一道紧箍咒套在袁的颈项上，借以约束袁的野心，而使其走上法治轨道。

清帝退位后，定都问题成为当时一个争论的焦点，大多数人主张仍应以北京为首都，宋教仁、章炳麟持之尤力。章认为南京不能控制满蒙，清命虽黜，遗孽犹在，北军未必没有怀念旧主的，加以蒙古和满洲为其后援，则死灰将复燃。但同盟会要员则恐惧袁世凯在北方有雄厚势力，若定都北京，袁为总统，则推翻清朝换来袁世凯，亦是以暴易暴，所以坚持定都南京。

当2月13日孙大总统辞职和举袁自代的咨文送到参议院后，参议院对选袁为总统一事全无异议，但对于都北抑或都南一事，则争辩甚烈。议员谷钟秀、李肇甫等力主建都北京。投票结果以20票对8票的多数，决议定都北京。

孙、黄等闻悉参议院决定，均怒不可遏，急召参议院中同盟会议员黄复生、邓家彦、康宝忠、李伯中，严责参议院不该通过此案而甘为袁世凯应声虫。黄兴尤为愤怒，两手插入军服口袋中，踱来踱去。黄、邓等主张由大总统再交参议院复议。黄兴则认为参议院应自动推翻此案，否则黄将以宪兵入参议院拘捕所有同盟会议员。

2月14日，孙大总统率文武官员往祭明孝陵，秘书长胡汉民则称病留府，草拟咨文将建都北京案退交参议院复议。于是参议院临时变更议程，首先讨论此案，争论仍极激烈。同盟会籍参议员痛言此案如不获通过，则将身殉会场。投票表决结果，以19票对8票的多数，决议临时政府仍设南京。表决后孙大总统才祭陵完毕，一场国都风潮始暂告平息。

2月18日，孙中山电告袁世凯南下就职，并派教育总长蔡元培为专使，魏宸祖、刘冠雄、钮永建、宋教仁、曾昭文、王正廷、汪兆铭等组成欢迎使团，偕同北方谈判代表唐绍仪前往北京，专程迎袁南下就职。袁世凯举行隆重仪式欢迎以蔡为首的欢迎使团。他满口答应立即“南下就职”，表示先至武昌，再顺流到南京，装出一副打算南下的姿态，在欢迎团中造成很大的幻想。

2月25日，迎袁使团来到北京，受到袁世凯的热情接待，他打开北京正阳

门，以表示隆重欢迎。晚上，他又举行盛大宴会，招待迎袁专使。第二天，袁世凯在与迎袁专使的谈话中，满口答应南下就职毫无问题，只要安排好留守坐镇的适宜人选，立刻就走。迎袁专使见袁世凯办事非常爽快，也就放心了。

就在欢迎使团满怀着希望，准备陪同袁世凯一起南下时，袁世凯一手导演的闹剧出场了。2月29日晚7时30分，由袁世凯直接操控的北洋嫡系部队曹锟的第三镇奉命在北京发动兵变。29日晚，按照北京市当局的通知，市民要上街举行提灯游行，以表示对迎袁专使们的欢迎。游行刚刚开始，从东北方向传来几声炮响，人们以为是礼炮，并不在意。突然，从周围的胡同里冲出很多士兵，奔向大街的店铺，砸开大门，疯抢起来，抢过之后又放火焚烧，人们乱成一团。敌兵还冲入迎袁专使的住所，蔡元培等人有的连鞋都没来得及穿，匆忙跳墙逃入六国饭店避难。当夜，北京市民数千家惨遭焚掠，一时北京城内火焰冲天，居民四散奔逃，死伤无数。第二天，异军继起，大掠京城，巡警也趁火打劫。接着通州、保定、天津等地的北洋军相继哗变，京保、京津铁路沿线市镇皆受其害，乱兵串通警匪，肆无忌惮，不仅洗劫民宅铺户，甚至聚抢藩库，焚毁衙署，一时京津一带人心惶惶，谣言四起，社会秩序大乱。

兵变发生后，袁世凯党徒乘机兴风作浪，声称袁未离京，已有变乱，若真离京，恐酿大变。3月4日，袁世凯的部下段祺瑞、冯国璋、姜桂题等三军统领联名通电声称：北京秩序难以维持，大总统受任必暂难离北京一步。各界舆论都倾向于袁世凯建都北京。许多省份的都督和民军的一些将领，如阎锡山、蓝天蔚、谭延闿、孙道仁、蔡锷、朱瑞、马毓宝、蒋雁行等人也纷纷表态：即刻定都北京。同时，列强军队在北京城内巡逻示威，日、俄、英、德、美等国分别从各地向北京增调军队，进行军事恫吓，并指责孙中山等人意气用事，不顾大局。

南京临时政府的首脑们听到北京等地兵变的消息，3月3日至4日召开了一昼夜的紧急会议。孙中山说服革命党人，决计出兵平叛，并由黄兴等将领发出率兵北上的通电。

兵变使蔡元培等迎袁专使惊恐无措，一再致电函给孙中山及临时参议院，主张在建都问题上退却，以稳定大局。袁世凯则电告孙中山，声称自己极愿到南京就职，只因北方商民每日函电吁留数千起，他只好尊重民意。3 月 6 日，南京参议院议决统一政府组织办法 6 条，正式同意袁世凯在北京就职。

3 月 10 日，袁世凯身穿大礼服，趾高气扬地在北京就任临时大总统。4 月 1 日，孙中山解除临时大总统职务，临时政府陆续北迁，辛亥革命的胜利果实终于落入袁世凯的口袋。

北京兵变，由袁世凯一手导演，中外反动妥协势力纷纷登台表演，摇鼓相应，袁世凯集团终于达到了定都北京的政治目的。

辛亥革命推翻了统治中国 260 多年的清朝政府，最终结束了两千多年的中国封建君主专制制度，推动了历史的前进。

黎元洪的军旅生涯

黎元洪（1864—1928），字宋卿，原籍安徽省宿松县，生于湖北省黄陂县黎家河（今属大悟县），人称“黎黄陂”。中国北洋政府总统。黎氏祖籍原系安徽宿松，自祖父起即经商湖北，遂入黄州籍。北洋政府总统。1864 年 10 月 19 日（清同治三年九月十九）生于黄陂木兰乡东厂畈。民国政坛多以里望称人名，故人称“黎黄陂”，至今在武汉汉口有一条路称为“黎黄陂路”。黎元洪是辛亥革命武昌首义的都督，也是中国历史上唯一一个两任大总统和三任副总统的人。

寒微少年：由汉阳到北塘

湖北大悟县五老山余脉的南麓，坐落着一个背山面水、风景毓秀的村庄，它就是民国初年显赫一时的大总统黎元洪的祖居所在地：新城乡黎家河。

黎家河又称黎河村，原属黄陂县境。1933 年南京国民政府为加强对鄂东的统治，把湖北黄陂、孝感两县的北乡、黄安（现为红安）县的西乡和河南罗山县的南乡划出，建立了礼山县（1949 年后改为大悟县）。当时黄陂县划给礼山县的有河口十会、夏店五会，黎家河属夏店五会中的石磙会。因黎元洪的祖籍是

黄陂，民初有人干脆就称黎元洪为黎黄陂。

黎氏的祖先据称是周代黎侯丰舒之后。唐代由开封迁安徽，此后又迁江西。据民国三年秋修编的《黎氏族谱》记载，约在明洪武年间，黎家的两兄弟住在江西豫章（今南昌）的碎瓦墩，长为黎旭，次为黎旦。黎旦生有五子，长子黎舜臣和三子黎舜元后随伯父黎旭迁往湖北。黎旭先后在黄陂的中和乡、北黎家楼居住。黎舜臣由黄陂小西门外的大板桥迁东乡，最后定居在黎家河。黎元洪即是黎舜臣的后裔。由黎舜臣传到黎元洪的曾祖黎世义已历九代。这期间黎氏人口也大为增加，分布于黄陂、孝感、商城、罗山、安邑等地，俨然望族。

黎世义生有二子，长子黎国荣，次子黎国彦。国荣也有二子，长子黎朝相，次子黎朝有，黎朝相即为黎元洪的父亲。

黎氏诗书传家，家产在清初时颇为丰厚，但到了黎朝相时，家道已经中落。黎朝相除了经营田产外，还课业授徒以补家用。1851 年春，太平天国起义在广西桂平爆发。1852 年底，太平军进入湖北境内，次年初攻克武昌。鄂东各县属也受到波及。此后，湖北又成为太平军西征的主战场。战乱中，黎氏家族也受到冲击，“田庐荡然”。于是黎朝相投身清军，参与镇压太平天国农民起义，因作战勇猛，升为游击，这是清绿营兵中的一个中下级的官职。黎朝相的家小也因此迁到汉阳。1864 年太平天国失败后，清军中因军功而得官秩者累累，清政府无法安置，只好给一笔“休致”费后遣散。黎朝相只好退役回到汉阳。

1864 年 10 月 19 日，黎元洪生于汉阳，这个日子正是传说中观音菩萨的生日，家人很高兴，期望他能成为一个大人物。他的童年和少年时代绝大多数时间是在汉阳度过的，仅在 8 岁时回原籍黄陂住过一年左右的光景。但他本人对黄陂很有感情。1912 年春他当上副总统后，曾衣锦还乡，接见乡绅，馈赠礼物，还出资修了黎氏宗祠和黎氏的祖茔。

黎元洪少年时代的情形，由于材料的不足，还难得其详，但可以肯定的是家境不裕，生活艰辛。他的父亲黎朝相退伍后，以其退伍金盖了一所房子，以一半自居，另一半出租给房客。但不料第一个房客搬入后不长时间，便因涉嫌反叛而锒铛入狱，黎朝相也因“窝藏”而遭拘留。虽然很快就被释放，但房子

却被官府没收。在生计无路的情况下，黎朝相又重操旧业，经族人黎得才的介绍，到直隶（今河北）天津北塘，投入练军，又一次吃起了军粮。黎朝相走后，黎家便寄居在亲戚家的一栋屋子里，靠祖父小本经营杂货惨淡度日。不久，祖父去世，家庭生活濒于绝境。黎元洪曾与姐姐一起讨过米，还曾在饥饿难挨的时候，偷吃过别人菜地里的萝卜。因怕园主发现，将萝卜拔出后，又把叶子拧下来，用土虚掩上，好像萝卜还在下面，没人动过一样。直到父亲黎朝相以饷银接济家用后，生活才有转机，不仅不必为冻馁担心，还可以入塾读书了。大约在10岁左右，黎元洪开始束发就读。

1877年，黎元洪不幸染疾，病势较重。黎朝相闻讯赶回汉阳探视。这时黎朝相已升为把总，俸银增加，遂决定将家小迁往北塘。动身前，黎朝相又给黎元洪订下了亲事，女方也是汉阳人，名吴敬君，小黎元洪6岁。黎朝相鉴于女方家境也较寒微，而且此去关山万里，来往极不便利，便与女方家长商订，携吴敬君同往北塘。这次搬家，对于从未远行过的黎元洪来说十分新鲜。黎元洪的长子黎绍基曾记载说："那时，交通工具很不方便，从湖北到北塘要走40天。除了渡黄河时是乘坐用神妙的双桨划行的民间平底船外，交通工具只用手推车，老式的轿车或是骑马。每天很早起来赶路，直到夕阳下山才是休息的时刻。到处都有小客店，旅客就在那里过夜。高山、小丘、树林、溪水、田地、珍禽和奇花异草，构成了一幅自然景象。这对我父亲来说，不仅是一种享受，而且也是一种教育，在后来很长的一段时间里，他仍对这次旅程经历感兴趣。"

黎元洪

这一年黎元洪14岁。

北塘在天津东、塘沽北，属宁河县管辖，濒临渤海，距大沽海口仅30里。1859年英、法公使拒绝清政府要他们从北塘登陆、北上北京换约的要求，指挥英、法联军进攻大沽，后又攻占天津、北京，迫使清廷再订不平等的《北京条约》。这使得一时间北塘成为朝野议论的中心。但北塘不过是个荒凉的小镇，居民多以捕鱼或晒盐为业。只有黎元洪的父亲黎朝相所在的仁字营驻扎在这里，使得这个小镇略显出些许生气。

来到天津北塘后，黎元洪师从李雨霖，继续学业。他学习奋勉，常常苦读到夜阑之时。黎绍基这样记述他父亲少年时的学习状况：

“他最大的嫌恶是偷懒，换言之，他喜欢钻研，而且学习异常刻苦。从这时起，他就养成了一种抓紧时间学习的好习惯。当时，煤油已输入中国，有钱人家用它来照明，而一般的老百姓则用蜡烛或菜籽油，这对在晚间学习的人的眼睛是没有好处的。我父亲经常学习到深夜，直到双眼疼痛，也不肯放弃读书。”

这一时期，西学已渐弥漫，天津是通商口岸，得风气之先。洋务派首领人物曾国藩、李鸿章曾先后驻节天津，任直隶总督兼北洋大臣，因此天津成了北方洋务运动的中心城市，设有天津机器局、天津电报局、水师学堂、电报学堂等新式企业和新式学校。耳濡目染，黎元洪的眼界也逐渐开阔，对传统的科举仕进不太经意。这时黎朝相又迁升为游击，所在的练军也改操西式枪炮，并请洋人按西法教练。黎元洪对此很感兴趣。读书之余，经常去兵营观看，渐渐产生了弃文修武、学习新式军事的念头。一次，黎朝相在公余之暇，为黎元洪讲解《左传》中的“晋楚邲战”一节，黎元洪听后十分感慨，他说：“武德之义大矣哉：军事、文化、政治、外交、经济之大道，胥在是矣。武德昌明，天下安宁，武德大行，天下太平。”

1883年，20岁的黎元洪报考了北洋天津水师学堂。尽管考试较难，他还是一举中鹄。入学后，被分派学习管轮专业。从入学起，他正式以元洪为名，以宋卿为字。在这以前，他的名字是叫秉经。天津水师学堂由李鸿章在1881年创办，是一所新式海军学校。学校设在天津城东，与天津机器局为邻，内分管轮与驾驶两个专业，学制5年，其中在堂学习4年，上船实习1年。课程有英语、地舆、数学、驾驶、测量、气象、物理、化学、力学等，要求严格。规定第一年秋试不及格者即行剔除，第二年秋试不及格者可补考一次，如仍不及格，也必须剔除。在船实习时，要求对大炮、洋枪、刀剑等武器的操法、药弹利弊、上桅接绳、用帆、轮机管理等航海的知识与技能都要通晓，春季、秋季各考一次，及格者才能毕业。黎元洪虽然天资不很聪颖，但刻苦好学，勤勉努力，各科成绩均为优秀。在学堂里，他为人谨厚，一日，一群学生犯了过错，牵涉到黎元洪。当上司追究时，黎自己挺身而出，承担了全部责任。他说："大丈夫担任天下事，是区区者，安足避匿！"因而深为同学敬重，也为水师学堂中的师长严复、萨镇冰等人所赏识。

在迁来北塘后的数年间，黎元洪的家中连遭变故。先是1878年母亲陈氏在生下胞弟元泽后不久病逝，继之1884年黎元洪与未婚妻吴敬君完婚后，父亲黎朝相又突然发病亡故。因事起仓促，待黎元洪匆匆从水师学堂赶回时，父亲已撒手人寰。家人告诉他父亲死前嘱他要求学上进，谨慎出处，学成后要为百姓服务，对幼弟务须友爱，对继母恪尽孝道。黎元洪一一谨记在心。

父亲的死使黎家马上陷入了困境之中。本来家中就没有多少积蓄，办完丧事后已经债台高筑。更严重的是父亲的去世使家中断绝了一项支撑全家生活的经济来源——父亲的俸银。这样，家计的重担就落在了黎元洪的身上，而他的收入也不过是每月4两的赡银。黎元洪节衣缩食，每逢假日回家探视，他都徒步而行，不肯花钱雇车，常常是月未落时启程，到家时月又中天。黎的妻子吴敬君也颇能勤俭持家，常以女工针凿来补贴家用。夫妇间困难相依，和衷共济，感情甚笃。贫寒的家境与清苦的生活，对黎元洪以后的作风产生了不小的影响。

海军生涯

1888年春，黎元洪以优秀的成绩通过了毕业考试，被赏六品顶戴，以把总候补，尽先拔补。经一段上舰实习后，被派往北洋海军"来远"号上差遣。1890年，黎元洪奉调广东水师，任"广甲"号三管轮，负责照料轮机的发动、保养、维修和相关的燃料储备工作。广东水师又称粤洋水师，是清政府计划建立的三支近代海军舰队之一。但由于经费、主持者等种种原因，始终未达到成军规模，实力远逊于李鸿章主持的北洋海军。

创建近代海军，本是清政府为“御外”而进行的一项新政，并为此投入了大量的财力，聘请外国教练，一切均以西方海军为蓝本，因此初时颇具规模，为远东实力最强的海军。但由于政治的腐败，清海军中的弊端也非常严重。清政府的三支近代海军中，以北洋海军为最强，可是从1888年成军后，就未曾更新和添置战舰，经费被挪去修颐和园。海军官兵的训练也松松垮垮，纪律松懈，成规废弛。官员争挈眷属陆居，士兵去船以嬉，冶游聚赌，不一而足。黎元洪所在的广东水师也不例外，“迎送官员，拖船载勇，习以为常。无从训练，战备阙如”。但黎元洪却能洁身自好，对博弈之类的事情始终未尝一顾。工作之余，以读书为唯一的消遣。由于黎元洪忠于职守，技术擅长，待人朴厚，颇得上下好评。1891年5月，清政府依例对海军进行校阅，以北洋海军为主体，其他水师配合。“广甲”号也参加了这次活动。校阅从5月23日开始，由直隶总督兼北洋大臣李鸿章和山东巡抚张曜指挥，历时18天。数十艘战舰自大沽出发，周行约3000余里，乘风破浪，或做队形变换，或做施炮演习，倒也有番气势。因此李鸿章、张曜在向朝廷的奏报中自负地表示：“综阅海军战备，尚能日新月异。目前限于饷力，未能扩充，但就渤海门户而论，已有深固不摇之势。”校阅后，上折奏请对有功人员奖掖。黎元洪也在奏保之中，旨准以千总尽先补用。1892年又晋为二管轮，并由两广总督李翰章奏保赏戴五品顶戴。

1894年5月清政府进行第二次海军校阅。这次校阅除北洋海军全数参加外，还有南洋水师六舰和广东水师的“广甲”“广乙”“广丙”三舰。黎元洪再次随舰前往。这时正值甲午战争前夕，中日两国因朝鲜问题僵持不下，双方的军队已在朝鲜成对峙之势。战争如箭在弦上，援手即发。因此，参加校阅后，“广甲”等舰被命令暂不南下，与北洋海军一起，为向朝鲜运送清军护航。

7月25日，日军在朝鲜牙山向清政府的援朝军队突然发动进攻，同时又在丰岛海面偷袭了中国运送援朝清军的商船“高升”号，甲午战争正式爆发。9月12日，以北洋海军为主，包括“广甲”在内的12艘军舰在北洋海军提督丁汝昌的指挥下由威海卫军港出发，护送淮军刘盛休部从鸭绿江口登岸，支援在朝清军。16日中午，舰队抵达大东沟海面，“定远”号等大舰停泊口外，仅由“广丙”等小型战舰及几艘蚊炮船、鱼雷艇护送五艘运兵船入口。16日夜，渡兵已全部登岸。17日上午11时许，日本联合舰队前来进袭，全舰队起锚迎战，悲壮激烈的黄海大战打响。

黎元洪所在的“广甲”号与北洋海军的“济远”号在第四队。交火后，中国海军的多数舰只同仇敌忾，与敌舰殊死战斗，但同编在第四队的“济远”号管带方伯谦与“广甲”号管带吴敬荣却是两个贪生怕死、怯懦畏敌的民族败类。战斗打响后不久，方伯谦见“致远”号被击沉，竟然下令用重锤击伤大炮，然后打出旗语，谎称舰只已受重伤，仓皇逃离作战水域。“广甲”号紧随其后驶离，打乱了整个作战序列。“济远”号在逃跑中，还将“扬威”号撞沉，最后龟缩于旅顺港内。“广甲”出逃后，傍岸开行，在大连港三山岛附近搁浅。23日被日舰“浪速”号和“秋津洲”号发现。吴敬荣害怕被俘，下令毁船，然后乘小艇逃走。黎元洪等十余名官兵见管带逃走，也抢乘了一艘小艇，行出不远，见敌舰驶来，又慌忙跳海逃生。黎元洪不会泅水，多亏穿了一件救生衣，才没有葬身鱼腹。与他一同投水者只有四个人生还。在三个多小时的与风浪搏击漂泊后，黎元洪被海浪推到岸边。他挣扎着上了岸，遇见一位老者，将他领到家中，休息了一夜并换了衣服，第二天即上路去旅顺。沿途他以田地里的甘薯充饥，一天半后到达旅顺。

到旅顺后，黎元洪企图再回海军中任职。但无人理会。他又赴天津等候，不料这时清廷正追究“济远”与“广甲”两舰临阵逃脱的责任，方伯谦被处死，吴敬荣被革职留营效力。城门失火，殃及池鱼，黎元洪也因此被监禁数月。

获释后他又去上海，等候重新起用的消息。然而，经黄海海战与威海卫海战，清政府的海军主力已全军覆没，战败使全国陷入一片混乱之中，没人想起这个只有五品的千总、二管轮。在复职无望后，黎元洪决计另谋出路。恰好这时传来署理两江总督张之洞招聘水师人才的消息，他便毅然决定去南京投奔张之洞。黎元洪希望以他的海军知识与技能在水师中谋得职务，却不料从此舍水登陆，成了一名陆军将领。

"开明谨厚"的新军协统

甲午战败,《马关条约》的签订，使中华民族陷入空前的危机之中，也对天朝大国的统治者们产生了强烈的刺激。一部分官僚惩甲午之败，要求变通成法、力除积弊、锐意革新，特别要仿照西法编练新式军队，以为御侮之资。于是清政府开始较大规模地编练新军。当时进行这项活动较有成效的，一是北方袁世凯所主持的天津小站练军，一是张之洞主持的南京自强军。自强军仿德国军制，完全装备新式武器，聘请德国军人任教官并兼自强军的各级正职，从武备学堂的学生中选拔副职。为延揽人才，张之洞在南京特设了延才馆，还准备招收水师人才，创建水师。黎元洪正是得知这一消息后才决计前往的。

1895 年春，黎元洪来到南京，经人举荐，张之洞特予接见。接见时，黎元洪稳重的举止仪态和缜密周详的见解给张之洞留下了很好的印象，张之洞称赞黎元洪是不可多得的干练之才，并委他负责修建狮子山、幕府山、清凉山、乌龙山炮台工程。黎元洪精心筹划，使工程进展顺利，年底均告竣工。黎元洪寡言厚重的性格和朴实能干的行事作风深为张之洞欣赏，张之洞曾手书"智勇深沉"四个字赠给黎元洪，以表示对黎的器重。炮台工程完竣后，张之洞又向朝廷保举黎元洪忠勇可靠、堪当重任，并任命黎元洪为南京炮台的总教习，在商决要政时，也要听一听黎元洪的意见。当 1896 年春张之洞回湖广总督本任时，又将黎元洪带往湖北。

张之洞回鄂后，继续编练新军。他把在南京建成的"护军"前营调到武昌，扩编为前后两营及工程兵一哨，也聘请德国教习，并以天津、广东武备学堂毕业的学生任分教习，仿照西式军队训练。黎元洪由于得到张之洞的赏识，官运亨通，先任护军马队营帮带，继而任马队营管带，后又任护军前锋四营的督带，品衔职级也扶摇直上，由千总而守备，又晋为都司，复晋为副将。1898、1899、1901 年他受命三次赴日本考察日本的陆军、骑兵建设及兵工生产情况。考察中，他不辞辛劳，专心学习探讨。他在第二次赴日考察时被编入日本的禁卫骑兵联队训练，住所与训练场地相距很远，他每天必去训练场，风雨不误。首次赴日考察军事教育时，他在东京、大阪的公园里看到里面陈列着不少日本军队在甲午战争中从中国掠获的"战利品"，深感悲愤与屈辱，曾联络当地的华侨要求清政府驻日官员与日本政府交涉，撤除这些展品，遭到日本当局的拒绝。

1900年八国联军侵华战争后，清政府在北方的精锐军事力量除袁世凯所主持的新军外，几乎全部溃散。而湖北、江苏等地的新军却因张之洞和两江总督刘坤一等人参与"东南互保"而毫无所伤。《辛丑条约》签订后，清政府为取媚洋人，维持摇摇欲坠的统治，开始施行"新政"，其中重要的一项就是编练新军。1903年清改革兵制，裁汰绿营，设立练兵处。按清政府的计划，要在全国编练新军三十六镇。规定湖北要置新军两镇。1904年，张之洞向朝廷奏明湖北两镇的编制：每镇步兵两协，炮兵三营、骑兵两营，工程、辎重各一营。每镇暂缺步兵一协，留待以后扩充。任命总兵张彪为第一镇统制兼摄协统，黎元洪为第二镇协统兼护镇统。1906年，依据练兵处的新制，湖北原有的第一镇改为第八镇，足额足兵，仍由张彪任镇统，原有的第二镇改为第二十一混成协，由黎元洪任协统。除了这个职务外，黎元洪还兼任兵工厂、钢药厂提调、湖北棉麻四局会办、讲武堂会办等职务。

黎元洪虽是湖北人，但因出身寒微，并没有得力的社会关系和靠山作后台，一切全凭自为。因此在官场上他处事唯谨，肯于忍辱负重，以维持一个良好的人际关系，张之洞称他"宽裕能容"。第八镇统制张彪是武举出身，多年追随张之洞，被张之洞视为心腹。张之洞曾把一名婢女嫁给张彪，因而张彪又有"丫姑爷"的绰号。张之洞督鄂时，端方任湖北巡抚，有人撰对联一副，将张、端二姓巧妙地嵌入联中：

端拱无为，政事皆推老世伯；

张惶失措，兵权全付丫姑爷。

可见张彪在湖北军界的地位。由于张彪是旧军人，素质能力均不如黎元洪，因而对黎暗怀嫉妒，担心黎元洪会取代他的位置，经常与黎作梗，甚至当众羞辱。而黎元洪总是不动声色，甚至是逆来顺受，以免激化矛盾，同时又巧施权术，不仅使张彪无可奈何，有时还对黎元洪有所愧疚与感激。一次张之洞召集

新军将领会议，黎元洪因病迟到，张彪即向张之洞说有人在汉口见黎元洪醉卧某妓院，可能不会到会。当黎元洪到会时，遭张之洞申斥。黎元洪据实相告。张彪下不来台，便衔恨于心。后张、黎同时参加一同事的祝寿晚宴，席间张彪借酒发疯，灌夫骂座，攻击黎元洪。黎元洪不与计较，亲自将烂醉的张送回寓宅。后张彪酒醒，自知理屈，遂向黎元洪表示歉意。在清政府统一军制、将湖北护军第一、第二镇改为第八镇时，张之洞曾有打算让黎元洪任统制，但由于张彪"丫姑爷"的身份，张之洞最后改变初衷，仍任命张彪为统制，但却要黎元洪协助张彪进行整编与训练。对此黎元洪不露一丝不满，苦心经营。两个月后队伍规模粗成。张之洞校阅后非常满意，延见黎元洪，慰劳有加。黎元洪却称谢说："此皆张统制部署之力，元洪何功之有？"这时张彪也在场，见黎元洪不居功自重，反而把成绩加于己身，对黎元洪的嫉恨情绪有所缓解。1907 年张之洞离鄂入京，出任军机大臣，改由盛京将军赵尔巽补授湖广总督。赵到任后，不满张彪，准备以黎元洪取而代之。黎元洪对此坚拒不允。他以张之洞对他有知遇之恩，不愿张刚离鄂就挤掉张的宠信之人为由推辞，劝赵尔巽仍任用张彪，暗中嘱张彪速筹办法。张彪急忙让其妻进京见张之洞，求张说项。数日后张之洞致函赵尔巽，劝赵打消了免张彪的念头。此番风波后，张彪不得不感激黎元洪的关照。黎元洪以谨厚的性格、容人的气度在官场中立定了脚跟。自黎元洪到湖北后，总督三易、巡抚两更，其间不乏对黎元洪中伤排挤之人，但黎都能一一化解，转危为安。

在湖北军界中，就军事素质而论，黎元洪是佼佼者。"知兵"的盛名也是他宦途一帆风顺的重要原因。1899 年 4 月，湖北刚刚仿练洋操，法国军官罗勃尔利到鄂参观，张彪设宴款待。席间，罗勃尔利提出一系列军事问题，张彪瞠目结舌，嗫嚅不能言，而黎元洪一一代答。罗勃尔利向张之洞辞别时，盛赞黎元洪是"知兵之将"。1907 年，湖北向日本订购的"楚泰"号等兵轮开抵武昌江面，这时张之洞尚未调京，便在黎元洪等人的陪同下登舰验视，并命令各舰开行、操演舰上火力。开始诸事顺利，但到试放船上的枪炮时，每一演放，船身便骤然后退一下，同时又左右剧烈摇摆。偏这时天气亦变，暴风挟急雨，江上波浪翻腾，舰船随时都有倾覆的危险。船上官员大惊失色，这时黎元洪来到驾驶台，从管轮手中接过舵轮，将舰驶向安全避风之处停泊。这次无意中的演示，显出了黎元洪的扎实的技能。事后，张之洞多次向人提及黎元洪是个人才，有作战经验。

以职务论，黎元洪低于张彪，但新军的编练操演整训等事务，几乎都是由他来筹划制定，然后交张彪去实施。张之洞对军事上的事情也多取决于黎元洪的意见。黎所以能够如此，除了得力于他在水师学堂学习时打下的扎实功底外，还得力于他平时的刻苦学习。平时一有闲暇，黎元洪必定手执书卷，湖北新军督练处印刻的有关军事方面的书籍，他几乎全都借阅过。遇有疑难，则向人请教，并不计较对方的职位高低尊卑。

清政府组织的两次“秋操”（即秋季军事演习）为黎元洪展示军事才干提供了机会。

继1905年北洋河间秋操后，清政府决定于1906年10月在河南彰德举行第二次秋操。参加演习的清军分组为“南军”与“北军”，相互对垒。“北军”由驻南苑和驻山东的北洋军抽调，组成一个混成镇，再加由满洲旗人的北洋第一镇中抽调一个混成协组成，由段祺瑞任总统官，张怀芝为统制，曹锟为统领。“南军”由湖北抽调一镇、河南拨一混成协组成。“南军”总统官为张彪，黎元洪任统制，王汝贤为统领。但张彪自知不能胜任，就举荐黎自代。10月22日，两军操演冲锋战法，23日，操演遭遇战法，24日，操演攻守战法。演习中，黎元洪指挥得体，各种作战命令均能在五分钟内下达，获得好评。“南军”的射击技术获最优奖励。秋操后袁世凯向清廷奏报说：“至就四省军队分析衡论，湖北一镇，经督臣张之洞苦心孤诣，经营多年，军容盛强，士气健锐，步伐技艺均已熟练精娴，在东南各省中实堪首屈一指。”1908年11月，清政府依例又在太湖举行秋操，也分为南北两军。“南军”由湖北的第二十一混成协加第八镇部分官兵组成，“北军”则由驻南京第九镇及驻江苏另外两协合并组成。名义上“南军”仍由张彪负责，实际上还是黎元洪指挥。演习之地地势复杂，又值秋雨泥泞，但“南军”在黎元洪的指挥下斗志昂扬，操演三天，“北军”三战皆败，被人讥为“三战三北”。秋操结束后，黎元洪获奖叙，赏戴顶戴花翎。两次秋操，使黎元洪声誉鹊起，不仅在湖北军界，就是在国内也颇有名声。

平日治军，黎元洪也一反其他新军军官苟且敷衍、松弛、腐败的积习，勤勉有方。章太炎在为黎元洪撰写的碑文中说黎元洪“治军严仁，不滥费军需一钱，有余即以逮士卒，故所部军装整振，绝于他军。平居卧起，皆准军号，不妄先后。夜必宿军中，虽遇岁时不移。教上剀至，唯恐不尽其才，尤敬士大夫，一方归心焉”。章太炎与黎元洪交谊深厚，碑文中多从揄扬处着笔，但这段记载还是真实的。黎元洪的长子黎重光回忆说，当时新军中，军官克扣军饷、虐待士兵的现象比比皆是。但黎元洪对军饷都是如期足额发放，并设立一个被服厂。士兵服装齐整，与其他新军队伍穿戴破破烂烂的状况形成鲜明对照。军需余款，一般也用到士兵身上。当时高级军官多宿私宅，而黎元洪经常住在营中，甚至过年也不回家，而且让子女去军营中去拜年。在营中他起居作息与士兵一致，较少官架子，平素对士兵也较友善，特别是对有一定文化的士兵，着意拔擢，并鼓励士兵学习上进。1903 年，革命党人刘静庵经人介绍入马队第一营当兵，这时黎元洪正任该营管带。他见刘静庵是文化人，很是赏识，不久即提拔刘静庵为护弁，协助整理文件。宜昌的一名秀才张之善因家贫母老，还债无资，告贷无门，来到武昌人工兵营当兵。不料其母于雪天上山砍柴，失足坠地身亡。张之善闻讯痛不欲生。黎元洪知道后，亲自到张之善所在的兵棚慰问张之善，并赠奠仪 80 元，让张告假归乡葬母。事后又以陆军小学堂会办的名义保送张之善为学兵。由于黎元洪严于律己，宽以待卒，在新军士兵中颇有口碑。

黎元洪虽然重视处理好官场中的人际关系，却不刻意巴结逢迎。1908 年湖广总督赵尔巽调补川督，由陈夔龙署理湖广总督。陈之妻是朝中显贵庆亲王奕劻的干女儿，因此陈到任后，大小官员争相巴结。张彪让他的妻子曲意联络。陈夔龙喜作诗，张彪不通文墨，就出钱请人作诗四首，颂扬陈的功德。陈夔龙的幼女病夭，陈借机大办丧事敛财。张彪及其他新军将领送赙金十万。但黎元洪不与此事，单独送数元吊唁。与此同时，汉口慈善会募集捐款济赈，黎元洪慨然出资三千元。有人将此事向陈夔龙禀报，陈非常不满，准备找个借口参劾黎元洪。只是因黎元洪在军中有人望，陈夔龙担心处分黎会激成事变，才悻悻作罢。

黎元洪虽出身于一个追求封建功名的家庭，受过封建思想文化的熏陶，但也接受过新式教育，并有机会到日本考察参观，因此他虽有封建思想，却不顽固，了解新学，西学却不扎实，属于不新不旧或日半新半旧式的过渡性人物。无论是在官场还是在军界，黎元洪都显得比较开明。他积极支持张之洞在湖北兴办的各项新政，建议不得擅杀士卒，如士卒犯有重大过失，应交执法官审讯定罪；将武备学堂及防营将弁学堂改为武备高等学堂，另设武备普通中学堂；多派学生出洋学习，得到张之洞的赞同。黎元洪对于新思想并不敌视，也敢于接纳那些有新思想的秀才兵入伍。当时留日学生中革命思潮盛行，不少官员，包括张之洞在内，怕留日归国学生是革命党，不敢任用，尤其不敢让他们到军界任职。而黎元洪则“曲为维持，使其因材得职”。这并非是他同情革命，而是因为他也是学堂出身，对有知识的人有某种偏爱和敬重。营中士兵有人剪掉发辫，黎元洪也不责怪，反而请令军中，剪辫与否听其自便。甚至对某些“异端”的宣传，他也是睁眼闭眼。1906年，黎元洪奉命督师去镇压同盟会发动的萍、浏、醴起义。队伍尚未进入战区时，黎召集部下指示说：“吾侪此行，当先辨暴徒之性质。果为党人的含有政治上之意味，诚不必与战，宜设法解散之。若土匪，尔等宜努力绝之，以绝根株。”他还与湖北资产阶级上层的政治代表立宪派建立了联系。立宪派于1911年发起保路运动，成立了铁路协会，一面筹款集股，一面派人入京力争路权。黎元洪以军界代表的身份入会，壮大了保路斗争的声势。

谨厚而又开明，知兵而又驭兵有方，是黎元洪在湖北官场与军界中平步青云、升迁迅速的基础，也为他后来在政治上更大发迹埋下了伏笔。

唐绍仪组阁

袁世凯采用兵变等阴谋手段，迫使革命党人同意建都北京之后，剩下的便

是确定统一政府的内阁成员人选问题。

早在南北和谈时，双方就已围绕这一问题进行交锋。革命党人认为，大总统既已让予袁世凯，总理则应由同盟会员出任，并任其组阁，从而通过操控内阁，达到临时约法所取向的以三权分立制衡袁世凯的目的。袁对此断然拒绝。赵凤昌以居中调停身份，建议内阁总理应由孙文、袁世凯两位新旧总统共同信任的人物来担任，这个人物就是唐绍仪。他同时提议劝唐加入同盟会，认为这是“双方兼顾”的办法。

唐绍仪

1912 年 3 月 13 日，袁世凯经南京临时参议院同意后，任命唐绍仪为国务总理。25 日，唐抵达南京组织内阁。30 日，袁世凯任命各部总长：外交总长陆征祥，内务总长赵秉钧，财政总长熊希龄，陆军总长段祺瑞，海军总长刘冠雄，司法总长王宠惠，教育总长蔡元培，农林总长宋教仁，工商总长陈其美，交通总长唐绍仪（兼）。在这些内阁成员中，王宠惠、蔡元培、宋教仁、陈其美四人为同盟会员，加上新入同盟会的总理唐绍仪，同盟会似乎在内阁中占有可观的席位，故被称为“同盟会中心内阁”。

这份名单，好像是容纳了各方面，因为唐虽是袁的亲密朋友，可是他又和同盟会方面是好朋友，陆徵祥是无党无派的外交家，熊希龄是君主立宪派，袁系的人只有赵秉钧、段祺瑞、刘冠雄三人，而同盟会方面却有蔡元培、王宠惠、宋教仁、陈其美四人。袁认为这是非常公平的分配，实则是掩耳盗铃的，因为唐绍仪是袁的老友，陆征祥则为袁系的附庸，而君主立宪派在同盟会和袁系间是选择亲袁的路线。因此在唐内阁中，外交、内务、财政、军事、交通六个重要部门都抓在袁手中，同盟会所得到的只是教育、司法、农林、工商四个无所事事的冷衙门。

同盟会并未真正操控内阁，内阁的中心权力仍操纵在袁世凯手中。

唐内阁组成后，孙中山于4月1日正式解职。4月2日，参议院开会通过临时政府地点设入北京的决议，宣告临时政府正式北迁。4月20日，唐绍仪偕同盟会籍内阁成员蔡元培、宋教仁等到达北京。21日，在总统府召开唐绍仪主持的第一项内阁会议，宣告唐内阁正式成立。

袁世凯虽然把唐内阁的要害部门夺去，而且还千方百计地缩小内阁权限，但根据《国务院官制》，内阁仍然拥有广泛的权力。如临时大总统公布法律、发布教令及其他有关国务的文书，须由国务总理或全体国务员或总理与国务员副署。这个副署对袁世凯是一个极大的限制，因为袁所公布的法律、教令及其他有关国务的文书，如果不经国务总理和国务员副署而强行公布，就是违法越权，也就没有法律效力。这是袁世凯难以容忍的，但当时的革命党人普遍认为责任内阁制直接关系到民主共和制度的成败，绝不能听任袁世凯随意破坏。而唐绍仪加入同盟会后，在政治上明显地倾向同盟会，决心推行责任内阁制。这样，唐绍仪同袁世凯之间的矛盾日益尖锐，冲突无法避免。6月，袁世凯不经内阁副署，任命王芝祥为南方军队宣慰使，公然破坏责任内阁制。

唐绍仪愤而提出辞职，袁世凯派总统府秘书长梁士诒到天津挽留唐绍仪。梁士诒也是广东人，因为与康、梁有关系，未为清政府所用。后来邮传部成立，梁士诒得到唐绍仪的汲引，才开始踏足政坛。民国成立，袁世凯当了大总统，梁士诒任秘书长，并特许参与各铁路事，兼任交通银行总理。

唐绍仪对梁士诒说："我与项城（袁世凯）的交谊，你是知道的。据我观察，今天的国家大势，统一中国，非项城不可；而要治理中国，非项城和孙中山合作不可。但三个月以来，审机度势，恐怕将来终于事与愿违，所以不如早做打算。国家大事我又怎能以私交徇公义呢？"

两位南方人进行了彻夜长谈。第二天，梁士诒回北京去了。接着总统便批准了唐绍仪的辞职。中华民国的第一届内阁在成立两个月后便倒台了。

在军事上，同盟会原来推荐黄兴在新内阁中继续蝉联陆军总长，当然这是

想限制袁的军事特权，使他不能把国家的军队当作私人的工具。可是这只是一种幻想，因为袁世凯是必须要掌握军队作为自己力量的基础，因此决不肯把陆军总长这个人选让给袁系以外的人担任，更不会同意给同盟会的“实力派”领袖黄兴，所以只同意改派黄兴为参谋总长。参谋本部在当时是个有名无实的机关，黄兴当然坚决拒绝接受这个空名职位。

吴稚晖与汪精卫的一场笔战

1927 年 11 月 11 日（农历十月十八），汪精卫和吴稚晖展开笔战。

当天，汪精卫在广州执信学校做了题为《分共以后》的演讲，声称国民党在分共以后应进行以下三个方面的工作：（1）“要继续肃清中国共产党”；（2）“要重新整理国民革命的理论，将共产党的理论从国民党里分出去”；（3）国民党要“建设起来”，迅速将国民党的主义和政策实现。这是汪精卫准备联蒋制桂、企图东山再起的一个信号。接着，在汪精卫的策划下，张发奎、黄琪翔等人又于 11 月 17 日在广州发动驱逐桂系李济深的政变，自称是“护党”。广州政变在国民党内掀起了一场轩然大波。南京的吴稚晖、蔡元培、李宗仁、白崇禧等人为此对汪精卫展开攻击。吴稚晖写了一篇题为《读了汪先生分共以后的赘言》的长文，在上海《民国日报》上连载。吴氏的文章，给国民党派别斗争中的对手大戴红帽子，声称：武汉汪精卫集团的“清党”是执行“第三国际反共倒蒋的命令”，“仍旧跑到国民党里来，打倒国民党”，并说“倒蒋”“就是打倒国民党的武力”。同时攻击张发奎、黄琪翔等人是共产党。对于吴稚晖的攻击，汪精卫等人

汪精卫

进行了反击。12 月 7 日，汪精卫在上海对新闻记者发表谈话，为自己辩护。汪声称，吴稚晖说武汉“清党”是奉了第三国际反共倒蒋的命令，这是对武汉同志的极端诬蔑。他指出，张发奎等人是否共产党，将由事实来回答。汪派把持的广州《民国日报》更大肆谩骂，痛斥“昏庸老朽”的吴稚晖。

对于汪精卫等人的回击，吴稚晖气得暴跳如雷。12 月 8 日，他亲自起草了对汪精卫、陈公博、顾孟余三人的弹劾案，会同蔡元培、李石曾、李宗仁、张静江等四名中央监察委员联名发出。弹劾案称汪精卫“口是心非，反复无常，排甲倒乙，排乙倒甲，私德荡然，自坏人格”，“买空卖空，变乱视听，欲使人认汪即党，认党即汪”，因此，应停止其出席二届四中全会的资格。对于吴稚晖等人的弹劾，汪精卫则反唇相讥，声称中央监察委员会早已被特别委员会取消，吴稚晖等已无资格提弹劾案。汪精卫并且写信给吴稚晖，直骂吴为“老狗”，仗着卫戍司令逞威风；吴接着又写了《弱者之结语》一文，继续给反对派大戴红帽子。

正当吴稚晖、汪精卫为广州事变而互相攻讦，闹得不可开交的时候，12 月 11 日，中国共产党利用广州政变所造成的有利形势，发动广州起义。它震惊了国民党各派系，汪精卫更成了各派集矢的对象，陷入异常被动的境地。13 日，汪精卫等九名粤方中委就广州起义发表宣言，除对共产党进行恶毒攻击外，还对吴稚晖等人的指责进行反驳，称吴等为“腐化势力”。针对汪精卫等人的宣言，吴稚晖在 14 日的上海《民国日报》上发表了《相当时期的话》，指责汪精卫一不应听凭为着特别委员会“唾手可改”的小事弄兵，替共产党造机会；二不应把李济深骗走，并一口咬定汪精卫应负酿成“共祸”的罪责。15 日，吴又发表《两个旧电报》一文，检出汪精卫于宁汉分裂前后在 4 月 16 日、18 日签署的两个反蒋的电报，新账旧账一起算，指责汪精卫口中的所谓“党纪”不过是玩把戏人手中的帕子。

在吴稚晖对汪精卫进行口诛笔伐的同时，桂系控制的南京政府又于 12 月 16 日就广州政变下令查办汪精卫等人，并特派邓泽如、古应芬迅往查办。在查办期间，“责成当地军警注意监视”汪精卫等人的行动。上海警备司令白崇禧甚至准备策动杜月笙对汪精卫进行绑票。

对于吴稚晖的文字攻击，汪精卫可以硬着头皮不予理睬，但桂系李宗仁、白崇禧等人的武力行动，却使汪精卫穷于应付，遂于16日夜登轮离开上海，再次逃亡法国。临行前，汪又发表《两件大事》一文，声称“反共是一件大事，恢复中央党部也是一件大事。两件大事都应该郑重地做去”。汪埋怨说：“这几个月来，我的跳来跳去，也跳得太苦了，你系仗着几个总指挥的势力，赶着我不住地打，定要将我打入共产党队里去，也打得太苦了！”笔杆子毕竟敌不过枪杆子。17日，汪发表引退通电。但吴稚晖并不就此善罢甘休，在17日、18日的上海《民国时报》上发表《读了汪先生的两件大事》的长文，以胜利者的得意口吻，挖苦汪的落魄：“汪先生那种跳来跳去，危险得很，少不了成一只斗昏鸡，造出错误又错误，进一层再进一层，到了愈弄巧愈拙的地步。”吴并且预言，汪精卫如不改正那种悻悻然小丈夫的毛病，将变成一个卑鄙小人。这时的汪精卫忙于逃命，已无心应战。论战的结果，有武力做后盾的吴稚晖大获全胜，而汪派则丢盔弃甲，溃不成军。在这次笔战之后，吴、汪二人恶感日深，成了政治上的死对头。在此后蒋、汪二人的明争暗斗中，吴稚晖始终倾向蒋介石一边，助蒋抑汪，为此又多次发表文章，笔伐汪精卫，但那只是吴稚晖一人唱的独角戏了。

讨袁二次革命

1913年3月袁世凯惶恐不安，策划构陷宋教仁，未果之下，指使洪述祖派刺客在上海火车站将宋教仁暗杀。刺杀宋教仁是袁世凯发动内战的信号。“宋案”发生后，袁世凯便秘密下动员令和大借外债，决心以反革命武力消灭南方的国民党力量。

袁世凯秘密在各地调兵遣将，在黄兴大裁民军的同时，北洋军队急剧膨胀起来。宋案发生后袁世凯政府于1913年4月20日以扩充海军名义，向奥国秘密

借款320万镑，4月26日夜，袁不顾全国人民反对和国民党议员们的阻拦，派国务总理赵秉钧、财长周学熙、外长陆征祥和五国银行代表，在北京江平银行签订了2500万镑的“善后大借款”合同，扣除费用后，实际只剩820万镑，不过加上奥国借款，还有1000多万镑，足够发动一场反革命内战了。

宋案与大借款，粉碎了资产阶级政治家“议会政治”的幻想，使一些真诚的革命者重新回到革命立场上来。

宋案发生时，孙中山正在日本访问。1913年2月11日，孙中山作为前总统、“全国铁路督办”，为实现他的社会改革和经济建设的理想，赴日访问考察。就在23日即将踏上天洋号海轮回国的时候，接到东京转来宋教仁被害的电报，他那振奋的面容立即变为悲痛。

袁世凯和一切反动头子一样，是革命者不可缺少的反面教员。孙中山回到上海后，认为“事已至此，只有起兵。因为袁世凯是总统，总统指使暗杀，则断非法律所能解决；所能解决者，只有武力”。他组织全国公民大会，提出救亡口号。很多地方报纸、省议会和群众团体亦群起响应，组织拒债会，反对袁世凯独裁卖国的勾当。国民党地方实力派江西都督李烈钧、安徽都督柏文蔚、广东都督胡汉民以及湖南都督谭延闿也通电反对大借款、抨击宋案。孙中山决心立即兴兵讨袁，重新举起民主革命的旗帜，挽救垂危的“民国”。但是，国民党经过同官僚政客逐渐合流，内部纷纭复杂，严重脱离群众，非常涣散，军阀主义、官僚主义和地方宗派主义都在发展，早已失去同盟会时期的革命气息。湖北革命力量已被黎元洪摧残瓦解。粤、湘、赣、皖高级军官被袁世凯收买，“如粤之黄和顺，赣之陈廷训，皖之胡万泰等，皆入袁之彀中矣。且南方所恃以为后方之湖南车械库被袁奸秉隙焚烧，大火连续五日夜不息，所存械弹付之一炬。”安徽及粤、赣、湘等省几乎发生了同样变化，“国民党同志意见分歧，纷扰于内；敌党政客皆倾向袁世凯，构陷于外。……事实上南方人心涣散，军事已成被动局面矣。”

黄兴自裁兵、撤销留守府后，已无军事实力，“江、皖、赣三省战兵不满三万”，因而动摇于战和之间。他周围的国民党将领“皆主张慎重，以避袁氏凶风。克公笃实君子，敞纳其言”。黄兴对孙中山说：“南方武力不足恃，苟或发难必致大局糜烂”，又说“民国已经成立，法律非无效力”，坚持“法律解决”的幻梦。孙中山命胡汉民在广东首先发难，胡以“时机未至”拒绝了；命陈其美在上海宣布独立，陈说“上海地小，难与抗”。孙中山十分气愤党内这种严重右倾和缺乏起兵的勇气，决心赴广州主持武力讨袁，“又为党员所厄”。在讨袁问题上，不仅国民党主要领导人之间存在严重分歧，就是国民党各省实力派也各怀心腹事，无法统一起来。

袁世凯摸清了国民党内部对起兵缺乏准备，没有一致意见。他在帝国主义支持下，布置好反革命内战的发动。5月2日，批准赵秉钧辞职，派陆军总长段祺瑞代理国务总理，组成了“战时内阁”。5月6日，袁世凯政府下了一道“除暴安良”令，矛头直指国民党。北洋将领张牙舞爪，纷纷通电，诬蔑国民党“危害民国”，表示已“枕戈待命”。一切准备妥当，5月20日，袁发“传语国民党人”的长电，威胁说如若革命党人敢另行组织政府，“即举兵征伐之”。果然，6月9日，袁借口李烈钧反对借款，不“服从政府”，免其江西都督职，接着又解除了胡汉民、柏文蔚职务。7月5日，北洋军进逼九江，迫使国民党不得不起兵应战。

7月上旬，宋案发生已经3个月以后，孙中山在上海召开国民党会议，才最后决定兴师讨袁，发动“二次革命”。12日，李烈钧奉孙中山命，由上海转回江西，在湖口宣布起义，组织讨袁军，发布《讨袁檄文》。所谓“二次革命”的反袁之役开始了。

江西首先起义，苏、皖、粤、湘、川、闽各省先后响应独立。7月15日，黄兴经孙中山等人“多方敦促，不得已，出为牺牲以全党谊”，勉强去南京逼江苏都督程德全独立，自任江苏讨袁军总司令，并敦促留在南京的柏文蔚接受安徽讨袁军总司令的委任状。

袁世凯派三路大军南下：第一路为段芝贵部，由京汉线南下进攻江西；第二路为冯国璋部，以张勋为先锋由津浦路直攻南京；第三路为倪嗣冲部，由汴梁经颍州、正阳关及太湖攻安庆。讨袁军方面，武汉及九江上游由李烈钧负责；

津浦线方面由黄兴负责；颍州、正阳关、太湖方面由柏文蔚负责。是时湖南程潜部亦集中进窥武汉，使敌人不敢长驱东下。战事并非绝对不可为的。

7月18日，广东、安徽两省宣布独立，20日，福建宣布独立，22日，上海国民党组织讨袁军，25日，湖南宣布独立，8月4日，四川重庆宣布独立。这些省份虽然宣布独立，但各省区内部意见不一，江苏都督程德全、福建都督孙道仁、湖南都督谭延闿本身就不主张独立，只是迫于形势，而不得不宣布的；彼此之间互不统属，没有统一的领导与部署，大都缺乏实力。7月25日，湖口失陷，8月18日，南昌失陷。黄兴于8月29日，于前方兵败而出走。9月1日，南京被依附袁世凯的封建军阀张勋攻陷，遭到野蛮地焚掠屠杀。其他独立各省份情况更差：上海方面组织起来的讨袁军不久瓦解；江苏都督程德全在宣布独立后便溜往苏州，通电反对讨袁；8月6日，安徽师长胡万泰被袁世凯收买倒戈，宣布取消独立；8月9日，福建取消独立；8月12日、9月12日，湖南、四川也先后宣布取消独立。至此，“二次革命”从起兵不到两个月就以失败而告终，资产阶级革命派掌握的地方政权全部丧失，北洋军阀势力则进一步扩张到整个长江流域。

“二次革命”虽然是孙中山发动的一次武装反袁斗争，是维护资产阶级民主共和制度的一次努力，但是宣布独立的七省行动不一，有的动摇妥协，投机观望，先后宣布取消独立；有的内部分歧，涣散无力，很快瓦解。特别是国民党已放弃了同盟会在辛亥革命前的革命纲领，得不到人民群众的拥护。而帝国主义却在政治、经济各方面全力支持袁世凯，进步党和旧官僚对袁世凯镇压“二次革命”又大卖力气，在国会中通过“讨伐”案。所有这一切主客观原因，造成了“二次革命”的失败。“二次革命”失败后，孙中山、黄兴等人逃亡国外。他们在自己缔造的“中华民国”里，立足之地也不存在了。

历史教训是深刻的。资产阶级革命派一再妥协的结果，不能不使“历史走一点回头路。”

1913年的讨袁战争，是民国成立后的第一次南北战争，是维护民主共和的一次武装反袁斗争，实质是辛亥革命的继续。曾几何时，领导过一次伟大的辛亥革命，在亚洲第一个建立共和制国家的资产阶级革命派，遭到了彻底失败。袁世凯武力统一政策一时取得了成功，除桂、黔、川、滇四省尚为地方军阀盘踞外，南方其他各省都成了北洋军及其附庸的征服地，全国进入了北洋军阀最黑暗的统治时期。

袁世凯强任大总统

1913年袁世凯镇压二次革命后并没有解散无足轻重的国会，目的是想把它当作表决机器，为其当选大总统，披上"合法"的外衣。

议员的年俸为5000元，于是，这批国民党员贪恋着议员的地位，仍然留在北京，与进步党合作议定宪法。国民党议员中也有人主张运用国会和法律来倒袁，而有不少国民党议员，已被袁世凯收买。

大权在握、不可一世的袁世凯，对那些有反袁情绪和反袁嫌疑的国民党议员，开始了血腥镇压。他授意军政执法处，以"串通乱党"为词，逮捕8名国民党议员，即参议院议员朱念祖、丁象谦、张我华、高荫藻、赵世钰，众议院议员刘恩格、褚辅成、常恒芳。这8名议员多半是皖籍议员，而且都与军政执法处处长陆建章相识，张我华、赵世钰、褚辅成、刘恩格四人兼宪革会委员。国民党不仅少了8名议员、宪革会4席，而且在大捉大捕压力下，一夜之间，袁世凯又用重金拉走了10余名国民党参议院议员，为他竞选大总统，铲平道路。

在袁世凯的淫威下，众议院提议先选总统，后制宪法，以213票对126票通过这项法案，参议院也照样通过了。于是，宪革会便先制出大总统选举法，作为将来宪法内容之一部分，提前公布，以便大选之进行。

袁世凯仍然不放心，特用金钱收买，授意梁士诒组织一个"公民党"，充当威逼国会选举总统的打手。黎元洪则积极配合，会同19省都督、民政长致电参、众两院，胁迫其将一切议案，概从缓议，同心协力，编制宪法，先订总统选举之一则，即从选举总统入手。同时指挥进步党与公民党相配合，压迫国民党议

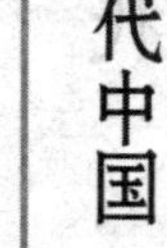

员接受先选举总统后订宪法的方案。黎元洪致电进步党负责人梁启超、汤化龙，明确表示："揆察现状，似须先选总统方足以定人心……公意如以为然，即请急力主持。"他又致电参、众两院，催促快速选举总统，甚至指名推举，属意于袁世凯，盛赞袁"雄才伟略，卓绝一时。再造共和，易如反掌。岂唯元洪信仰，即环球各国当无异词"，要求两院"速定大计，举行盛典，浃旬之间，期于竣事"，表白自己已急切得"终日绕床，觉总统一日未定，俨若祸在眉睫者"。

10月6日，举行大总统选举。清晨，宣武门内外，添了许多岗哨，而且都是双岗，还有军队荷枪实弹，往来逡巡。选举会场在众议院会场。几千名便衣军警、地痞、流氓，打着"公民团"的旗帜，把选举会场包围得水泄不通。他们高喊：

"今日非将公民所瞩望的总统选出来，否则不许选举人出议场一步！"

"选举袁世凯为大总统！"

"不选袁世凯为大总统，不许出议场一步！"

众议院院长汤化龙主持选举会议。各党派议员，到会选举人为759人，超过2/3法定人数很多。以投票人数的3/4计算，得570票者才能当选。

汤化龙预料投票三次，检点人数、发票、填票、投票、开票、唱票一次约需要4个小时，三次投票共需要12个小时，所以，一天的功夫是完不成的，至少需要两天。可是，众议院外有几千人"公民团"守候着，从上午8时起，重重包围会场，许进不许出，四面围墙也站满了军警。

选举开始后，院外任何人不准进去。院内的议员们想跨出大门，即遭到呵斥逼令退回，有顽强者硬要出去，轻则遭受到"公民团"的破口大骂，重则拳脚相加，使议员们抱头跑回选举会场。

第一次投票结果，袁世凯得票刚过半数，离法定票额相差太远。这时已中午时分，主席宣布休息后再继续投票。

这时，籍忠寅、田应璜、张汉、廖宗北、彭邦栋等议员，嗜吸大烟，瘾发了，涕泪满面，哈欠连天，想出门去吸几口，然而守门的"公民"不准。这些烟徒们抓耳挠腮，捶胸顿足，扯发撕衣，洋相百出。

第二次计票，袁世凯得票较第一次多了若干票，但还是不到法定票额。这时，天已经黑了，又不能散会，于是，主席汤化龙宣布，根据大总统选举第二条："两次投标无人当选时，就第二次得票较多者二名，决选之，以得票过投票人数之半者当选"之规定，请大家就得票较多的袁世凯、黎元洪二人投选其一，此外投选任何人，以废票论，不唱被选人姓名。

这个限制被选人的办法，使袁世凯和黎元洪并列起来，虽然贬低了袁世凯的身价，但是，国民党议员本不愿选，又不得不选，因为另选别人，选票不起作用。于是会场中响着嗡嗡的窃窃私语。

国民党议员们，一天没吃一点东西，饿得头昏眼花，手脚发软，胃里一阵阵痉挛，心里一阵阵发慌。有的人意志仍然非常顽强，私下议论说：投黎元洪！饿死也不选袁世凯！也有的人的意志开始软弱下来。而且会场外的"公民团"的叫喊声一阵又一阵地传进会场：

"不选袁大总统，谁也别想吃饭！"

"不选袁大总统，谁也别想睡觉！"

议员们听到外面的叫喊声，一阵阵心烦意乱。尤其是那些烟徒们，痛苦百般地在会场乱窜，到处寻找国民党议员，在国民党议员面前苦苦哀求，让他们放弃自己的意愿，放弃自己的信念，赶快选出大总统，好早早地散会。烟徒们又是拱手，又是敬礼，向国民党议员乞求。而国民党议员们饥饿、疲惫，也打起哈欠，流涕泪，神色近似麻木了。

在这种情况下，一直到了晚上 10 点钟才得出第三次投票结果，袁世凯得票过投票人数之半。于是，主席汤化龙大声宣告：袁世凯当选为中华民国第一届大总统。代表们鼓掌声稀稀拉拉，有气无力，国民党议员们不鼓掌，进步党中的老者、病者、饥饿者、发烟瘾者，疲极无力，也不愿意鼓掌了。

会场外的"公民团"听说选举完毕，也不欢呼万岁，而是一哄而散，各自回家睡觉去了。

次日继续选举副总统，因为昨夜折腾得很晚，有许多人病倒在床，出席的人少了许多，又因议员们吸取了昨天挨饿的教训，不想再折腾 12 小时才出结果，一次投票黎元洪便被选为副总统。

1913 年 10 月 10 日，袁世凯就任大总统，就职宣誓仪式与开国纪念同日举行。民国的第一任正式大总统，就是在这种闹剧中登场的。

袁世凯被选为大总统后，首先过河拆桥，下令解散国民党，解散国会。为了赢得帝国主义国家的支持，大肆出卖国家主权，擅自承认外蒙古“自治”，向日本借款，还企图承认英国划定的麦克马洪线。帝国主义得到了好处，美、英、法、俄、日、德等国先后承认中华民国，支持袁世凯。这使袁世凯更加有恃无恐，向《临时约法》开刀，要求“政治会议”修改约法，炮制《中华民国约法》，把总统的权力扩大到和皇帝一样；制定总统选举法，至此，袁世凯可以做终身总统，子孙还可以继任。

袁世凯复辟闹剧

1915 年，袁世凯笃信自己登基称帝的日子已经到来，因为最近的《顺天时报》几乎篇篇都是劝袁早日举行朝贺仪式，择吉举行登基大典，召宴外国使臣的文章，这正好与算命先生给袁批的八字相吻合，又正好与袁氏祖茔守茔人韩诚带来的消息相应验。前不久，韩诚匆匆忙忙赶来京城，诚惶诚恐地向袁世凯报告，说袁世凯的曾祖袁保中坟侧，夜间不时有红光出现，形同火炬，照耀方圆几里；又说，袁氏祖茔附近生长出一棵紫藤树，状似盘龙，长逾丈许。韩诚还将一块刻着“天命攸归”字样的石块送上，说是最近在祖茔中发现的。

原来这是迫不及待想做皇太子的袁世凯的儿子袁克定伪造的《顺天时报》，那些看祖茔的韩诚来报的“祖茔夜有红光”“生盘龙紫藤树”的消息，也是袁克定一手导演的。

以上这些都使袁世凯深信自己称帝是“天意”，于是加快了登基称帝的步伐。他曾向亲信透露：“如果全国老百姓一定要我做皇帝，我就做。”于是，袁世凯的狐群狗党便组织“筹安会”，宣扬君主立宪。袁世凯的宠臣梁士诒，立即

组织“全国请愿联合团”，策动请愿闹剧。一时间，全国各地五花八门的请愿团纷纷出笼。参加请愿团，劝袁称帝者，上自王公遗老、政府官僚、各省督军、巡抚使，下至车夫游民，无所不包，样样俱全。北京的乞丐和八大胡同的妓女也被分别组织起来，成立“乞丐请愿团”“妓女请愿团”，手持各色旗帜，大呼小叫奔向街头，齐立新华门外，跪呈劝进表，请求袁顺从民意，早登大宝。真是乌烟瘴气所在皆是，蛙鼓鸦噪处处可闻。

袁世凯明里造声势，暗里指使他的亲信剥夺民众言论自由，封闭国民党的报刊，并用逮捕、威胁、暗杀、金钱收买、许以高官等手段强奸民意。

如此“民意”，参政院决定在10月召开“国民代表大会”，议决是否改行“君主立宪”。

袁和他的亲信为了保险，让各省的代表从布满武装士兵的将军署大门走到投票厅，先听将军、巡按使发表痛诋共和、称颂君宪的演说，再在虎视眈眈的监视人员监视下投票。

在袁世凯指挥下，各省当即选出“国民代表”，开始“国体投票”。这样，似乎国民们都投了袁世凯称帝的赞成票。12月11日，参政院汇总“全国民意”，结果：各省“代表”1993人，赞成君主立宪的正好1993票。更妙的是，各省“推戴书”都一字不差地写着：“恭戴今大总统袁世凯为中华帝国皇帝，并以国家最上完全主权奉之于皇帝，承天建极，传之万世。”12月11日中午，当袁世凯接到参政院“推戴书”时，故作“谦让”，说什么“今若帝制自为，则是背弃誓词”。当天下午，参政院再度“劝进”，袁世凯不再辞让，一刻钟内，参政院拿出好像当场写成两千余字的“推戴书”，称颂袁世凯有“经武”（创练新军）、“匡国”（镇压义和团）、“开化”（办新政）、“靖难”（绞杀辛亥革命）、“定乱”（镇压“二次革命”）、“交邻”（卖国外交）六大“功烈”；而且“元首当视乎民意为从违”，既然今日“国民厌弃共和，趋向君宪，则是民意已改，国体宜变”，“民国元首之誓词，当然消灭”。于是，袁世凯在“尊重民意”的旗号下，大言不惭地说：“天下兴亡，匹夫有责，予之爱国，讵在人后？”

1915年12月13日上午9时，中南海居仁堂设好御案、御座，北京的文武官吏前来朝贺将要登基的袁世凯。袁身着大元帅戎装，光着头顶，站在座旁，左手扶着御座扶手，右手掌向上，不断地对向他行三跪九叩大礼的朝贺者点头示意。改国号为“中华帝国”，以1916年为“洪宪元年”，并定元旦举行“中华帝国皇帝”的登基大典。著名思想家梁启超给予袁世凯“东方式之怪魔的人物”“国中极恶之极恶”“最糟糕之统治者”等恶评。

护国运动

护国运动是发生在中国近代的内战，起因是袁世凯在1915年12月于北京宣布接受帝制，南方将领唐继尧、蔡锷、李烈钧等在云南宣布独立，并且出兵讨袁。袁世凯的军队受挫，南方其他各省之后亦纷纷宣布独立。袁世凯在内外压迫后宣布取消帝制。袁世凯窃取了大总统的职位后，就开始出卖国家主权，并对全国人民实行军阀统治，镇压革命人民，大搞特务统治，豢养了一批秘密侦探，随意抓人杀人，剥夺了《临时约法》规定的人民享有的基本权利。

帝制复辟甚嚣尘上之时，北京城厢内外警探密布，茶馆、饭店等公共场所，遍贴“勿谈政事，至于严究”。袁政府还在经济上横征暴敛各种苛税，比清朝有过之而无不及，全国各地农民奋起抗争，起义不断，日本提出“二十一条”和袁世凯卖国的消息传出后，人民掀起大规模的反日爱国运动，袁世凯政府已是众矢之的。

在全国反袁怒潮高涨的基础上，“护国运动”应运而生。1915年12月25日，即袁皇帝“登基”前一个星期，云南省宣布独立，蔡锷等组成“护国军”，点燃了护国战争的火把。

进步党本是袁世凯的附庸。但是，当梁启超1915年初确悉袁世凯要复辟帝制时，他判断帝制必败，因而谢绝20万元重赏，不愿入其彀中。8月，帝制丑剧紧锣密鼓，梁启超发表了著名的《异哉所谓国体问题者》一文，公开表明自己的反袁立场，在当时产生了相当大的舆论影响。及至全国反袁斗争风起云涌，

袁的败亡指日可待时，梁启超就与蔡锷策划，发动护国运动。

蔡锷，字松坡，湖南邵阳人，是梁启超在时务学堂时的学生，辛亥革命时在云南响应起义，任都督，后被袁世凯软禁于北京，是一位有才干的军事家。在梁启超秘密策划下，1915年12月初，蔡锷潜往日本，再经香港转赴云南，联合一部分中下级军官和反袁的国民党军人李烈钧等，组成“护国军”，12月25日宣布云南独立。1916年1月，护国军分三路向四川、贵州、广西进兵，讨伐袁世凯。

云南独立后，袁世凯向外国公使保证，该省兵力有限，六个月以内准可完全扑灭。然而，时局的发展和袁世凯的预料完全相反。1月27日，贵州宣布独立；3月15日，广西宣布独立，三省联成一气。再加上广东军阀龙济光，于5月合组“护国军军务院”，以唐继尧、岑春煊为正副抚军长，与袁世凯政权对抗。袁世凯色厉内荏，一面派北洋军在各地加紧“戡乱”，一面乞求帝国主义特别是日本的支持。但是，忙于大战的欧洲帝国主义，无力兼顾远东，救不了袁世凯的命。狡猾的日本眼见袁政权朝不保夕，决定将它一脚踢开，另在反袁势力和其他北洋军阀头目中扶植新的统治工具。日本政府不但插手护国军和中华革命党人领导的反袁运动，与冯国璋暗中联络，公开指责袁世凯称帝“妨碍了东亚和平”，而且串联各国拒绝接受使用“洪宪”年号的外交书。袁世凯走投无路，只得对外称中华民国，对内用“洪宪”纪年，被人们戏谑为“中西合璧”的“总统皇帝”。“太上皇”脸色变了，走狗只好自寻退路。2月25日，袁世凯被迫宣布延缓“登基”。

这时，北洋军阀内部也开始分化。袁世凯手下的两员大将段祺瑞和冯国璋，原来都以总统继承人自诩，期望有朝一日能接袁世凯的班。袁世凯称帝，使他们大失所望，因此不再唯袁之命是从，更不愿为帝制卖力。段祺瑞在一旁冷眼相看；冯国璋坐镇南京，与护国军暗通关节，并和江西将军李纯、山东将军靳云鹏等，联名密电袁世凯，要他取消帝制，交出权力。

袁世凯陷入人民反抗的汪洋大海，既失去了主子的信任，又失去了亲信的支持，惴惴自危，不得不于1916年3月22日宣布撤销帝制，23日颁令废止

"洪宪"年号，总共当了83天短命皇帝。

帝制是撤销，但袁世凯仍以"大总统"的名义发布命令，人民当然不答应。《十九省公民否认袁世凯冒称总统书》，痛斥袁世凯"不知有国民，不知有议会，不知有约法，不知有公论"，严正指出："袁逆不死，大祸不止。"全国各地发出通电，要求审判袁逆的滔天罪行。袁世凯的心腹们见大势已去，为了保住地位，相继宣布独立。5月22日，他最忠实的鹰犬四川督军陈宧，也通电宣布"独立"。29日，湖南督军汤芗铭又宣布"独立"。这时，袁世凯众叛亲离，形影相吊，真正成了一名"孤家寡人"。他手里拿着一份份电文，汗流浃背，目眩头晕，从此一病不起。

1916年6月6日，袁世凯因尿毒症不治而亡，时年57岁。同年8月24日正式归葬于河南安阳市。

府院之争与张勋复辟

1916年6月袁世凯死后，帝国主义列强失去统治中国的共同工具，中国出现了各派军阀割据和互相伙拼的局面。

北洋军阀分裂为以段祺瑞为首的皖系和以冯国璋为首的直系。段祺瑞得到日本的支持，握有中央大权，控制皖、鲁、浙、闽、陕等省。冯国璋以英、美为后台，控制长江中下游的苏、赣、鄂等省。奉天张作霖为首的奉系控制东北三省，得到本的扶植，成为皖、直两系以外的一支举足轻重的势力。此外，晋系阎锡山据有山西，张勋以徐州、兖州为地盘，桂系陆荣廷占有两广，滇系唐继尧盘踞云、贵。他们均在帝国主义的扶植下，各霸一方，纷争不已。

袁世凯死后，黎元洪和段祺瑞建立的联合统治，正是南北军阀纷争与妥协的产物。段祺瑞继承袁世凯的反动衣钵，一上台就想建立以国务院为中心的军事独裁统治，企图实行所谓"武力统一"，但各地军阀拥兵自重，并不听命于段祺瑞。在北京政府内部，段祺瑞独断专行，排斥黎元洪，引起黎元洪和副总统

冯国璋的不满。黎、冯联合反段。

张勋

1917年，黎、段矛盾围绕着对德参战问题而激化，爆发了“府院之争”。“府”即总统府，是以大总统黎元洪为代表的政治集团。“院”即国务院，是以内阁总理段祺瑞为代表的政治集团。这年2月，段祺瑞在日本的怂恿和支持下，主张对德宣战，借此向日本借款购置军械，扩充实力。美国见段祺瑞倒向日本一边，便放弃原来提出的要中国与美国采取一致行动对德参战的主张，指使黎元洪利用国会反对参战。4月，段祺瑞召集以皖系军阀为骨干的十余省督军，在北京举行“督军会议”，胁迫黎元洪和国会同意参战，遭到抵制。5月10日，国会讨论参战问题，段祺瑞沿用袁世凯的手段，组织“公民请愿团”包围国会，殴辱议员，并以武力胁迫黎元洪解散国会。5月23日，黎元洪在美国支持下，下令免除段祺瑞内阁总理职务。段祺瑞愤而离京赴津，发表通电，不承认黎元洪的免职令，指使各省军阀宣布脱离中央，并在天津设立独立各省总参谋部，策划武力倒黎。黎元洪无力争衡，求助于盘踞徐州的张勋出面“调停”，张勋却趁机演了一幕拥溥仪复辟的丑剧。张勋是没落的封建地主阶级的政治代表，是一个贪婪权势的野心家。他满脑子都是腐败透顶的封建思想。他在清朝的反动军队中混了20多年，辛亥革命爆发时，担任江南提督，带着清兵守南京。革命军围攻南京时，他疯狂地抗拒，结果被打得落花流水，从此对革命更加仇视。民国成立后，他在袁世凯手下当了将军。张勋一贯主张复辟清朝，为了表示忠于已被推翻的清廷，他不仅自己顽固地留着辫子，还命令他的士兵也都留着辫子。人们看到他那副怪模怪样都非常讨厌，给他起了个“辫帅”的外号，他的兵也被人们叫作“辫子兵”。1913

年，袁世凯命令他镇压孙中山发动的“二次革命”。他指挥辫子兵攻陷南京，大肆烧杀抢掠，进行报复，并趁机把辫子兵扩充到2万多人。不久又当上了长江巡阅使和安徽督军，一直盘踞在徐州。

张勋知道，复辟没有帝国主义支持是不行的。因此他极力向德、日帝国主义寻求援助。德国帝国主义分子早就对复辟分子表示支持。第一次世界大战爆发特别是中国发生“参战”问题后，德国为了维护它在华侵略权益，加紧扶植张勋。德国驻华公使辛慈亲自到徐州访问张勋，并表示愿意给他贷款。日本帝国主义分子佃信夫和陆军参谋次长田中义一也跑到徐州，帮助张勋策划复辟。

1917年春天，正在张勋紧张地从事复辟阴谋活动的时候，总统黎元洪和国务总理段祺瑞的矛盾爆发。段祺瑞想利用张勋达到他打击黎元洪的目的，就叫他的心腹徐树铮带着一伙军阀到徐州，鼓动张勋以武力解散国会并赶走黎元洪。张勋坚持要以复辟作为交换条件。徐树铮知道张勋是个复辟的狂人，别的听不入耳，就迎合张勋的意思，假装赞成复辟。这时黎元洪因受到皖系军阀即将进兵北京的威胁，慌了手脚，赶忙打电报叫张勋到北京去调停。张勋接到电报，满心高兴，决心乘机进京发动复辟。

6月7日，张勋打着调解黎、段冲突的幌子，带领3000多辫子兵从徐州出发，第二天到达天津，先强迫黎元洪解散国会，于14日进入北京。张勋到北京以后，复辟分子纷纷拥到北京。老保皇党头子康有为早就和张勋暗中往来，并在上海创办反动刊物，大肆宣扬尊孔复古，为清帝复辟摇旗呐喊，鸣锣开道。他接到张勋的邀请后，就带着一卷子事先拟好的复辟“诏书”“上谕”，兴冲冲地来到北京。张勋和康有为等人秘密策划以后，于6月30日晚上召集北京的军警头目开会，命令辫子兵把守清宫、车站、邮电局等要地。7月1日早晨三点钟，张勋等一伙封建余孽都换上清朝的翎顶袍褂，进入清宫，拥溥仪登上皇位，行三跪九拜大礼，复辟丑剧正式揭幕。

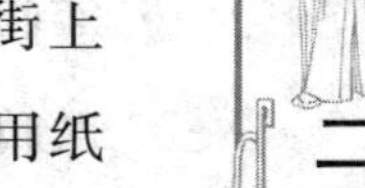

溥仪曾经很生动地描述了当时的情景：“据老北京人回忆当时北京街上的情形说，那天早晨，警察忽然叫各户悬挂龙旗，居民们没办法，只得用纸糊的旗子来应付；接着，几年没看见的清朝袍褂在街上出现了，一个一个好

像从棺材里面跑出来的人物；报馆出了复辟消息的号外，售价比日报还贵。在这种奇观异景中，到处可以听到报贩叫卖'宣统上谕'的声音：'六个子儿买古董咧！这玩意过不了几天就变古董，六个大铜子儿买件古董可不贵咧！'这时前门外有些铺子的生意也大为兴隆，一种是成衣铺，赶制龙旗发卖；一种是估衣铺，清朝袍褂成了刚刚封了官的遗老们争购的畅销货；还有一种是做戏装道具的，纷纷有人去央求用马尾给做假发辫。……假如那些进出紫禁城的人，略有一点儿报贩那样的眼光，能预料到关于辫子和上谕的命运，他们在开头那几天就不会那样地快活了。"

复辟的头一天，一气就下了八道"上谕"。把民国六年（1917）7月1日改为宣统九年五月十三日，恢复清朝末年的旧制度。张勋自封为议政大臣兼直隶总督和北洋大臣，集军政大权于一身。康有为当上了"弼德院"副院长，其余的复辟分子粉墨登场，分别得到议政大臣、尚书、侍郎等官职。各省督军一律改称巡抚或总督。当天，张勋还给各省军阀打了电报，叫他们改用宣统年号，悬挂龙旗。北京城内，群魔乱舞，旧货店里的满清朝服，一时成为畅销货，一帮遗老遗少们，又重新把这套古董货穿戴起来，为王朝复辟而弹冠相庆。大总统黎元洪逃到日本使馆避难。

复辟丑剧一开场，就遭到全国人民的激烈反对。孙中山号召革命党人，组织军队讨伐张勋。在张勋直接控制下的北京，大部分报纸也都自动停刊，表示抗议。各地报纸几乎一致对复辟势力口诛笔伐，都把张勋比作"妖孽""小丑"。一小撮复辟分子立即陷入了全国人民反复辟的怒潮之中。

段祺瑞见张勋解散了国会，赶走了黎元洪，自己的目的已经达到，就借助全国人民反对复辟的声势，组成"讨逆军"，自任总司令。7月3日，段祺瑞在天津附近的马厂誓师，宣布讨伐张勋。日本公使亲自出马给他筹集军费。各省军阀一看风头不对，也都变了卦，跟在段祺瑞的后边发出反对复辟的电报。大军阀段祺瑞之流是一帮野心家，共和也好，君主也好，在他们看来都是借以攫取政权，奴役和镇压人民的工具。

京津一带的"讨逆军"共五万多人，分东西两路沿京津、京汉路北进。防守丰台等地的辫子兵听见枪响就争先恐后地逃进北京城。复辟分子见势不妙，赶忙都溜出北京，连影子也找不到了。“讨逆军”很快打进了北京城，辫子兵纷纷缴械投降，被“讨逆军”给资遣散。

1917年7月12日，段祺瑞于是组成讨逆军讨伐，‘辫子兵’战败，张勋逃入东交民巷荷兰使馆。溥仪再次宣告退位，复辟仅12天破产。

护法运动

护法运动是指1917年7月到1918年5月，以孙中山为首的资产阶级革命党人为维护临时约法、恢复国会，联合西南军阀共同进行了反对北洋军阀独裁统治的斗争。经过张勋复辟这场风波之后，黎元洪下台，副总统冯国璋代理大总统，段祺瑞重任国务总理，上台当权的还是北洋军阀，段祺瑞把持中央政府大权。

对德参战，因已无国会，无须取得它的通过了。8月14日，段祺瑞政府对德宣战。段祺瑞政府在参战后，以“参战”为名，向日本进行大宗借款，组成所谓“参战军”，扩充皖系势力，实行反动卖国的武力统一政策。

当张勋复辟、解散国会的时候，孙中山就发出了维护《临时约法》的号召。段祺瑞赶走张勋后，孙中山曾致电段祺瑞，劝他恢复《临时约法》，实行资产阶级民主制度。但是，段祺瑞等声言民国已为张勋复辟所破坏，主张另行成立临时参议院，其目的在于抛弃旧国会和《临时约法》。这时孙中山认识到在段祺瑞等北洋军阀的统治下，中华民国仍然徒有其名，因而提出要打倒假共和、建立真共和的主张，号召拥护《临时约法》，恢复旧国会。1917年7月17日，孙中山从上海到广州，揭起护法的旗帜。海军部分将领程璧光等响应孙中山的号召，发表“拥护约法，恢复国会”的宣言，率第一舰队南下护法。部分国会议员也相继到达广州。桂系军阀陆荣廷和滇系军阀唐继尧也想利用孙中山的威望对抗段祺瑞，附和护法。8月25日，孙中山在广州召集在广州的议员130人的“非

常国会”。非常国会议决组织护法军政府，军政府设大元帅 1 人，元帅 2 人。9 月 1 日，开会选举，到会议员选孙中山为大元帅，陆荣廷、唐继尧为元帅。10 日建立了与北京段祺瑞政府相对立的南方政权护法军政府。

桂系军阀控制的两广，在张勋复辟时已宣布“自主”。段祺瑞重新上台后，唐继尧通电不承认段再任总理的合法性。西南军阀害怕段祺瑞吞并他们，所以也愿意借孙中山“护法”的旗号以图自保，还想趁北伐之机，扩充势力，因而也参与孙中山发动的“护法”。但是唐继尧、陆荣廷又不肯就任军政府的元帅，是为了不和北洋政府完全决裂，保留和北洋政府的总统、直系军阀的头子冯国璋进行勾结以图转圜的余地。

护法战争开始后，段祺瑞政府决定向南方各省用兵，10 月，命令直系军队进入湖南与护法军作战。他认为这样做既可以借直系军阀力量消灭护法军，又可以利用护法军削弱异己势力，阴谋消耗双方兵力，坐收渔人之利。而冯国璋则打算与南方军阀相勾结，挤出段祺瑞的皖系势力，夺取中央政府权力。于是冯国璋提出与“武力统一”对立的“和平统一”的口号。在冯国璋指示下，进入湖南的直系军队消极怠战，不替段祺瑞卖力。直隶、江苏、湖北、江西等省的直系督军又联合通电，主张与护法军政府和平解决，迫使段祺瑞辞去国务总理职务。但段祺瑞贼心不死，在日本帝国主义支持下，指使其爪牙徐树铮联合奉系军阀张作霖派兵进关，对冯国璋进行武力威胁。

1918 年 3 月，又唆使皖系督军团通电要求段祺瑞复职，冯国璋再任命段祺瑞为国务总理。皖系军阀又大肆叫嚣“武力统一”，并压迫直系军阀对南方作战。直系军阀曹锟、吴佩孚在湖南打了胜仗，攻占了长沙，段祺瑞马上任命皖系军阀张敬尧为湖南督军，以扩大皖系地盘。曹、吴对此极为不满，便按兵不动，六月，吴佩孚通电主张和平，反对段祺瑞的“武力统一”。南方护法军政府也发表通电赞成和平。在直系与南方军阀联合反对下，8 月下旬，段祺瑞被迫停止进攻，“武力统一”宣告失败。

西南军阀本来就不是真要支持孙中山的“护法”主张，他们之所以参加“护法”战争，不过是为了借助孙中山的政治威望，保存自己的地盘和势力，用以对付皖系军阀段祺瑞威胁的一种权宜之计。当他们与直系军阀有了勾结之后，不但不肯再按照孙中山的号令派兵北伐。反而觉得孙中山这个大元帅是他们和北洋军阀勾结妥协的障碍，便图谋排挤孙中山。他们对孙中山主持的军政府百般刁难，并枪杀拥护孙中山的海军将领程璧光。他们勾结由国民党的右派演变来的政学系议员操纵“非常国会”，于 1918 年 5 月 4 日决定修改军政府组织法，改组军政府，孙中山被迫宣布辞大元帅职，回到上海。辞职通电中说：

“吾国之大患，莫大于武人之争雄。南与北如一丘之貉。虽号称护法之省，亦莫肯俯首于法律及民意之下。……文于斯瘏口哓音，以致各省之觉悟，盖已力竭声嘶，而莫由取信。知我者谓我心忧，不知我者谓我何求，斯之谓矣。”

“非常国会”接着决议改大元帅制为总裁合议制，选举包括老官僚岑春煊及陆荣廷、唐继尧等七人为总裁。孙中山虽也被选为总裁之一，但实际权力已被西南军阀所篡夺，再不可能贯彻其“护法”主张。

以后，到了 1920 年，由于陈炯明的军队把桂系力量赶出广东，孙中山又回到广东，仍然在护法旗帜下成立“非常政府”，任“非常大总统”。陈炯明的武力是孙中山 1918 年任大元帅时为对抗桂系力量而培植起来的。在孙中山就任非常大总统后不久，陈炯明又勾结北洋军阀和帝国主义而发动政变，使孙中山再一次无法在广州立足，护法运动遭到彻底失败。护法运动的失败，标志着整个中国民族资产阶级领导的旧民主主义革命的终结。

冯国璋与北洋军阀首领

冯国璋（1859—1919）字华甫，河北河间人，北洋军阀直系首领，曾任中华民国代总统。1903 年中央练兵处任军学司正使。后历任统制和第一军总统。

冯国璋自清末至民国，历任显要官职，直至代理民国大总统，其社交面自然广泛。其晚年与南方军阀、进步党人（研究系）及某些国民党政客均有交往，但就冯一生而言，其主要的社交活动应说仍在“北洋同袍”圈内。军政人物的

社交，自然首重政治关系，其次才是私人交谊。政治关系与私人交谊一般是同步发展的，但二者又毕竟是性质不同的关系，故而也常有例外。历代政界人物私交尚好，而政治见解不同，乃至对立的例子并不鲜见。冯国璋与北洋“同袍”中某些人的关系就很复杂，政见与私交的矛盾也时有反映。

冯国璋与袁世凯

冯国璋对袁世凯一直怀有感恩戴德的心理。1917 年 6 月，袁世凯病亡周年时，冯国璋请其夫人赴河南祭奠袁氏。1919 年 4 月初冯国璋又派恽宝惠及其长子冯家遂赴彰德吊唁袁世凯夫人于氏，顺祭袁氏。总之，尽管后来由于袁世凯帝制自为使袁冯二人原有的政治关系实际上破裂，但冯还是终生铭记袁世凯对他的知遇之恩的。冯国璋自 1896 年投入袁世凯领导的新建陆军，每一步升迁，确实都得到袁的保举和提拔。而冯对袁确实也是忠心耿耿，北洋军的编练，北洋系统各类军事学校的创办，无一不有冯的心血。1909 年初，袁世凯因遭到载沣猜忌而被罢黜，冯曾几次寻由“乞假”未获准，遂“钳口结舌，随声画诺，不复言天下事”。1911 年 10 月武昌起义后，袁世凯复出，冯顿时振作，率军连克汉口、汉阳。冯国璋原有维系清室、实行“君宪”的主张，终因袁世凯的影响，放弃自己的主张。

冯国璋

袁世凯为结交、拉拢自己用得着的人，不仅舍得花费，而且善于找机会，钻空子，对症下药，投其所好，对上对下各有办法，手段之多罕有人比。袁为笼络所谓北洋三杰冯国璋、段祺瑞和王士珍下了不少功夫，仅对冯国璋而言，除了名位上的笼络外，知冯爱财，就以“特别费”名义送上大把银子，见其丧妻，又介绍自己的家庭女教师周砥与他结婚，用种种羁縻手段加强彼此的关系。

曾被北京政府通缉的所谓帝制祸首夏寿田在谈及袁世凯对冯国璋的笼络时，举了一些生活小事，对袁世凯在冯国璋身上所下的心思可见一斑。1915年6月下旬冯国璋到北京试探袁世凯本人对实行帝制的意向。袁对冯不说实话，但在生活上体贴备至，某日早上袁早餐时有牛奶酪，袁即令人打电话问冯是否已起床，并将这碗牛奶酪送去，“说是冯上将军爱吃的，总统今日早上正吃，便想起上将军，特地送来。”又一日，夏寿田与袁共进午餐，有大碗红烧猪膀，袁又说：“这是华甫爱吃的。”又令人以电话告冯稍等再吃饭，总统就送菜来。然后加上四个大馒头，差人送去，并说：“知上将军爱吃，特意送来。”冯国璋见袁如此体贴自己，更觉得袁不会对自己说假话，所以安心返回南京。待帝制运动公开后，冯国璋知自己受骗，对身边人说：“老头子真会做戏。”冯恐怕不仅指袁对自己的一番假话，还包括袁那些虚情假意的小恩小惠。

可以说，自袁世凯的帝制自为公开以后，冯国璋对袁的态度很矛盾。出于自身的利害和全国反袁的形势，他不赞成袁称帝自为，并消极抵制。但由于与袁有“分虽僚属，谊犹家人”的关系，他又不肯公开站到南方护国阵营一边。据冯耿光说，1916年初，他密至南京劝说冯国璋早日表明反对帝制的态度时，冯尚在犹豫不决中，反复说袁世凯是他的老上司，追随其已多年，相知甚厚，如何可以反对，后冯耿光说：“袁如不做皇帝，还可以保全大总统的地位。反对帝制，就是为了袁本人和其子女后代的安全，上将军此举，正是爱护老上司。”冯国璋被此话打动，做出劝袁退位的决定。

1916年6月6日，冯国璋初知袁世凯病亡时，大放悲声。但痛哭之后却又告家人说，“一件大喜事”。这种似乎有些自相矛盾的表现正是冯国璋对袁世凯的私人感情难以隔断而政治关系又已破裂的生动反映。

冯国璋与段祺瑞

冯国璋与段祺瑞相识还在投入袁世凯麾下之前。1885年秋，冯、段二人同时成为李鸿章创办的天津北洋武备学堂一期的学生，冯在步兵科，段在炮兵科。毕业后冯留校任教，段则被李鸿章选派赴德国学习炮兵。六七年以后，冯段二

人再聚首，即在小站新建陆军的兵营中。此时，段祺瑞被袁世凯委任为炮兵营统带兼随营学堂监督。冯国璋则被任命为督操营务处帮办，不久即升任该处总办。此后，冯段二人在袁世凯麾下基本上是平行向前发展。1903 年 11 月清廷成立练兵处，袁为会办大臣。段任练兵处军令司正使，冯任副使。当时袁即有意识地在冯段之间搞平衡，不让二人中一人压倒另一人。所以冯的军令司副使任命甫下，即随铁良、凤山等赴日本考察。此行归来后，冯改任练兵处军学司正使。在用二人主持保定北洋各军事学校时，袁也是如此，让二人平行发展，轮流主持，不发生统属关系。总之，清末民初，冯段二人无论在地位上，或是在名声上，可说是并驾齐驱。

正是由于冯国璋与段祺瑞地位与名声始终不相上下，所以袁世凯死后，北洋派无法形成一个中心。在短时期内，冯段二人之间一人从权势上绝对压倒另一个的局势无法出现，也就成为北洋嫡系一分为二，分为直皖两系的一个重要原因。不过，应当指出，从冯国璋在世时直皖斗争的形式看，主要还不是冯段个人之争，而是政见和派系之争。

袁世凯在世时，冯段二人虽是争宠的主要对手，但彼此并未生出什么不共戴天的深仇大恨，表面还是和和气气的，段祺瑞每见冯国璋，总要亲切地喊一声“四哥”，逢年节或袁世凯寿辰，两人总相邀一道去拜见袁。至袁世凯图谋称帝时，冯段二人虽分处京内外，但反对的情绪完全相同。袁世凯死后，二人都不具备直接继承袁世凯总统地位的条件，故而在拥护黎元洪继位问题上取得一致。在袁死后冯国璋任江苏督军（后兼副总统）这一年多中，冯段个人关系应说还是融洽的。据段府的亲信仆人说，这一时期，冯国璋到京，少不了到段府做客，“两个人挺有个近乎劲儿”，当时段乘坐的汽车（连同司机）均是冯赠送的。尤其是 1917 年 5 月下旬段被黎元洪免职后，段与冯来往函电甚密。7 月 1 日，张勋在北京发动复辟，段祺瑞决定出面讨伐，一面驰赴马场运动第八师（当时八师师长李长泰倾向冯国璋），一面亲笔拟定了只有“四哥援我”4 个字的电报，拍发给冯国璋。段祺瑞平定张勋以后不久，冯国璋应段一再邀请北上代理民国大总统，使直皖的派系斗争升级，也给冯段个人关系蒙上阴影。直皖矛盾的激化，固然由于冯段二人对南方是否用兵问题所引起，但其加剧，以至不可调和，与徐树铮有很大关系。很多材料表明，徐树铮勾结张作霖于秦皇岛截夺本应属北洋各军的枪械及枪杀直系老将陆建章两件大事，事先都未征得段祺瑞的同意，而是先斩后奏。1918 年 10 月，冯国璋终因安福系压迫告退。但由于段祺瑞也同时辞去国务总理一职，冯段的个人关系表面始终未破裂。

1919 年 9 月下旬，避居家乡近一年（有时住京津）的冯国璋又以商榷第十五师、十六师的管辖和军饷问题为名到京活动，其间冯接受靳云鹏建议，亲赴段祺瑞府上与段晤谈。当时报纸上刊登了“冯段交欢”的新闻。据在场知情人透露，冯当时向段提出，不要再偏信徐树铮一人，直皖两系携手共维大局的建议。但是冯在这一提议尚未见一些眉目时，就一病身亡了。

对冯国璋突然病亡，段祺瑞表现得异常悲痛，两次亲赴冯宅吊唁，并均放声悲哭。以段祺瑞的性格和平日作为，似不可能完全做假。段祺瑞恒冯的挽联写道：

兵学砥砺最相知，每忆拔剑狂歌，

曾与誓，澄清揽辔；

国事纠纷犹未已，方冀同舟共济，

何遽仿，分道扬镳。

冯国璋与张勋

除上述二人，冯国璋与张勋的关系也颇微妙。冯张初识当是在新建陆军的军营中。张原为淮军将领宋庆部下，不大得志又转投袁世凯，先充新建陆军工程营统带，后又任行营中军（相当于督练处的总务长）。但直至 1913 年“二次革命”爆发，二人在北洋军中互不统属，关系一般，交往亦不多。1913 年 8 月，冯张二人奉袁世凯之命攻打南京。张勋因先入南京一步，遂被袁世凯委任为江苏都督。后因张部纪律等问题，引起对外交涉，袁又借机以冯代张，坐镇东南。此后，张勋移驻徐州，二人往来日多。

袁世凯行帝制时，冯国璋知张反对袁称帝，袁对其也有所猜忌，试图与张

结盟，共同出面组织南京会议，迫袁世凯退位。1915 年 5 月上旬，冯亲赴徐州，并与张勋、倪嗣冲结为金兰兄弟。结果张勋、倪嗣冲均不肯为冯所用，闹得南京会议毫无结果。袁世凯病亡后，张勋又想拉冯国璋与其一道乘机复辟清室，不但没得到冯的支持，反被冯嘲弄一番，从此二人关系渐趋冷淡。

1917 年 5 月，段祺瑞被黎元洪免去国务总理。皖系干将倪嗣冲、徐树铮到徐州鼓动张勋乘机率兵进京"作自己的文章"，冯国璋对张勋北上的意图很清楚，却佯装不知，表示支持张勋"以调人立场"入京，缓和政争。待张勋在京发动复辟时，冯则明确支持段祺瑞出兵讨伐。张勋失败后，对冯颇有怨言。

除张勋以外，冯国璋与倪嗣冲、曹锟等关系也颇微妙。至于冯国璋与王士珍、李纯等人的关系，则是政见相同，私交深厚，比较清楚。

新文化运动

新文化运动是由陈独秀、李大钊、鲁迅、胡适、蔡元培、钱玄同等一些受过西方教育（当时称为新式教育）的人发起的一次"反传统、反孔教、反文言"的思想文化革新、文学革命运动。

辛亥革命虽然结束了长达两千余年的封建君主专制统治。但是，在思想领域内，封建思想并没有清除。随着袁世凯掀起的尊孔复辟的逆流，封建旧思想、旧伦理、旧习惯又沉渣泛起。

500 多种报纸在"二次革命"后大多被袁世凯查封、收买，余下的也销路锐减。青年学生毫无自由可言，在 1914 年 3 月 2 日北京政府公布的《治安警察条例》中，规定青年学生"不得加入政治结社"。

袁世凯企图用孔孟之道来控制人们的思想，用专制高压手段来束缚人们的行动，但是经过一场全国性革命运动所出现的民主思潮，毕竟是不可遏制的。一些先进的知识分子迎着这股逆流前进，在文化思想领域里掀起了一场新的斗争。

1915年9月15日，在喧闹的大上海，一本名叫《青年》的杂志诞生了，与一般的社会流行杂志不同，《青年》杂志从它创刊之日起，就显示出勃勃生机和活力，磁石般地吸引着关注国家、民族命运的有志青年，但谁也没有想到，它吹响了中国历史上具有划时代意义的思想解放运动的进军号角，标志着五四新文化运动的开始。它的创办人是陈独秀。

陈独秀，字仲甫，安徽怀宁人，早年留学日本，学成归国后，在安徽创办《国民日报》《安徽俗话报》等报刊，显示出过人的才华，引起人们的注目。1915年9月，他在上海创办《青年》杂志，从1916年第2卷第1号开始改名《新青年》，高举起民主和科学两面旗，成为当时中国思想界最活跃的人物。

1917年1月初，蔡元培就任北京大学校长，他决心把这所封建色彩浓厚的全国最高学府改造为西方资本主义式的大学，准备从社会上聘请一些具有真才实学的革新人物。一天，医专校长汤尔和告诉蔡元培："《新青年》杂志的主编陈独秀正在北京，是个难得的奇才。"蔡元培当天便挑灯翻阅了汤尔和送给他的10余本《新青年》，被陈独秀的激进思想折服，当即决定聘请陈为北京大学文科（文学、哲学、历史各门）学长。并马上去前门一家旅馆拜访陈独秀，当场拍板决定。不到半个月，北京大学就向陈独秀发出了由北京政府教育总长签署的正式委任书。

陈独秀就任北京大学文科学长后，《新青年》编辑部也从上海移到北京，在京的新文化界人士李大钊、胡适等也到北大任教，成为《新青年》的主要撰稿人，北京大学也自然成为新文化运动的中心。

李大钊，字守常，河北乐亭人，生于1889年（光绪二十四年）10月6日，24岁时东渡日本，考入早稻田大学，学习政治，参加反对袁世凯卖国的革命活动。1916年夏归国后，担任北京《晨钟报》编辑，成为新文化运动的主要代表人物。

胡适，字适之，安徽绩溪人，生于1891年（光绪十七年）12月17日。1910年考取清华官费留学生，先后入美国康奈尔大学和哥伦比亚大学学习，是著名实验主义哲学家杜威的学生。1917年归国后，被蔡元培聘为北京大学教授，他系统提出了文学改良的意见，在当时的进步青年中影响很大。

此外，还有钱玄同、刘半农、沈尹默、周树人（鲁迅）、吴虞等人，也都是新文化运动的主要代表人物。

新文化运动的基本内容是提倡“民主”与“科学”。当时称作“德先生”，就是德莫克拉西（democracy 民主）；称作“赛先生”，就是赛因斯（science 科学）。他们认为，近代以来，欧洲文明之所以一天比一天兴盛强大，根本原因就在于“德先生”和“赛先生”的作用，就像一辆车的两个轮子一样，缺一不可。而中国要想尽快摆脱民族危亡的不利处境，也急需“德先生”和“赛先生”鼎力相助。当时，新文化运动的倡导者提倡的民主，就是用资产阶级的民主政治来代替封建的专制政治；他们所提倡的科学，是提倡学习科学知识，并用科学的观点去重新评价一切事物。

提倡民主与科学，必然要在思想上反对封建的礼教。因此，新文化运动的锋芒很快就指向了维护封建专制的孔子学说，喊出了“打倒孔家店”的口号。

1916 年 9 月 1 日，一个名叫易白沙的学者在《新青年》2 卷 1 号发表了《孔子平议》一文，指名道姓，向孔子开战。随后，陈独秀、李大钊、鲁迅、吴虞等人，都写出了一批战斗性很强的文章，抨击以孔子为代表的儒家学说。1918 年 5 月，鲁迅在《新青年》上发表了中国新文学的第一篇创作——《狂人日记》，他借一个“狂人”的口，来揭露封建礼教“吃人”的本质，其中有一段写道：“我翻开历史一查，这历史没有年代，歪歪斜斜的每页上都首写‘仁义道德’几个字。我横竖睡不着，仔细看了半夜，才从字缝里看出来，满本都写着两个字是‘吃人’！”

吴虞也写道：“我们不是为君主而生的！不是为圣贤而生的！也不是为纲常礼教而生的！……我们如今应该明白了！吃人的就是讲礼教的！讲礼教的就是吃人的呀！”这对封建伦理道德的批判和揭露是极为深刻的。

随着思想革命的展开和深入，文学方面也出现了一次革命。

1916 年 10 月的一天，陈独秀接到正在美国留学的胡适的来信，提议应从八个方面对文体进行改革。后来，胡适把这些意见写成《文学改良刍议》一文，发表在《新青年》上，这八个问题是：文章要言之有物；不模仿古人；要讲求文法；不做无病呻吟；去掉无用的套话；不用典故；文章不讲对仗；不回避俗字俗语。这是新文化界首次提出文学改良问题。

稍后，陈独秀也写了一篇《文学革命论》，提倡用通俗易懂的白话文来表达新思想。鲁迅还发表了《孔乙己》《药》等一系列白话小说，在社会上掀起了文学革命的狂潮，取得了丰硕的成果。到1920年，教育部决定，中小学开始使用白话文的语文教材。

新文化运动的展开，猛烈地冲击了封建旧的思想文化秩序，封建顽固势力立即组织反扑，陈独秀为此在《新青年》上发表“答辩书”，坚定地表示：“我们现在认定，只有德先生和赛先生可以救治中国，西洋人因为拥护德、赛两先生，闹了多少事，流了多少血，德、赛两先生才渐渐从黑暗中把他们救出，引到光明世界。今天，因为拥护这两位先生，一切政府的压迫。社会的攻击笑骂，哪怕是断头流血，都不推辞！”

表现了新文化运动倡导者们誓与封建旧文化决裂的战斗精神。

新文化运动是近代中国历史上一场规模空前的反封建思想解放运动，它高举民主与科学的旗帜，对封建旧的思想文化展开了狂风暴雨般的扫荡，把许多人从封建蒙昧状态下解放出来。虽然这个运动仍然局限于知识分子圈子里，对中国传统文化也缺乏冷静的批判与继承，但它加速了中国人民的觉醒，为马克思主义在中国的传播创造了有利条件。

正当中国先进知识分子在文化思想战线上同封建旧势力苦苦鏖战的时候，1917年11月7日（俄历10月25日），俄国十月社会主义革命发生了。十月革命的胜利，开辟了人类历史的新纪元，给中国革命带来了新时代希望的曙光。

从此，新文化运动改变了方向，人们对西方资本主义制度表示怀疑，开始面向俄国，寻找新的革命出路。到1918年11月，第一次世界大战以协约国击败德国而告终，15日，北京大学在天安门前举办演讲大会，李大钊阔步登上讲台，面对着台下的学生和群众，发表了《庶民的胜利》的著名演说。

李大钊首先向台下问道：“胜利了！胜利了！究竟是谁的胜利？我们庆祝，

究竟为谁庆祝？”接着，他又明确告诉人们：“这回胜利，不是哪一国的军阀或资本家政府的胜利，而是全世界庶民的胜利。1917 年的俄国革命，是 20 世纪中世界革命的先声，试看将来的环球，必是赤旗的世界！”

这代表了部分激进的具有初步共产主义思想知识分子的心声，也体现了近代中国历史发展的大趋势。很快，以 1919 年五四运动的爆发为标志，近代中国进入了新民主主义革命的历史阶段。

徐世昌在五四运动中

“文明对待”学运狂飙

1919 年 5 月 4 日上午，北京高等师范学校与北京大学、中国大学等 13 校代表，在法政专门学校开会决议下午在天安门前举行集会和游行示威。下午，北京中南海总统府内觥筹交错，欢声笑语，徐世昌正在为刚刚回国的驻日公使章宗祥接风洗尘。国务总理钱能训、币制局总裁陆宗舆、交通总长曹汝霖等在座作陪。酒至酣处，众人谈兴正浓，忽然间电话铃声大作，秘书长吴芨孙忙上前去接，随即对徐世昌说：“总统，警察厅总监吴炳湘有要事向您禀报。”

徐世昌起身离座，心里暗自嘀咕，这时候吴总监有何事情？“报告总统，大事不好，北京各校几千学生正在天安门集会，要求外抗强权，内惩国贼，并且还要到东交民巷游行示威，向各国呼吁公正解决山东问题。”吴炳湘气急败坏，声音颇大，在座诸人均听得一清二楚。曹汝霖、陆宗舆、章宗祥三人都很不自在，章宗祥更面露尴尬之色，他从日本回到北京刚下车时，就有人群围住他，指斥为卖国贼。

徐世昌一向主张学生职在求识，应专心读书，不得过问外事，尤不能参与政治。现在听到学生集会游行的消息，不禁又急又气，“一群学生，知道什么，纯属意气用事，赶快让他们解散回校。不过不要动武，要文明对待。”

尽管徐世昌回席竭力调剂，但曹、陆、章三人仍郁郁寡欢，宴席很快不欢而散。

原来4月底，巴黎和会上山东问题交涉失败的噩耗传至国内后，各地各界人民愤慨万分。5月2日，北京大学学生得知这一晴天霹雳的消息后，当即在北大西斋饭厅召开紧急会议，商讨决定5月3日晚7点在北河沿北大法科礼堂召开全体学生大会，并邀请北京13所中等以上学校学生代表参加，共同讨论对付办法。

5月3日夜晚，北大校园沸腾起来。学生无心再去读书，也无心再去娱乐，都怀着一颗赤诚的心，满腔怒火奔向法科礼堂，去讨论如何拯救自己的祖国。他们边走边议论，大骂卖国贼曹汝霖（负责签订中日二十一条协定）、陆宗舆（经手济顺、高徐铁路借款）、章宗祥（对山东善后协定签“欣然同意”换文）。

夜幕已经降临，北河沿法科礼堂内外，挤满了来开会的学生。除北京大学一千多同学全体参加外，出席的还有其他十几所学校的学生代表。学生们纷纷登台演说，慷慨激昂，声泪俱下。一名学生纵上讲台，大声疾呼：“我们的外交失败了，日本就要成功了。山东大势已去，中国的领土破坏，中国就要亡了。同学们，我们要起来外争国权，内除国贼。”

台下遂有人振臂高呼：“中国的土地可以征服而不可断送，中国的人民可以杀戮而不可低头。”

法科学生谢绍敏悲愤填膺，当场咬破中指，裂断衣襟，血书“还我青岛”四字，揭之于众。这就更激起了学生情绪，鼓掌声、呐喊声相继而起，“拒绝签字”“争我山东”……全场一片凄凉悲壮气象。

沸腾声中，大会做出四项决定：（1）联合各界，一致力争，拒斥巴黎和会之决定；（2）通电巴黎专使，坚持和约上不签字；（3）通电全国各省市于5月7日国耻纪念日，举行游行示威运动；（4）5月4日齐集天安门，举行学界大示威。

5月4日下午一点，北京十几所学校学生3000余人，从四面八方汇集天安门，围聚在金水桥前华表之下。大家手中挥舞着各色的小旗，上写“还我青岛”，“誓死力争”，“保我主权”，“宁为玉碎，不为瓦全”，“头可断，青岛不可

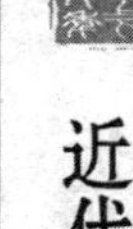

失"，"诛卖国贼曹汝霖、章宗祥、陆宗舆"，"国民应当判决国贼的命运"，等等。最引人注目的是金水桥南竖起一面大白旗，上书一副对联：

"卖国求荣，早知曹瞒遗冢碑无字；

倾心媚外，不期章惇余孽死有头。"

末行写："北京学界挽卖国贼曹汝霖、章宗祥千古"。显然，是借历史奸臣曹操、章惇来含沙射影辱骂曹汝霖、章宗祥二人。谢绍敏"还我青岛"的血书也悬挂出来，很是激动人心。

学生们在天安门集会，军警们很快得知了消息，警察厅总监吴炳湘向徐世昌请示命令。得到总统指示后，吴炳湘赶紧协同步军统领李长泰前往天安门劝告学生解散。

这时，教育部也派出代表劝阻学生集会游行，让他们从速解散，有什么要求尽可向教育部提出。学生们万众一心，高呼："我们今天的行动，教育部管不了。"

吴炳湘赶到后，即向学生宣告："我们是承大总统命令来的，今天天气很热，请诸位赶快回校休息。"

北京的5月，刚过中午，天气确实很热，但是学生们爱国救国之心却更热。大家不听劝阻，继续整顿队伍前往东交民巷外国使馆请愿。

学生人多心齐，一致行动，吴炳湘等人劝阻不下，也无办法。学生们出发之后，吴炳湘立即向徐世昌做了汇报。

徐世昌正关注天安门的集会情况，得知吴炳湘等人劝阻失败后，也无可奈何，只得任由学生们前去东交民巷。他估计到学生可能还会到曹汝霖官邸示威，就命令吴炳湘派三四十名警察前去保护，免生意外，但他特意叮嘱吴炳湘："勿要携带枪支、警棍，一定要文明对待。"

东交民巷就在天安门广场东南角不远的地方，宽敞的巷子里，矗立着各种各样的外国房屋：英式的、美式的、日式的、法式的……尖顶的、圆顶的、平顶的……红色的、白色的、黄色的……俨然一小小世界。

游行的学生们从天安门出中华门，行至东交民巷西口，就被使馆界巡捕房阻于铁栅栏之外，说是因《辛丑条约》的规定，绝不允许学生进入。无奈之下，学生们只得推举段锡明、罗家伦、许德珩、狄福鼎4人赴英、美、法、意四国使馆呈递山东问题意见书，呼吁为中国主持公道。结果因为这天正好是星期天，美使芮恩施已赴西山；法使已往三贝子公园；意英两使亦皆出游。意见书则只有美国使馆接纳。

3000余名学生被阻于东交民巷西口，在炎炎烈日下晒了整整两个小时，虽无厌倦之容，难免愤恨之态。大家痛感："国家犹存，自家土地就不让通行；果至国家败亡，屈辱痛苦，又能怎样？"素被外力欺压的人们顿时愤激起来，大家高喊："大家往外交部去，大家往曹汝霖家里去。"随即，学生们以排山倒海之势向赵家楼曹宅进发。

学生们从东交民巷西口出发，走户部街，东行经富贵街、东户部街、东三座门大街，跨御河桥，沿东长安街经东单牌楼、石大人胡同、大羊宜宾胡同、东口沿宝珠子胡同，径趋赵家楼。沿途中，学生们边有秩序地行进，边向群众散发传单，宣传"民贼不容存，诛夷曹陆章"；"泣告我同胞，患莫留心腹"。爱国热情，溢于言表。沿途人民无不为之感动、流泪，许多外国人也向他们脱帽喝彩，学生们备受鼓舞。

到了赵家楼胡同，远远地望见曹宅内外军警林立，门窗紧闭。学生们更被激怒了，高呼："卖国贼曹汝霖出来见我！"并冲上前叩击大门。周围警察忙上前拦阻，双方即发生争执。这时有的学生便绕屋爬进曹宅，将大门打开了。门外的学生们如鲫如鳞一拥而入，寻找曹汝霖。结果因为曹汝霖早已藏匿，学生们只找见正在曹宅的章宗祥，误以为是曹而将之痛打一顿，随即就有人纵火焚屋。一时宅内浓烟四起，一片混乱。

警察总监吴炳湘闻知这一消息，急忙与步军统领李长泰带了警察、保安队300余人赶到，挥舞木棍、枪托将学生驱散，又逮捕了许德珩、曹永、张德等32人。

学生们的这些活动强烈地震撼了北洋政府。5月4日晚，国务总理钱能训在家中召集全体阁员及有关人员，举行紧急会议，商讨对策。段祺瑞一派袒护曹、

陆、章三人，力主对肇事学生予以严惩。在学生集会于天安门广场时，北京卫戍司令段芝贵就曾准备派出军队弹压，由于钱能训、吴炳湘秉承徐世昌“文明对待”之意旨，坚决抵制镇压学生，他才没有得逞。如今事态扩大，段芝贵更为嚣张，气狠狠地叫嚷：“我们宁可十年不要学校，也不能再容一日如此学风。”

随即有人响应：“对，我们应该将参加此次游行的学校一律解散，将各校校长一律免职，以示惩戒。”

徐世昌得知学生们火烧赵家楼，痛打章宗祥，非常恼火，埋怨他们只顾逞一时之勇气，做事不思后果。但他毕竟能体谅学生们的一片爱国热忱，知道他们是出于激愤，才做出这番举动。所以徐世昌不同意皖系严惩、镇压的主张，他想通过各方周旋，缓和处理，将大事化小，小事化了。但皖系正紧盯着他如何处置，他不便马上公开袒护学生。经前思后想，5月6日，徐世昌拟出一道命令，以大总统名义发布。该令云：

方事之始，曾传令京师警察厅，调派警队，妥为保护。乃未能即时制止，以致酿纵火伤人情事。迨经警察总监吴炳湘亲往指挥，始行逮捕解散。该总监事前调度失宜，殊属疏误。所派出之警察人员，防范无方，有负职守。着即由该总监查取职名，呈候惩戒。

他既没有为曹汝霖、章宗祥申冤，也没有责备学生，只训斥了警察总监吴炳湘，要惩戒警察人员，这也只是表面文章，徐世昌可谓用心良苦。

对于被捕的学生，徐世昌原本就没有成见。在各界团体、各界人士纷纷电请释放被捕学生的情势下，他担心违背民意，会惹起更大的风潮而后患将不堪设想，所以他不顾段祺瑞、徐树铮等人欲将“拟兴大狱”、把被捕学生“处以非刑”的耸听危言，接受了吴炳湘释放学生的建议，于5月7日将被捕学生全部释放回校。保释学生的北大校长蔡元培履行诺言，劝各校学生在7日复了课，也没有参加国民大会，局势似乎平稳了许多。

文人总统的胳膊与武人首领的大腿

徐世昌的这番缓和处置，尽管暂时平息了学潮，但段祺瑞等人却相当不满，他们开始采取反击行动。一方面，他们指使安福系在《公言报》上公开为曹、章二人辩护，攻击府院和教育界纵容学生，并叫嚣要撤换蔡元培校长职务，代以安福系文人马其昶；另一方面，派出大批军警加强对学生、群众爱国运动的冲击和镇压。这时还传闻徐树铮已调来大批军队，在景山上架起大炮，准备轰击北京大学；同时，他们又让曹汝霖、章宗祥将被辱情形呈报徐世昌，万陈冤情，坚决要求政府惩办学生。

面对皖系这一系列倒行逆施的行动，徐世昌明白段派不满，决不会善罢甘休。他担心再包容学生，段派会施展更激烈的反抗手法，局势日益变糟。况且曹、章二人被辱，亦属实情，有必要借此明正校纪，整顿学风。

5月8日，徐世昌又下两令。一令对于北京大学等13所学校学生之扰及治安，开始有所指责，着有关机构亟力整饬学风。令云：

学校之设，所以培养人才，为国家异日之用。在校各生，方在青年，性质未定，自当专心学业，岂宜干涉政治，扰及公安。所有当场逮捕滋事学生，即由该厅（京师警察厅）送交法庭，依法办理。至京师为首善之区，各校学风，亟应力求整饬。

二令对业已提请辞职的曹汝霖予以慰留，声称曹“从政有年，体国公诚，为本大总统所深识。流言诋毁，酿致事端，以至毁屋殴人，扰害秩序。该总长因公受累，实疚于怀……务以国家为重，照常供职，共济艰难，所请应毋庸议”。

同时，为了安慰曹汝霖、章宗祥，并借以缓和段祺瑞等人的反抗情绪，徐世昌分别将曹、章安置于风景宜人的北海团城、北海静心斋，又派人送给二人各5万元，“一为盖房，一为养伤”，“斟酌周到，煞费苦心”。但是段祺瑞并不买账，让二人把钱还回去，声称“我们不是可以用金钱收买的”。段祺瑞、徐世昌之间的矛盾由此趋于表面化。

徐世昌这两道严惩学生、庇护曹汝霖的命令，使广大师生感到爱国有罪，卖国无咎，纷纷起来抗议，刚刚平静的学潮再次鼓动起来。

由于皖系反动派把“北京学生一万五千人所为之事，乃加罪于北大之一校，北大一校之罪加之于蔡校长之一身”，北大校长蔡元培不堪忍受其攻击指责，首先于5月9日“引咎辞职”，以为广大学生解脱“罪责”。离京出走前，他又向北大师生留一启事：“我倦矣！‘杀君马者道旁儿’，‘民亦劳止，迄可少休’，我欲少休矣！……”在皖系攻击之下，他无可奈何辞退的颓然心情，跃然纸上。

接着，教育总长傅增湘在5月6日提出辞职后，也于5月11日避走西山。段祺瑞等人的意图得逞了。

但是，广大爱国学生却再也无法保持沉默了，他们以更大的声势发起了挽留蔡元培、傅增湘的斗争。5月9日，北京大中专以上学生组成北京学生联合会，连续召开会议，一面上书教育部，要求政府明令挽留蔡元培，并立即采取措施；一面向全国各界发出通电，要求支援。电称：“北京大学校长蔡元培因受外界胁迫辞职他去，请一致挽留。”“北京大学校长蔡元培先生辞职出京，群情惶惑，恐酿大变，务乞各界重察。”5月12日，学生们又做出决定：如政府无满意答复，则一致罢课。

学生们的爱国斗争得到社会各界进步人士的积极支持。首先北大李大钊、马寅初、马叙伦等教授同学生们站在一起，决定“如蔡不留，即一致总辞职”。接着，北京直辖各大、专学校校长亦先后统一向教育部具呈辞职，以示挽留蔡、傅之决心。除教育界外，北京许多社团也响应学生，积极进行了挽留蔡、傅的斗争。《申报》《晨报》等报刊杂志都发表评论，称赞学生的行动是爱国之举，予以大力支持。

北京学生的爱国运动还得到全国各地热血青年的一致响应。天津、上海、武汉等城市纷纷成立学生联合会、救国十人团等团体，不断举行集会、游行，强烈要求北洋政府惩办卖国贼，拒签对德和约。在东京的留日学生也响应北京学生的集会游行，于5月7日举行国耻纪念，组织游行示威，并向英、美、法等国使馆请愿。但他们的爱国行动遭到日本军警的残酷镇压，被拘捕36人。东京事件震动了国际舆论，更激励了国内爱国运动如火如荼蓬勃发展。

段祺瑞对北京及至全国的学潮十分震怒。在学潮的压力下，他的亲信曹汝霖、陆宗舆已分别于5月6日、5月9日提出辞职；5月11日，日本公使小幡酉

吉也就学生的反日行动和抵制日货运动向北洋政府提出了所谓“强烈抗议”。所以段祺瑞对徐世昌、钱能训的缓和态度非常不满，指责他们软弱无能，应付学潮太过无力。为了根本扭转局势，他指使安福国会策划倒阁运动，企图扳倒钱能训，剪除徐世昌的帮手，代以安福党魁王揖唐出任国务总理，严厉弹压学潮。

5月9日，安福国会众议员李继桢等人以巴黎和会外交失败为由，弹劾钱能训违法失职，辱国丧权。

他们在歇斯底里攻击钱能训的同时，也将矛头暗中指向了总统徐世昌！

面对拥兵逞雄、控制国会的段派的咄咄逼势，徐世昌颇有焦头烂额、无力应付之感。巴黎和会的外交失败无法解决，由此引起的学潮风起云涌，荡及全国；加之上海南北和谈陷于僵局，山重水复，内外交困。在北京，段派处处与他作对，破坏南北和谈，指责外交失败，逼迫压制学潮，他这个总统真是为难、计穷了。

为了应付危殆的时局，5月14日，徐世昌邀段祺瑞与全体阁员、安福国会两议长在总统府举行特别会议，讨论外交、上海和会和学潮问题。徐世昌进退无门，段祺瑞就更为嚣张，趁机对徐世昌施加更大的压力。关于学潮问题，段祺瑞气愤地说：“政府不当机立断取缔学生运动，而是一再姑息，缓和退让，导致学潮愈演愈烈，大有无法控制之势。如今日本公使已提出抗议，再如此下去，恐怕各国公使均要出面干涉了。”

徐世昌亦担心会引起各国干涉，无话以对。

众议院议长王揖唐主张：“政府应首先罢免蔡元培、傅增湘，改派得力之人出任北大校长和教育总长，对学生严加管束。”

“但蔡、傅二人在教育界深孚众望，让他们解职，各校学生、教员必群起反对，恐怕学界风潮将继续扩大。”徐世昌对此表示忧虑。

段、王二人一致表示：“无论如何，希望总统、总理采取措施，及早解决学潮问题。否则导致武力解决，后果将不堪设想。”

徐世昌、钱能训都能听得出他们语中的威胁之气，领会得到他们话中的弦外之音。徐世昌经再三考虑，得出结论：孺子起事，难成大器。与其让段派武

力镇压，不如自己亲自下令，严加约束。

徐世昌

5月14日，徐世昌连下四道命令。一令命“京畿警备总司令、步军统领、京师警察厅总监、军警督察长、京兆尹等，一体认真防护，共维秩序，遇有纠众滋事、不服弹压者，依法逮惩”，以切实取缔学潮。

二令告诫学生“持以镇静”，否则“稍涉纷扰，恐速论胥，名为爱国，适以误国”，所以“务各安心向学，毋得干预政治，妨害学业”，“其有不率训诫，纠众滋事者，查明斥退”。

三令挽留蔡元培，以安学生之心。“该校长殚心教育，任职有年，值兹整饬学风，妥筹善后，该校长职责所在，亟待认真擘理，挽济艰难，所请解职之处，着毋庸议”。

四令挽留陆宗舆，以安段祺瑞之心。“该总裁等相从办事有年，勋勤夙著，未可以流言附会，致掩前劳……所请免职之处，着毋庸议”。

徐世昌这番做法，既向皖系、安福系做了让步，又为学生留有余地，他希望借此缓和局势和双方冲突。

然而，段祺瑞等人得寸进尺，继续对徐世昌、钱能训施加压力，逼迫北洋政府于5月15日下令罢免了教育总长傅增湘，由次长袁希涛暂时代理。随即他们就谋划控制教育大权。

5月16日，安福系政客在太平湖安福俱乐部总统府召开会议，讨论教育总长人选问题。王揖唐得意扬扬地告知众人：“经本议长与徐总统、钱总理交涉，政府已答应让参议院副议长田应璜出任教育总长。”

田应璜是安福系的重要人物，这帮政客闻知其势力从此可伸向教育界，不禁大喜。他们又拟议以黄云鹏或吴文瀚这两名安福爪牙为教育次长，甚至连教育部各司长及其所辖各校校长的人员名单也都拟定出来了。他们为此眉飞色舞，乐不可支，俨然已经操纵教育界，日后可对学界为所欲为了。有人即大呼：“本部自有会议以来，还没有像今日如此痛快者。”

显然，在皖系、安福系的压迫下，徐世昌、钱能训已做出妥协，答应了让田应璜出任教育总长的要求。他们没有料到，自己无可奈何做出的这次退让，却将安福系推向了社会谴责的前缘。

田应璜要出掌教育的消息一经传出，教育界广大师生及其他社会各界人士都为之大哗，他们认为，安福系插手教育，是教育界的耻辱和灾难。社会名流张謇首先通电谴责说：“报载将有安福派继掌教育之说。安福何派？派有何人？江海野人，无暇闻此。唯闻前此出钱收买议员，即此派人；则扫荡国人之廉耻者，此派人也；煽播政争之酷毒者，亦此派人也。若以此派人主持教育，岂将夷全国于牛马襟裾之列乎，抑将熏学子以犬豕盲躁之臊也。”

5月17日、18日，北京中等以上学生联合会连续集会，反对政府让安福系插手教育的决定，并商定19日举行总罢课，以示抗议。各校的教职员联合会也纷纷集会，不承认安福系窃夺教育权之事实。

5月19日，北京学生总罢课实现了，25000多名学生参加了这一行动。学联发表了《罢课宣言》，说明了罢课的理由：

夫青岛问题，学生等争集之焦点，今议已决矣，事濒败矣，卒未见政府有决心不签字之表示，而又破裂南北和议以资敌，学生等之失望一也。

曹汝霖、章宗祥、陆宗舆，国人皆曰可杀，乃政府不惟置舆论之掊击于不顾，而于其要挟求去反宠令慰留之，表彰其功德以与教育总长傅公之免职相况，外间复盛传教育全局举将翻动之说，国是前途何堪设想，学生等之失望二也。

五月十四日两令：一则以军威警备学生，防公众集合；一则禁学生干政，凡公忠爱国之天良，一切不容表见。留日学生以国事被拘，政府则置诸不理，学生等之失望三也。

学生等之为学，恃有此方寸之地耳，今一朝而三失望，方寸乱矣。谨于五月十九日一律罢课，至三失望之回复为止。

基于这些理由，学生们又在《上大总统书》中向徐世昌提出了六项要求：

（1）对于青岛问题表明不签字之决心以固国土；（2）惩办曹、章、陆等以除国贼；（3）力挽傅、蔡诸公回职，打消以田应璜掌教育之议以维教育；（4）撤废警备学生命令以重人权；（5）向日政府严重抗议，释被拘学生，重惩日警，以重国权；（6）恢复南北和议，速谋国内统一，以期一致。

徐世昌看了学生们的“上书”，觉得他们出于一腔救国热忱，提出这些要求，实不为过分。而且其中交涉东京事件、恢复南北和议等问题都是他主张应办之事。至于以田应璜为教育总长，这原本就不是他的主意，只不过安福系胁迫，他才不得不应允，如今正可借学生和社会舆论的反对，将此事搁浅。但对于拒签和约、惩办曹陆章、撤废警备学生命令，可不是他一人说了算，他这个文人总统的胳膊终究拗不过武人皖系首领段祺瑞的大腿。所以徐世昌估计，他的答复肯定不会令学生满意。

5月21日，钱能训代表徐世昌对学生们的要求做了口头答复：（1）对青岛交涉，政府签字与否当察看情势如何；（2）曹、章诸人卖国，苟有凭据，不妨起诉，若任门而谈，政府将如何办理；（3）田应璜掌教育之说，现已撤销，部事暂由袁次长代理，蔡校长当极力挽留；（4）5月14日命令非专为学生而言；（5）留日学生之事，政府现已提案与日本交涉；（6）上海和会之维持，政府更急于诸君，谋求转圜之机。

果然，学生们对这一答复极为不满，决定惩办卖国贼等目的不实现，决不上课，总罢课在继续进行。与此同时，学生们开展了一系列活动：组织演讲团，分头到各地宣传反日救国；抵制日货，提倡国货；发行《五七》日刊，扩大舆论影响；组织护鲁义勇队，以备国家不时之需，等等。北京的学生运动在迅猛向纵深发展。

5月下旬，北京学联又派出代表到南京、杭州、上海、广东等地扩大宣传。很快，北京的学潮又蔓延到全国大中城市。5月26日，上海中等以上学校响应罢课，2万多名学生参加。随后，广州、杭州等地的学生也都卷入了罢课高潮。接着，上海、芜湖、南京、杭州等地商学界又积极开展了抵制日货的运动。全国各地汇成爱国学潮的汪洋大海。

见风使舵频　传高压令

时局的发展，激怒了北洋政府真正的主宰段祺瑞。全国性的“排日”运动，使日本帝国主义者遭受沉重打击。5 月 21 日，日本公使小幡向北洋政府提出严厉责问的照会，要求取缔反日言论和排日行动。

照会不仅蛮横无理指责中国政府，而且极尽威胁恫吓，逼迫北洋政府取缔学生运动。与此同时，日本驻华军舰，纷纷驶泊天津、吴淞、青岛、山海关各埠，并以驻京陆军向学生示威寻衅，进行军事恫吓。

在这种情形之下，段祺瑞怎敢不唯命是从，听从其主子之意旨？他决定展开大规模的镇压活动，切实取缔学潮。

这时的徐世昌，政治上处于内外交困的境地，一向与之不和的安福系趁机对其内外政策进行攻击、指责；段祺瑞和日本政府又左右逼迫他压制学潮。他已毫无发言权，只好见风使舵，听任段祺瑞事事策划，他这个总统事事照办。这样，北洋政府内部段派、安福系占了上风，严厉镇压学潮的高压手段取代了徐世昌等人的缓和处置、文明对待的方针。

5 月 21 日，徐世昌被迫下令，以号称“屠夫”的王怀庆任步军统领，代替了镇压学生运动不力的李长泰。王怀庆任职后，野蛮横暴地对在街头演讲、集会的学生采取暴力行动。荷枪实弹的步兵、马队在街道上横冲直撞，驱散群众，撕毁传单，逮捕学生。

5 月 23 日，北京《益世报》《五七》日刊等爱国刊物被军警查禁，《晨报》等进步报刊也受到严格检查，北京的舆论处于军事控制之中。

5 月 25 日，段祺瑞又让徐世昌向北京地方及各省的文武官员下了一道严厉镇压爱国运动的命令：“如再有前项情事，务当悉力制止。其不服制止者，应即依法逮办，以遏乱萌。京师为首善之区，尤应注重。前已令饬该管长官等认真防弭，着即恪遵办理。倘奉行不力，或有疏虞，职责攸归，不能曲为宽假也。”

6 月 1 日，北洋政府又以大总统名义接连下了两道命令。一令为曹、陆、章三人辩护。二令再次要求取缔爱国活动，并要求学生立即复课。

这一系列强硬措施，致使全国的政治气氛更加紧张，一时间泛起一股浊浪。在段派的镇压淫威下，北京的学生运动在5月下旬一度转入低潮。

但是，爱国运动并没有消失，广大学生在酝酿着更猛烈的反抗斗争。另一方面，北洋政府内部矛盾正在激化，尤其是直系同皖系的矛盾已相当尖锐。直系大帅吴佩孚已公开站到爱国学生一边，给学生们以很大的支持和鼓舞。终于从6月3日起，更大的风暴爆发了。

6月3日，在北京学联的组织下，北京20余所学校各派了数百学生，走上街头，恢复了爱国演讲宣传活动。这天天气阴沉，黑云密布，学生们心中压抑的激愤一下子爆发出来，个个慷慨陈词，悲愤雄壮。但很快，军警、步军、马队横冲而来，驱散听众，抓捕学生。这时突然打大雷、刮大风，乌云遮天，灰尘满目，一批批学生被强行抓走，拖进北大法科礼堂予以监禁。国人悲叹，如此阴惨暗淡之情景，何日是尽头！

爱国的热血青年并没有被武装镇压所吓倒。6月4日，他们出动比前一天加倍的人数走上街头，疾呼救国，结果又被警方镇压，拘捕了700余人。军警们在法科校舍外东西两侧搭起20多个驻扎帐篷，将法科校舍紧紧包围，如临大敌。晚上，天气忽然大变，大风大雷大雨，把一个首善的北京城，闹成了黑暗的世界。

军警连续两日的大逮捕，仍没有挫折学生们的斗志，反而更激励了他们的斗争勇气。6月5日，2000多名学生勇敢地走出校门，分头演讲。他们各背行李，携带面包牙刷，做好准备去陪同学坐监。但是这天，军警们却只是驱散听众，而没有逮捕一名学生。

原来，学生们不屈不挠的斗争已使当局束手无策。北大法科人满为患，而学生拘不胜拘，捕不胜捕，曾主张大量拘捕学生的皖系警备司令段芝贵、步军统领王怀庆也无能为力了。徐世昌早就抱着“失人心者失天下”的信条静观段派施展淫威，自信他们不会嚣张太久。如今见时机已到，就马上站出来主张停止镇压，用和平方法对待学生。段派亦深恐再过事压迫，会激起全国各省的反抗事件，遂收敛气焰，接受了徐世昌等人的意见。

6月5日的政府内阁会议上，决定以和平方法对待学生，不再进行拘捕，所捕学生即日一律释放。而且还商定了善后办法：（1）更换大学校长，准北大蔡元培辞职，以胡仁源继任；（2）更换教育次长，准袁希涛辞职，以傅岳棻继任，暂代总长事务。并责成傅次长与各校校长接洽，商议善后办法。北洋政府终于不再以军警压制学生，而由教育部处理学生事件了。

这天，被拘禁在北大法科的近千名学生得以释放，包围北大的军警也全部撤走。

然而，段派施展的暴行，已经激怒了工人阶级和民族资产阶级，上海爆发了伟大的“六·三”运动。

6月3、4两日北京军警大肆逮捕学生的消息传至上海后，上海的学生立即行动起来，纷纷罢课，并发电各省呼吁，“政府摧残士气，惨无人道，一至于此！同属国民，宁忍坐视？务乞主持公理，速起援救，性命呼吸，刻不容缓。”同时，学生们不顾军警的镇压阻挠，分头动员工界罢工，商界罢市。

6月5日上午，日本内外棉第三、第四、第五纱厂的工人首先罢工；接着日华纱厂、上海纱厂、商务印书馆、中华书局、祥生铁厂以及沪宁、杭甬铁路工人等均相继罢工。

同一天，在上海商会发动下，各商号陆续罢市，“至十二时，华租各界大小商店，已无一开门者，所余者仅外人所设之洋行耳。”各家关门闭户的商店门前都贴着“不诛卖国贼不开市”“要求政府夺回青岛”“万众一心，同声呼吁，力抗汉奸，唤醒政府”等标语。

三罢斗争将“五四”运动推向了最高峰。6月5日，上海各界代表成立上海商、学、工、报界联合会，对外发出通电：“卖国贼存在一日，商学工界即辍业一日，誓不反顾。”自此，三罢斗争不断扩大。

“星星之火，可以燎原”。在上海燃起的“三罢”烈火，迅速燃遍全国各地。先是江浙一带南京、苏州、常州、无锡、淞江、镇江、宁波、杭州等城市接踵而起，随后北方天津、济南也相继开展三罢斗争。此外，鲁、豫、浙、赣、闽、粤、川等省也纷纷进行了罢课、罢市斗争。风潮鼓荡，震撼全国。拒绝和约签

字、惩办卖国贼、抵制日货等呼声响彻神州大地，它振奋了国人的救国勇气，也打击了段派的嚣张气焰。

民意难违　挽平大局

“六·三”运动发生后，各地局势出现了急剧发展，群众运动风起云涌，势不可当。在这种情况下，北洋政府内部逐步发生了变化。段祺瑞不再跳至台前指手画脚，安福系缄口保持沉默，徐世昌开始调整内政方针。

在爱国运动的强大压力下，警备司令段芝贵不得不引咎辞职；曹、陆、章在全国的诛讨声中如坐针毡，分别于6月4日、9日再次提请辞职。各地军政官员面对强大的群众运动，也由沉默而表态，向当局进言，立即罢免曹、陆、章，以平息事态。6月8日，淞沪护军使皖系卢永祥和沪海道尹沈宝昌，联名致电徐世昌，“现上海学界既坚以曹、陆、章三人去职为开市条件，商界亦曾有电请求，民心向背，即时局安危，亦不敢壅于上闻。可否准将三人一并免职，明令宣示，以示政府委曲求全、力顾大局之意。”

眼见地方实力派连皖系也表明态度，徐世昌明白，接纳全国人民要求的时机已到，他当机立断决定罢免曹、陆、章。6月10日，徐世昌发布数道命令：“交通总长曹汝霖呈请辞职，曹汝霖准免本职。”“驻日本国特命全权公使章宗祥，因病呈请辞职，章宗祥准免本职。”“币制局总裁陆宗舆，因病一再呈请辞职，陆宗舆准免本职。”

徐世昌这一举动，全国人民拍手称快。但段祺瑞十分恼怒。曹汝霖等人的免职令下达后，段祺瑞怒气冲冲到团城看望曹汝霖，大骂徐世昌忘恩负义，说曹汝霖等“为他冒大不韪，借成日债，这种举动，真所谓过河拆桥，以后还有何人肯跟他出力？他对我作难竟累及你们，良心何在，岂有此理”！后来，段祺瑞还写诗一首赠予曹汝霖，以示安慰，其中有句曰：“不佞持正义，十稔朝政里。立意张四维，一往直如矢。”

鉴于段祺瑞等人对自己的不满和内政外交的失败，6月11日，徐世昌向国会参、众两院提出辞职。同时，内阁总理钱能训也连带提出辞职。北洋政府发

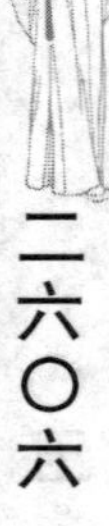

生了空前的政治危机。

报云："至于徐总统之地位，军党尚无明白之表示。以军事眼光观之，徐今无拳无勇，唯闻该党仍将留徐为傀儡，以为对于骑墙各省做幌子之用。然恐徐或未必愿留，军党亦未必肯放其去。情事日危，不久将有他事发生也。"

徐树铮、段祺瑞跃跃欲战，以武力重掌政权，这使徐世昌、钱能训文治派如芒刺在背无所作为。然而，段派尽管对徐世昌极为不满，但他们也清楚，徐世昌此时下台，无适宜人选继任，时局会更为动荡不安、难于收拾，到那时他们将面临更大的政治危机，将成为天下的众矢之的。所以当日，安福系参、众两议长李盛铎、王揖唐亲自登门，将辞呈送还徐世昌，并通电呼吁全国挽留。这天，段祺瑞亦亲自到徐宅慰留徐世昌，表示将支持他的大政方针。继而又掀起全国性的挽劝徐世昌勉为其难、照常供职的浪潮。

徐世昌达到以退为进、后发制人的目的，遂以大局为重，应允继续留任。但是在安福系的坚持下，钱能训的倒台却是无法挽救的。6月13日，徐世昌下令照准钱能训去职，而由财政总长龚心湛代理总理一职。北洋政府的内部纷争终于暂时平息，从此以后，徐世昌对学生运动有了较多的发言权和自主权。

曹、陆、章三个亲日派被罢免，"五四"运动取得了初步的直接胜利，各地的三罢斗争逐日平息。但是，山东问题还没有解决，"五四"爱国运动就不可能结束。不久，一场声势浩大的拒签和约运动，又紧接而起了。

为了组织团结起来，更有效地投入爱国运动，6月16日，北京、上海、天津、济南、武昌、南京等地学生代表50余人会聚上海大东旅馆，联合成立中华民国学生联合会，推北京学生代表段锡明为正会长，上海代表柯葆仁为副会长。学生们终于拥有了自己的全国性组织。

全国学联成立后，立即号召和组织各地学生，投入拒签和约运动。6月21日，全国学生联合会发表对内对外宣言，呼吁拒绝签字，取消一切中日密约；并与上海各界团体致电巴黎和会中国代表："如或违背民意，不保留青岛及山东主权而签德约者，当与曹、章、陆同论。"6月27日，全国学联和上海各界人士纷纷集于沪西公共体育场，召开了拒签和约的万人大会。并以上海学、商、工、

报各界大会的名义再次致电巴黎的代表："务请抵死坚持，否则国人必有以待公等。"

山东的人民群众还首先发起了拒签和约的请愿运动。6月18日，山东各界联合会决定派出请愿团进京，呼吁维护山东主权，"不达目的终不返籍，倘政府仍是敷衍，则农人亦将罢耕，以表一致。"

6月19日，山东省议会、省教育会、省农会、总商会、学生联合会等7团体公推的85名代表从济南车站启程进京。这天，数百山东人民，上至白须老翁，下至垂髫孩童，环跪车站，泣不成声，纷纷叮嘱代表，请求不遂，不得生还。代表们心潮澎湃，表示一日请愿不成，一日不回来见山东父老。

6月20日，山东代表团向徐世昌呈送请愿书：（1）拒绝和约签字；（2）废除高徐、济顺铁路草约；（3）惩办国贼。又冒雨跪在新华门外水污泥淖之中，放声痛哭，请求徐世昌接见。

6月23日，山东代表向徐世昌哭诉了日本帝国主义在山东的暴行，请求总统拒签和约，保我山东领土，护我山东人民。

6月27日，北京学生联合会代表、京师总商会代表、留日学生代表、报界代表等又会同山东请愿团约四、五百人，集体到总统府请愿，提出拒签和约；废除高徐、济顺铁路草约；恢复南北议和三项请求。

6月28日，山东第二批请愿代表108人，天津代表70余人以及其他各省代表陆续到达北京。北京顿成一个请愿城，街头巷尾随处可见各省来的请愿代表，北洋政府已陷于人民群众的汪洋大海之中。

起初，徐世昌认为，虽然签字与不签字各有利害，但"两害取轻"，签字比不签字好，"若竟拒绝签字，不唯有负各国调停之苦心，抑且不啻自绝于国际联盟之保障，各国将来更难过问。"所以他主张签字。

但是在全国请愿浪潮、全国拒签运动的强大冲击下，他觉悟到必须顺从民意，即"民可载舟"；而违背民意，"民可覆舟"。他决意改弦易辙，同意拒绝签字。

6月26日，北洋政府电告中国代表团：力主保留山东，否则即拒签和约。

6月28日，徐世昌在怀仁堂接见请愿代表，告以“政府已电令陆使切实保留山东，否则勿签字”。这时陕西学联代表屈武突然长跪痛哭，以头连连碰地。眼见此幕，徐世昌眼眶不禁湿润了，自己如此决定，终于能向国人作一交代了。

这天，巴黎的中国代表团在竭尽努力、保留签字失败后，遂一致决定不往签字，拒签和约终成定局。“五四”爱国运动取得了彻底的胜利，直接影响了中国共产党的诞生和发展. 中国共产党党史一般将其定义为“反帝反封建的爱国运动”，并以此运动作为旧民主主义革命和新民主主义革命的分水岭。

蒋介石的三次“引退”

初次“下野”实为争权

1927年8月13日，蒋介石宣布“下野”。第二天，南京和上海等地的报纸赫然刊出蒋介石“下野”的消息。这位权倾沪宁、煊赫一时的“总司令”，刚遨游上海回到南京不久，为什么在戎马倥偬之际，突然“卸甲”呢？正当人们议论纷纷时，8月16日上海《申报》刊出《蒋中正下野之经过》一文，系记者采访“总参议”张岳军的谈话，说“此次最近战事，一方对北，一方虑及武汉。奉之对冯，宁之对鲁，汉之对宁，适成掎角之势。故蒋自前线归来，默察大势，内省诸躬，为党之团结及政府前途计，决心下野”。张的一席之谈，无非想为蒋介石的下野做一番辩解。但也难免道出了一些真情。

1927年7、8月间的形势确实对蒋介石有些不利：这年4月14日，蒋介石另立中国国民党中央，18日在南京又成立国民政府，与武汉汪精卫为首的国民政府分庭抗礼。5月，蒋介石调集军队过江北伐，与冯玉祥会盟徐州。就在这时，汪精卫在武汉通电表示要蒋介石“下野”，否则将予军事讨伐。6月23日，唐生智在汉口召集军事会议，决定举兵东下进窥南京。27日，蒋介石急忙下令从徐州前线抽调主力分别到皖赣一线和浙江一线防堵武汉的“东征军”，致使徐州前线兵力空虚。直系军阀孙传芳和山东军阀张宗昌联合，率直鲁联军组织反

攻，夺回徐州。蒋介石亲到徐州前线督战，仍频频失利，大军沿津浦线往南溃退，旬日之间两淮尽失。而唐生智又以“东征军总指挥”名义，连续通电要蒋介石“下野”。政局就如张岳军所说“适成犄角之势”，对蒋介石很是不利。

8月6日，蒋介石从津浦路前线回到南京，随即搬到东郊汤山别墅，和何应钦、陈布雷等一班人商量对策。蒋介石的客厅里整日气氛沉闷，在一次又一次分析北、西两线形势后，何应钦和陈布雷等都认为，要摆脱困境，关键要看掌握百里江防的李宗仁和白崇禧的态度。如果李、白态度暧昧，则“总司令”别无他路，唯有“下野”。蒋介石经数天的忧虑后，沮丧地说：速电在芜湖的李宗仁到汤山来，同时嘱陈布雷赶紧拟就一张“引退”文告。

8月11日，李宗仁从芜湖回到南京，“就掉转车头，向汤山疾驰而去”。据《李宗仁回忆录》说，一见面，蒋就对李说：“这次徐州战役，没有听你的话，吃了大亏，我现在决心下野了！”李闻言，吃惊地说：“胜败兵家常事，为什么要下野呢？”蒋仍摇头说：“你不知道内幕，情形复杂得很。”

李宗仁

蒋介石叫李宗仁到南京的目的不是商讨军事，是摸李的底；李宗仁知道蒋介石在摸底，所以一面劝蒋不可下野，一面说：“现在津浦线上，我军已溃不成军，局势十分紧张。敌人已逼近蚌埠，旦夕之间即可到达浦口，威胁首都，武汉方面又派兵东进……”蒋介石一听李宗仁的言下之意，确是有点“暧昧”，随即拿出一张拟好的文告交给李宗仁。李宗仁拿了文告后即下楼和何应钦等一班人见面。这时何应钦、李宗仁、陈布雷、戴传贤、陈铭枢等许多文臣武将又紧张地议论开，议题逐渐从蒋介石的去留问题转到对文告内容的推敲。12日，蒋介石在汤山召集党、政、军要员会议，嘱咐把文告电达武汉汪精卫、上海胡汉民等，并把军政大权交何应钦、李宗仁等负责。蒋即于当晚7时乘火车去上海，次日转去奉化，身边仅带12个卫士。

蒋介石的“下野”文告洋洋千余言，一面表露其北伐和清党之“大功”，一面把武汉政权与之对立之责任推在中国共产党和鲍罗廷身上。文告最后说：“中正复有何求，今既疚戾于一身，即应自劾而归去，解除职权，以谢天下。”因文告预先拟就，所署日期是8月8日。

蒋介石一下野，武汉方面就失去了“东征”之口舌。当“下野”文告电达武汉后，汪精卫于15日“有十万火急电，由九江拍至南京，请李宗仁、何应钦、白崇禧等速到九江会议”。8月22日，李宗仁等代表南京方面与武汉方面的汪精卫、谭延闿、孙科等在九江庐山会议，双方取得妥协，缓住了唐生智的“东征军”。李宗仁回到南京后，与何应钦、白崇禧等于8月26日至30日的5天时间内，在龙潭全歼孙传芳渡江的11个师，扭转了危局。9月间，宁汉沪三方代表在南京开会，联合组成了一个国民党中央“特别委员会”，改组了南京“国民政府”。接着，桂系又联合西山会议派迫汪精卫“下野”。10月，李宗仁挥师西进，将唐生智部击溃，唐部10多万军队尽为桂系收编。

正当桂系势力在南京、武汉日益膨胀之际，蒋介石从溪口到了日本，与日本政界人士广泛接触，尤其与日本首相田中义一进行长时间“恳谈”，取得“谅解”。11月10日，蒋介石从日本回到上海，恰逢汪精卫从广州到上海联络组织力量，遂抓住时机与汪精卫串通一气，互相支持，相约同时复职。12月3日，蒋介石支持汪精卫反对南京“特别委员会”，汪精卫力推蒋介石复职。北方的冯玉祥和阎锡山想对张作霖作战，也主张蒋复职。何应钦则要蒋介石出来“主持军事”。这样，预备会议顺利通过了蒋介石复职的议题，并决定由蒋介石来负责筹备二届四中全会，南京的“特别委员会”当即解体，胡汉民、孙科等一班人被迫“出洋”。12月11日，中国共产党领导的广州起义爆发，桂系借机攻击汪精卫等对广州起义负有责任，蒋介石鉴于复职的目的已经达到，立即参与劾汪。汪精卫也被逐“出洋”。蒋介石于1月4日从上海抵达南京“主持大计”，9日正式通电就任“国民革命军总司令”职，接着又担任了军事委员会主席、国民党中央政治会议主席等拥有实权的职务。

再次“下野”当上委员长

1930年，胡汉民出任国民党“立法院”院长，蒋介石未经立法院通过，与日本签订了《关税协定》，因而胡汉民对蒋介石不满。蒋介石又擅自公布《危害民国紧急治罪法》，胡汉民更不满。1931年初，蒋介石坚持要召开“国民会议”，另制《训政约法》，胡汉民认为“总理之建国大纲及第一次全国代表大会之宣言中之对内政纲，较任何约法都完备，无须再做出钦定式之约法”。蒋介石听到此言甚为恼火。2月26日，他派人给胡汉民送去一个请柬，约28日于总司令部晚餐。28日晚，胡汉民开完会到达司令部，不见有宴，只见首都警察厅长吴思豫一人坐在那里。不久蒋介石出来相见，两人发生争执，蒋介石即下令将胡汉民软禁，后送去汤山。

胡汉民案发生后，国民党内部矛盾尖锐起来，粤派要人纷纷离开南京去广州，有孙科、古应芬、王宠惠、刘纪文等。汪精卫和邹鲁乘机活动指责蒋介石。4月30日，邓泽如、林森、肖佛成、古应芬四监委正式提出“弹劾”案，要蒋介石“下野”。蒋介石被迫向中央监委“自请查办”。在两广方面，陈济棠、陈策、李宗仁、张发奎等相继通电响应，要蒋介石在48小时内“下野”。而南京方面以何应钦为首，发出“忠告陈济棠”之通电，进行对抗。5月27日，汪精卫、孙科、邹鲁等于广州成立“中国国民党中央执监委员非常会议”，发表宣言，指责南京之“党部为个人势力所劫持，实无存在之价值”。当晚又在广州另立“国民政府”。28日，在广东省政府二楼举行“国民政府”成立典礼，又在燕塘阅兵，分别组成国民革命军第一、第四两个集团军，陈济棠任第一集团军总司令，李宗仁任第四集团军总司令。双方剑拔弩张。

“九·一八”事变发生后，南京的中央大学、金陵大学，以及各中等学校学生纷纷集会、游行示威，通电全国，要求蒋介石出兵抗日。9月28日，学生冒雨到丁家桥国民党中央党部请愿，蒋介石被迫出来“接见”。11月24日，全国各地到南京请愿的学生5千多人到中央党部请愿，蒋介石对他们说：“如三个月内不出兵，砍蒋某之头，以谢国人。”学生们不信他的话，次日在国民政府的大门前悬挂一口大钟，不时敲打，以示警告。蒋介石被迫“手书”答应学生“抗日”。

在学生要求抗日的同时，各省响应东北马占山的抗日运动，纷纷指责蒋介石，要求出兵抗日。蒋介石内外交困，终于“软”了下来。蒋介石先派陈铭枢携亲笔信去上海游说，又派蔡元培、张继陪陈铭枢去香港与粤方会晤。9月28日和29日，粤方之汪精卫、孙科等与陈铭枢等会谈于香港，议定由蒋介石先发一通电，“为时局危机引咎，并声明议定统一政府办法时，即行下野”。接着双方在广州退思园开会，粤方坚持“须蒋先下野而后开和平会议”。蒋方代表向南京请示，蒋介石复电表示只要粤方要人到南京，当即“通电下野”。10月初陈铭枢返沪，由陈任京沪卫戍总司令兼淞沪警备司令，调第十九路军进驻沪宁卫戍，保证粤方要人安全。10月24日，粤方要人与蒋介石在上海戈登路伍朝枢宅举行会议，前后开了7次，经过反复讨价还价，于11月7日达成协议，改组国民党中央党部及南京国民政府，俟改组后，广州国民政府当即取消。12月15日，蒋介石在各方压力之下被迫宣布下野，辞去国民政府主席、行政院院长及陆海空军总司令等职。26日，南京国民政府改组为合议制，由林森任国民政府主席，孙科为行政院院长，张继为立法院院长，伍朝枢为司法院院长，戴传贤为考试院院长，于右任为监察院院长。蒋介石虽然下野，仍是国民党中央政治会议常委。蒋在下野前已布置亲信，控制了军队等要害部门。

蒋介石下野后，国民党内部各派系争权攘利并未停止下来，在广州出现了“国民党中央党部西南执行部”和“西南政务委员会”等机构。陈济棠倡议“西南五省大团结”，何应钦又发起“九省联防”，张学良、阎锡山、冯玉祥等也在筹划“北方六省大联合”。国民党四分五裂。1932年1月4日，孙科迫于形势，辞去行政院院长职务，南京政权出现危机，亲蒋派乘机提出“请蒋介石到南京主持中央政治会议”之动议，当即得到通过。2月21日，蒋介石回到南京。3月6日被推举为“军事委员会委员长”兼军事参谋部参谋长。

三次“下野”逃往台湾

1948年底，东北、华北全境解放，华中、华东的长江以北地区均为解放军占领，蒋家王朝已处于风雨飘摇之中。蒋介石不但为中国人民所唾弃，连美国政府也对他不满。

早在1948年10月，美国驻华大使司徒雷登就向美国国务卿马歇尔建议，“劝告蒋委员长退休”，让有前途的其他国民党领袖人物上台执政。11月16日孙科接任行政院长，美国大使司徒雷登遣其亲信傅泾波去见孙科，表示美国之态度，“欲实现国共和议，非蒋介石去职不可”。美国的态度使蒋介石非常着急，他立即派夫人宋美龄飞往美国访晤美国总统杜鲁门，要求“支持”。但未得结果。12月24日，拥兵50万的“华中剿匪总司令”白崇禧在武汉通电提出“国共双方立即停止军事行动”和蒋介石“下野”等要求；紧接着李宗仁与甘乃光等又提出五项和议主张：1. 蒋介石下野；2. 释放政治犯；3. 言论集会自由；4. 两军各后撤30里；5. 划上海为特别市，作为和谈地点。接着河南、湖南、湖北、广西四省相继通电主和，并要蒋介石下野。除夕日，蒋介石邀国民党中央执行委员征询意见，除谷正纲等少数几人外，其余一致认为蒋介石是和谈的主要障碍，应当去职。蒋介石深知这不仅是同僚们的意见，就是美国政府也对他打问号了，遂于1949年1月1日发表《元旦文告》，说“只要神圣的宪法不由我而违反，民主宪政不因此而破坏，中华民国的国体能够确保，中华民国的法统不致中断……则个人进退出处，绝不萦怀，而一惟国民公意是从”。1899年1月8日，蒋介石嘱外交部长吴铁城以《和谈决议》通知美、英、苏、法四国驻华大使，请其协助完成和谈，均遭拒绝。9日，蒋介石一面派张群、黄绍去武汉和长沙，听取白崇福和程潜的意见，一面调整南方各省之党政军要员，安排后路。18日，任命陈诚为台湾地区政府主席兼台湾地区警备总司令，彭孟缉为副总司令。19日任命朱绍良为福建省政府主席，方天为江西省政府主席，汤恩伯为京沪杭警备总司令，张群为重庆绥靖主任，余汉谋为广州绥靖主任，薛岳为广东省政府主席，蒋经国为国民党台湾地区党部主任。蒋介石既不能打下去，又没有“和谈”之可能，只得于1月21日“引退”。1月21日下午4时，蒋介石乘飞机到杭州，次日到溪口。蒋经国在他写的回忆录《风雨中的宁静》一书中说：“父亲引退，离开南京，临行时候，曾到紫金山国父陵寝谒别。当天晚上到达杭州，就住在笕桥空军军官学校，那时父亲的心情当然显得十分沉重。”但这次“引退”，由于蒋介石此前的种种安排，使他在逃往台湾后，迅速又掌握了国民党的党政军大权。

李宗仁竞选总统

蒋介石阻挠李宗仁参加竞选

1948年3月底，南京政府召开行宪国大，选举正、副总统。国民党表示要“还政于民”。

蒋介石声明：民主宪政，任何人均可参加竞选，将一视同仁。

然而总统的宝座，非蒋莫属，别人岂敢问津？惟副总统的位置尚可角逐，这时有李宗仁、程潜、于右任、莫德惠、徐傅霖粉墨登场。

可是竞选的锣鼓刚刚敲响，张群就向李宗仁传话，蒋介石认为候选人应由党提名，以免引起摩擦，后又向大会提出，但无人附议，无法付诸表决。

蒋介石岂肯甘休？他单独召见李宗仁，要李主动放弃竞选。

李宗仁说：“很难从命了，这正像唱戏，上台前要我不唱很容易。如今已经登台，打锣鼓的、拉弦子的都已叮叮咚咚打了起来，马上就要开口演唱，台下观众正准备喝彩，我如何能在锣鼓热闹声中忽然掉头逃到后台去呢？”

蒋介石说：“你必须自动放弃竞选。”

李宗仁说：“这事现在难以办到。”

蒋介石说：“我是不支持你的。我不支持你，你还能选得到？”

李宗仁恼火了：“这倒很难说！”

蒋介石动了气：“你一定选不到。”

李宗仁也不客气：“我可能选得到。”

蒋介石只好支持他人竞选，以此击败李宗仁。他选中的“黑马”是孙科，孙科本无意竞选这有职无权的副总统，但怎拗得过蒋夫人的外交手腕和送来的

巨资，他只好勉强上阵了。

初选结果，李宗仁旗开得胜，《救国日报》立即喝彩。不料张发奎、薛岳、香翰屏、李扬敬、余汉谋等旋即带人把报社捣毁，还有一大批宪兵、警察、特务蠢蠢欲动。

李宗仁知道戏已无法再唱下去，便采纳了黄绍竑"以退为进"的策略，声明幕后压力太大，宣布退出竞选。孙科、程潜为了表白，也相继退出了。

蒋介石不能坐视选举流产，他叫来白崇禧，说："你去劝劝德邻，我一定支持他。"

4 月底，李宗仁终以压倒孙科的票数正式当选为副总统。当电台广播员播此消息时，蒋介石盛怒之下竟一脚把收音机踢翻了。

5 月，一对冤家——蒋介石和李宗仁登上了总统、副总统宝座。

送佛贿选

1948 年，国民党伪国大竞选副总统，各拉山头，各立户头，又互相勾结，搞得政坛乌烟瘴气。

为拉选票，人们都想尽办法笼络平时没什么联系的人。

副总统候选人李宗仁知道戴季陶有举足轻重的力量，决心把他拉拢过来。他知道戴既贪利又喜虚名，笃信佛教，就派人送去一尊金佛。戴将它摆在供桌上，合掌膜拜："我无德消受，当赠给大师供养！"来人忙说："德邻先生知道院长笃信佛教，特地赠给院长的，万请笑纳！"

戴季陶心里明明白白，此时此刻送此重礼的目的，就满口答应在竞选时助李宗仁一臂之力。果然，后来李宗仁击败孙科，得到了副总统的宝座。

宣誓就职

1948（民国 37 年）年 5 月 18 日，中华民国第一届立法院在南京召开，5 月 20 日，蒋介石与李宗仁在南京宣誓就任正副总统，这对于国民政府来讲是个喜庆的日子。

宣誓典礼热烈而庄严，赴会的文武官员全部着礼服，整齐华美漂亮，各国使节及眷属也一律着高贵的大礼服，一时间钗光鬓影与燕尾高冠相互辉映，真个是气象万千。

但是人们感到奇异的是，这典礼的主角人物蒋介石、李宗仁，其穿着竟是格外的寒碜，与热闹的环境极不协调，令人啼笑皆非。这是怎么一回事呢？起初，就职典礼的服饰问题，李宗仁之前请示过蒋介石，蒋介石说统一穿西装大礼服。李宗仁虽认为应体现民族精神，但想到蒋介石是个崇洋迷，也就不提异议，于是叫人特意到上海赶制了一套高冠硬领的燕尾服。岂料就在宣誓前，蒋介石又传出手谕，要穿军用便服，李宗仁虽莫名其妙，也只好照办了。

就在宣誓就职当天，鸣礼炮 21 响后，赞礼官恭请两位正副总统就位时，李宗仁身穿军队便服登上前台，站在蒋介石身后，突然发现蒋介石穿的竟是一件长袍马褂。这时，聪明的李宗仁马上省悟，自己竟被蒋介石戏弄了，因为竞选过程中他与蒋介石曾闹过一点别扭，这是蒋介石有意出他的洋相。蒋介石自己打扮得像一名绅士名流，而李宗仁则象跟随绅士的马弁了。正副总统选举皆产生当选人后，蒋介石选择在 1948 年 5 月 20 日举行正式的正副总统就职大典，此后中华民国总统皆在该日进行就职，综上所述，中华民国总统选举，是中华民国国民政府举行的首次全国性的总统选举，也是“行宪”后的中华民国政府首次在中国境内举办的重大政治选举活动，选举方式为具有民意基础的中华民国行宪国民大会代表（以下简称国大代表）参与投票的间接选举。这次选举发生于第二次国共内战（解放战争）胜负基本决定时期，适逢战争的关键阶段，由于正、副总统蒋介石、李宗仁在政治理念上的不和，此次选举在一定程度上具有历史性闹剧色彩。按相关法律规定，本次总统选举的各项人事任职截止到 1954 年 5 月 20 日，但由于 1949 年国军于内战中失利、中华民国的覆灭及蒋介石当局的“退守”台湾，因此，到 1949 年 10 月 1 日起，本次总统选举所产生的全部任职均在法律上丧失了合法性。

附录　中国历史大事年表

约 4000 多年前	传说中的炎帝、黄帝、尧、舜、禹时期。
约前 21 世纪	夏朝建立。
约前 16 世纪	商汤灭夏，商朝建立。
约前 14 世纪	盘庚迁都至殷。
约前 11 世纪	武王灭殷，西周时期开始。
前 841 年	国人暴动，共和行政。我国历史开始有确切纪年。
前 771 年	犬戎攻入镐京，周幽王被杀，西周结束。
前 770 年	周平王迁都洛邑，东周春秋时期开始。
前 685 年	齐桓公即位，任管仲为相。
前 684 年	齐鲁长勺之战。
前 656 年	齐桓公率鲁、宋等七国联军伐楚。
前 638 年	宋、楚泓水之战，宋襄公败。
前 632 年	晋、楚城濮之战，楚军大败，晋文公称霸。
前 623 年	秦穆公称霸西戎。
前 597 年	晋楚邲之战，晋军大败。楚庄王称霸。
前 551 年	孔子诞生。
前 506 年	吴王阖闾伐楚。
前 496 年	越王勾践大败吴军，阖闾死。吴王夫差即位。
前 475 年	战国时期开始。
前 473 年	越王勾践灭吴。
前 403 年	韩、赵、魏三家被立为诸侯。
前 359 年	（一说，前 356 年）商鞅在秦变法开始。
前 341 年	马陵之战，孙膑大败魏军。
前 307 年	赵武灵王实行胡服骑射。
前 284 年	乐毅率五国联军伐齐。

前 283 年	蔺相如完璧归赵。
前 279 年	田单用火牛阵攻燕，恢复齐国。
前 278 年	诗人屈原投汨罗江。
前 270 年	范雎入秦，秦实行远交近攻计。
前 260 年	长平之战，秦白起大破赵括。
前 257 年	魏信陵君救赵，大破秦军。
前 256 年	秦灭周。
前 238 年	秦王嬴政亲政。
前 227 年	荆轲刺秦王失败。
前 230—前 221 年	秦灭六国。
前 221 年	秦王改称始皇帝，建立郡县制。
前 213、前 212 年	秦始皇焚书坑儒。
前 210 年	秦始皇死，李斯、赵高立二世皇帝。
前 209 年	陈胜、吴广起义，刘邦、项羽起兵。
前 207 年	巨鹿之战，项羽大破秦军。
前 206 年	刘邦灭秦，刘邦被封汉王。西汉纪年开始。
前 202 年	楚汉战争结束，项羽自杀，刘邦称帝。
前 200 年	汉高祖在白登被围。
前 196 年	汉高祖杀韩信、彭越。
前 188 年	吕太后临朝。
前 180 年	吕太后死，陈平、周勃迎汉文帝即位。
前 167 年	缇萦上书，汉文帝废除肉刑。
前 154 年	吴楚七国之乱。
前 138、前 119 年	张骞两次出使西域。
前 133 年	汉武帝诱匈奴兵至马邑，汉、匈之间战争开始。
前 119 年	卫青、霍去病大败匈奴，匈奴退至大漠西北。
前 100 年	苏武出使匈奴，被扣留（十九年后回汉）。
前 99 年	司马迁下狱。
前 87 年	汉昭帝即位，霍光辅政。
前 33 年	呼韩邪单于到长安，王昭君去匈奴。
公元 8 年	王莽建立新朝，西汉亡。

23 年	昆阳之战，刘秀大破王莽军，新朝亡。
25 年	刘秀建立东汉。
67 年	汉使者从天竺取佛经回国。
73 年	班超第一次出使西域。
132 年	张衡发明地动仪。
166 年	第一次党锢事件。
169 年	第二次党锢事件，李膺、范滂等被杀。
184 年	张角领导黄巾军起义。
189 年	董卓进洛阳。
190 年	关东州郡起兵讨董卓。
196 年	曹操迎汉献帝迁都许城。
200 年	官渡之战，曹操大战袁绍。
208 年	赤壁之战，孙权、刘备联军大破曹军。
214 年	刘备进占益州。
220 年	曹操死。曹丕称帝，国号魏。东汉亡。
221 年	刘备称帝，国号汉，史称蜀汉。
222 年	彝陵（猇亭）之战，刘备被陆逊所败。
225 年	诸葛亮平定南中，七擒孟获。
229 年	孙权称帝，国号吴。
234 年	诸葛亮屯兵五丈原，病逝。
249 年	司马懿杀曹爽。
263 年	钟会、邓艾攻蜀，蜀亡。
265 年	司马炎废魏帝，建立西晋，魏亡。
280 年	东晋灭吴。
301 年	氐族人李特率流兵起义。
308 年	匈奴人刘渊称帝。
316 年	匈奴刘曜攻占长安，西晋亡。
317 年	司马睿在建康即位，东晋建立。
319 年	羯族人石勒称赵王。
354 年	桓温北伐，到达灞上。
376 年	前秦苻坚统一北方。

383 年	淝水之战，苻坚大举进攻东晋失败。
399 年	孙恩起义。
420 年	刘裕建立宋朝（刘宋），东晋亡。南北朝开始。
439 年	北魏统一北方。
462 年	祖冲之创大明历。
479 年	萧道成称帝，建立南齐，宋亡。
493 年	北魏孝文帝迁都洛阳。
502 年	萧衍称帝，建立梁朝，南齐亡。
523 年	六镇起义。
534 年	北魏分裂为西魏、东魏。
548—552 年	侯景之乱。
550 年	高洋建立北齐，东魏亡。
557 年	陈霸先称帝，建立陈朝，梁亡。宇文觉建立北周。西魏亡。
531 年	杨坚称帝，建立隋朝，北周亡。
589 年	隋灭陈，统一中国。
605 年	隋建东都，开凿大运河。
611 年	隋末农民大起义开始。
613 年	隋炀帝再征高丽失败。杨玄感反隋。
617 年	瓦岗军占领兴洛仓，李渊太原起兵。
618 年	李渊称帝，建立唐朝；隋炀帝被杀，隋亡。
621 年	李世民平定东都。
626 年	玄武门之变，唐太宗即位。
629 年	玄奘赴天竺取经。
630 年	唐灭东突厥。各族君长尊称唐太宗为“天可汗”。
641 年	唐文成公主和吐蕃松赞干布结婚。
683 年	唐高宗死，武则天临朝。
690 年	武则天称帝，改国号为周。
712 年	唐玄宗即位，次年任姚崇为相。
755 年	安禄山叛乱，颜杲卿、颜真卿发兵抵抗。
756 年	马嵬驿兵变。唐肃宗即位。
757 年	张巡、许远守睢阳；郭子仪等收复长安、洛阳。

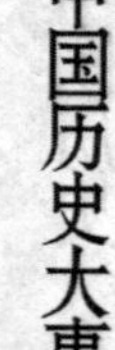

762 年	诗人李白去世。
763 年	安史之乱结束。
770 年	诗人杜甫去世。
783 年	朱泚之乱。
805 年	王叔文改革（永贞革新）。
817 年	裴度、李愬平定淮西。
824 年	文学家韩愈去世。
835 年	甘露之变。
846 年	诗人白居易去世。
874 年	王仙芝起义。
880 年	黄巢进长安，建立大齐政权。
907 年	朱温称帝，建立后梁。唐朝亡，五代时期开始。
916 年	契丹耶律阿保机称帝。
923 年	李存勖灭后梁，建立后唐。
936 年	石敬瑭借契丹兵灭后唐，建立后晋，割让燕云十六州给契丹。
946 年	契丹灭后晋。
947 年	契丹改国号为辽。刘知远称帝，建立后汉。
951 年	郭威称帝，建立后周，后汉亡。
954 年	高平之战，周世宗大败北汉。
959 年	周世宗死。
960 年	赵匡胤称帝，建立北宋，后周亡。五代结束。
986 年	北宋征辽失败，杨业战死。
993 年	王小波、李顺起义。
1004 年	寇准保宋真宗亲征，宋辽澶渊之盟。
1038 年	党项族元昊称帝，建立西夏。
1043 年	范仲淹实行新政。
1069 年	王安石变法开始。
1084 年	司马光完成《资治通鉴》。
1115 年	女真族完颜阿骨打称帝，建立金朝。
1120 年	方腊起义。
1125 年	金灭辽。

1127 年	金兵攻入东京，北宋亡。宋高宗即位，南宋开始。
1130 年	钟相起义。韩世忠在黄天荡阻击金军。
1140 年	郾城之战，岳飞大破金军。
1141 年	宋金绍兴和议。次年，岳飞被杀害。
1161 年	采石之战，虞允文大败金军。
1162 年	宋孝宗即位。
1206 年	韩侂胄北伐失败。铁木真统一蒙古，称成吉思汗。
1210 年	诗人陆游去世。
1234 年	蒙古灭金。
1271 年	忽必烈称帝，定国号为元。
1276 年	元军攻占临安。
1279 年	元军攻占厓山，南宋亡。
1283 年	文天祥就义。
1351 年	红巾军起义。
1368 年	朱元璋称帝，建立明朝；明军攻入大都，元亡。
1403 年	燕王朱棣进应天，建文帝下落不明。
1403—1433 年	郑和七次下西洋。
1449 年	土木堡之变；于谦率军民保卫北京。
1457 年	夺门之变；于谦被杀害。
1510 年	刘六、刘七起义。
1565 年	戚继光、俞大猷基本肃清倭寇。
1572 年	张居正辅政开始。
1593 年	李时珍去世。
1601 年	葛贤领导苏州织工反税监斗争。
1616 年	努尔哈赤建立后金。
1619 年	萨尔浒之战。
1625 年	杨涟、左光斗被阉党杀害。
1626 年	苏州市民暴动，颜佩韦等五人就义。宁远之战，努尔哈赤受重伤死。
1628 年	陕北农民起义。
1633 年	徐光启去世。
1636 年	李自成称闯王。后金皇太极称帝，改国号为清。

1641 年	李自成破洛阳；张献忠破襄阳；徐霞客去世。
1644 年	李自成建大顺政权，入北京，明朝亡；吴三桂降清，清兵入关。
1645 年	清兵南下，史可法守扬州。
1647 年	夏完淳被害。
1652 年	李定国在桂林击败清军。
1662 年	郑成功收复台湾。
1681 年	康熙帝平定三藩之乱。
1682 年	顾炎武去世。
1685、1686 年	雅克萨之战。
1689 年	中俄订《尼布楚条约》。
1690、1696、1697 年	康熙帝三征噶尔丹。
1764 年	曹雪芹去世。
1782 年	《四库全书》修成。
1796—1805 年	白莲教大起义。
1839 年	林则徐虎门销烟 。
1840 年 —1842 年	第一次鸦片战争。
1841 年 5 月	广州三元里人民痛击英国侵略者。
1842 年	《中英南京条约》签订，鸦片战争结束。
19 世纪 40—50 年代	中国无产阶级产生。
1844 年	《中美望厦条约》《中法黄埔条约》签订。
1851 年	金田起义，太平天国建立 。
1853 年	太平天国定都天京《天朝田亩制度》颁布。
1856 年	太平天国领导集团内部互相残杀 。
1856-1860 年	第二次鸦片战争。
1858 年	清政府分别与英、法、美、俄签订《天津条约》。
1859 年	洪仁玕向洪秀全进呈《资政新篇》。
1860 年	清政府分别与英、法、俄签订《北京条约》。
1861 年	北京政变 。
1861 年	总理衙门成立 。
1862 年	京师同文馆成立 。
1864 年	天京陷落，太平天国运动失败 。

19世纪60—70年代	中国民族资产阶级产生。
19世纪60—90年代	洋务运动。
1883—1885年	中法战争。
1894—1895年	甲午中日战争。
1895年	中日《马关条约》签订。
19世纪90年代	帝国主义国家掀起瓜分中国的狂潮。
1898年	戊戌变法。
1900年	义和团运动高潮。
1900年	八国联军侵华战争。
1901年	《辛丑条约》签订。
1905年	中国同盟会成立。
1911年	黄花岗起义。
1911年	保路运动。
1911年10月10日	武昌起义。
1912年	（民国元年）中华民国成立。
1912年	清帝退位。
1913年	二次革命。
1915年	护国运动开始。
1915年	新文化运动开始。
1916年	袁世凯恢复帝制失败。
1917年	张勋复辟失败。
1917年	护法运动开始。
1919年5月4日	五四爱国运动爆发。
1921年7月	中国共产党成立。
1922年	香港中国海员大罢工。
1922年7月	中国共产党第二次全国代表大会召开。
1923年	京汉铁路工人大罢工。
1924年	中国国民党第一次全国代表大会。
1924年	国共两党第一次合作实现。
1925年	孙中山逝世。
1925年	五卅惨案、五卅反帝爱国运动爆发。

1926 年	国民革命军出师北伐 。
1927 年 3 月	上海工人第三次武装起义胜利 。
1927 年 4 月 12 日	蒋介石发动“四一二”反革命政变。
1927 年 7 月 15 日	汪精卫发动“七一五”反革命政变。
1927 年 7 月	国民革命失败 。
1927 年 4 月	蒋介石在南京建立国民政府。
1927 年 8 月 1 日	南昌起义 。
1927 年 8 月 7 日	八七会议。
1927 年 8 月	湘赣边秋收起义。
1927 年 8 月	秋收起义部队到达井冈山。
1927 年	广州起义。
1928 年 4 月	井冈山会师。
1928 年	张学良宣布东北易帜。
1931 年	九一八事变。
1931 年	中华苏维埃共和国临时中央政府成立。
1932 年	一·二八事变，十九陆军抗战。
1932 年	伪满洲国成立。
1934 年 10 月	中央红军开始长征。
1935 年 1 月	遵义会议。
1935 年	中共中央发表八一宣言。
1935 年 10 月	红军第一方面军长征到达陕北 。
1935 年	一二九运动。
1936 年 10 月	红军第二、四方面军长征到达甘肃会宁等地，长征结束。
1936 年 12 月 12 日	西安事变。
1937 年 7 月 7 日	卢沟桥事变 。
1937 年	八一三事变。
1937 年 9 月	淞沪会战 。
1937 年	平型关大捷。
1937 年	中国共产党陕北洛川会议。
1937 年 12 月	南京大屠杀。
1938 年	台儿庄战役。

1938 年	毛泽东发表《论持久战》。
1940 年 3 月	汪精卫伪国民政府在南京成立。
1940 年	百团大战。
1941 年	皖南事变。
1942 年	中国共产党开始整风。
1945 年	中国共产党第七次全国代表大会召开。
1945 年 8 月 15 日	日本宣布投降。
1945 年	中共和谈代表毛泽东等飞抵重庆，重庆谈判开始。
1945 年	双十协定签字。
1946 年	政治协商会议召开。
1946 年 6 月	国民党发动全面内战，人民解放战争开始。
1947 年 6 月	人民解放军开始全国规模的反攻。
1948 年 9 月	辽沈战役开始。
1948 年 11 月	淮海战役开始。
1948 年 11 月	平津战役开始。
1949 年	中国共产党七届二中全会召开。
1949 年 4 月 21 日	毛泽东、朱德发布向全国进军的命令。
1949 年 4 月 23 日	人民解放军解放南京，国民政府覆亡。
1949 年 9 月	中国人民政治协商会议第一次全体会议召开。
1949 年 10 月 1 日	中华人民共和国成立。
1950 年 10 月	中国人民志愿军赴朝作战。
1950 年	中苏签订《中苏友好同盟互助条约》。
1950 年	中央人民政府颁布《中华人民共和国土地改革法》。
1951 年	西藏和平解放。
1952 年	土地改革基本结束，彻底废除我国两千多年的封建剥削制度。
1953 年	第一个五年计划开始实行。
1953 年	朝鲜战争结束，抗美援朝胜利。
1954 年	日内瓦会议。
1955 年	万隆会议。
1954 年 9 月	第一届全国人民代表大会召开，《中华人民共和国宪法》颁布。
1956 年	我国对生产资料私有制的社会主义改造基本完成（三大改造完成）。

	中国共产党第八次全国代表大会召开。
1957 年	武汉长江大桥建成。
1958 年	党中央提出“鼓足干劲，力争上游，多快好省地建设社会主义”的总路线。
1959 年	庐山会议召开。
1960 年	中苏关系交恶。
1961 年	党和政府全面调整国民经济，恢复发展生产。
1964 年 10 月 16 日	我国第一颗原子弹爆炸成功。
1966 年	“文化大革命”开始。
1967 年 1 月	全国各地掀起夺取党政各级领导权“一月风暴”。
1967 年	我国第一颗氢弹爆炸成功。
1969 年 11 月 12 日	刘少奇逝世。
1970 年	我国成功发射第一颗人造地球卫星——东方红 1 号。
1971 年	粉碎林彪反革命集团。
1971 年 10 月 25 日	我国在联合国合法席位得到恢复。
1971 年 7 月	基辛格访华。
1972 年	田中角荣访华，中日建交 。
1972 年	《中美联合公报》发表。
1976 年 10 月	粉碎江青反革命集团，“文化大革命”结束。
1978 年	中国共产党第十一届三中全会召开。
1979 年	中美建交。
1980 年	中央为刘少奇恢复名誉，我国在广东的深圳、珠海、汕头和福建的厦门建立经济特区。
1980 年 8 月 12 日	刘少奇追悼会在北京人民大会堂召开。
1981 年	中共十一届六中全会在北京举行。
1982 年	颁布第四部《中华人民共和国宪法》《中华人民共和国民法通则》和《中华人民共和国刑法》。
1982 年	大规模平反冤假错案工作基本结束。
1983 年	中国第一台亿次巨型计算机“银河-Ⅰ”诞生。
1984 年 10 月 1 日	首都各界庆祝中华人民共和国成立 35 周年。
1985 年	邓小平宣布中国政府决定裁军 100 万。
1986 年	亚洲开发银行理事会通过决议，接纳中国为亚行成员国。

1987年	中共十二届七中全会在北京举行。
1988年	海南省人民政府成立。
1989年	胡耀邦逝世，天安门广场6·4事件发生。
1990年	中国首次成功举办亚洲运动会。
1991年	深圳证券交易所正式开业。
1992年	邓小平讲话，加快改革开放。
1993年	汪辜会谈。
1994年	国务院总理李鹏宣布：三峡工程正式开工。
1995年	北京市委书记陈希同引咎辞职。
1996年	京九铁路建成通车。
1997年	香港回归。
1998年	我国南方出现历史上罕见的特大洪灾。
1999年	澳门回归。
2000年	江泽民在广东考察工作期间提出了“三个代表”的重要思想。
2001年	我国自行研制的“神舟二号”无人飞船在酒泉卫星发射中心发射成功。
2002年	第十三届太平洋地区核能大会在深圳召开。
2003年	胡锦涛当选为中华人民共和国主席。
2003年	神舟五号载人飞船将航天员杨利伟送入太空后安全返回地面，中国第一次载人航天获得成功。
2004年	中国在北极的第一个科学考察站——黄河站建成。
2005年	中国神舟六号载人飞船返航，宇航员费俊龙和聂海胜安全返回地面，中国第二次载人航天获得成功。
2006年	中华人民共和国取消农业税。
2007年	中国共产党第十七次全国代表大会在北京召开。
2008年5月12日	四川省汶川县发生8.0级地震。
8月8日至24日	第二十九届奥林匹克运动会在北京举行。
2009年10月1日	首都各界庆祝中华人民共和国成立60周年大会。
2010年	上海世界博览会开园仪式在上海世博中心举行。
2011年	中国第十二个五年规划正式开启。
2011年7月1日	首都各界庆祝中国共产党成立九十周年大会。
2011年11月1日	清晨5时58分10秒“神舟八号”飞船在酒泉卫星发射中心发射升空。

2012年2月6日	时任重庆市副市长的王立军进入美国驻成都总领事馆，滞留1天后离开。随后有关部门展开调查。2012年3月，中央免去王立军重庆市副市长职务。同年9月24日，王立军被判处15年有期徒刑。
2012年3月25日	梁振英当选香港特别行政区第四任行政长官。
2012年4月10日	中共中央决定对薄熙来严重违纪问题立案调查。
2012年6月16日	神舟九号飞船成功发射。
2012年7月21日	北京遭遇特大暴雨山洪泥石流灾害，遇难人数已达79人。
2012年9月25日	我国第一艘航母辽宁舰按计划完成建造和试验试航工作后正式交接入列。
2012年10月11日	中国作家莫言获2012年诺贝尔文学奖。
2012年11月8日	中国共产党第十八次全国代表大会在京召开。
2013年3月14日	十二届全国人大一次会议上习近平当选中华人民共和国新一届国家主席，并当选国家军委主席。
2013年4月20日	四川省雅安市芦山县发生7.0级强震。
2013年6月11日	神舟十号载人飞船在酒泉卫星发射中心发射成功。6月13日13时18分神舟十号飞船与天宫一号目标飞行器成功实现自动交会对接。
2013年7月7日至7月11日	四川省成都、德阳、绵阳、阿坝、雅安多地遭遇特大暴雨，引发滑坡、泥石流、城市内涝、农田渍害等次生灾害。
2013年9月22日	济南市中级人民法院对薄熙来受贿、贪污、滥用职权案做出一审判决，判处无期徒刑，剥夺政治权利终身，并处没收个人全部财产。
2013年11月9日至12日	“十八届三中全会”在北京召开。
2013年11月23日	我国宣布划设东海防空识别区。
2014年1月9日	无锡市滨湖区计生局依法对陈婷、张艺谋征收计划外生育费及社会抚养费共计748万余元。
2014年3月8日	凌晨，马航从吉隆坡飞往北京的MH370航班与地面失去联络，机上载有239人，包括154名中国同胞。
2014年4月10日	兰州发生自来水苯含量超标事件。
2014年5月22日	7时50分新疆乌鲁木齐市发生爆炸。
2014年7月18日	超强台风“威马逊”登陆海南省文昌市。

2014 年 9 月	中国人民政治协商会议第一届全体会议召开（1949 年）65 周年。 第一届全国人民代表大会召开（1954 年）也是中华人民共和国第一部宪法颁布诞生 60 周年。
2014 年 10 月	2014 年 APEC 峰会在北京怀柔雁栖湖举行。 南水北调中线工程向北京送水。 中共十二届三中全会通过《中共中央关于经济体制改革的决定》（1984 年）30 周年，标志城市综合改革全面展开。 红军开始长征（1934 年）80 周年。 中华人民共和国成立（1949 年）65 周年。 中国第一颗原子弹爆炸成功（1964 年）50 周年。
2014 年 11 月	孙中山成立兴中会（1894 年）120 周年，它是中国第一个资产阶级革命团体。
2014 年 12 月	澳门回归（1999 年）15 周年，第四届澳门特区政府就职。 中英签订《关于香港问题的联合声明》（1984 年）30 周年。
2015 年 3 月	习近平在出席博鳌亚洲论坛时详细阐述了“一带一路”战略构想，其间多部委联合公布《推动共建丝绸之路经济带和 21 世纪海上丝绸之路的愿景与行动》。此后，“一带一路”建设进入务实推进阶段。
2015 年 5 月	《中国制造 2025》正式对外公布。 国务院发布《关于推进国际产能和装备制造合作的指导意见》。
2015 年 6 月	中旬中国 A 股暴跌。年初 A 股加速上扬，上证指数仅三个月便从 3000 点左右一路飙升至 5178 点，创近七年新高。但 6 月中旬，受美联储加息预期等因素影响，上证综指掉头向下，一度跌破 3000 点大关，创年内新低。
2015 年 6 月 29 日	《亚洲基础设施投资银行协定》签署仪式在北京举行，亚投行 57 个意向创始成员国财长或授权代表出席了签署仪式。
2015 年 8 月 12 日	23：30 左右，位于天津滨海新区塘沽开发区的天津东疆保税港区瑞海国际物流有限公司所属危险品仓库发生爆炸。
2015 年 9 月 3 日	纪念中国人民抗日战争暨世界反法西斯战争胜利 70 周年大会在北京隆重举行，天安门广场举行盛大阅兵仪式。
2015 年 10 月	屠呦呦获得诺贝尔生理学或医学奖，她成为首位获得诺贝尔科学奖项的中国本土科学家、第一位获得诺贝尔生理学或医学奖的华人科学家。

2015年11月7日	下午，两岸领导人习近平、马英九在新加坡香格里拉大酒店会面。15时许，习近平、马英九相向而行，握手致意。这是1949年以来两岸最高领导人首次会面。
2015年12月	国务院《关于加快实施自由贸易区战略的若干意见》正式公布。
2015年12月25日	作为全球首个由中国倡导设立的区域多边开发机构，亚洲基础设施投资银行正式宣告成立，成为全球经济治理体系的里程碑。
2016年1月16日	由中国倡议成立、57国共同筹建的亚洲基础设施投资银行在北京正式开业。
2016年9月	二十国集团（G20）领导人峰会在中国杭州召开，这也是中国首次主办G20峰会。 全长55公里、世界上最长的跨海大桥——港珠澳大桥主体桥梁工程全线贯通。 我国发射第一个空间实验室“天宫二号”。10月，神舟十一号飞船升空，航天员景海鹏、陈冬完成与天宫二号空间实验室交会对接。
2016年10月1日	人民币正式纳入SDR，与美元、欧元、日元和英镑一道构成SDR新的货币“篮子”。
2017年3月	党中央、国务院印发通知，决定设立河北雄安新区，规划范围涉及河北省雄县、容城、安新3个县及周边部分区域。 作为民法典的开篇之作，《中华人民共和国民法总则》3月15日获十二届全国人大五次会议表决通过，自2017年10月1日起施行。这标志着民法典编纂迈出关键一步。
2017年5月5日	下午，我国首款按照最新国际适航标准研制的干线民用飞机C919成功实现首飞。
2017年5月14日至15日	“一带一路”国际合作高峰论坛在北京举行。
2017年7月7日	港珠澳大桥海底隧道贯通，标志着先后经历13年论证、设计、施工的“世纪工程”港珠澳大桥主体工程全线贯通。
2017年7月30日	上午，庆祝中国人民解放军建军90周年阅兵在朱日和联合训练基地隆重举行。
2017年11月4日	十二届全国人大常委会第三十次会议通过了关于在全国各地推开国家监察体制改革试点工作的决定，改革试点由此全面推开。 中国共产党与世界政党高层对话会于11月30日至12月3日在北京举行。

2018 年 1 月 18 日至 19 日	召开的中共十九届二中全会通过的修宪建议。
2018 年 2 月 26 日至 28 日	召开的中共十九届三中全会，比惯例提前了八九个月，通过了《深化党和国家机构改革的决定》，以此纪念改革开放四十周年。
2018 年 7 月 6 日	美国对约 500 亿美元中国商品加征 25%关税，中美贸易战正式打响。
2018 年 8 月 31 日	全国人大常委会表决通过《关于修改个人所得税法的决定》。
2018 年 10 月 30 日	著名作家金庸去世。
2019 年	我国第一艘国产航母“山东舰”交付海军。
2020 年	世界卫生组织宣布将新型冠状病毒列为国际关注的突发公共卫生事件。
2021 年	9 月 15 日至 27 日，中华人民共和国第十四届运动会在陕西省举办，这是全运会首次在我国中西部地区举办。
2022 年	2 月 4 日—2 月 20 日，北京冬季奥运会在北京和张家口举行。
2022 年	3 月 4 日—3 月 13 日，北京冬季残疾人奥林匹克运动会（简称：2022 年北京冬残奥会）在北京和张家口举行。